社稷署儀軌

일러두기

1. 이 책의 번역 대본은 《교감표점(校勘標點) 사직서의궤(社稷署儀軌)》(한국고전번역원, 2012)이며, 서명은 《사직서의궤》로 하였다.
2. 《교감표점 사직서의궤》의 저본(底本)은 한국학중앙연구원 장서각 소장 《사직서의궤》(도서번호: K2-2157)이다.
3. 원문에 차자(借字)로 표기된 물명(物名) 등은 가능한 우리말로 바꾸어 표기하고 별도의 주석은 달지 않았다.
4. 내용이 간단한 역주는 간주(間註)로, 긴 역주는 각주(脚註)로 처리하였다.
5. 한자는 필요한 경우 이해를 돕기 위하여 넣었으며, 운문(韻文)은 원문을 병기하였다.
6. 맞춤법과 띄어쓰기는 한글 맞춤법과 표준어 규정을 따르는 것을 원칙으로 하였다.
7. 이 책에서 사용한 부호는 다음과 같다.
   - ( ) : 번역문과 음이 같은 한자를 묶는다.
   - 〔 〕 : 번역문과 뜻은 같으나 음이 다른 한자를 묶는다.
   - " " : 대화 등의 인용문을 묶는다.
   - ' ' : " " 안의 재인용 또는 강조 부분을 묶는다.
   - 「 」 : ' ' 안의 재인용을 묶는다.
   - 《 》 : 책명 및 각주의 전거(典據)를 묶는다.
   - 〈 〉 : 책의 편명 및 운문·산문의 제목을 묶는다.

사직서의궤

오세옥 김기빈 옮김

社稷署儀軌

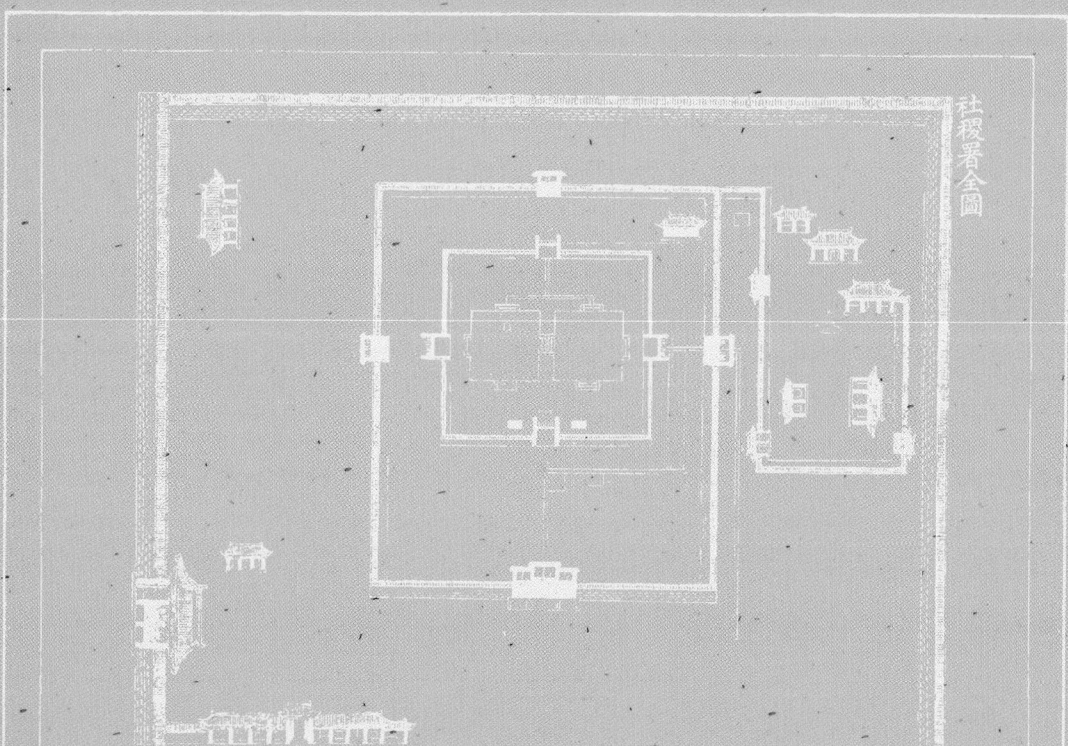

한국고전번역원

사직단 전경

좌측이 사단社壇, 우측이 직단稷壇, 우측 뒤편 건물이 신실神室이다. 사적 제121호. 서울 종로구 사직동 1-28 소재

사직단국왕친향도병풍

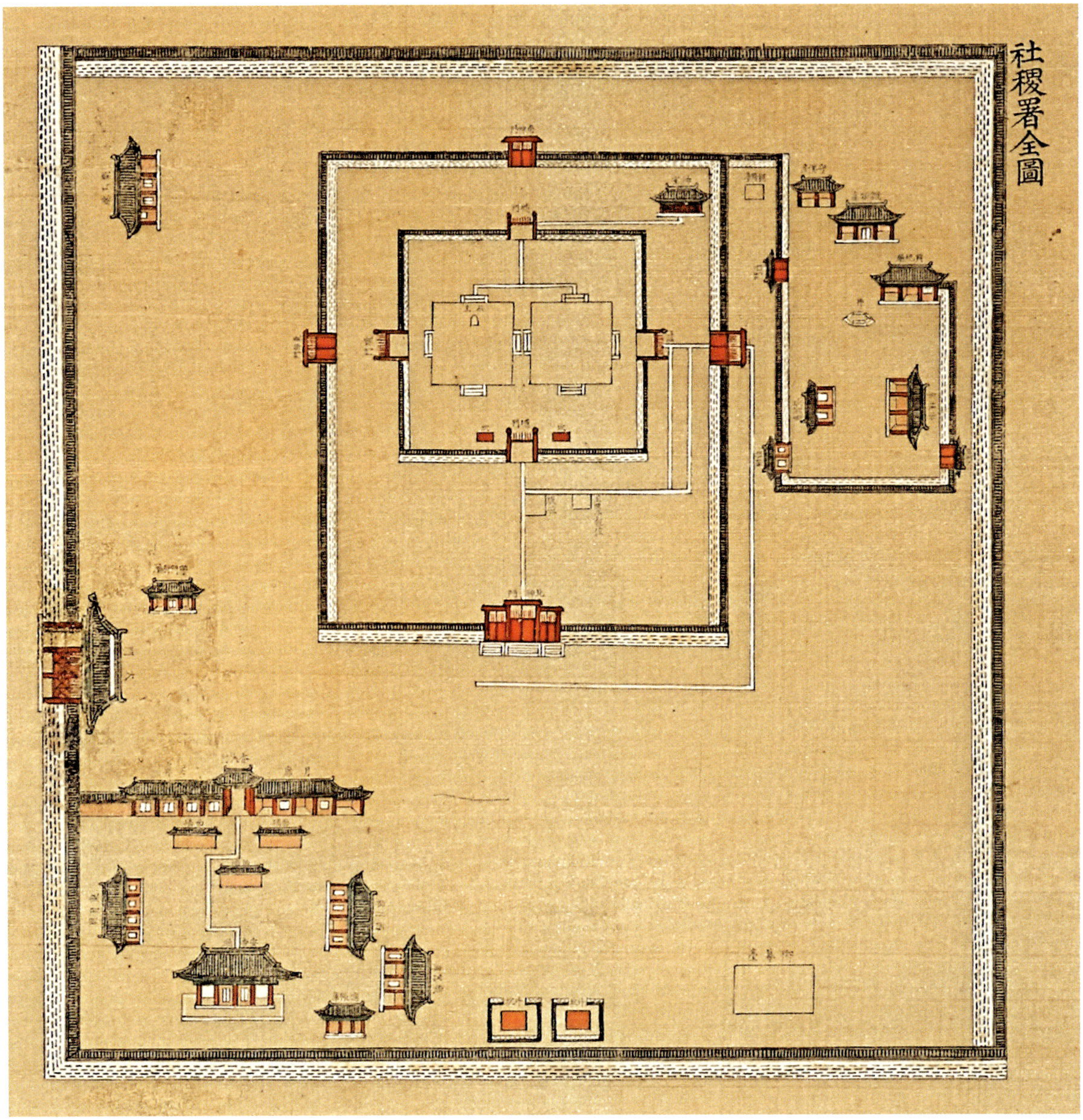

사직서전도 社稷署全圖 《사직단국왕친향도병풍 社稷壇國王親享圖屛風》 중 제1폭

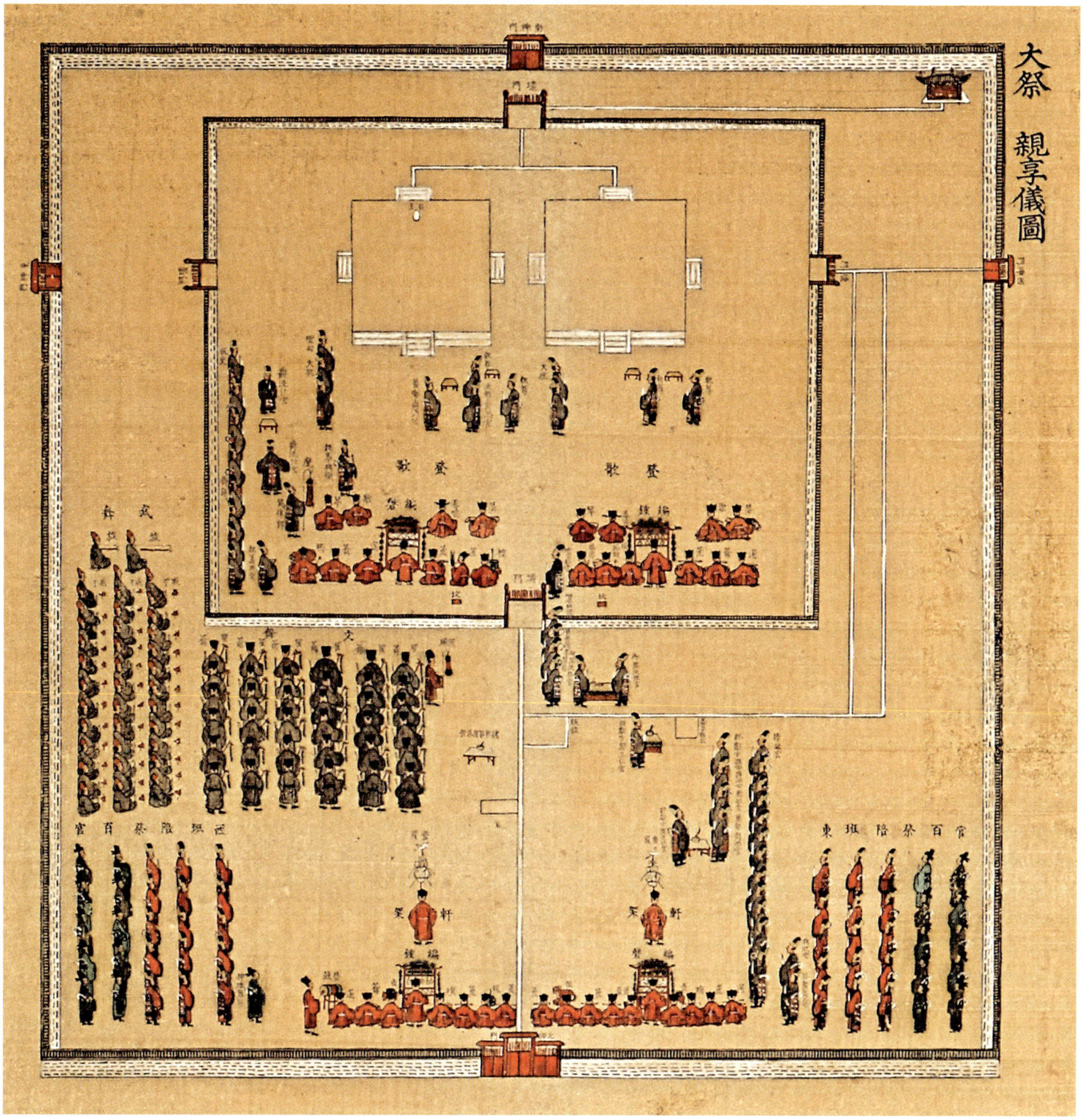

대제친향의도 大祭親享儀圖 《사직단국왕친향도병풍》 중 제2폭

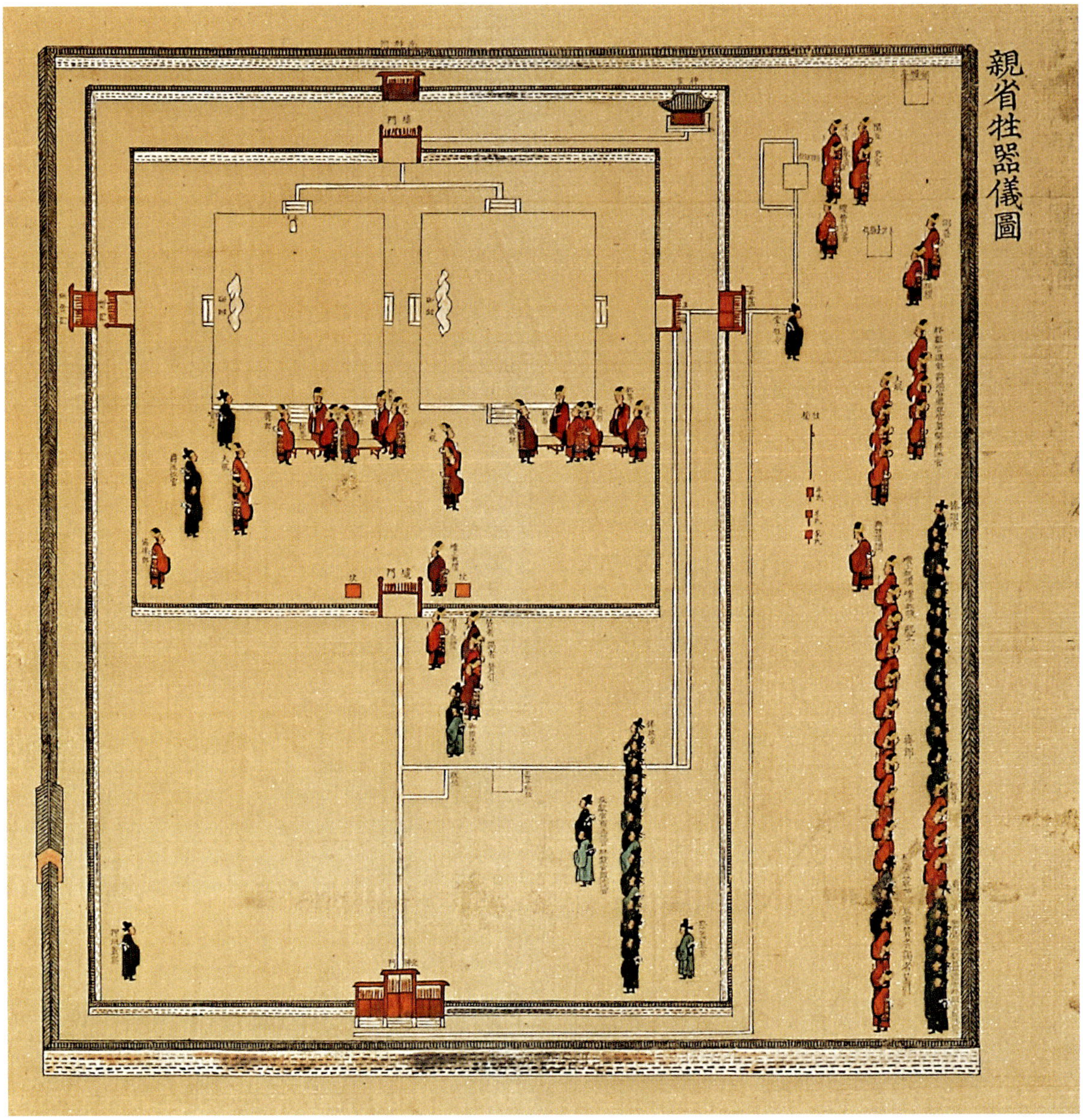

친성생기의도 親省牲器儀圖 《사직단국왕친향도병풍》 중 제3폭

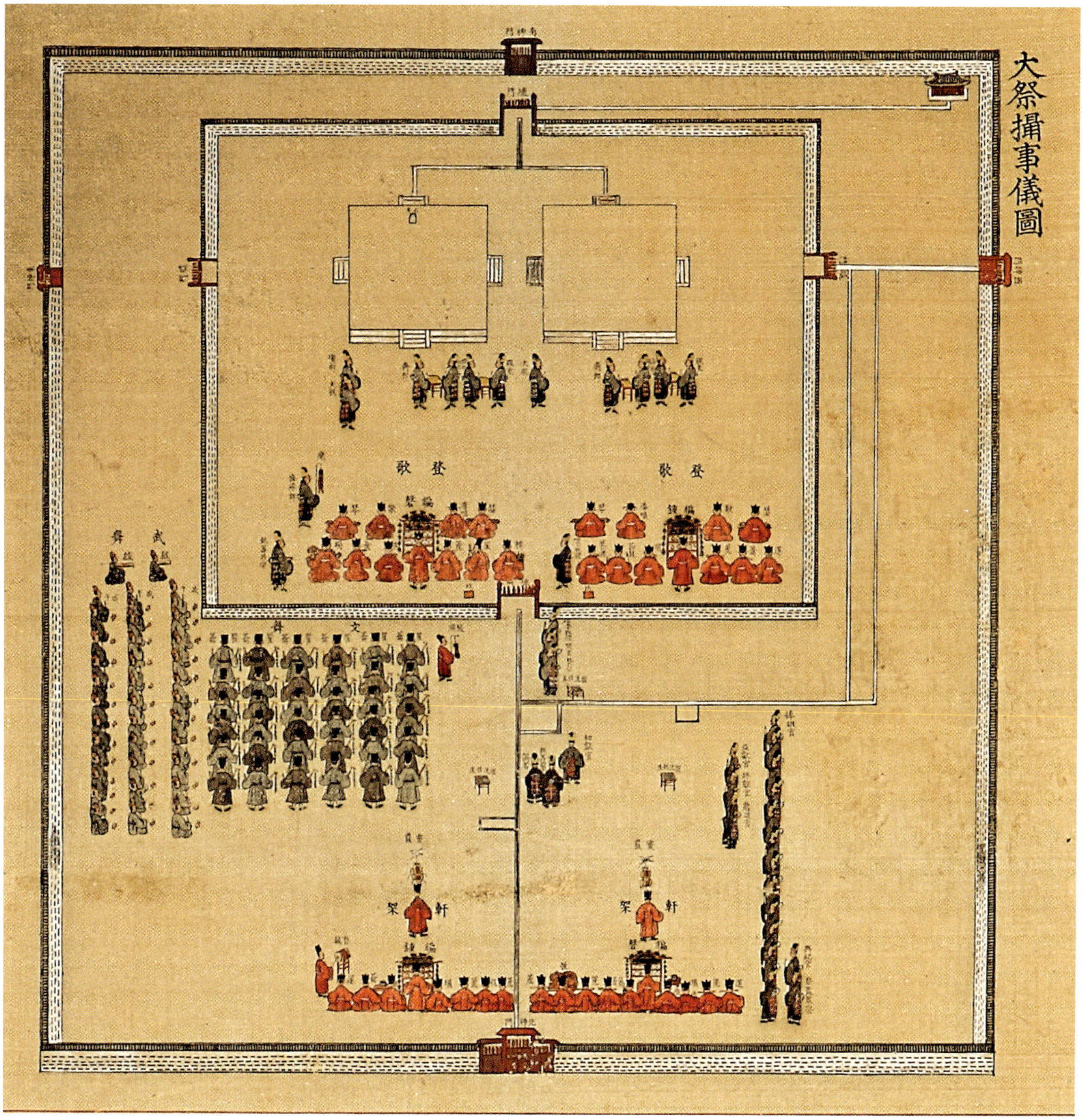

대제섭사의도 大祭攝事儀圖 《사직단국왕친향도병풍》 중 제4폭

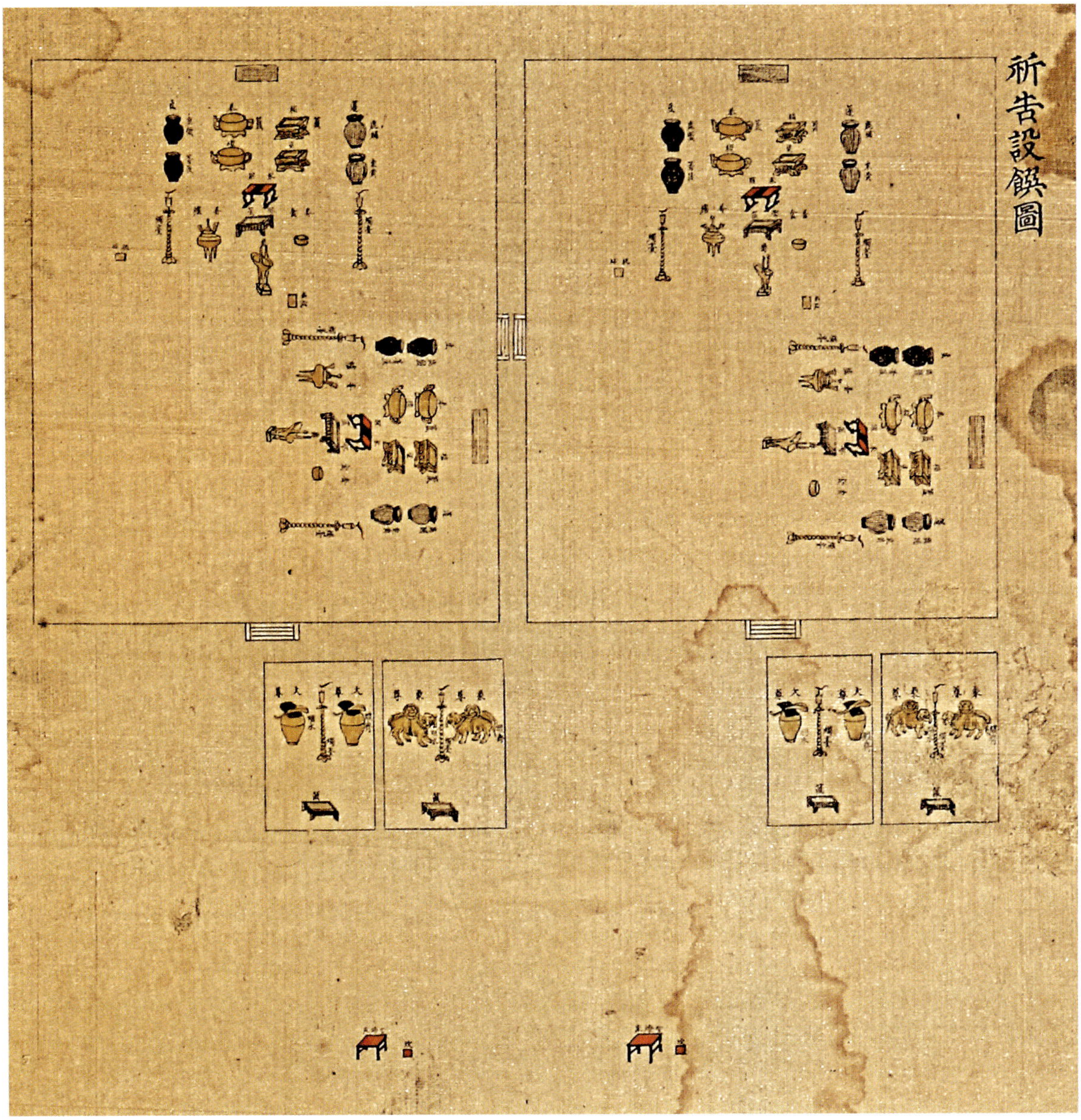

기고설찬도 祈告設饌圖 《사직단국왕친향도병풍》 중 제5폭

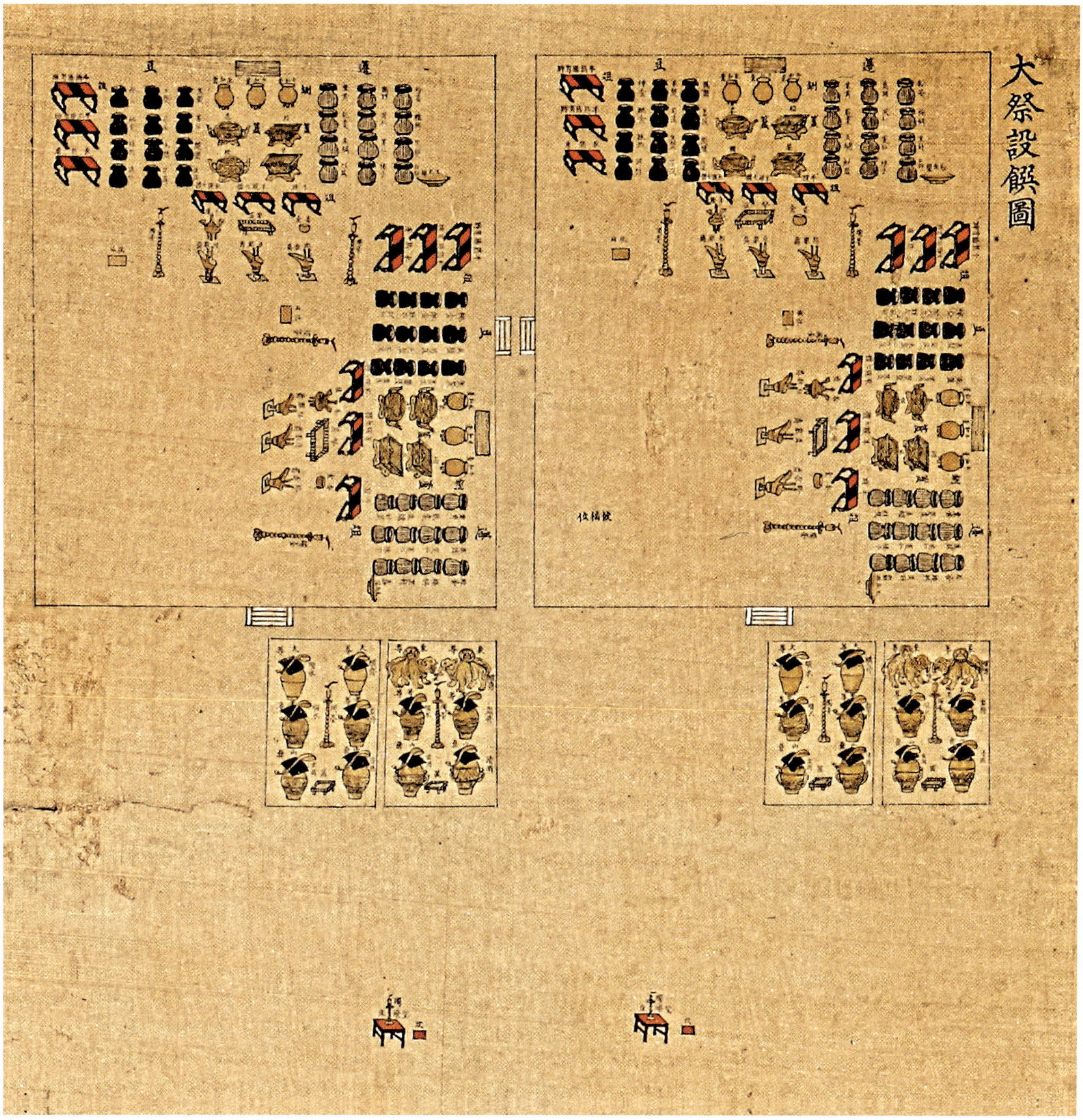

대제설찬도 大祭設饌圖 《사직단국왕친향도병풍》 중 제6폭

제기

산뢰 山罍
산과 구름 모양을 새긴 술 항아리이다.

착준 著尊
양쪽에 손잡이가 달린 단지 모양의 제기이다.

궤 簋
차조와 피 또는 기장을 담는다.

보 簠
쌀과 메조를 담아 제상 가운데 올린다.

용작 龍勺
술을 뜨는 도구이다.
자루 끝에 용두 龍頭가 달려 있다.

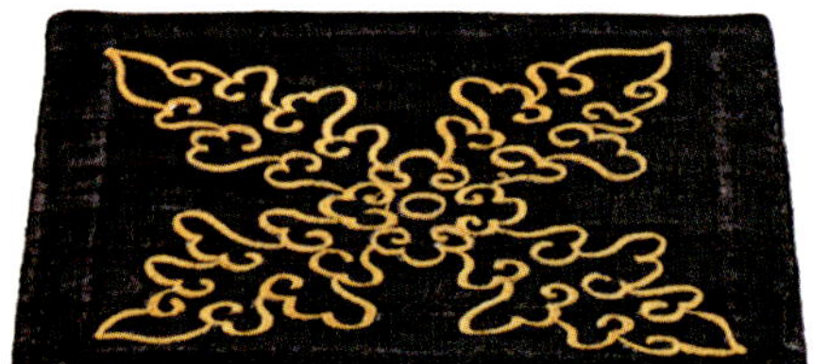

멱 羃
베나 갈포로 만든 네모난 덮개이다.

향합 香盒 **과 향로** 香爐
향을 피우는 데 사용한다.

세뢰 洗罍
손을 씻을 때 사용하는 맑은 물을 담는다.

우정 牛鼎
솥의 일종으로 대갱 大羹과
화갱 和羹을 끓일 때 사용한다.

목두 木豆
물기가 있는 12가지 제수를 담는다.

폐비 幣篚
흰모시로 만든 폐 幣를 담는다.

죽변 竹籩
생과실과 물기가 없는
12가지 마른 제수를 담는다.

악기

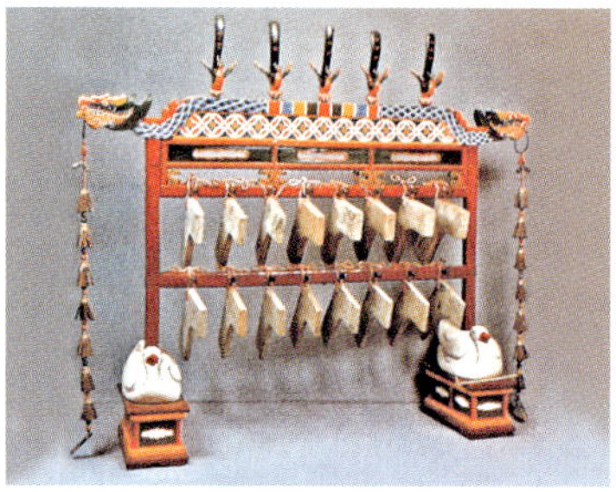

편경 編磬

편종 編鍾

절고 節鼓

진고 晉鼓

약 籥

당피리

제복

면복 冕服
임금이 제향이나 즉위식 등의
예식 때 입는 예복이다.

면류관 冕旒冠
대례복에 갖춰 쓰는 관이다.

곤의 袞衣 **앞면**
양 어깨에 일월日月을 수놓은,
대례복인 곤의의 앞면이다.

곤의 뒷면
오성五星과 오악五嶽, 용龍과
화충華蟲을 수놓은, 대례복인 곤의의 뒷면이다.

폐슬 蔽膝
꿇어앉을 때 무릎을 가리는 폐슬이다.

중단 中單
고의 안에 받쳐 입는 속옷이다.

후상 後裳 **과 전상** 前裳
곤의의 후상과 전상이다.

후수 後綬 **대대** 大帶 **패옥** 佩玉
치마 뒷면에 대는 후수(중앙)와 대대, 패옥(좌우)이다.

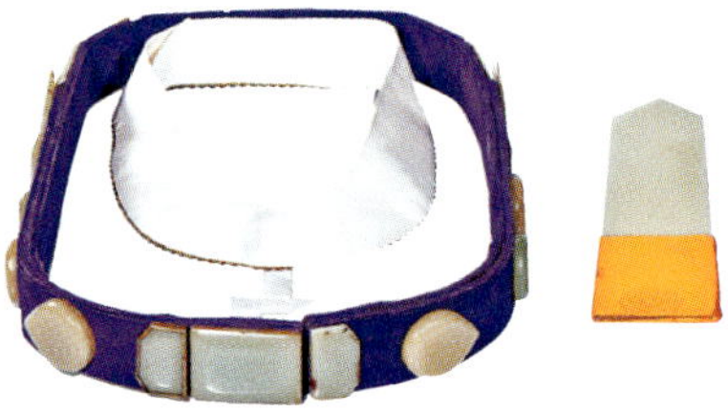

방심곡령 方心曲領 **각대** 角帶 **규** 圭
허리띠인 각대와 곤의의 윗옷 깃에 두르는 방심곡령,
제향 때 손에 드는 백옥으로 만든 규이다.

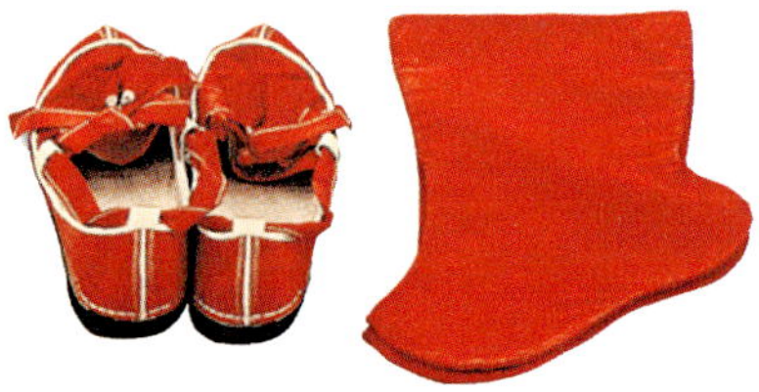

예화 禮靴 **와 말** 襪
제향 때 신는 신발과 버선이다.

차례

화보

해제

권수 도설

제1권 식례

제2권 의절

해제

국토와 오곡의 신을 모신 사직의 기록문화유산

박재영 | 한국고전번역원 선임연구원

1. 사직과 《사직서의궤》

사직(社稷)은 토지의 신인 사(社)와 곡식의 신인 직(稷)을 가리킨다. 이 두 신의 신위와 제사 지내는 단을 만들어 모신 곳이 사직단(社稷壇)이고, 이 두 신에게 국가의 안녕과 풍요를 기원하면서 올리는 제사가 바로 사직제(社稷祭)이다. 《주례(周禮)》에 의하면, '좌조우사(左祖右社)'라 해서 나라를 세우면 도성의 궁문 밖 왼쪽에는 종묘(宗廟)를, 오른쪽에는 사직을 세웠다. 즉 나라를 세우면 우선적으로 사직을 세워서 토지의 신과 곡식의 신의 공덕을 기리고 국태민안(國泰民安)을 기원했던 것이다.

사직제는 천하를 다스리는 천자(天子)와 일국을 다스리는 제후로부터 일반 백성에 이르기까지 정해진 규모와 형식에 따라 누구나 지낼 수 있었던 제사 의례이다. 따라서 종묘가 수도 한 곳에 세워졌던 반면에 사직은 수도뿐만 아니라 지방 행정 단위인 주현(州縣)에도 설치되었다. 주현의 사직 역시 관아의 오른쪽 즉 서쪽에 세웠으며, 국왕을 대신하여 그 지방의 수령이 제사를 지냈다.

사직제는 전근대 동아시아 사회에서 국가와 왕실의 의례인 오례(五禮) 중 길례(吉禮)에 속한다. 《국조오례의(國朝五禮儀)》 등 국가 전례서의 구분에 의하면, 길례는 제사 지내는 대상의 격에 따라 대사(大祀), 중사(中祀), 소사(小祀)로 나뉘는데, 사직은 종묘와 함께 대사에 속한 제사로 조선 시대 국가제례 중 가장 격이 높은 제사였음을 알 수 있다.

《사직서의궤(社稷署儀軌)》는 그러한 사직의 제도, 사직제의 의례 절차, 역사적 변화, 향사 기록 등을 그림과 함께 편찬한 의궤이다. 또한 《종묘의궤(宗廟儀軌)》, 《경모궁의궤(景慕宮儀軌)》 등과 함께 《오례의》를 확장하여 해당 부서의 전례 지침을 수록하고 별도의 도감을 두지 않고 제작했다는 점에서 전형적인 서지형(署志型) 의궤이다. 조선 초기부터의 사직에 대한 기록을 집대성하고 체계적으로 정리한 《사직서의궤》는 특히 조선 후기 국가 전례 연구에 있어 필수적인 자료이다. 이 글에서는 《사직서의궤》의 편찬 과정과 판본 상황, 그리고 그 구성과 내용에 대해 개괄적으로 살펴본 다음 《사직서의궤》를 정본화하고 번역하는 과정에서 특히 중점을 두었던 원문 교감의 몇 가지 특징과 사례를 소개하고자 한다.

2. 《사직서의궤》의 편찬과 판본

《사직서의궤(社稷署儀軌)》는 1783년(정조 7) 정조(正祖)의 명령으로 처음 편찬되었다. 《사직서의궤》의 첫머리에 실려 있는 전교에 의하면, 그해 1월 8일 정조가 사직제를 지내기 위해 사직서에 머무를 때 사직서 영(社稷署令) 윤광호(尹光濩)에게 《사직서의궤》를 가져오라고 하였는데, 윤광호가 없다고 대답하자, 정조가 종묘서에도 의궤와 등록이 있는데 막중한 일을 담당하고 있는 사직서에 등록은 부실하고 의궤가 없다는 것은 크게 잘못된 일이니 사직서의 제의(祭儀), 제식(祭式), 단유(壇壝)와 관사(館舍) 및 기타 유래 사실들을 분류하여 하나의 책으로 만들어 《사직서의궤》라고 명명하고 사직서에 보관하도록 하였다. 그리고 《승정원일기》 정조 11년(1787) 12월 30일 기사에, 사직 기곡제에 사용되는 악장(樂章)을 상고하기 위해 《사직서의궤》를 조사했다는 기록이 있는 것으로 보아, 1783년 최초로 정조의 명에 의해 《사직서의궤》가 편찬된 것은 확실해 보인다.

현재 《사직서의궤》는 규장각과 장서각에 2건이 보존되어 있는데, 이 2건의 의궤는 1783년에 최초 편찬된 《사직서의궤》의 원본은 아니다. 규장각에 남아 있는 《사직서의궤》(奎14229, 이하 규장각본)는 정조 7년까지의 사직 관련 제반 사항을 기록하고 있을 뿐만 아니라 순조 4년(1804) 2월까지의 향사 기록이 추가되어 있다. 또한 서술 체제를 볼 때 1783년까지의 기록들이 서체가 일정하고 꼬박꼬박 참고문헌을 달고 있는 데 반해 그 이후부터 1804년까지의 기록들은 서체가 이전 시기의 기록들과 다르고 참고문헌도 달지 않았다. 따라서 규장각본《사직서의궤》는 1783년에 편찬된 원본에다 그 이후부터 1804년 2월까지의 기록을 보완하여 1804년 직후에 편찬된 1차 증보본으로 추정된다.

장서각에 보존되어 있는《사직서의궤》(K2-2157, 이하 장서각본)는 규장각본과 편찬 시기와 편차 및 수록 내용에 차이가 있다. 장서각본《사직서의궤》의 권3 본서 잡사(本署雜事) 항목 1814년 6월 기사에 의하면, 순조4년(1804) 이후 10년 만인 1814년 의궤의 내용을 한 차례 보완하였다는 기록이 있으며, 또한 권4 고사 중(故事中)의 친림 향사(親臨享祀), 섭행 기고(攝行祈告) 및 제5책에는 순조 4년 이후부터 헌종 8년(1842)까지의 향사 기록이 추가되어 있다. 이로 볼 때 장서각본《사직서의궤》는 순조 4년경 보완된 규장각본《사직서의궤》를 바탕으로 그 편차를 일부 조정하고 1842년까지의 사직 관련 사실을 추가, 보완하여 편찬한 2차 증보본으로 추정된다.

앞서 언급한 대로 규장각본과 장서각본은 그 편찬 시기뿐만 아니라 편차와 수록 내용에도 다소 차이가 있다.

규장각본은 총 5권 3책으로 구성되어 있는 반면 장서각본은 총 6권 5책으로 구성되어 있다. 규장각본은 제1책에 권수 도설(卷首圖說), 제2책에 권1 식례(式例)와 권2 의절(儀節) 및 권3 고사 상(故事上), 제3책에 권4 고사 중과 권5 고사 하가 편차되어 있다. 장서각본은 제1책에 권수 도설, 제2책에 권1 식례, 권2 의절, 권3 고사 상, 제3책에 권4 고사 중, 제4책에 고사 하, 그리고 제5책에 권제목 없이 순조 대부터 헌종 8년(1842)까지의 제사 기록이 추가로 수록되어 있다.

각 권의 수록 항목을 살펴보면, 권수와 권1, 권2, 권3까지는 문자상의 이동(異同)을 제외하고 수록 항목의 차이는 발견되지 않는다. 권4 고사 중의 경우 규장각본은 친림 향사와 섭행 기고로 구성되어 있는 반면 장서각본은 규장각본의 권5에 편차되어 있는 어제(御製) 부분이 권4에 편차되어 있고, 권5는 전교(傳教)만으로 구성되어 있다. 규장각본 권5의 경우 전교와 어제로 구성되어 있다.

이상 규장각본과 장서각본의 편차와 권별 수록 항목의 차이를 표로 정리하면 다음과 같다.

<table>
<tr><th colspan="3">장서각본</th><th colspan="3">규장각본</th></tr>
<tr><td rowspan="15">1책</td><td rowspan="15">卷首圖說</td><td>命修社稷署儀軌傳敎</td><td>同</td><td rowspan="15">卷首圖說</td><td rowspan="15">1책</td></tr>
<tr><td>社稷署儀軌目錄</td><td>同</td></tr>
<tr><td>社稷署全圖</td><td>同</td></tr>
<tr><td>壇壝圖說</td><td>同</td></tr>
<tr><td>大享正配位饌實圖說</td><td>同</td></tr>
<tr><td>大享正配位尊罍圖說</td><td>同</td></tr>
<tr><td>祈告別祭正配位饌實圖說</td><td>同</td></tr>
<tr><td>祈告別祭正配位尊罍圖說</td><td>同</td></tr>
<tr><td>祭器圖說</td><td>同</td></tr>
<tr><td>樂圖說</td><td>同</td></tr>
<tr><td>舞圖說</td><td>同</td></tr>
<tr><td>樂器圖說</td><td>同</td></tr>
<tr><td>舞器圖說</td><td>同</td></tr>
<tr><td>祭服圖說</td><td>同</td></tr>
<tr><td>尺度圖說</td><td>同</td></tr>
<tr><td rowspan="22">2책</td><td rowspan="13">卷一式例</td><td>社壇位版題式</td><td>同</td><td rowspan="13">卷一式例</td><td rowspan="22">2책</td></tr>
<tr><td>稷壇位版題式</td><td>同</td></tr>
<tr><td>辨祀</td><td>同</td></tr>
<tr><td>時日</td><td>同</td></tr>
<tr><td>祝版</td><td>同</td></tr>
<tr><td>雅樂</td><td>同</td></tr>
<tr><td>樂章</td><td>同</td></tr>
<tr><td>牲牢</td><td>同</td></tr>
<tr><td>幣帛</td><td>同</td></tr>
<tr><td>祭物</td><td>同</td></tr>
<tr><td>祭器</td><td>同</td></tr>
<tr><td>齋官</td><td>同</td></tr>
<tr><td>職官</td><td>同</td></tr>
<tr><td rowspan="4">卷二儀節</td><td>親祭儀</td><td>同</td><td rowspan="4">卷二儀節</td></tr>
<tr><td>攝事儀</td><td>同</td></tr>
<tr><td>祈告儀</td><td>同</td></tr>
<tr><td>笏記</td><td>同</td></tr>
<tr><td rowspan="5">卷三故事上</td><td>壇壝館舍</td><td>同</td><td rowspan="5">卷三故事上</td></tr>
<tr><td>典禮</td><td>同</td></tr>
<tr><td>規例</td><td>同</td></tr>
<tr><td>本署雜事</td><td>同</td></tr>
<tr><td>經亂事實</td><td>同</td></tr>
<tr><td rowspan="3">3책</td><td rowspan="3">卷四故事中</td><td>親臨享祀</td><td>親臨享祀</td><td rowspan="2">卷四故事中</td><td rowspan="4">3책</td></tr>
<tr><td>攝行祈告</td><td>攝行祈告</td></tr>
<tr><td>御製</td><td>傳敎</td><td rowspan="2">卷五故事下</td></tr>
<tr><td>4책</td><td>卷五故事下</td><td>傳敎</td><td>御製</td></tr>
<tr><td>5책</td><td colspan="2">〔祭記錄〕</td><td colspan="3"></td></tr>
</table>

규장각본과 장서각본 간에는 편차와 권별 수록 항목의 차이 이외에 각 항목에 수록된 기사에도 증감이 있다. 장서각본은 규장각본의 문자와 어구의 오류를 바로잡고 일부 기사 내용을 산삭 또는 누락했을 뿐만 아니라 규장각본 편찬 이후의 사직 관련 사실을 추가, 보완하였는데, 그 내용은 권3, 권4, 권5의 고사 부분에 집중되어 있다. 문자와 어구의 오류를 수정한 것을 제외하고 내용상 기사의 산삭과 추가 내용을 간략히 살펴보면 다음과 같다.

권3 고사 상의 단유 관사 항목에는 순조 3년(1803)부터 27년(1827)까지 3조목, 전례 항목에는 정조 21년(1797)부터 순조 6년까지 5조목의 기사가 추가되어 있고, 반면 규례 항목에는 규장각본에는 수록되어 있는 순조 3년 기사 1조목이 산삭 또는 누락되어 있다. 본서 잡사 항목에는 순조 12년 이후 순조 14년까지의 4조목의 기사가 추가되어 있다.

권4 고사 중 친림 향사 항목에는 정조 22년부터 헌종 8년(1842)까지 5조목의 친제 관련 기사가 추가되어 있고, 섭행 기고 항목에는 정조 13년부터 순조 23년까지 59조목의 향사 관련 기사가 추가되어 있는 반면 정조 12년과 21년의 2조목의 기사가 산삭 또는 누락되어 있다.

권5 고사 하 전교 항목에는 정조 22년부터 순조 20년까지 10조목의 기사가 추가된 반면 정조 21년의 1조목의 기사가 산삭 또는 누락되어 있다.

제5책에는 순조 24년 8월부터 헌종 8년 10월까지 69조목의 기사가 추가되어 있다.

3. 《사직서의궤》의 구성과 내용

본 교감표점본 및 번역본에서 대본으로 삼은 장서각본 《사직서의궤(社稷署儀軌)》는 권수를 포함하여 총 6권 5책으로 구성되어 있으며, 범례는 없다. 제1책에는 첫머리에 《사직서의궤》의 편찬을 명하는 정조의 전교와 《사직서의궤》 목록 및 권수 도설(圖說)이 실려 있다. 제2책에는 권1 식례(式例), 권2 의절(儀節), 권3 고사 상(故事上)이, 제3책에는 권4 고사 중이, 제4책에는 고사 하가 실려 있다. 제5책은 일종의 보유(補遺) 편으로, 권제

(卷題) 없이 순조 24년(1824)부터 헌종 8년(1842)까지 사직에서 거행된 각종 제사 기록이 수록되어 있다.

첫머리에는 《사직서의궤》의 편찬을 명한 정조의 전교가 실려 있다. 정조 7년(1783) 1월 8일 정조가 기곡제(祈穀祭)를 지내기 위해 사직서(社稷署)에 머물렀을 때 사직에 대한 의궤가 없음을 알고 사직서의 제의(祭儀), 제식(祭式), 단유(壇壝), 관사(館舍), 기타 역사적 사실 등을 분류, 편차하여 하나의 책으로 만들 것을 명한 내용이다.

권수 도설은 사직단의 전경(全景), 단유(壇壝)를 비롯하여 찬실(饌實), 준뢰(尊罍), 제기(祭器), 악(樂), 무(舞), 악기(樂器), 무기(舞器), 제복(祭服), 척도(尺度) 등에 관한 13개 항목의 도설로 구성되어 있다.

사직서 전도(社稷署全圖)는 사직단의 전경을 그린 것으로, 창건 초기의 모습이 아니라 《사직서의궤》를 편찬할 당시의 변화된 모습을 그린 것이다. 《국조오례서례(國朝五禮序例)》에 수록된 것보다 부속 건물이 늘어나고 위치에 적지 않은 변화가 있었음을 확인할 수 있다. 정조 때 제작된 것으로 보이는 국립중앙박물관에 소장된 《사직단국왕친향도병풍(社稷壇國王親享圖屛風)》(新收-012356-000)의 사직서 전도와 함께 사직단과 사직서 건물의 원형을 복원하는 데 필수적인 자료이다.

단유 도설(壇壝圖說)은 사단(社壇), 직단(稷壇)과 그를 둘러싼 유(壝), 담장의 모습을 세세하게 그리고 《국조오례의》에 있는 사직단 설명을 옮겨 놓은 도설이다. 단유의 구조와 위치는 《국조오례서례》와 거의 같으나 신주를 신실(神室)에서 단까지 옮기는 길과 왕이 판위(版位)에 이르는 길을 새로 표시해 놓았다.

찬실 도설(饌實圖說)과 준뢰 도설(尊罍圖說)은 사직에서 제사를 지낼 때 진설하는 제수(祭需)와 술잔을 그림으로 그리고 설명을 덧붙여 놓은 도설로 모두 《국조오례서례》에 의거하였다. 봄, 가을과 납일(臘日)에 지내는 사직 대향(社稷大享) 때의 정위(正位)와 배위(配位)에 진설하는 제수와 술잔을 그림으로 그리고 설명한 대향 정·배위 찬실 도설(大享正配位饌實圖說)과 대향 정·배위 준뢰 도설(大享正配位尊罍圖說), 기고 별제(祈告別祭)를 지낼 때 진설하는 제수와 술잔을 그림으로 그리고 설명한 기고 별제 정·배위 찬실 도설(祈告別祭正配位饌實圖說)과 기고 별제 정·배위 준뢰 도설

(祈告別祭正配位尊罍圖說) 등을 수록하고 있다.

제기 도설(祭器圖說)은 사직 제사에 사용하는 각종 제기(祭器)를 그림으로 그리고 그에 대한 설명을 덧붙인 도설이다. 변(籩), 두(豆), 형(鉶), 보(簠), 궤(簋), 작(爵), 작점(爵坫), 우정(牛鼎), 양정(羊鼎), 시정(豕鼎), 정멱(鼎冪)과 정경(鼎扃), 정비(鼎匕)와 정필(鼎畢), 난도(鑾刀), 조(俎), 착준(著尊), 산뢰(山罍), 상준(象尊), 대준(大尊), 멱(冪), 비(篚), 용작(龍勺), 부(釜), 기(錡), 탁(卓), 대생갑(大牲匣)과 소생갑개(小牲匣蓋) 및 소생갑(小牲匣), 향합(香合), 향로(香爐), 모혈반(毛血槃), 세뢰(洗罍), 세(洗) 등 제기들의 형태와 제작 방법을 기록하되, 주희(朱熹)의 《석전의도(釋奠儀圖)》, 진상도(陳祥道)의 《예서(禮書)》, 《대명집례(大明集禮)》, 섭숭의(聶崇義)의 《삼례도(三禮圖)》, 《성송반악도(聖宋頒樂圖)》, 《의례(儀禮)》, 《예기(禮記)》, 《춘추공양전(春秋公羊傳)》, 《주례도(周禮圖)》, 《사림광기(事林廣記)》, 《운회(韻會)》 등의 문헌을 참고하였다.

악 도설(樂圖說)은 사직 제사에 사용되는 악기의 배치도 및 그에 대한 설명을 덧붙인 도설이다. 《국조오례의》에 수록되어 있는 헌가(軒架), 등가(登歌)와 《사직서의궤》를 편찬할 당시 시행하던 헌가, 등가를 함께 그려 놓고 설명을 덧붙여 놓았다.

무 도설(舞圖說)은 사직 제사에 사용되는 춤과 무인(舞人)의 배치 및 그에 대한 설명을 덧붙인 도설이다. 《국조오례의》에 수록되어 있는 문무(文舞), 무무(武舞)와 《사직서의궤》를 편찬할 당시 시행하던 문무, 무무에 관한 그림과 설명을 같이 실었다.

악기 도설(樂器圖說)은 사직 제례악을 연주하는 데 사용하는 악기를 그려 놓고 각 악기에 대해 설명한 도설이다. 종(鍾), 경(磬), 편종(編鍾), 편경(編磬), 특종(特鍾), 특경(特磬), 영고(靈鼓), 영도(靈鼗), 절고(節鼓), 진고(晉鼓), 축(柷)과 지(止), 어(敔)와 진(籈), 관(管), 약(籥), 생(笙), 화(和), 우(竽), 소(簫), 적(篴), 부(缶), 지(篪), 훈(塤), 슬(瑟), 금(琴), 휘(麾), 조촉(照燭) 등 각종 악기들의 형태와 제작 방법을 기록하되, 《주례도(周禮圖)》, 《문헌통고(文獻通考)》, 《악학궤범(樂學軌範)》, 진양(陳暘)의 《악서(樂書)》, 《주례(周禮)》, 《국조오례의》 등의 문헌을 참고하였다.

무기 도설(舞器圖說)은 사직 제사 때 시행되는 춤에서 사용하는 각종 도구들을 그려 놓고 각각에 대해 설명을 덧붙인 도설이다. 문무와 무무를 출 때 사용하는 둑(纛), 정(旌), 순(錞), 탁(鐲), 요(鐃), 탁(鐸), 응(應), 아(雅), 상(相), 독(牘), 약(籥), 적(翟), 간(干), 척(戚) 등 각종 기구들의 형태와 제작 방법을 기록하되, 《악서(樂書)》, 《문헌통고(文獻通考)》, 《악학궤범(樂學軌範)》 등의 문헌을 참고하였다.

제복 도설(祭服圖說)은 사직에서 제사를 드릴 왕과 왕세자 및 재관(齋官)이 착용하는 각종 제복들을 그려 놓고 각각에 대해 설명을 덧붙인 도설이다. 크게 전하 면복(殿下冕服), 왕세자 면복(王世子冕服), 재관 관복(齋官冠服) 등으로 구분되어 있는데, 각종 제복들의 형태와 제작 방법을 기록하되 《국조오례의》, 《궁원의(宮園儀)》, 《대명집례(大明集禮)》 등의 문헌을 참고하였다. 왕의 면복은 중국 황제로부터 하사받은 구류면(九旒冕) 구장복(九章服)이고 왕세자의 면복은 팔류면(八旒冕) 칠장복(七章服)임을 알 수 있다.

척도 도설(尺度圖說)은 사직에서 사용하는 포백척(布帛尺), 주척(周尺), 영조척(營造尺), 조례기척(造禮器尺)의 실제 길이를 그려 놓고 각각의 1자(尺)의 길이를 비교하여 서술하였다.

권1은 식례로, 사직 제도에 관한 내용을 모아 놓았는데, 위판 제식(位版題式), 변사(辨祀), 시일(時日), 축판(祝版), 아악(雅樂), 악장(樂章), 생뢰(牲牢), 폐백(幣帛), 제물(祭物), 제기(祭器), 재관(齋官), 직관(職官) 등 총 12개 항목으로 구성되어 있다.

위판 제식은 사단과 직단에 모신 신위(神位)를 열거한 것이다. 이에 의하면 사단의 정위에는 국사지신(國社之神)을 북향으로, 배위에는 후토씨지신(后土氏之神)을 동향으로, 직단의 정위에는 국직지신(國稷之神)을 북향으로, 배위에는 후직씨지신(后稷氏之神)을 동향으로 모셨음을 알 수 있다.

변사는 사직의 제사를 격에 따라 구분한 항목이다. 《국조오례의》에 의거하여 대사(大祀), 소사(小祀)인 기고(祈告)로 구분하였다. 뒤에 《국조속오례의》에 의거하여 기곡제(祈穀祭)를 대사에 포함시키되 섭행할 경우에는 소사(小祀)로 하였다는 사실을 기록하였다.

시일은 사직 제사를 지내는 날짜를 기록한 것이다. 일정한 날이 정해져 있어 그날 지내는 제례로는 중춘과 중추의 첫째 무일(戊日)과 동지가 지난 뒤 셋째 무일인 납일(臘日)에 지내는 대제(大祭)와 맹춘의 첫째 신일(辛日)에 지내는 기곡제가 있고, 일정한 날이 없이 지내는 제례로는 기고제와 보사제(報祀祭)가 해당된다.

축판은 《국조오례의》의 규정에 따라 축판을 만드는 재료 및 방법을 제시하고 사직의 각 신위에 올리는 축문(祝文)의 서식 등을 기록하였다.

아악은 사직 제사를 시행할 때 각 의식 절차마다 연주하는 음악을 기록한 것이다. 영신(迎神)할 때에는 〈순안지악(順安之樂)〉, 전폐(奠幣)할 때에는 〈숙안지악(肅安之樂)〉, 진찬(進饌)할 때에는 〈옹안지악(雍安之樂)〉, 초헌(初獻)할 때에는 〈수안지악(壽安之樂)〉, 문무(文舞)가 물러나고 무무(武舞)가 나아갈 때에는 〈서안지악(舒安之樂)〉, 아헌(亞獻), 종헌(終獻) 때에는 〈수안지악〉, 변두(籩豆)를 거둘 때에는 〈옹안지악〉, 송신(送神)할 때에는 〈순안지악〉을 연주하였다.

악장은 사직 제사에서 각 의식 절차마다 음악을 연주할 때 부르는 가사를 기록한 것이다. 《국조오례의》의 규정을 따라 헌가(軒架)는 가사가 없고 등가(登歌)는 가사가 있다. 전폐할 때와 국사지신과 국직지신에게 초헌할 때, 변두를 거둘 때 행하는 악장을 수록하였다.

생뢰는 사직에서 제사를 지낼 때 사용하는 희생을 기록한 것으로 사직(社稷) 대제(大祭)와 기고제, 보사제를 지낼 때 올리는 희생에 대해 설명하고 있다. 대사를 지낼 때에는 소·양·돼지 각 1마리를 희생으로 올리는 태뢰(太牢)를 사용하는데 양 3마리와 돼지 3마리를 추가하였다. 단, 섭행할 때에는 양을 추가하지 않았다. 이는 조선 초기 《국조오례의》의 규정을 따른 것이었다. 정조 대에는 돼지 1마리를 더 사용하였다. 기고제와 보사제를 지낼 때는 돼지 1마리를 사용하였고, 선고사유제(先告事由祭), 이안제(移安祭), 환안제(還安祭)에도 동일하였다. 이는 《국조오례의》의 규정을 따른 것이었다. 영조 갑오년(1774, 영조 50) 전교를 따라 돼지 2마리를 사용한다는 것이 정식(定式)이 되었다.

폐백은 사직 제사를 지낼 때 바치는 비단 등의 폐백에 관하여 기록한 것이다. 먼저 《국조오례의》의 규정을 따라 폐백의 색깔, 길이, 사용하는 재료 등을 소개하였다. 자는 조례기척을 사용하였다. 이어서 《국조속오례의》의 규정을 제시하였는데, 국사, 후토, 국직, 후직에 각각 흑폐(黑幣) 1단(端)을 쓰며, 1단마다 11자 6치 7푼으로 한다고 하였다. 이때에도 조례기척을 사용하였다.

제물은 사직 제사를 지낼 때 사용하는 제수(祭需)를 열거한 기록이다. 《국조속오례의》의 규정에 근거하여 기곡제를 친행으로 지낼 때와 봄, 가을에 지내는 사직 대제의 제물이 같고, 섭행할 때와 기고제(祈告祭)를 지낼 때의 제물이 같다고 하였다.

제기는 사직 제사를 지낼 때 사용하는 제기를 열거한 기록이다. 《국조오례의》 도식(圖式)의 규정을 따라, 대사와 기고제를 지낼 때 사용하는 제기를 간단히 수록해 놓았다.

재관은 사직제에 참여하는 관리들을 친제와 섭행으로 나누어 《국조오례의》의 규정에 따라 기록하였다. 친제를 지낼 때 아헌관(亞獻官)은 왕세자가 담당하였고, 종헌관(終獻官)은 영의정이 맡되 사정이 있으면 차관(次官)이 담당하였다. 섭행할 때 초헌관(初獻官)은 정1품, 아헌관은 정2품, 종헌관은 종2품에서 차출하였다.

직관은 사직서의 직제를 기록한 것이다. 1392년(태조 1) 사직단을 설치하여 지기(直) 2인을 두었다가 이후 사직서(社稷署)로 개칭하고 도제조 1인, 제조 1인, 영(令) 1인, 참봉 2인을 두었으며, 1704년(숙종 30) 참봉을 직장, 봉사 각 1인으로 바꾸고, 1725년(영조 1) 봉사를 영으로 바꾸고 문신으로 임명하였다는 내용이다.

권2는 의절로, 사직 제사를 지내는 의식 절차에 관한 내용을 모아 놓았다. 친제의(親祭儀), 섭사의(攝事儀), 기고의(祈告儀), 홀기(笏記) 등 총 4개 항목으로 구성되어 있다.

친제의는 왕이 직접 사직 제사를 행할 때의 의식 절차를 자세히 기록한 것이다. 시일(時日), 재계(齊戒), 친림서계(親臨誓戒), 진설(陳設), 친전향축(親傳香祝), 거가출궁(車駕出宮), 친성생기(親省牲器), 성생기(省牲器), 전폐(奠幣), 진숙(進熟), 거가환궁(車駕還宮)의 순으로 서술하였다. 전체적으로 《국조오례의》에 기반하면서 《국조속오례의》와 《사직서의궤》를 편찬하던 당시 행하던 의례[今儀]를 참조하여 덧붙였으며, 차이가 있는 내용은 주(註)를 달아 표시하여 이해하기 쉽게 하였다.

섭사의는 국왕 대신 왕세자나 정1품 대신 등이 사직 제사를 대신 행할 때의 의식 절차를 기록하였다. 시일, 재계, 진설, 전향축(傳香祝), 성생기, 전폐, 진숙의 순으로 서술하였다. 각 의식은 역시 《국조오례의》에 기반하면서 《사직서의궤》를 편찬하던 당시 행하던 의례를 참조하였으며, 차이가 있는 내용은 주를 달아 표시하였다.

기고의는 중요한 일이 있을 때 사직신에게 빌거나 고하는 제사의 의식 절차를 적은 것이다. 재계, 진설, 행례(行禮)의 순으로 서술하였다. 각 의식 역시 섭사의와 마찬가지로 《국조오례의》에 기반하면서 《사직서의궤》를 편찬하던 당시 행하던 의례를 참조하였으며, 차이가 있는 내용은 주를 달아 표시하였다.

홀기는 사직 제사를 지낼 때 진행 순서를 기록한 것이다. 친제 시 단 위에서의 홀기〔親祭壇上笏記〕, 친제 시 단 아래에서의 홀기〔親祭壇下笏記〕, 섭사 시 단 위에서의 홀기〔攝事壇上笏記〕, 섭사 시 단 아래에서의 홀기〔攝事壇下笏記〕, 고유제 홀기(告由祭笏記) 등 5가지 홀기가 수록되어 있다.

권3은 고사 상으로, 사직과 관련된 역사적 사실들을 모아 놓았다. 단유 관사(壇壝館舍), 전례(典禮), 규례(規例), 본서 잡사(本署雜事), 경란 사실(經亂事實) 등 총 5개의 항목으로 구성되어 있다.

단유 관사는 태조 2년(1393)부터 순조 27년(1827)까지 사직 제도의 변천 과정을 담고 있다. 《문헌비고(文獻備考)》, 구(舊)《춘관지(春官志)》, 《사직서등록(社稷署謄錄)》, 박태상(朴泰尙) 가집(家集), 《예조등록(禮曹謄錄)》 등의 문헌을 참고하였다. 주요 내용으로는, 1394년(태조 3) 11월 태조가 도평의사사(都評議使司)와 서운관(書雲觀)의 관원들을 거느리고 종묘와 사직의 터를 살펴보고 공작국(工作局)을 설치한 일, 1406년(태종 6) 사직단을 수리하고 수호 인정(守護人丁)을 지급하라고 명한 일, 1694년(숙종 20) 7월에 전사청(典祀廳)과 좌우 집사청(左右執事廳)을 중수하고, 10월에 신실(神室)을 중수한 일, 1701년(숙종 27) 10월 안향청(安香廳)을 중수한 일, 1702년 11월 직소(直所)를 새로 건립한 일, 1710년(숙종 36) 6월 사직단의 보축(補築)을 명한 일, 1769년(영조 45) 4월 사직단의 보수(補修)를 명한 일, 1803년(순조 3) 11월 사직서의 악기고가 화재로 소실된 사실과 악기고를 개축하고 악기를 새로 제작한 일, 1827년(순조 27) 3월 사직서의 악공청이 화재로 소실된 일 등을 수록하였다.

전례는 태조 4년(1395)부터 순조 6년(1806)까지 사직 제사에 관한 기록을 모아 놓았다. 《문헌비고》, 구 《춘관지》, 《춘관지》, 《국조보감(國朝寶鑑)》, 《예조등록》, 구 《태상지(太常志)》, 《사직서등록》, 조익(趙翼)의 《포저집(浦渚集)》 등의 문헌을 참고하였다. 주요 내용으로는, 1395년(태조 4) 사직의 악장(樂章)을 종묘의 악장 개정에 따라 새롭게 개작하도록 결정한 일, 1433년(세종 15) 제사 지낼 때 처음으로 아악(雅樂)을 사용하고 여악(女樂)을 금지한 일, 1683년(숙종 9) 사직에서 기곡제(祈穀祭)를 처음으로 시행한 일, 1739년(영조 15) 처음으로 친림하여 서계(誓戒)를 받는 의절을 행한 일, 1806년(순조 6) 음복례(飮福禮)에 관해 대신들의 의견을 물은 일 등을 수록하였다.

규례(規例)는 태조 대부터 순조 3년(1803)까지 사직 제도의 세부적인 규칙에 관한 기록을 모아 놓았다. 《문헌비고》, 구 《태상지》, 《국조보감》, 《수교집록(受敎輯錄)》, 《예조등록》, 《사직서등록》, 《포저집》 등의 문헌을 참고하였다. 주요 내용으로는, 1455년(세조 즉위년) 종묘·사직·제릉(諸陵)의 대향(大享)과 기신(忌辰)의 재계일(齊戒日)에 시사(視事)의 정지를 명한 일, 1685년(숙종 11) 종묘·사직에 친제를 지낼 때 제사에 차출된 대간(臺諫)은 적간할 때 제집사(諸執事)의 예에 의거하여 일체 배례(拜禮)하도록 명한 일, 같은 해 3월 사직에 봉심(奉審)하는 일이 없었는데 호조·예조·공조의 낭관이 매년 봄, 가을로 봉심한 뒤 파손된 것을 따라 개수하는 일을 정식으로 삼아 시행하도록 한 일, 1745년(영조 21) 1월 사직서 도제조 조현명(趙顯命)이 호조와 예조의 낭청이 사직을 봉심할 때 등록에 의거하여 망례(望禮)를 행한 뒤 봉심하자고 아뢰자 이를 따른 일, 1771년(영조 47) 1월 사직 기곡제에서 향(香)을 받을 때 의장(儀仗)은 대제(大祭)의 예에 의거하여 대령하도록 명한 일, 1803년(순조 3) 11월 사직서 도제조 이시수(李時秀)가 사직의 악기고(樂器庫)가 실화(失火)로 인해 소실된 상황을 보고한 뒤 고사(庫舍)는 개건하고 소실된 악기(樂器)는 개비(改備)하고 담당자는 처벌하기를 청하자 윤허한 일 등을 수록하였다.

본서 잡사(本署雜事)는 선조 18년(1585)부터 순조 14년(1814)까지 사직서 관련 각종 사실들을 모아 놓았다. 김시위(金始煒)의 《동포휘언(東圃彙

言)》, 홍서봉(洪瑞鳳)의 〈행장(行狀)〉, 《예조등록》, 《사직서등록》, 구 《춘관지》 등의 문헌을 참고하였다. 주요 내용으로는, 1585년(선조 18) 국직(國稷)의 위판(位版)을 훔쳐 매안한 주홍(朱洪)을 대역(大逆)으로 논한 일, 1661년(현종 2) 사직의 수복(守僕)이 6명인데 2명을 더 차출하도록 결정한 일, 1683년(숙종 9) 3월 예조에서 사직서의 제기고(祭器庫)를 수축할 때 곳간 근처에서 땅을 파다가 석경(石磬) 19매를 얻었는데 병란 때 매안(埋安)한 것이어서 사용하기 어려우므로 장악원(掌樂院)으로 이송하도록 아뢴 일, 1686년(숙종 12) 예조 판서 여성제(呂聖齊)가 근래 송충이가 치성하여 다 잡기 어려우니 한성부로 하여금 방민(坊民)을 동원하여 잡게 하도록 청하자 윤허한 일, 1754년(영조 30) 12월 사직서에서 밤 사이에 호랑이가 사직서의 담장을 뛰어넘어 들어왔다가 돌아간 일을 놀라워하며 삼군문(三軍門)으로 하여금 잡아들이도록 청하자 윤허한 일 등을 수록하였다.

경란 사실(經亂事實)은 임진왜란과 병자호란이 사직에 영향을 미친 사실들을 모아 놓았다. 박동량(朴東亮)의 《기재사초(寄齋史草)》, 《문헌비고》, 구 《춘관지》, 《국조보감》, 《종묘의궤》 등의 문헌을 참고하였다. 주요한 내용으로는, 1592년(선조 25) 임진왜란이 일어나자 사직의 신위를 처음에 개성의 목청전(穆淸殿)에 봉안하였다가 선조가 갑자기 평양으로 떠나자 목청전 뜰의 오른쪽에 묻었다가 뒤에 평양으로 옮겼는데, 다시 선조가 의주로 가게 되자 세자가 받들고 황해도·강원도 등을 돌아다니다가 이듬해 환도하여 정릉동(貞陵洞) 척신 심연원(沈連源)의 집에 임시로 봉안한 일, 1636년(인조 14) 12월 10일 병자호란이 터지자 사직의 신주를 처음에 강화도로 옮겼는데 함락되자 도제조 윤방(尹昉) 등이 묻었다가 다시 파는 과정에서 사직 신위 4개를 크게 파손시켜 윤방이 파직당하였으며, 이 사직 신위를 다시 만들 것인가 아니면 보수만 할 것인가를 두고 논의 끝에 파손된 부분만 보완하도록 결정한 일 등을 수록하였다.

권4는 고사 중으로, 사직과 관련된 역사적 사실들을 모아 놓았다. 친림 향사(親臨享祀), 섭행 기고(攝行祈告), 어제(御製) 등 총 3개의 항목으로 구성되어 있다.

친림 향사는 태종 5년(1405)부터 헌종 8년(1842)까지 국왕이 사직에서 친제를 지낸 사실들을 모아 놓았다. 《문헌비고》, 《국조보감》, 《사직서등록》,《예조등록》 등의 문헌을 참고하였다. 숙종 대 이전 기록은 소략하고 그 이후의 기록이 비교적 자세하다. 친향은 정기적으로 지내는 사직 대제를 제외하면 기우와 기곡을 위해 지내는 경우가 대부분이었다. 숙종 대 이전에는 기우제를, 이후에는 기곡제를 지내는 경우가 상대적으로 많았다.

섭행 기고는 효종 10년(1659)부터 순조 23년(1823)까지 국가의 중요한 일이 있을 때 왕세자나 대신들이 국왕을 대신하여 사직에서 빌거나 고하는 제사를 지낸 사실들을 모아 놓았다. 효종 이전의 기록은 없고 1659년 3월 신실을 수리한 사실을 고하면서 이안제와 환안제를 지낸 사실부터 1823년 가순궁(嘉順宮)의 발인(發靷)을 위한 기청제(祈晴祭)를 지낸 일 등을 수록하였다. 그중 사직서 건물이나 담장 등을 수리할 때 지내는 고유제와 이안제·환안제·위안제가 가장 많으며, 그 밖에 비나 눈이 오기를 비는 기우제나 기설제(祈雪祭), 비가 왔을 때 감사드리는 보사제(報謝祭), 승하(昇遐) 고문제(告文祭), 발인 기청제, 환후(患候) 기도제(祈禱祭), 영제(禜祭) 등이 있다.《예조종사등록(禮曹宗社謄錄)》,《사직서등록》,《예조전향사일기(禮曹典享司日記)》 등의 문헌을 참고하였다.

어제는 숙종과 영조 및 정조가 사직 제사를 행하면서 지은 문장을 모아 놓은 것이다. 숙종의 경우 1696년(숙종 22) 정월 기곡제와 1702년 춘향(春享), 1708년 기곡제와 기우제를 직접 지낼 때 지은 것 등이며, 영조의 경우는 1726년(영조 2) 기곡제를 지내기 위해 사직단에 나아가 1702년에 숙종이 지은 어제시(御製詩)를 보고 감격하여 지은 글과 1742년(영조 18) 사직단에 나아가 단사(壇司)와 재관(齋官)에게 칙유(飭諭)한 글을 수록하고, 이어 1753년의 기우 친제문(祈雨親祭文), 1756년의 후대 왕들에게 당부하는 글과 사직 친제문, 1759년부터 1788년까지의 사직 고유제문과 기우 친제문, 기곡제문, 보사제문(報謝祭文) 등을 실었다. 마지막에는 1783년(정조 7) 경기와 홍충도(洪忠道)의 감사, 수령 등에게 내리는 윤음이 실려 있다. 경기와 홍충 지방에 크게 흉년이 들어, 세금을 감면해 주고 사직에 나아가 백성들을 위해 풍년을 기원하는 제사를 올리겠다는 내용이다.

권5는 고사 하로, 역시 사직과 관련된 역사적 사실들을 모아 놓았는데, 전교(傳敎) 1항목으로 구성되어 있다.

숙종 13년(1687)부터 순조 20년(1820)까지 사직과 관련하여 왕이 내린 전교를 모아 놓았다. 《사직서등록》, 《국조보감》, 구 《태상지》, 《예조등록》, 《문헌비고》 등의 문헌 및 사직서 현판(社稷署懸板)을 참고하였다. 숙종 대는 한재로 인해 기곡제를 행할 것을 지시하는 내용 등이 보이고 영조 대는 사직서의 청결과 법규 준수를 촉구하고, 제사를 섭행하게 하면서 당부하는 내용이 많았다. 정조 대는 1783년(정조 7) 기곡제를 지내기 위해 사직서에서 하룻밤을 머물 때 《사직서의궤》의 편찬을 명령하는 기록과 1785년 수령에게 사직단을 보수하고 잡인들의 출입을 금지시키고 매달 말 사직단에 탈이 있는지를 보고할 것을 명령하는 기록, 1787년 근무에 태만하여 신실에 비가 새게 한 사직서 관원을 처벌할 것을 명령하는 기록과 기곡제의 내용에 대해서 논의하면서 대사(大祀)와 같은 수준으로 지낼 것을 지시하는 내용 등이다.

제5책은 일종의 보유(補遺) 편으로, 권제(卷題) 없이 순조 24년(1824)부터 헌종 8년(1842)까지 사직에서 거행된 각종 제사 기록이 수록되어 있다.

4. 《사직서의궤》의 원문 교감 작업

이번 《사직서의궤》를 정리하고 번역하면서 특별히 중점을 둔 것은 바로 원문 교감 작업을 통한 정본화(定本化)이다. 즉 《사직서의궤》의 두 가지 이본(異本)과 40여 종의 타서 자료(他書資料)를 최대한 대조하여 정치한 교감 작업을 수행함으로써 신뢰할 만한 정본(定本)을 마련하고, 이를 대본으로 충실한 주석을 가하여 번역을 함으로써 관련 분야 학술 연구와 문화콘텐츠 활용의 기초자료로 정확한 텍스트와 번역본을 제공한다는 것이었다.

《사직서의궤》에는 앞서 설명했듯이 1804년(순조 4) 편찬된 1차 증보본이라 할 수 있는 규장각본과 1842년(헌종 8) 편찬된 2차 증보본이라 할 수 있는 장서각본의 2가지 이본이 있다. 이번 《사직서의궤》의 정본화 및 번역 작업에서는 후대에 편찬된 장서각본을 저본(底本)으로, 규장각본을 대교본(對校本)으로 삼아 대교(對校)를 진행하여, 누락 또는 산삭된 부분을 보완하고 문자와 어구의 이동(異同)을 철저히 교감하였다.

또한《사직서의궤》에는 40여 종에 달하는 타서 자료가 대량으로 인용되어 있는데, 인용된 서적과 인용 횟수는 대략 다음과 같다.

인용 서명	인용 횟수	인용 서명	인용 횟수
國朝寶鑑	30	樂書	18
國朝五禮儀	74	樂學軌範	27
宮園儀	1	易經	2
寄齋史草	1	禮記	3
大明集禮	4	禮書	7
大晟樂譜	1	禮曹謄錄	25
東圃彙言	2	禮曹典享司日記	62
文獻備考	21	禮曹宗社謄錄	179
文獻通考	11	韻會	2
朴泰尙家集	1	儀禮	1
事林廣記	1	爾雅	3
社稷署謄錄	226	宗廟儀軌	1
三禮圖	1	周禮	13
書經	2	春官志	6
釋名	1	春官通考	166
釋奠儀	14	春秋公羊傳	1
說文解字	1	春秋左氏傳	1
聖宋頒樂圖	3	太常志	7
受敎輯錄	1	浦渚集	1
詩經	2	洪瑞鳳行狀	1
		총계	924

이번《사직서의궤》의 정본화 작업에서는 저본과 대교본의 대조를 통한 원문 교감 작업 이외에도, 위의 타서 자료 및《조선왕조실록》,《승정원일기》등 사료와 관련 문집 등을 이용하여 원문의 이동(異同)을 교감하였다. 본 정본화 번역 작업에서 특별히 주의를 기울인 원문 교감 작업의 몇 가지 사례를 들면 다음과 같다.

1) 저본에 누락된 기사를 대교본을 통해 보충한 경우

〔원문〕 十二年戊申正月, 攝行祈穀大祭。《卷4 故事中 攝行祈告》

〔교감기〕 正月……大祭 : 底本에는 없는데, 奎章閣本에 근거하여 보충함.

2) 저본의 오자(誤字)를 대교본을 통해 수정한 경우

〔원문〕 內嚴, 少頃贊請出次, 王世子具遠遊冠、絳紗袍, 出次就位。《卷2 儀節 親祭儀》

〔교감기〕 絳 : 底本에는 "降"으로 되어 있는데, 奎章閣本에 근거하여 수정함.

3) 저본의 연자(衍字)를 대교본과 타서 자료를 통해 산삭한 경우

〔원문〕《樂學軌範》云: "塤無定制, 以瓦土爲之, 闊狹失中, 或燔造生熟不同, 故聲音不齊。必多數造之, 準於律管而用之。"《卷首 圖說 樂器圖說》

〔교감기〕 之 : 底本에는 이 뒤에 "之之" 2자가 있는데, 奎章閣本과《樂學軌範》에 근거하여 연자(衍字)로 보아 삭제함.

4) 훼손되어 판독 불가능한 저본의 글자를 대교본을 통해 보충한 경우

〔원문〕 至是上躬率諸享官及宗親、文武百官, 行於仁政殿階。《卷3 故事上 典禮》

〔교감기〕 於 : 底本은 훼손되어 판독이 불가한데, 奎章閣本에 근거하여 보충함.

5) 저본의 오자(誤字)를 타서 자료를 통해 수정한 경우

〔원문〕《樂書》云: "《君子陽陽》曰'左執翿',《宛丘》詩曰'値其鷺翿',《爾雅》曰'翿, 纛也'。……《卷首 圖說 舞器圖說》

〔교감기〕 値 : 底本에는 "植"으로 되어 있는데,《詩經·宛丘》에 근거하여 수정함.

6) 저본의 탈자(脫字)를 타서 자료를 통해 보충한 경우

〔원문〕 參詳正統六年正月日, 僉知中樞府事朴堧建議: '宗廟親享之日, 降神之樂, 權減九成〔爲三成〕, 四宮不備, 變數有欠, 似爲未穩。…… 《卷3 故事上 典禮》

〔교감기〕 爲三成 : 底本에는 없는데, 《世祖實錄》 23年 1月 6日 조에 근거하여 보충함.

7) 저본의 도문(倒文)을 타서 자료를 통해 수정한 경우

〔원문〕 二十三年己未十二月, 禮曹啓: "來正月社稷祈穀大祭親行時省牲、省器之節, 依例以親臨磨鍊乎? …… 《卷3 故事上 典禮》

〔교감기〕 依例以親臨 : 底本에는 "以親臨依例"로 되어 있는데, 《承政院日記》 正祖 23年 12月 25日 조에 근거하여 수정함.

5. 《사직서의궤》 번역의 의의

사직제는 조선 시대 국가 제사 가운데 종묘제와 함께 대사(大祀)에 포함될 뿐만 아니라 형식적인 면에서 종묘제보다 격이 높은 제사였다. 《사직서의궤》는 국가의 최고 의례인 사직 제사와 사직단, 그리고 사직서에 대한 전반적인 정보를 담고 있는 의궤이다. 무엇보다 조선 후기 사직단과 사직서의 제도와 규모, 모습을 알 수 있는 사직서 전도와 각종 의물 관련 도설(圖說) 등을 풍부하게 수록하고 제향에 필요한 제반 내용을 수록함으로써 현재 사직단의 원형 복원과 사직 대제를 완벽하게 재현하는 데 없어서는 안 될 귀중한 자료이다.

본 번역서는 《사직서의궤》의 최초 완역본으로, 《사직서의궤》의 두 가지 판본과 본문에 인용된 40여 종의 타서 자료(他書資料)를 꼼꼼히 대조, 교감한 정본(定本) 텍스트를 함께 제공한다는 점에서 더욱 학술적 가치가 있다 하겠다. 이번 교감표점본, 번역본 《사직서의궤》의 발간이 조선 후기 국가 전례 연구와 사직제의 복원 및 관련 문화콘텐츠의 제작, 활용에 기여할 수 있기를 바란다.

참고문헌

강문식, 〈숙종-정조 대 사직 제도 정비와 사직서의궤 편찬-규장각 소장 사직서의궤를 중심으로〉《조선 시대 문화사(상)》, 일지사, 2007.

고영진, 〈사직서의궤해제〉《사직서의궤》, 서울대학교 규장각, 1997.

김동욱, 《종묘와 사직》, 대원사, 1990.

김문식 외 4인, 《왕실의 천지제사》, 돌베개, 2011.

박소동, 〈조선왕조 의궤 번역의 현황과 과제〉《민족문화》 제33집, 2009.

박예경, 〈조선 시대 국가전례에서 사직제 의례의 분류별 변화와 의주의 특징〉《규장각》 29, 2006.

신승운, 〈조선 의궤의 분류와 정리 방안 연구〉 한국고전번역원 2009 상반기 정기학술대회 발표문.

이영춘·이욱, 〈사직서등록해제〉《사직서등록》, 한국학중앙연구원, 2007.

이욱, 〈조선후기 기곡제 설행의 의미-장서각 소장 사직서의궤와 등록을 중심으로〉《장서각》 4, 2000.

지두환 등, 《사직대제》, 민속원, 2007.

《사직서의궤 社稷署儀軌》의 찬수 撰修 를 명하는 전교[1]

당저(當宁 정조) 7년 계묘년(1783) 1월 8일, 본서(本署)에 재숙(齊宿)할 때에 전교하였다.

"본서의 사체가 얼마나 막중한가. 그런데 고증할 만한 문적(文蹟)이 없고, 이른바 《등록(謄錄)》이라는 책자도 조각나서 온전하지 못한 책에 불과하다. 종묘서(宗廟署)로 말하면 《의궤》도 있고 《등록》도 있는데, 본서에는 아직까지 이러한 문적이 없으니, 크게 흠이 되는 일이다. 처음에는 겨를이 없었겠지만 후대에 어찌 그대로 답습하겠는가. 본서의 제의(祭儀), 제식(祭式), 단유(壇壝), 관사(館舍) 및 기타 전해 오는 사실을 크건 작건 관계없이 같은 종류별로 모으고 차례를 매겨 책 한 권을 만들어서 이름을 《사직서의궤》라 하라. 그리고 본서에 보관하여 두고 여기에 계속해서 내용을 추가해 수록하도록 분부하라."

1 사직서의궤의……전교 《승정원일기》 이날 기사에 의하면, 정조는 다음 날인 상신(上辛)에 기곡 대제(祈穀大祭)를 지내기 위해 이날 사직단에 나아가 사단을 봉심하고 제기를 간심하는 등의 절차를 행하고, 본서에 상고할 문적(文跡)을 가져오라는 명을 내렸다. 승지가 문적으로는 《등록(謄錄)》 3권만 있다고 하여 가져오자, 정조가 이것을 열람하고 전교를 내렸는데, 이때 내린 전교이다.

사직서의궤

권수 도설

사직서社稷署 전도 全圖

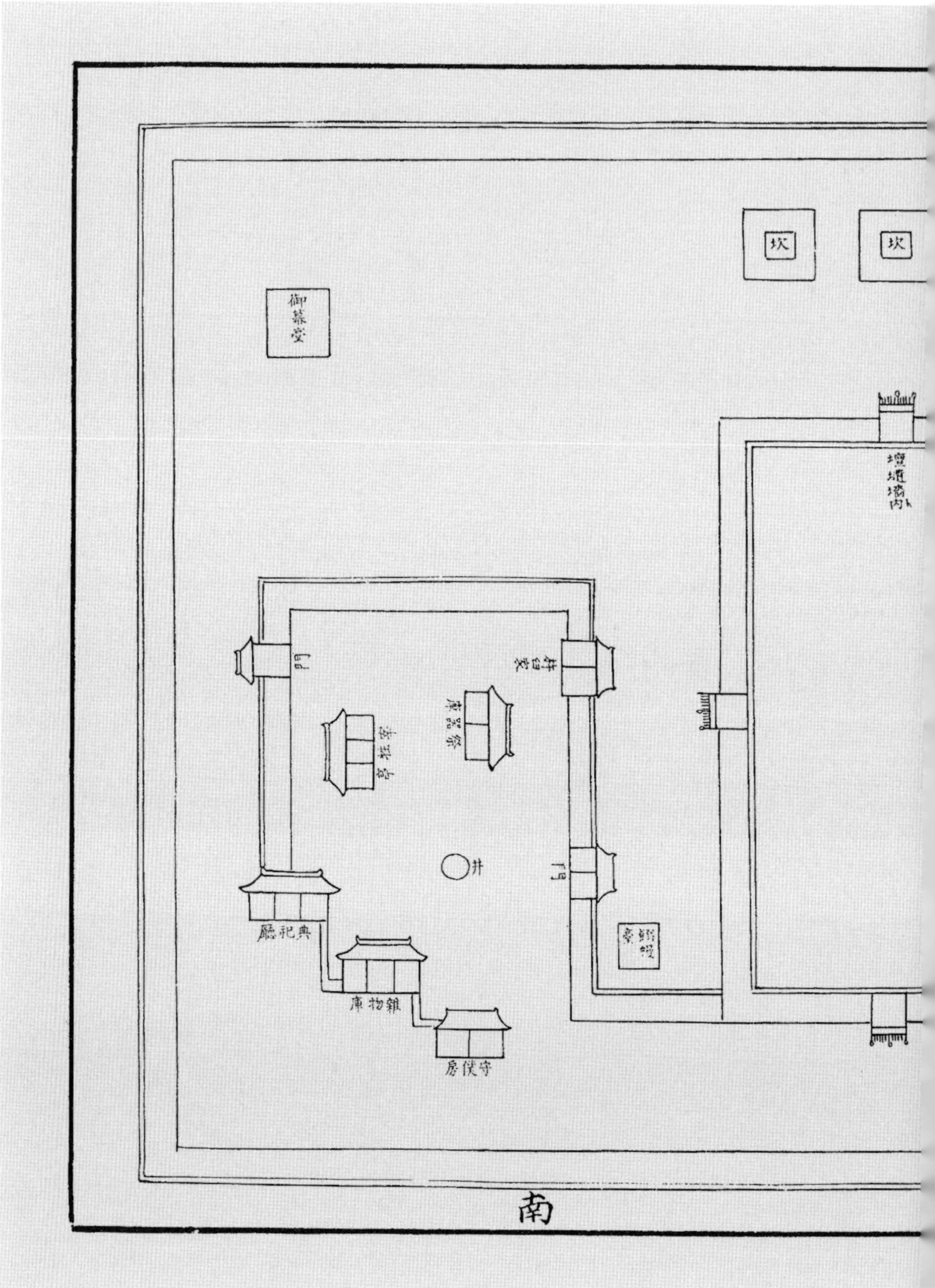

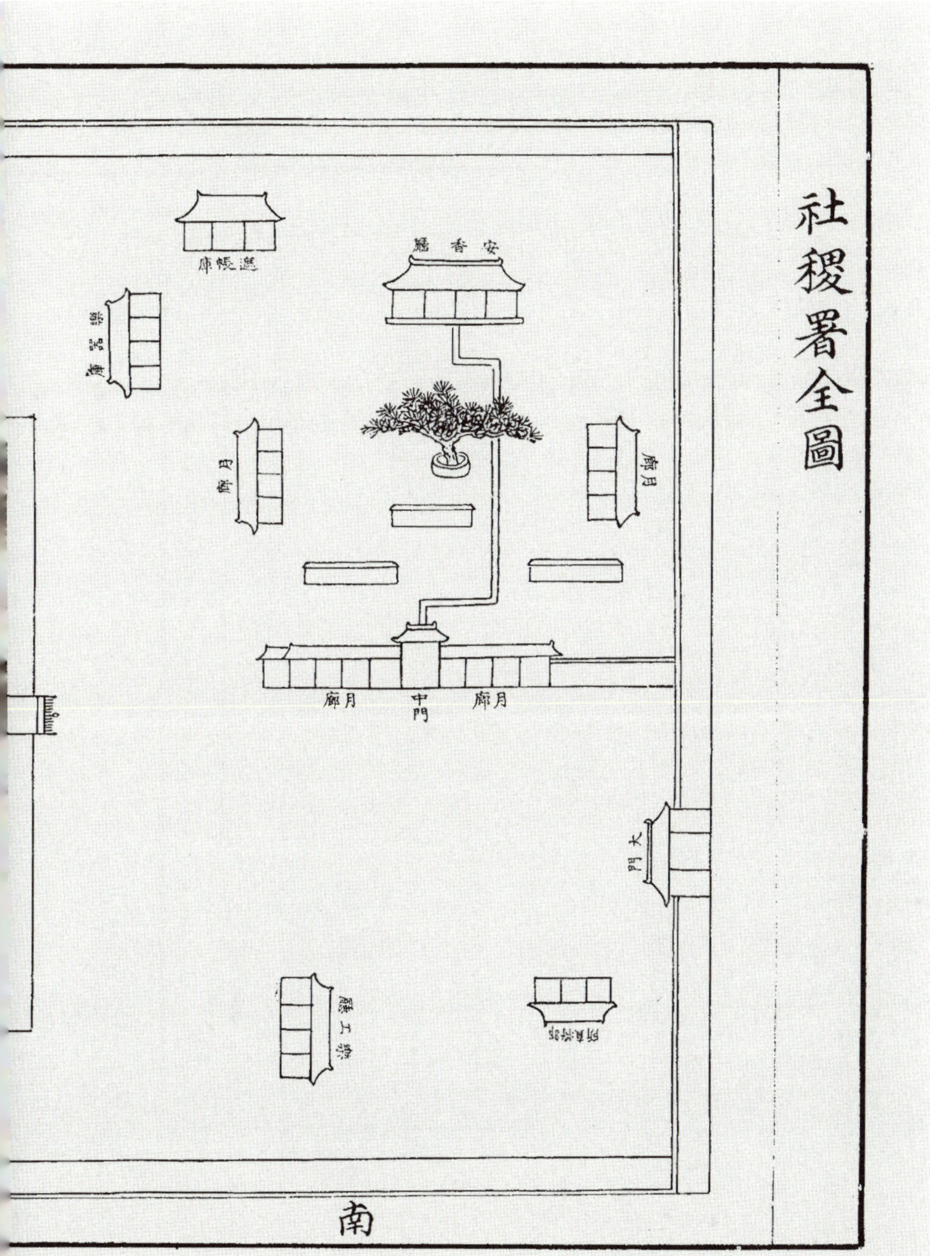

내부 명칭

대문(大門)
부장직소(部將直所)
악공청(樂工廳)
중문(中門)
월랑(月廊)
월랑(月廊)
월랑(月廊)
월랑(月廊)
안향청(安香廳)
차장고(遮帳庫)
악기고(樂器庫)
단유장내(壇壝墻內)
찬만대(饌幔臺)
문(門)
저구가(杵臼家)
제기고(祭器庫)
재생정(宰牲亭)
정(井)
수복방(守僕房)
잡물고(雜物庫)
전사청(典祀廳)
문(門)
어막대(御幕臺)
감(坎)
감(坎)

단유 壇壝 도설 圖說

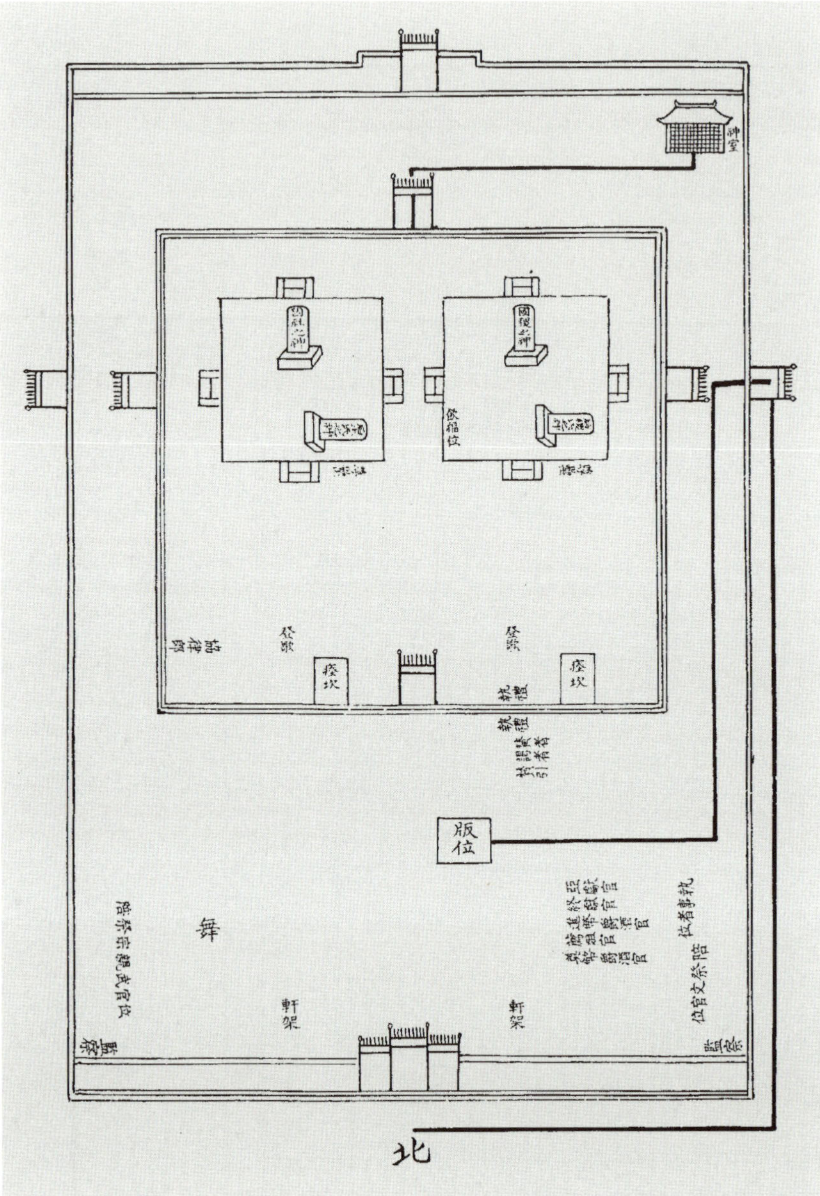

내부 명칭

신실(神室)
국사지신(國社之神)
후토씨지신(后土氏之神)
준뢰(尊罍)
국직지신(國稷之神)
후직씨지신(后稷氏之神)
음복위(飮福位)
준뢰(尊罍)
등가(登歌)
등가(登歌)
협률랑(協律郎)
예감(瘞坎)
집례(執禮)
예감(瘞坎)
집례(執禮)
찬자(贊者)
알자(謁者)
찬인(贊引)
판위(版位)
아헌관(亞獻官)
종헌관(終獻官)
진폐작주관(進幣爵酒官)
천조관(薦俎官)
전폐작주관(奠幣爵酒官)
집사자위(執事者位)
배제문관위(陪祭文官位)
헌가(軒架)
감찰(監察)
무(舞)
배제종친무관위(陪祭宗親武官位)
헌가(軒架)
감찰(監察)

《오례의(五禮儀)》[1]

사직단(社稷壇) —사(社)는 토신(土神)이고, 직(稷)은 곡신(穀神)이다.— 은 도성 안 서쪽에 있는데, —《문헌비고(文獻備考)》에, 서부(西部) 인달방(仁達坊)이라 하였다.— 사는 동쪽에 있고 직은 서쪽에 있다. 두 단은 각각 사방이 2장(丈) 5자(尺)요, 높이가 3자이다. 사방으로 섬돌을 내는데, 각각 3층이다. 단은 방위색[2]에 따라 꾸미고 황토(黃土)로 덮는다. 사에는 석주(石主)가 있는데 길이가 2자 5치(寸)요, 사방이 1자이다. 그 위는 둥글게 깎고 아랫부분 반은 바닥에 흙으로 덮어 묻는데, 단의 남쪽 섬돌 위편에 세운다. 네 문은 하나의 유(壝)를 같이하는데, 유는 사방 25보(步) —장(丈)으로 계산하면 6자가 1보이므로 15장이다. 자는 영조척(營造尺)을 쓴다.— 이고 담[垣]으로 둘러져 있다. 국사(國社), 국직(國稷)의 신좌(神座)는 모두 남쪽에 두고 북쪽을 향하게 한다. 후토씨(后土氏)는 국사에 배향(配享)하고, 후직씨(后稷氏)는 국직에 배향하는데, 각각 정위(正位) 왼쪽에 두되 북쪽 가까이에 세우고 동쪽을 향하게 한다.

1 오례의 1474년(성종 5)에 간행된 《국조오례의(國朝五禮儀)》 8권 8책과 같은 해 간행된 《국조오례서례(國朝五禮序例)》 5권 2책을 말한다. 《국조오례의》는 오례(五禮) 즉 길례(吉禮), 가례(嘉禮), 빈례(賓禮), 군례(軍禮), 흉례(凶禮)에 관한 의식 절차를 자세히 설명하였고, 《국조오례서례》는 의식 절차를 행하는 데 필요한 참고 사항을 오례의 순서에 따라 기술하고 도설(圖說)을 붙인 것이다.

2 방위색 동·서·남·북 네 방위의 색은 각각 청·백·적·흑이고, 중앙은 황색이다.

대향 大享 정·배위 正配位 찬실 饌實 도설

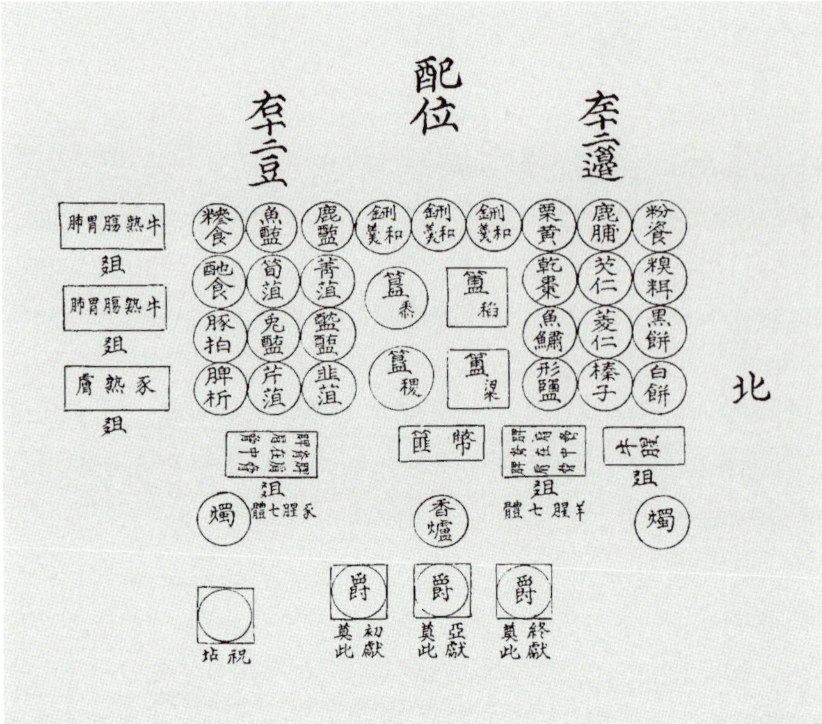

《오례의》

위(位)마다 변(籩) 12개를 왼쪽에 세 줄로 놓는데, 오른쪽을 상위(上位)로 한다. —제1행에는 형염(形鹽)[3]을 앞에 놓고, 다음에 어수(魚鱐 말린 생선), 건조(乾棗 말린 대추), 율황(栗黃 깐 밤)을 차례로 놓는다. 제2행에는 진자(榛子 개암)를 앞에 놓고, 다음에 능인(菱仁 마름 열매), 검인(芡仁 가시연밥), 녹포(鹿脯 사슴고기 포)를 차례로 놓는다. 제3행에는 백병(白餠 흰떡)을 앞에 놓고, 다음에 흑병(黑餠 검정떡), 구이(糗粈),[4] 분자(粉餈)[5]를 차례로 놓는다.— 두(豆) 12개를 오른쪽에 세 줄로 놓는데, 왼쪽을 상위로 한다. —제1행에는 구저(韭菹 부추김치)를 앞에 놓고, 다음에 담해(醓醢 육장〈肉醬〉), 청저(菁菹 무김치), 녹해(鹿醢 사슴고기 젓)를 차례로 놓는다. 제2행에는 근저(芹菹 미나리김치)를 앞에 놓고, 다음에 토해(兎醢 토끼고기 젓), 순저(筍菹 죽순김치), 어해(魚醢 생선 젓)를 차례로 놓는다. 제3행에는 비석(脾析 소의 처녑)을 앞에 놓고, 다음에 돈박(豚拍),[6] 이식(酏食),[7] 삼식(糝食)[8]을 차례로 놓는다.— 조(俎)는 3개인데, 2개는 변(籩)의 앞

3 **형염** 제사 용도로 쓰는 호랑이 형상의 소금 덩어리를 말한다. 소금이 뭉쳐서 호랑이처럼 생긴 것이라고도 하고, 염지(鹽地)에서 저절로 형성된 덩어리로 된 소금을 후에 사람들이 호랑이 모양으로 조각한 것이라고도 한다.《星湖僿說 卷21 祭物》

4 **구이** 구이(糗餌)로도 쓴다. 떡의 일종으로, 쌀을 갈아 가루로 만든 다음에 반죽하여 익힌 것이다.《星湖僿說 卷21 祭物》

5 **분자** 쌀떡의 일종으로, 쌀을 익힌 다음 찧어 콩가루를 입힌 것이다.《星湖僿說 卷21 祭物》

6 **돈박** 돼지의 어깻죽지 살을 말하는데, 가늘게 썰어 회를 만들어 올린다.

7 **이식** 차기장[粘黍]으로 만든 떡이다.

8 **삼식** 쌀가루를 섞어 끓인 국이다.

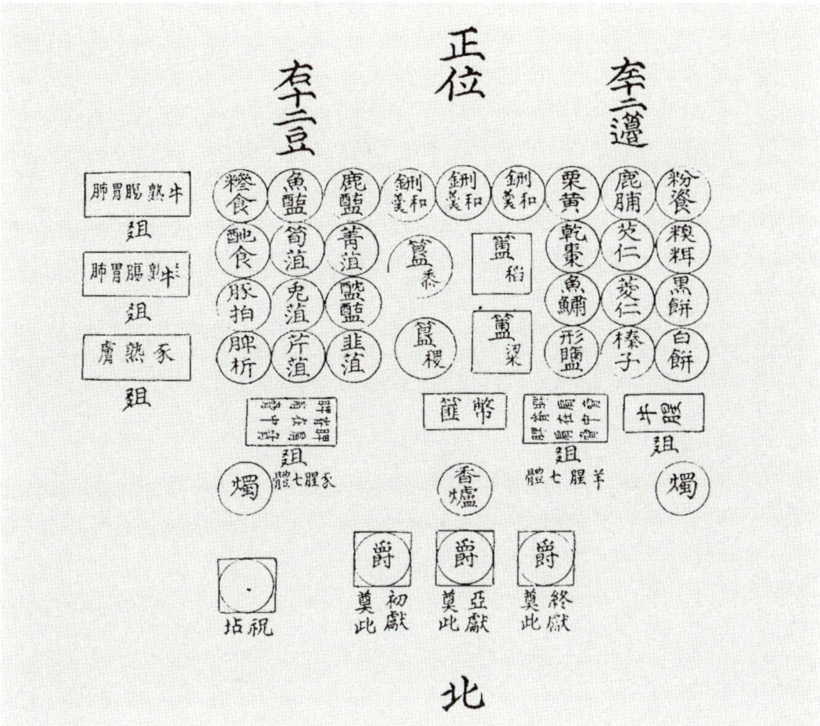

에, 1개는 두(豆)의 앞에 놓는다. ─변의 앞에 있는 조 가운데 하나에는 우성(牛腥 생 쇠고기)을 담고, 다른 하나에는 양성(羊腥 생 양고기)을 담는다. 칠체(七體)는 양비(兩脾), 양견(兩肩), 양협(兩脅)과 척(脊)인데, 비(脾)는 양 끝에, 견(肩)과 협(脅)은 그다음에, 척은 가운데에 놓는다. 두의 앞에 있는 조에는 시성(豕腥 생 돼지고기)을 담는데, 칠체는 양(羊)과 같게 한다.─ 두의 오른쪽 조는 3개이다. ─하나에는 소의 익힌 장(腸)·위(胃)·폐(肺)를 담고, 하나에는 양의 익힌 장·위·폐를 담고, 하나에는 돼지의 익힌 부(膚)를 담는다. 돼지는 앞에 놓고 다음에 양, 소를 차례로 놓는다. 모든 조는 모두 생갑(牲匣)이 있다.─ 보(簠)와 궤(簋)는 각각 2개인데 변(籩)과 두(豆) 사이에 놓는다. 보는 왼쪽에, 궤는 오른쪽에 놓는다. ─보에는 도(稻)와 양(粱)을 담는데, 양은 도의 앞에 놓는다. 궤에는 서(黍)와 직(稷)을 담는데, 직은 서의 앞에 놓는다.─ 형(鉶)은 3개인데, 보와 궤의 뒤에 놓는다. ─화갱(和羹)[9]을 담고 모활(芼滑)[10]을 더한다.─ 작(爵)은 3개인데, 보와 궤의 앞에 놓는다. ─각각 점(坫)이 있다.

9 화갱 양념을 넣은 국이다.

10 모활 국이나 찌개를 만들 때 맛을 내기 위해 넣는 채소나 고기붙이를 말한다.

대향 정·배위 준뢰 尊罍 도설

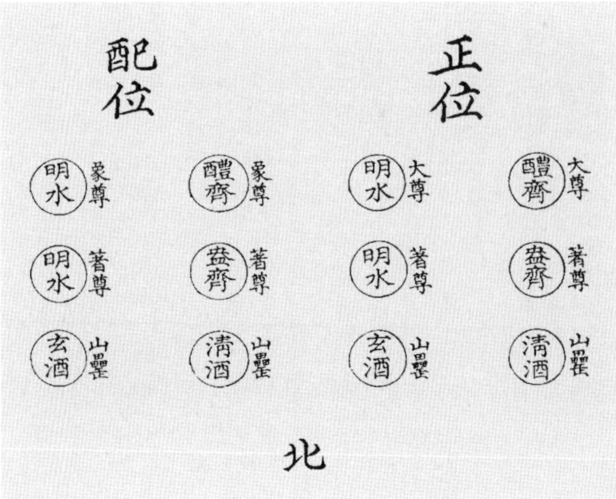

《오례의》

국사, 국직에는 각각 대준(大尊)이 2개이고, —하나에는 명수(明水)를 담고, 하나에는 예제(醴齊)[11]를 담는다.— 착준(著尊)이 2개이고, —하나에는 명수를 담고, 하나에는 앙제(盎齊)를 담는다.— 산뢰(山罍)가 2개인데, —하나에는 현주(玄酒)를 담고, 하나에는 청주(淸酒)를 담는다.— 세 줄로 놓고, —제1행에는 대준을 놓고, 제2행에는 착준을 놓고, 제3행에는 산뢰를 놓는다.— 모두 구기[勺]와 멱(冪 덮는 보자기)을 더하여 각 단 위의 —지금은 단 위가 좁아서 아래에 놓는다.— 서북쪽 모퉁이에 둔다. 후토씨(后土氏)와 후직씨(后稷氏)에는 각각 상준(象尊)이 2개이고, —하나에는 명수를 담고, 하나에는 예제를 담는다.— 착준이 2개이고, —하나에는 명수를 담고, 하나에는 앙제를 담는다.— 산뢰가 2개인데, —하나에는 현주를 담고, 하나에는 청주를 담는다.— 세 줄로 놓고, —제1행에는 상준을 놓고, 제2행에는 착준을 놓고, 제3행에는 산뢰를 놓는다.— 모두 구기와 멱을 더하여 각각 정위의 준과 뇌의 서쪽에 놓는데, 모두 남쪽을 향하게 하고 동쪽을 상위로 한다. —모든 준과 뇌는 명수와 현주를 담은 것을 상위로 한다.

11 **예제** 예주(醴酒)나 혹은 첨주(甛酒), 즉 단술을 말한다. 예(醴)는 술을 빚어 하룻밤을 묵혀서 익힌 것이다. 제(齊)는 누룩과 쌀의 비율로 술의 농담(濃淡)을 조절하는 것을 말한다. 농도에 따라 5종의 술[五齊]이 있는데, 농도가 진한 순으로 첫째는 범제(泛齊), 둘째는 예제, 셋째는 앙제(盎齊), 넷째는 제제(緹齊), 다섯째는 침제(沈齊)이다.《周禮 天官冢宰 酒正》

기고 별제 祈告別祭 정·배위 찬실 도설

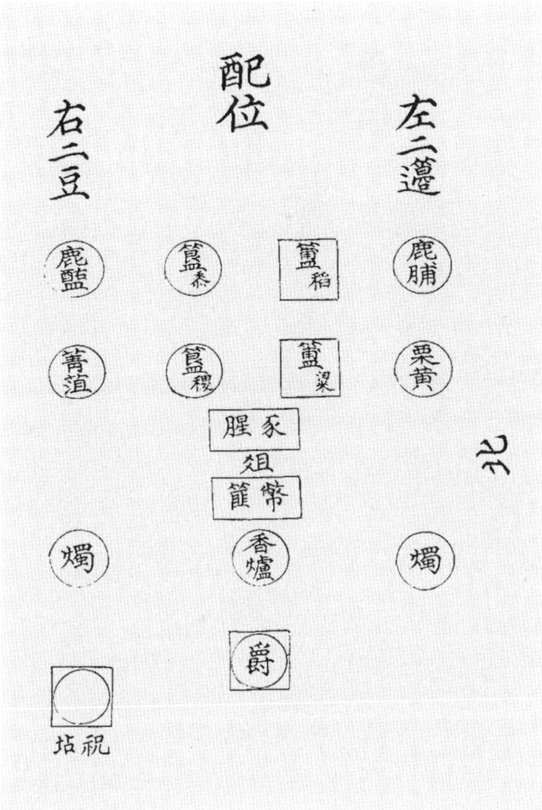

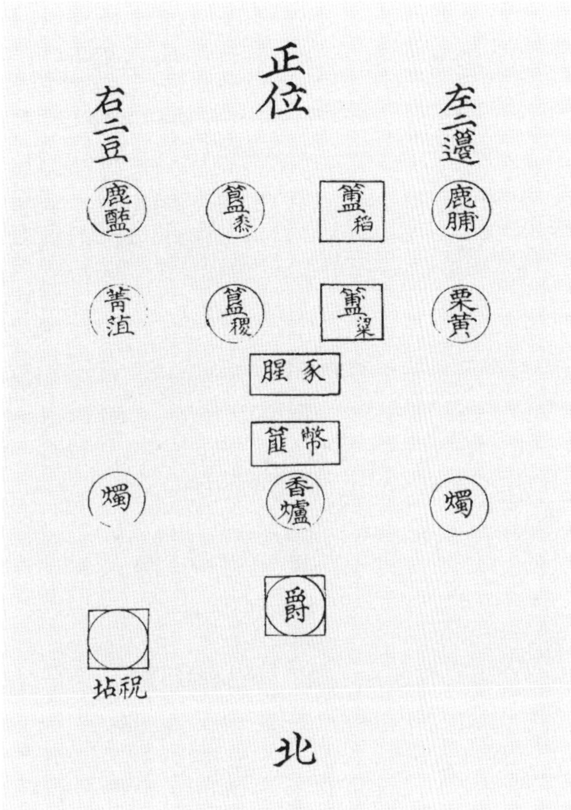

《오례의》

위(位)마다 왼쪽에 2개의 변(籩) -율황(栗黃)은 앞에, 녹포(鹿脯)는 다음에 놓는다.- 을 놓고, 오른쪽에 2개의 두(豆) -청저(菁菹)는 앞에, 녹해(鹿醢)는 다음에 놓는다.- 를 놓는다. 보(簠)·궤(簋) 각 2개씩을 변과 두 사이에 놓는데, 보는 왼쪽에 놓고, 궤는 오른쪽에 놓는다. -보에는 도(稻)와 양(粱)을 담는데, 양을 도 앞에 둔다. 궤에는 서(黍)와 직(稷)을 담는데, 직을 서 앞에 둔다. -조(俎) 1개는 보와 궤 앞에 놓고, -시성(豕腥)을 담는다.- 작(爵) 1개는 조의 앞에 놓는다. -점(坫)이 있다.

기고 별제 정·배위 준뢰 도설

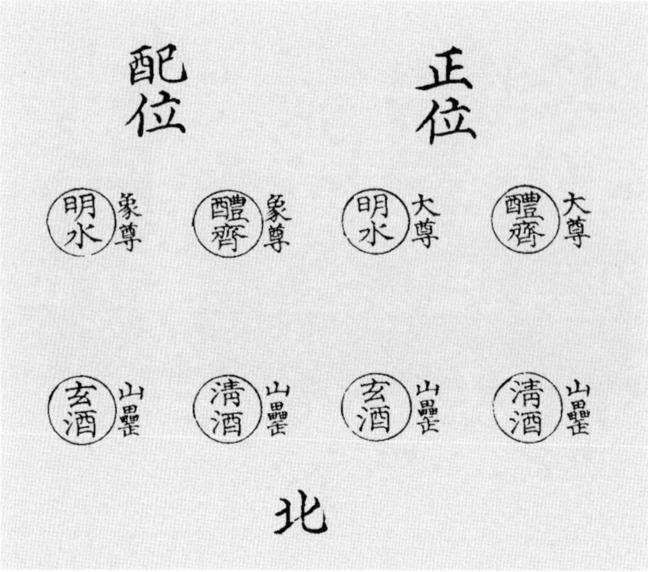

《오례의》

국사, 국직에는 각각 대준(大尊)이 2개이고, ―하나에는 명수(明水)를 담고, 하나에는 예제(醴齊)를 담는다.― 산뢰(山罍)가 2개인데, ―하나에는 현주(玄酒)를 담고, 하나에는 청주(淸酒)를 담는다.― 두 줄로 놓는다. ―제1행은 대준, 제2행은 산뢰이다.― 모두 구기와 멱을 더하여 각 단의 서북쪽 모퉁이에 놓는다.

후토씨와 후직씨에는 각각 상준이 2개이고, ―하나에는 명수를 담고, 하나에는 예제를 담는다.― 산뢰가 2개인데, ―하나에는 현주를 담고, 하나에는 청주를 담는다.― 두 줄로 놓는다. ―제1행은 상준, 제2행은 산뢰이다.― 모두 구기와 멱을 더하여 각각 정위의 준과 뇌의 서쪽에 놓는데, 모두 남쪽을 향하게 하고 동쪽을 상위로 한다.

제기 祭器 도설

변籩

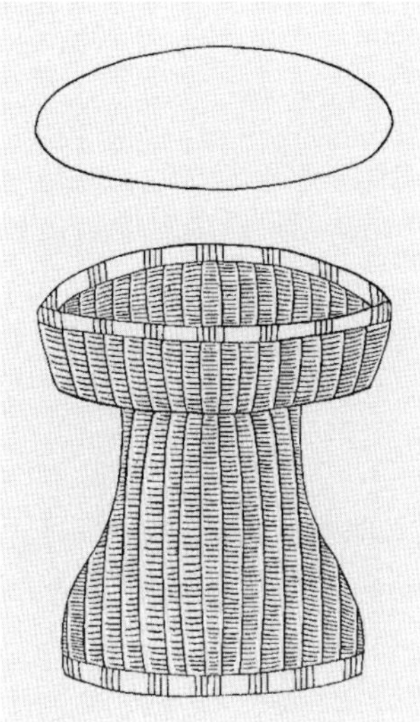

《석전의(釋奠儀)》[12]

변은 대나무로 만든다. 아가리〔口〕의 지름은 4치(寸) 9푼(分), 발〔足〕까지 합한 높이는 5치 9푼, 깊이는 1치 4푼, 발의 지름은 5치 1푼이다. 보〔巾〕는 갈포〔綌〕를 쓰는데, 겉은 검붉은색이고 속은 분홍색이며, 1폭짜리 원형이다.

두豆

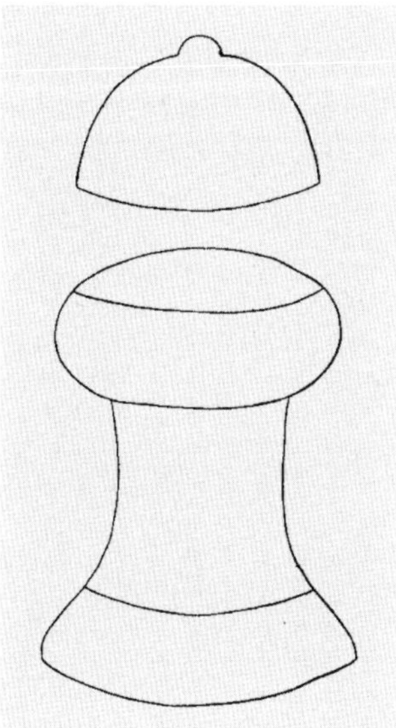

《석전의》

두는 나무로 만든다. 높이, 깊이, 아가리 지름, 발 지름은 모두 변의 제도를 따른다.

12 석전의 송(宋)나라 유학자 주희(朱熹)의 찬술이다. 사고전서(四庫全書)에 《소희주현석전의도(紹熙州縣釋奠儀圖)》가 있는데, 소흥(紹興) 5년에 완성된 책으로 맨 앞에 관첩(官牒)이 있고 다음에 《석전의》의 주(注)가 있고 끝으로 〈예기도(禮器圖)〉가 있다.

형 鉶

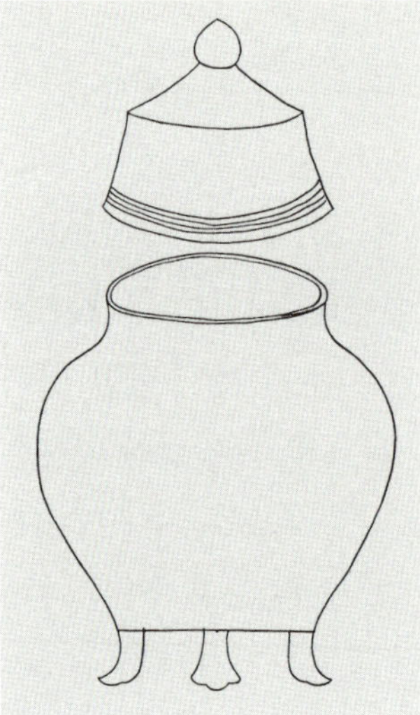

《예서(禮書)》[13]

형정(鉶鼎)은 국을 담는 그릇이고 형갱(鉶羹)은 오미(五味)로 맛을 낸 국이니, 국으로 말하면 형갱이라고 하고 그릇으로 말하면 형정이라고 한다.

13 **예서** 송나라 학자 진상도(陳祥道)가 당시까지 전하는 예악에 관한 기록을 고정(考訂)하여 도설과 함께 논변한 책으로, 총 150권으로 되어 있다.

보 簠

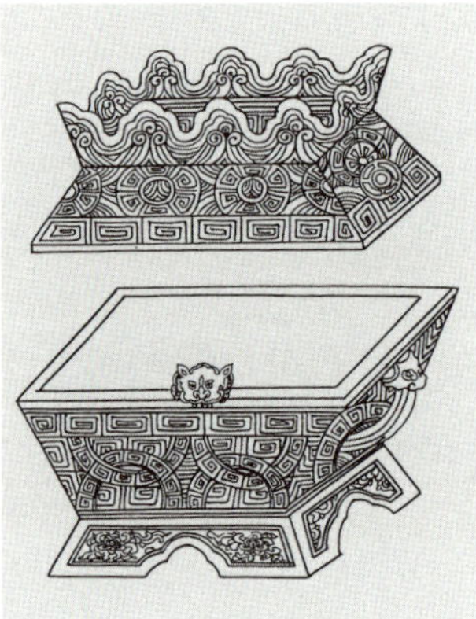

《석전의》

보는 구리로 주조한다. 뚜껑까지 합한 무게는 13근(斤) 2냥(兩)이다. 뚜껑까지 합한 높이는 7치, 깊이는 2치, 너비[闊]는 8치 1푼이고, 배[腹]의 지름은 긴 쪽은 1자 1푼이다. —뒤에 무게를 말한 것은 모두 구리로 만든 것들이다.

궤 簋

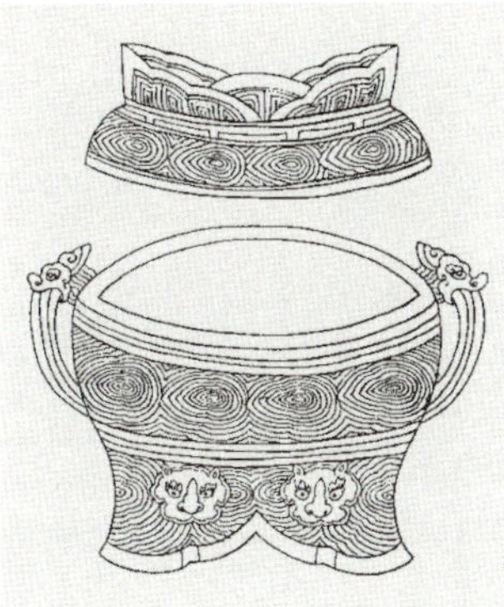

《대명집례(大明集禮)》[14]

궤는 구리로 만든다. 무게는 11근이고, 뚜껑과 발을 합한 높이는 7치 3푼이다. 아가리 지름은 긴 쪽이 8치 3푼이고, 가로 너비는 6치 8푼이다. —《주례(周禮)》 주에 "보는 방형(方形)이고 궤는 원형(圓形)이다." 하였다.

작 爵

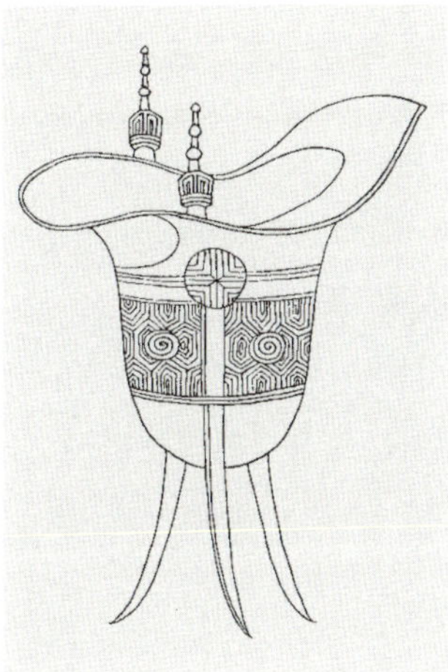

《석전의》

작은 무게가 1근 8냥이고, 기둥까지 합한 높이는 8치 2푼이고, 깊이는 3치 3푼이다. 아가리의 지름은 긴 쪽이 6치 2푼이고 너비는 2치 9푼이다. 기둥이 2개, 발이 3개이며 수구〔流〕가 있고 손잡이〔鋬〕가 있다.

《시경(詩經)》〈예기도설(禮器圖說)〉

윗부분에 있는 두 기둥은 마시기를 다하지 않는 뜻을 취한 것이다.

14 **대명집례** 명나라 서일기(徐一夔) 등이 고황제(高皇帝)의 명을 받아 홍무(洪武) 3년(1370)에 완성하였다. 길례(吉禮), 흉례(凶禮), 군례(軍禮), 빈례(賓禮), 가례(嘉禮) 오례(五禮)를 강(綱)으로 하고 그 아래에 26조목으로 나누어 기술하였으며, 모두 53권으로 되어 있다.

작점 爵坫

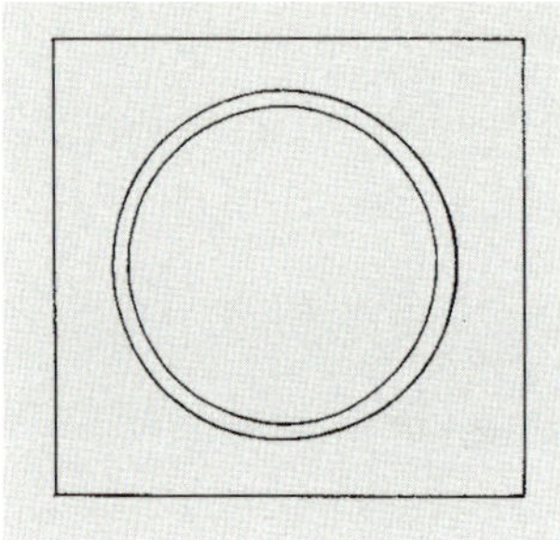

《석전의》

점은 무게가 2근 9냥이고, 세로와 가로는 각각 9치 2푼이다. 《삼례도(三禮圖)》[15]에 "점은 작(爵)을 올리는 데 쓰고, 또한 준(尊)을 받치는 데에도 쓴다." 하였다. 지금 축사(祝詞)를 실은 판(版)과 작헌(酌獻)을 위한 작을 반드시 둘 곳을 살펴서 놓는 것은 제사를 공경히 하고 삼가는 뜻을 보인 것이다. 점거의 뜻이 있기 때문에 점이라고 한 것이다. 형체는 정방형이어서 바닥에 놓으면 평평하고 바르다.

우정 牛鼎

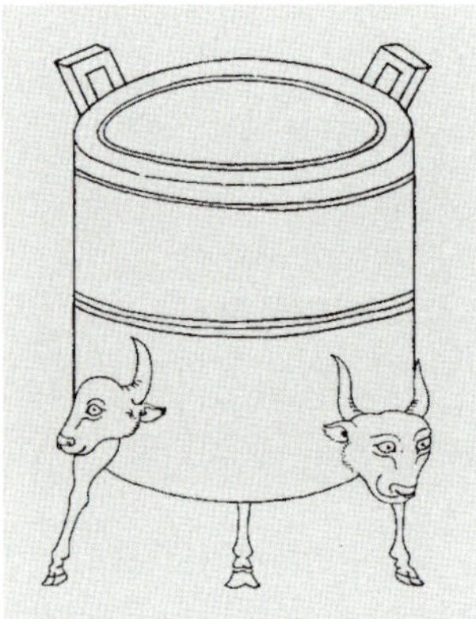

《성송반악도(聖宋頒樂圖)》[16]

우정의 아가리 지름과 밑바닥 지름은 모두 1자 3치이고, 깊이는 1자 2치 2푼이다. 용량은 1곡(斛)이다.

《삼례도》

우정은 세 발이 소의 발과 같으며, 매 발 위는 소머리로 장식하였다. 양정(羊鼎)과 시정(豕鼎)도 역시 이와 같이 하였다.

15 **삼례도** 《수서(隋書)》 권32 〈경적지(經籍志)〉에 정현(鄭玄)과 완심(阮諶) 등이 그린 《삼례도》가 나와 있고, 《신당서(新唐書)》 권57 〈예문지(藝文志)〉에, 하후복랑(夏侯伏朗)과 장일(張鎰) 등이 그린 《삼례도》가 있는데, 지금은 모두 전해지지 않는다. 지금 전해지는 《삼례도》는 송나라 섭숭의(聶崇義)가 찬한 것으로, 20권으로 되어 있다.

16 **성송반악도** 송나라 때에 반포한 악도(樂圖)이다. 《태종실록》 12년 4월 3일 기사에 이에 대한 기록이 보인다. 예조가 아뢰기를 "송나라 때 사람 진양(陳暘)이 지은 《악서(樂書)》에 '신종(神宗) 원풍(元豐) 연간에 고려에서 중국의 악공(樂工)을 구하여 익혔다.' 하였는데, 《성송반악도》가 바로 이때에 구한 것인 듯하며, 충주 사고(忠州史庫) 제7궤(樻)에 4벌(道)이 보관되어 있다고 합니다." 하니, 태종이, 찾아와서 전악서(典樂署)의 악보(樂譜)를 정리하는 데에 참고하게 하라고 명하였다.

양정 羊鼎

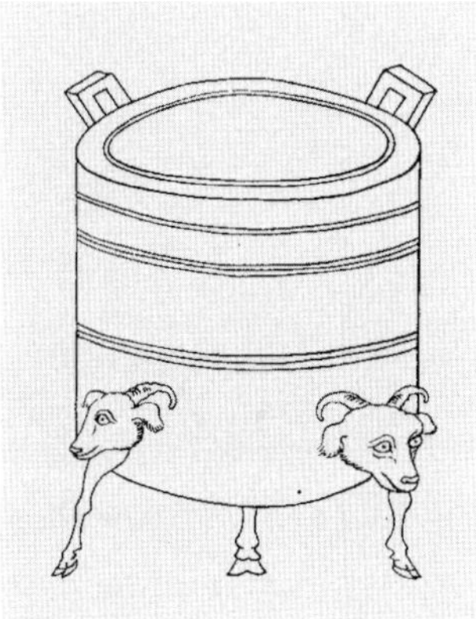

《성송반악도》

양정의 용량은 5말(斗)이다. 아가리 지름과 밑바닥 지름은 모두 1자이고, 깊이는 1자 3푼이다.

시정 豕鼎

《성송반악도》

시정의 용량은 3말이다. 아가리 지름과 밑바닥 지름은 모두 9치이고, 깊이는 7치 6푼이다.

정멱 鼎冪 정경 鼎扃

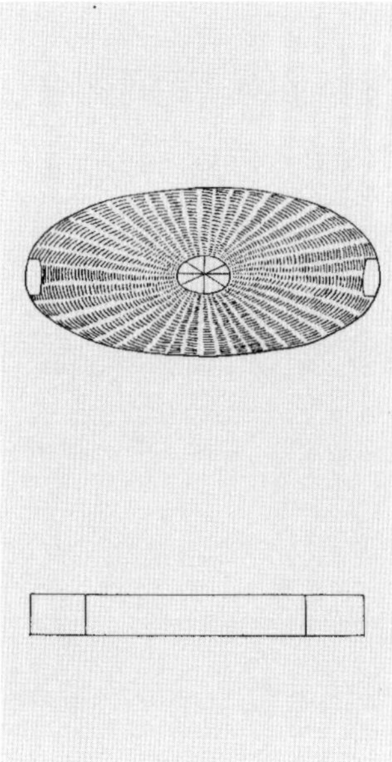

《의례(儀禮)》

멱은 묶기도 하고 엮기도 한다. 주(註)에 "정멱은 띠[茅]로 만든다. 긴 것은 밑동을 묶고 짧은 것은 중간을 엮는데, 대개 촘촘하게 하여 기가 새 나가지 않게 하기 위한 것이다." 하였다. 정경은 정(鼎)을 드는 도구이다. 우정경(牛鼎扃)은 길이가 3자이다. 양정경(羊鼎扃)은 길이가 2자 5치이다. 시정경(豕鼎扃)은 길이가 2자이다.[17] 양 끝을 옥으로 장식하는데 각각 3치이다.[18]

17 **우정경은……2자이다** 《주례(周禮)》〈동관고공기(冬官考工記) 장인(匠人)〉에 나오는 정현(鄭玄)의 주이다.

18 **멱은……3치이다** 《의례》〈공식대부례(公食大夫禮)〉에 나온다.

19 **집례** 《명집례(明集禮)》를 말한다. 《대명집례(大明集禮)》라고도 한다.

정비 鼎匕 정필 鼎畢

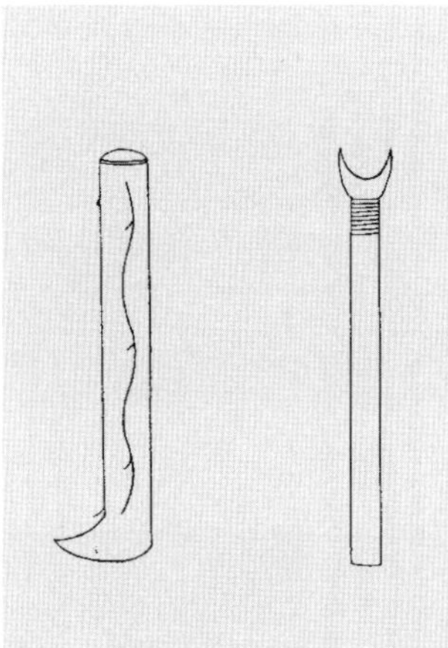

《예서》

비(匕)는 길이가 3자이고 가시나무[棘木]를 써서 만드니, 생체(牲體)를 옮기는 기구이다. 《집례(集禮)》[19]에 "구름 그림을 새겨 넣는다. 엽(葉)은 길이가 8치, 너비가 3치이고, 모두 붉은 칠을 한다." 하였다. 필(畢)은 모양이 비녀와 같고 그것으로 고기를 들어 올린다. 엽의 너비는 3치이고 가운데 1치를 파낸다. 자루의 길이는 2자 4치이다. 자루 끝 부분과 양쪽 엽은 모두 붉은 칠을 한다.

난도 鑾刀

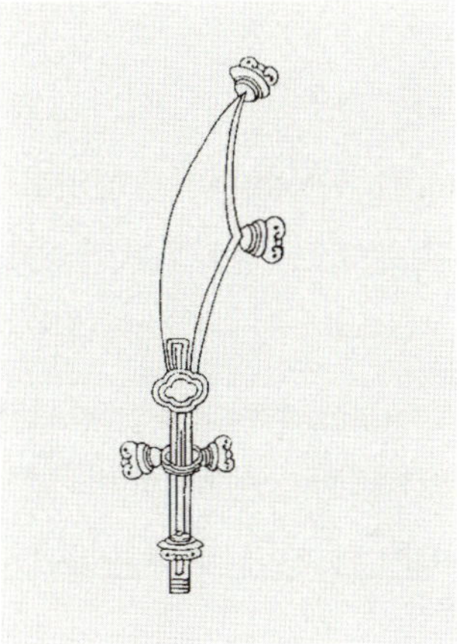

〈교특생(郊特牲)〉[20]

할도(割刀)를 쓰되 귀한 난도를 쓰는 것은 그 뜻을 귀히 여기는 것이다.

《공양전(公羊傳)》의 주(註)[21]

난도는 베고 자르는 칼이다. 고리〔鐶〕에는 화(和)라는 방울이 있고 칼끝〔鋒〕에는 난(鑾)이라는 방울이 있다.

송(宋)나라 호원(胡瑗)[22]

난령(鑾鈴)은 칼끝에 있어서 소리가 궁성(宮聲)과 상성(商聲)에 합하니, 방울 2개를 쓰고, 화령(和鈴)은 고리에 있어서 소리가 치성(徵聲), 각성(角聲), 우성(羽聲)에 합하니, 방울 3개를 쓴다.

조 俎

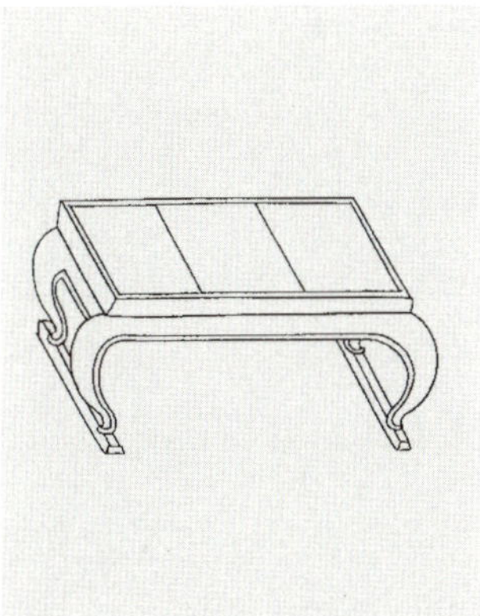

《석전의》

조는 길이가 1자 8치, 너비는 8치, 높이는 8치 5푼이다. 양쪽 끝은 붉은 칠을 하고, 가운데는 검은 칠을 한다.

20 **교특생** 《예기(禮記)》의 편명이다.

21 **공양전의 주** 《춘추공양전(春秋公羊傳)》 선공(宣公) 12년 6월 조의 "정백(鄭伯)이 오른손에 난도(鸞刀)를 잡었다."라는 구절에서 나온 난도에 대한 주를 말한다.

22 **호원** 송나라 유학자로, 자가 익지(翼之)이고 별호가 안정(安定)이며, 시호는 문소(文昭)이다. 저서로는 《주역구의(周易口義)》, 《홍범구의(洪範口義)》가 있다. 《宋史 卷432 胡瑗列傳》

착준 著尊

《석전의》

착준은 무게가 4근 7냥이고, 높이가 8치 4푼 5리이다. 아가리 지름은 4치 3푼이고, 배의 지름은 6치 2푼이고, 깊이는 8치 3푼이다.

《예서》

착준은 양(陽)이 내려와 땅에 붙는 것을 형상하고, 호준(壺尊)은 음(陰)이 둘러싸 만물을 간직하는 것을 형상한다. 이것이 선왕이 가을의 상(嘗) 제사와 겨울의 증(烝) 제사에 사용했던 까닭이다.

산뢰 山罍

《예서》

산뢰는 산준(山尊)이다. 새겨서 그림을 그려 산과 구름의 형상을 만든 것이다. 하후씨(夏后氏 우(禹) 임금)의 준이다.

상준 象尊

《석전의》

상준은 무게가 10근이고, 발까지 합한 높이는 6치 8푼이고, 아가리의 지름은 1치 8푼이다. 귀의 너비는 1치 2푼이고, 귀의 길이는 1치 9푼이며, 깊이는 4치 9푼이다.

《예서》

희준(犧尊)과 상준은 주(周)나라의 준이다. 소는 큰 희생(犧牲)이고 소기름 향내〔膏薌〕는 봄에 알맞다. 상은 큰 짐승이고 남월(南越)에서 생산된다. 이것이 선왕이 봄의 사(祠) 제사와 여름의 약(禴) 제사에 사용했던 까닭이다.

대준 大尊

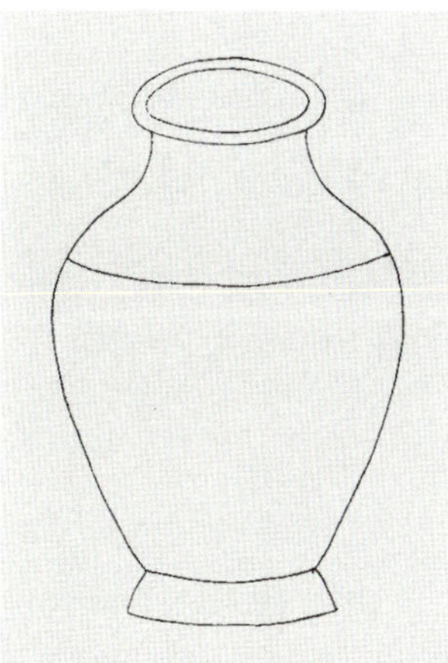

《석전의》

대준은 발까지 합한 높이가 8치 1푼이고, 아가리의 지름은 5치 7푼이고, 배의 지름은 6치 1푼이고, 발의 지름은 3치 8푼이고, 깊이는 6치 5푼이다.

《주례도(周禮圖)》[23]

추향(追享), 조향(朝享), 조천(朝踐)[24]에 2개의 대준을 쓰니, 태고 시대의 준이다. 하나에는 현주(玄酒)를 담고, 하나에는 예제(醴齊)를 담는다.

《예기(禮記)》

태준(泰尊)은 유우씨(有虞氏 순(舜) 임금)의 준이다.[25]

23 **주례도** 작자는 미상이다. 《찬도호주주례(纂圖互註周禮)》에 북송(北宋) 연간에 지어진 것으로 알려진 〈주례경도(周禮經圖)〉가 실려 있는데, 내용으로 보아 동일한 책인 듯하다.

24 **추향, 조향, 조천** 추향과 조향은 사시(四時)의 사이에 지내는 제사로, 추향은 체제(禘祭)이고, 조향은 협제(祫祭)이다. 《주례정의(周禮正義)》에 "소자출(所自出)을 추모하기 때문에 추향이라 하고, 태묘에 합하여 제사 지내는 것이 마치 대대적으로 조회하는 것과 같기 때문에 조향이라 한다." 하였다. 조천은 제례의 의절 가운데 하나로 혈성(血腥)과 작례(酌醴)를 천신하고 나서 비로소 제사를 거행하는 것을 말한다.

25 **태준은……준이다** 《예기》 〈명당위(明堂位)〉에 나온다.

멱 冪

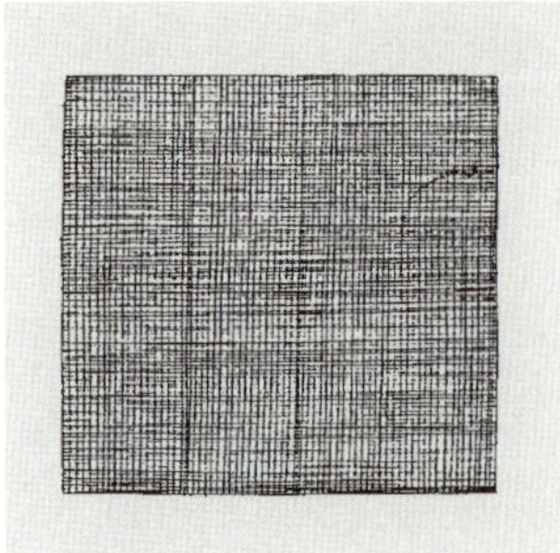

《석전의》

《삼례도(三禮圖)》에 "베의 폭은 2자 2치이고 원형이다." 하였는데, 지금은 베 1폭으로 방형을 취해서 만든다.

《주례도》

8개의 준은 천지(天地)에 바치는 것이므로 거친 베보〔布巾〕를 사용하니, 질박함을 숭상해서이다. 6개의 이(彝)는 종묘에 강신하는 것이므로 고운 베보를 사용한다. 구름을 그려 무늬를 만들고 특생(特牲)에 사용하는 멱과 더불어 모두 갈포〔綌〕를 쓴다.

비 篚

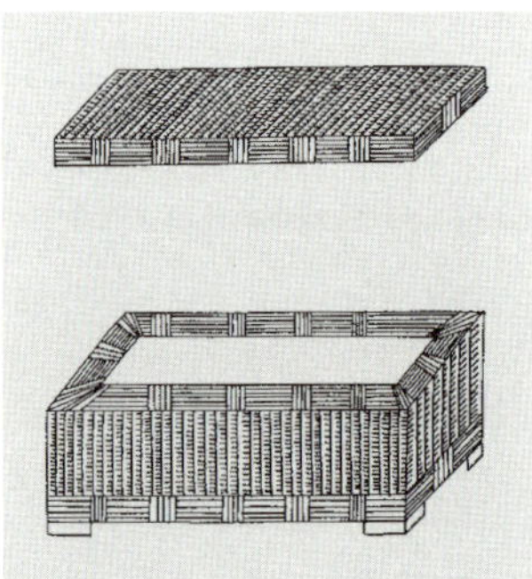

《석전의》

비는 대나무로 만든다. 발까지 합한 높이가 5치이고, 길이는 2자 8푼이고, 너비는 5치 2푼이고, 깊이는 4치이다. 뚜껑의 깊이는 2치 8푼이다. 제물을 올리는 데에 사용하는데, 절도(節度)가 있게 하는 것이다.

용작 龍勺

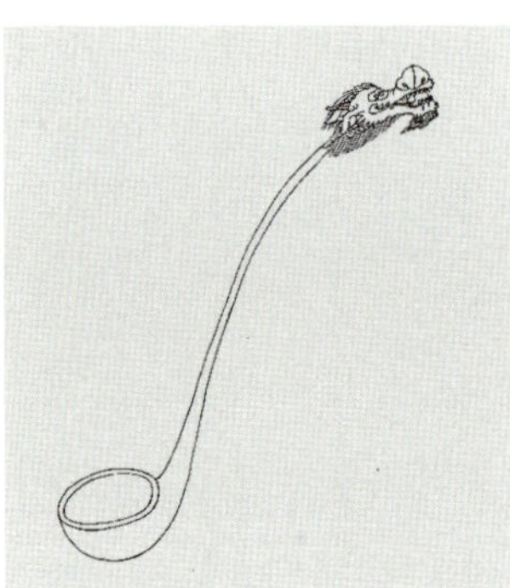

《석전의》

용작은 무게가 1근이고, 아가리 지름은 너비가 2치 1푼이고, 긴 쪽이 2치 8푼이며, 깊이는 1치 1푼이다. 자루의 길이는 1자 2치 9푼이며, 용두(龍頭)를 만들어 단다. 작헌(酌獻)할 때와 관세(盥洗)할 때에 모두 구기〔勺〕로 뜬다.

부 釜

《사림광기(事林廣記)》[26]

발이 없는 솥을 부라 하고, 발이 있는 솥을 기(錡)라 한다. 빈(蘋)과 조(藻)[27]를 삶아 내어 제사에 음식을 올리는 데에 사용할 수 있다.

기 錡

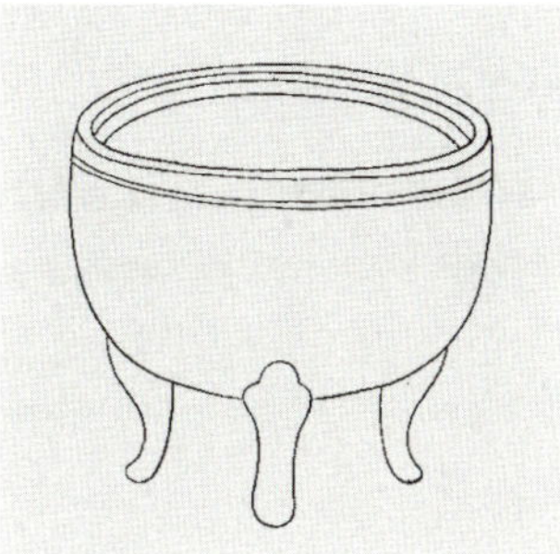

설명은 위에 보인다.

탁 卓

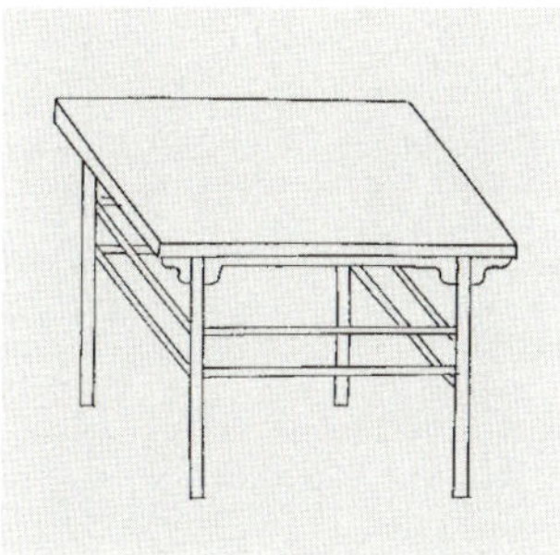

준소탁(樽所卓)은 붉은 칠을 한다.

26 **사림광기** 조선 초기에 많이 활용했던 유서(類書)로 《세시광기(歲時廣記)》의 저자인 송나라 진원정(陳元靚)이 지었다는 설이 유력하다. 국립중앙도서관에 《신편군서류요사림광기(新編群書類要事林廣記)》가 소장되어 있다.

27 **빈과 조** 모두 수초(水草) 이름이다.

대생갑 大牲匣 소생갑개 小牲甲蓋 소생갑 小牲匣

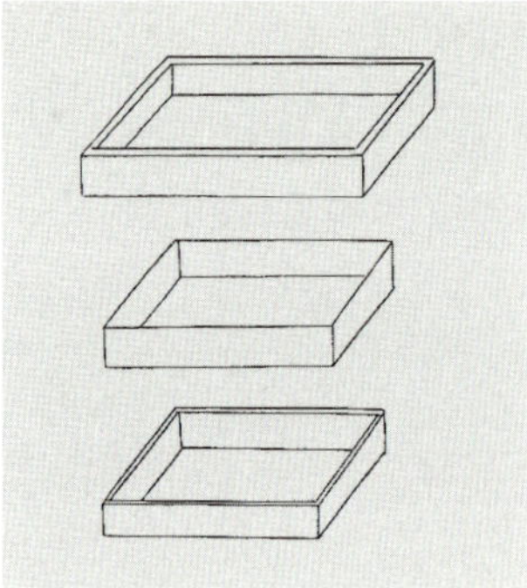

대생갑은 나무로 만들고, 길이는 2자 6치이고, 너비는 1자 4치이다. 소생갑은 길이가 1자 4치이고, 너비는 1자 5푼이며 뚜껑이 있다.

향합 香合

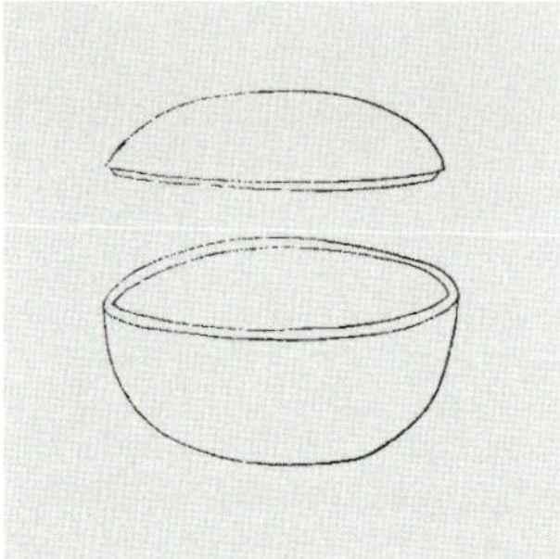

《대명집례》〈향합도설(香合圖說)〉

《운회(韻會)》[28]에 "합자(合子)는 물건을 담는 그릇 이름이다." 하였다.

28 **운회** 원(元)나라 웅충(熊忠)이 지은 《고금운회거요(古今韻會擧要)》라는 책으로 《예부운략(禮部韻略)》을 저본으로 하여 수정, 보완한 것이다.

향로 香爐

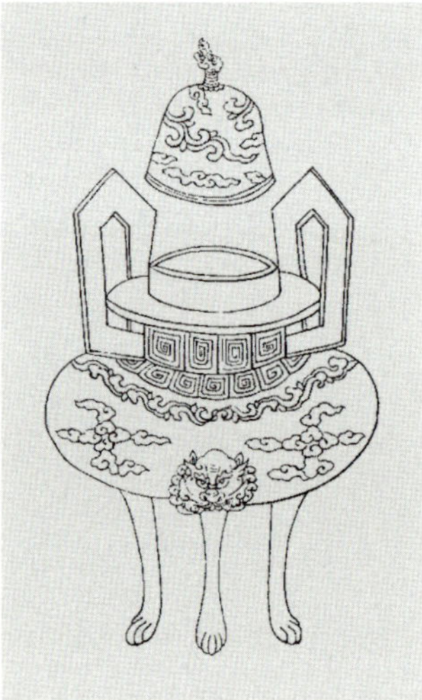

《대명집례》

향로는 아가리는 크고 목은 가늘며, 배는 불룩하고 다리가 셋이다.

모혈반 毛血槃

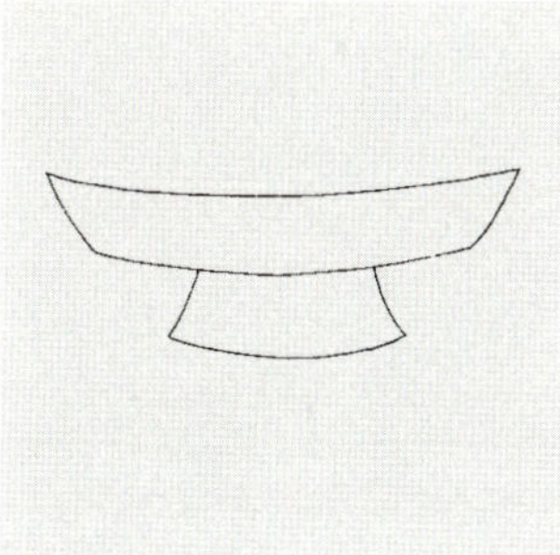

구리로 만들고 모혈(毛血)을 받아서 올리는 데 쓴다.

세뢰 洗罍

《석전의》

세뢰는 무게가 12근이고, 발까지 합한 높이가 1자이다. 아가리의 지름은 8치 4푼이고, 깊이는 7치 1푼이고, 발의 아가리의 지름은 7치 9푼이다.

《운회》

뇌(罍)는 손 씻는 그릇〔盥器〕이다.

세 洗

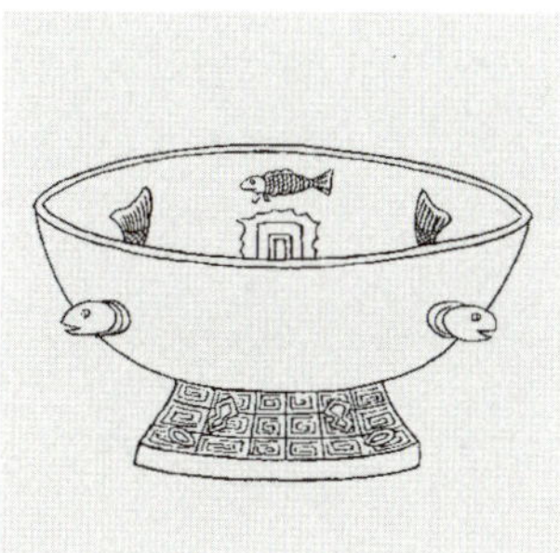

《석전의》

세는 무게가 8근 8냥이고, 발까지 합한 높이는 5치 7푼이고, 아가리의 지름은 1자 3치 6푼이고, 깊이는 2치 9푼이고, 발의 아가리의 지름은 8치 9푼이다.

악樂 도설

헌가軒架

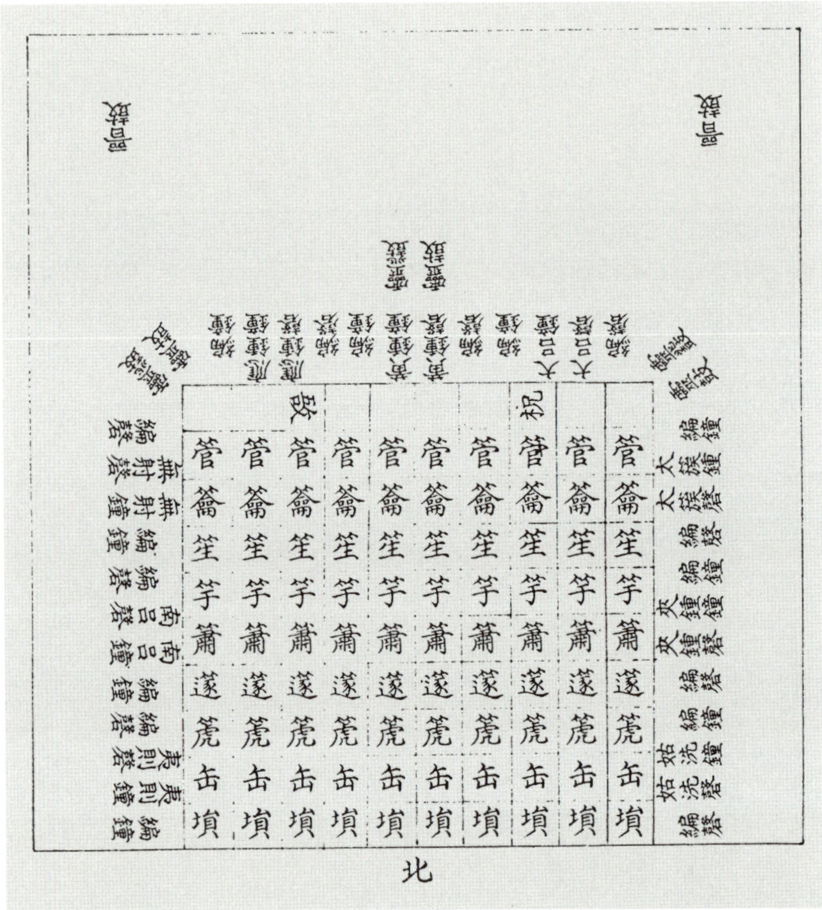

《오례의》

헌가는 단(壇) 아래에 있는데, –지금은 북문(北門) 안에 있다.– 동·서·남방 세 곳에 각각 편종(編鍾) 3도(堵)와 편경(編磬) 3도를 설치한다. 서방에는 편종을 남쪽에서부터 설치하는데, 편경을 그 사이에 설치하며, 서쪽을 향하게 한다. 동방에는 편경을 남쪽에서부터 설치하는데, 편종을 그 사이에 설치하며, 동쪽을 향하게 한다. 남방에는 편경을 서쪽에서부터 설치하는데, 편종을 그 사이에 설치하며, 남쪽을 향하게 한다. 영고(靈鼓) 3개를 설치하는데, 하나는 남가(南架)의 남쪽 중앙에, 하나는 서남쪽 모퉁이에, 하나는 동남쪽 모퉁이에 둔다. 영도(靈鼗)가 또 각 하나씩 그 왼쪽에 있다. 진고(晉鼓) 2개는 악현(樂懸)의 남쪽에 설치하는데, 하나는 동남쪽 모퉁이에, 하나는 서남쪽 모퉁이에 둔다. 축(柷)과 어(敔)는 남가 안쪽에 설치하는데, 축은 서쪽에, 어는 동쪽에 둔다. 관(管) 10개를 축과 어의 북쪽에 한 줄로 설치한다. 다음에 약(籥), 다음에 생(笙), 다음에 우(竽), 다음에 소(簫), 다음에 적(篴), 다음에 지(篪), 다음에 부(缶), 다음에 훈(塤)의 순으로 각 10개를 각각 한 줄로 두는데, 모두 길 동쪽과 서쪽으로 나누되 모두 남쪽을 향하게 한다. –공인(工人)은 모두 개책(介幘),[29] 비난삼(緋鸞衫),[30] 백주중단(白紬中單),[31] 백주고(白紬袴),[32] 백말대(白袜帶),[33] 백포말(白布襪),[34] 오피리(烏皮履)[35] 차림이다. 뒤에도 이와 같이 한다.

《악학궤범(樂學軌範)》

악생(樂生)이 121인이다. 영신(迎神), 진찬(進饌), 아헌(亞獻)·종헌(終獻), 송신(送神) 때에 연주한다.

29 **개책** 개책관(介幘冠)을 말한다. 아악(雅樂)·속악(俗樂)의 공인(工人)이 착용하는 관으로, 개적이라고도 읽는다.

30 **비난삼** 붉은색의 난삼으로, 난삼은 난새 문양이 있는 적삼이다.

31 **백주중단** 흰색 명주로 만든 중단으로, 중단은 예복(禮服) 속에 입는 중의(中衣)를 말한다. 두루마기 모양과 비슷하며, 깃은 곧고 소매가 넓다. 흰색 또는 옥색의 사(紗)·초(綃)·나(羅)로 만들며, 깃·도련·소매 끝에는 선을 둘러 예복 속에 받쳐 입는다.

32 **백주고** 흰색 명주로 만든 바지이다.

33 **백말대** 흰색 허리띠인 듯하다.

34 **백포말** 흰 베에 생포(生布)로 안을 넣어서 만든 버선이다.

35 **오피리** 검정 가죽신이다.

등가 登歌

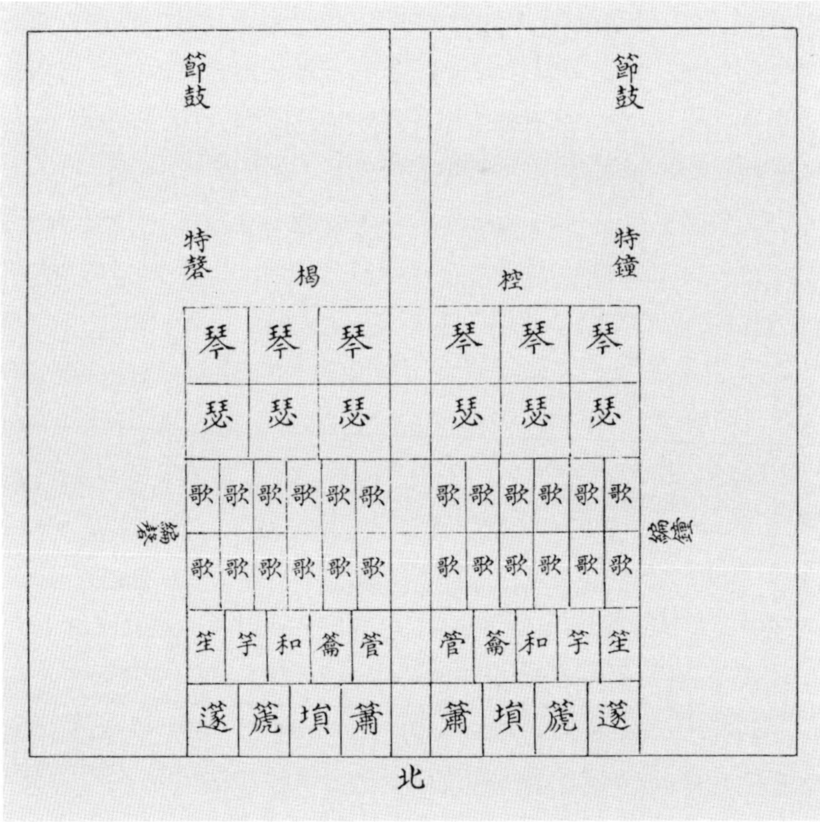

《오례의》

등가는 단 위 북쪽 가까이에 설치하는데, ―지금은 단 위가 비좁아 북쪽 유문(壝門) 안에 설치한다.― 가운데에 어도(御道)를 터놓고 좌우로 나누어 설치한다. 특종(特鍾)은 서쪽에 두고 특경(特磬)은 동쪽에 둔다. 절고(節鼓)는 2개인데, 하나는 특종 남쪽에 두고, 하나는 특경 남쪽에 둔다. 강(椌)과 갈(楬)을 종과 경 사이에 설치하는데, 강은 서쪽에, 갈은 동쪽에 한 줄로 둔다. 다음은 금(琴) 6개를 한 줄로 두고, 다음은 슬(瑟) 6개를 한 줄로 두고, 다음은 가인(歌人) 24인을 두 줄로 나누어 둔다. 편종 1도는 가인의 서쪽에 두고, 편경 1도는 가인의 동쪽에 둔다. 다음에 관(管), 약(籥), 화(和), 우(竽), 생(笙) 각각 2개를 동·서쪽으로 나누어 한 줄로 두고, 다음에 소(簫), 훈(塤), 지(篪), 적(篴) 각각 2개를 동·서쪽으로 나누어 한 줄로 두는데, 모두 남쪽을 향하게 한다. ―공인은 모두 개책, 비난삼, 백주중단, 백주고, 금동혁대(金銅革帶), 백포말, 오피리 차림이요, 악사(樂師)는 복두(幞頭), 강공복(絳公服), 금동혁대, 비백대대(緋白大帶), 백포말, 오피리 차림이다. 뒤에도 이와 같이 한다.

《악학궤범》

악생은 62인이다. 전폐(奠幣), 초헌(初獻), 철변두(徹籩豆) 때에 연주한다.

현재 사용하는 헌가

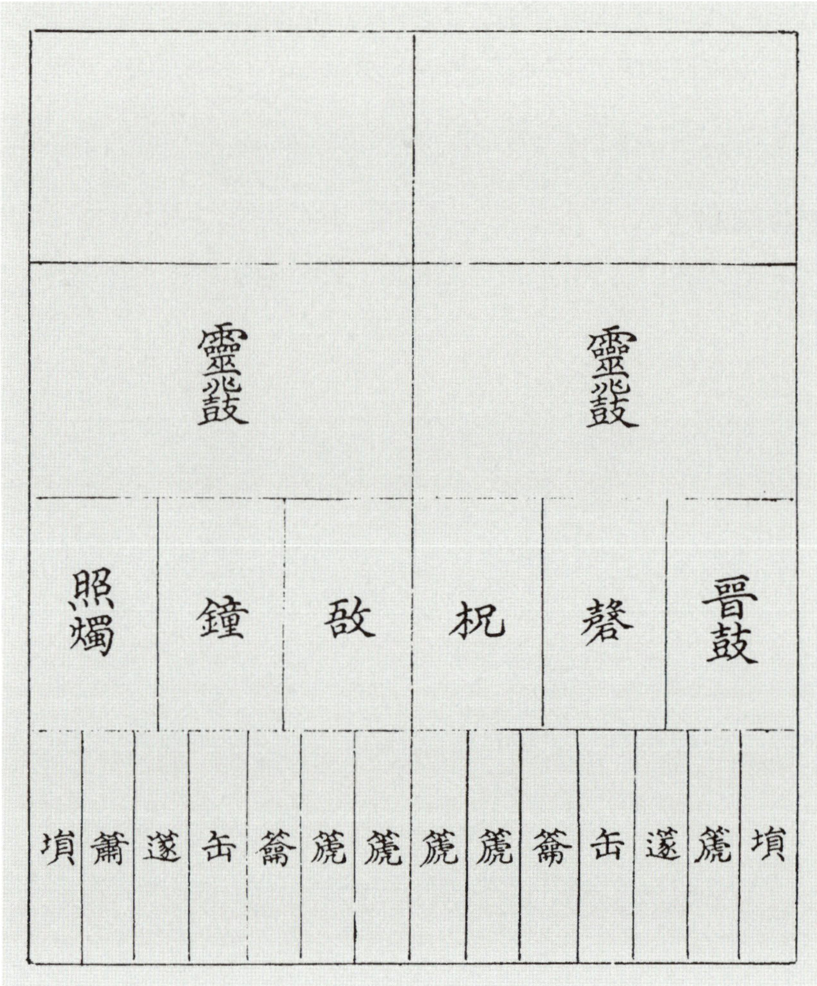

현재 사용하는 등가

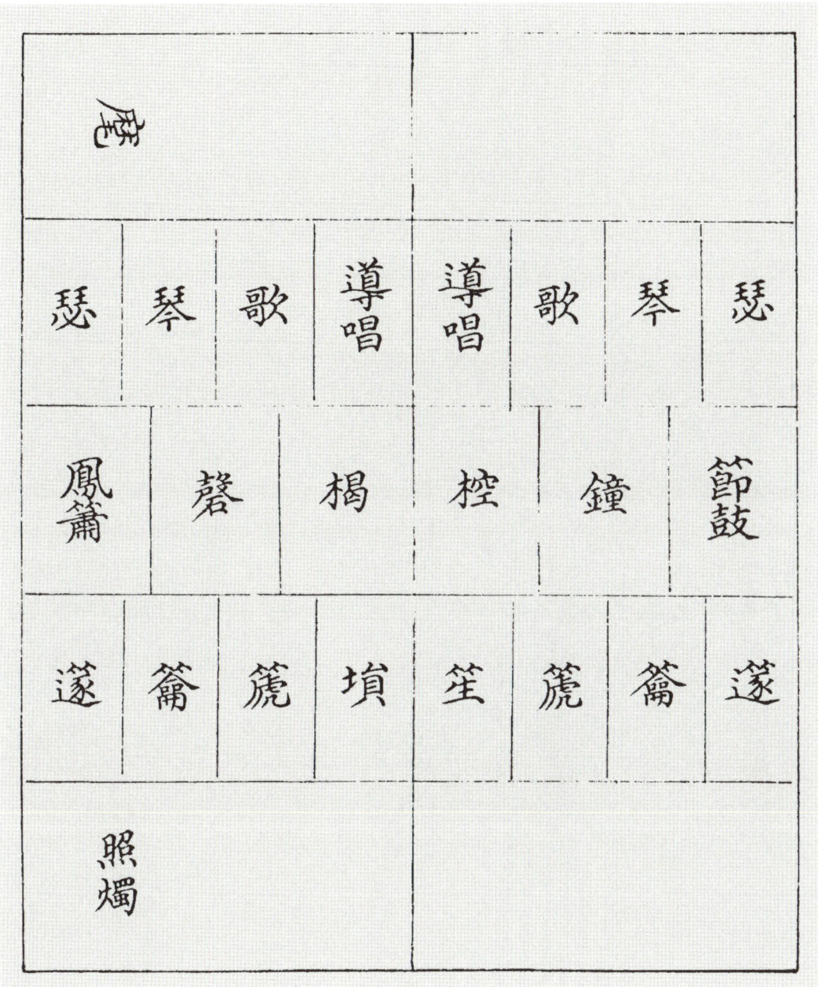

무舞 도설

문무文舞

《오례의》

문무는 육일(六佾)[36]이고 헌가의 남쪽에 자리한다. 각 열[佾]마다 8인이며 —왼손에 약(籥)을 잡고 오른손에 우(羽)를 잡는다.— 모두 남쪽을 상위(上位)로 한다. 둑(纛) 2개가 육일의 남쪽에서 무인(舞人)을 인도한다. —공인은 모두 진현관(進賢冠), 청난삼(靑鸞衫), 백주중단(白紬中單), 백주군(白紬裙), 금동혁대(金銅革帶), 백포말(白布襪), 오피리(烏皮履) 차림이다. 뒤에도 이와 같이 한다.

《악학궤범》

악생은 50인이다. 영신(迎神), 전폐(奠幣), 초헌(初獻) 때에 문무를 춘다.

36 **육일** 제후가 사용하는 악무(樂舞)이다. 《논어》〈팔일(八佾)〉의 "공자께서 계씨(季氏)를 두고 말씀하셨다. 천자(天子)의 팔일무(八佾舞)를 뜰에서 춤추게 하니, 이 짓을 차마 한다면 무엇을 차마 하지 못하겠는가?" 라고 한 구절의 주석에 "일(佾)은 춤추는 열(列)인데, 천자는 8열, 제후는 6열, 대부는 4열, 사는 2열이다. 각 열마다 인원수는 그 열의 수와 같다. 혹자는 각 열마다 8명이라고 하니, 어느 것이 옳은지는 자세하지 않다.[佾 舞列也 天子八 諸侯六 大夫四 士二 每佾人數 如其佾數 或曰 每佾八人 未詳孰是]" 하였다.

무무 武舞

旌								
		舞人	舞人	舞人	舞人	舞人	舞人	
應		舞人	舞人	舞人	舞人	舞人	舞人	錞
		舞人	舞人	舞人	舞人	舞人	舞人	
雅		舞人	舞人	舞人	舞人	舞人	舞人	鐲
		舞人	舞人	舞人	舞人	舞人	舞人	
相		舞人	舞人	舞人	舞人	舞人	舞人	鐃
		舞人	舞人	舞人	舞人	舞人	舞人	
牘		舞人	舞人	舞人	舞人	舞人	舞人	鐸

(상단: 旌 旌)

《오례의》

무무는 육일이고, 헌가의 남쪽에 자리한다. 일마다 8인이며 －왼손에 간(干)을 잡고 오른손에 척(戚)을 잡는다.－ 모두 남쪽을 상위로 한다. 정(旌) 2개가 육일의 남쪽에서 무인(舞人)을 인도한다. －공인은 모두 피변(皮弁), 비난삼(緋鸞衫), 황화갑(黃畫甲), 표문대구고(豹文大口袴), 기량대(起梁帶), 백포말, 오피리 차림이다. 뒤에도 이와 같다.－ 순(錞), 탁(鐲), 요(鐃), 탁(鐸) 각 1개가 무일(舞佾)의 서쪽에 있고, 응(應), 아(雅), 상(相), 독(牘) 각 1개가 무일의 동쪽에 있는데, 모두 남쪽을 상위로 하여 무인을 따라서 진퇴한다. －공인은 모두 무변(武弁), 홍말액(紅抹額), 비난삼, 백주중단, 백주고(白紬袴), 백포말, 홍금비구(紅錦臂鞲), 금동혁대, 오피리 차림이다. 뒤에도 이와 같이 한다.

《악학궤범》

악생은 58인이다. 아헌과 종헌 때에 무무를 춘다.

현재 사용하는 문무

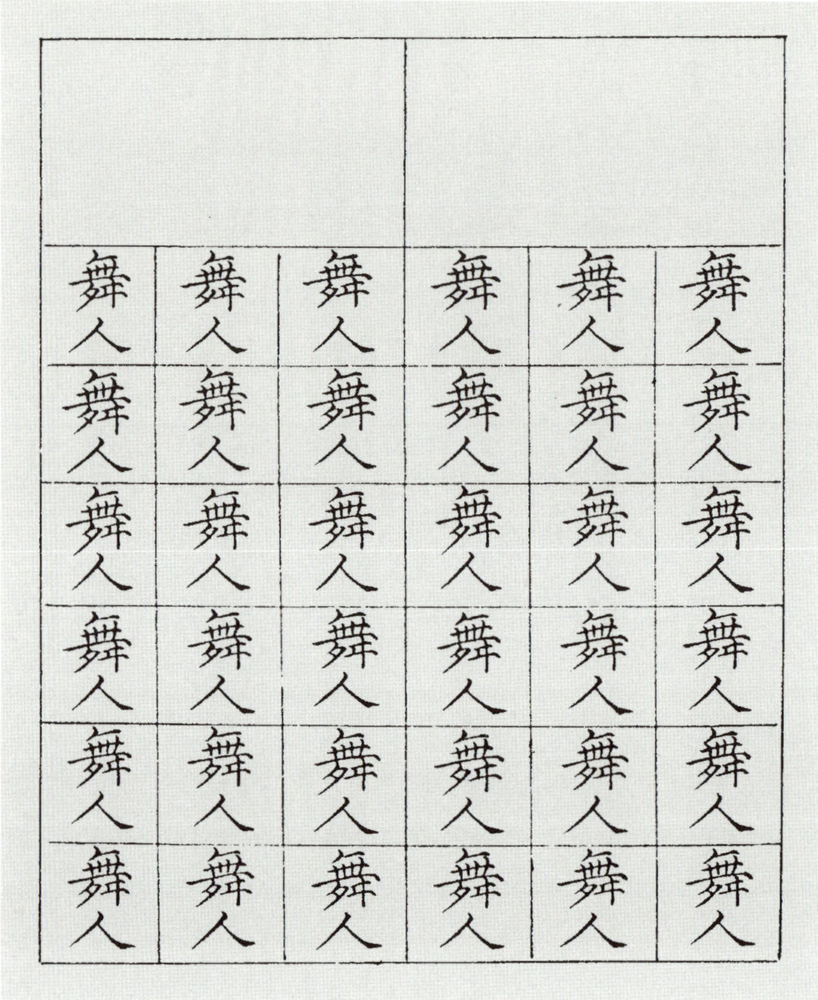
舞人 舞人 舞人 舞人 舞人 舞人
舞人 舞人 舞人 舞人 舞人 舞人
舞人 舞人 舞人 舞人 舞人 舞人
舞人 舞人 舞人 舞人 舞人 舞人
舞人 舞人 舞人 舞人 舞人 舞人
舞人 舞人 舞人 舞人 舞人 舞人

현재 사용하는 무무

旌			旌		
舞人	舞人	舞人	舞人	舞人	舞人
舞人	舞人	舞人	舞人	舞人	舞人
舞人	舞人	舞人	舞人	舞人	舞人
舞人	舞人	舞人	舞人	舞人	舞人
舞人	舞人	舞人	舞人	舞人	舞人
舞人	舞人	舞人	舞人	舞人	舞人

악기 樂器 도설

종 鍾

《주례도》

《예서》에 "부씨(鳧氏)[37]가 종을 만들 때 종의 몸체를 다섯으로 구분하였는데, 선(銑), 우(于), 고(鼓), 정(鉦), 무(舞)가 이것이다. 종의 자루를 둘로 구분하였는데, 용(甬)과 형(衡)이 이것이다. 형의 위에 선(旋)이 있고, 선의 장식에 충(蟲)이 있다. 우, 고, 정, 무 사이에 대(帶)가 끼어 있고, 대 사이에 매(枚)가 벌여 있다." 하였다. 선유(先儒)가 "선(銑)은 쇠인데 광택이 나는 것을 말하니, 씻은 듯이 깨끗하기 때문이다. 난(欒)은 모양이 난목(欒木)과 같아서 붙여진 이름인데, 종의 아가리의 양쪽 모서리이다. 우(于)는 선(銑)과 선 사이의 굽은 소맷부리〔曲袪〕 같은 것이다. 고(鼓)는 우 위의 치는 곳으로 미(攠), 수(隧)에 대한 주(注)[38]에 모두 치는 곳이라 하였다. 정(鉦)은 고(鼓)와 무(舞)의 정중앙에 있는데, 무의 소리가 여기에서 진동하는 것이다. 용(甬)은 무 위로 나온 것이요, 형(衡)은 용 위에 가로놓인 것이다. 대(帶)는 전(篆)[39]과 비슷하기 때문에 전이라 하는 것이요, 유(乳)는 여러 개가 있기 때문에 매(枚)라고 한다." 하였다.

37 **부씨** 《주례(周禮)》 〈동관고공기(冬官考工記)〉에 나오는 관명(官名)으로, 종을 만드는 일을 관장한다. 혹은 관장하는 사람을 말하기도 한다.

38 **미, 수에 대한 주** 《주례》 〈동관고공기 부씨(鳧氏)〉에 "우 위의 미를 수라 한다.〔于上之攠謂之隧〕" 하고 정현(鄭玄)의 주에 "미는 치는 곳이다.〔攠 所擊之處〕" 하였다.

39 **전** 전자(篆字)이다. 대(帶)는 종체(鍾體)에서 가로세로로 튀어나온 선인데, 전자 글씨를 새긴 것과 같은 형상을 하였으므로 그렇게 이름을 붙인 것이다.

경 磬

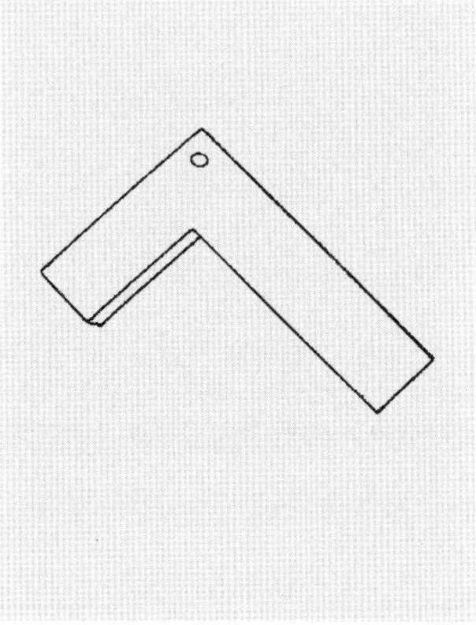

《주례도》

옛날에 경을 만들 적에 형상을 아래로 드리우게 만든 것은 하늘이 서북쪽으로 기울어져 굽어 아래를 덮는다는 뜻을 상징한 것이다. 경씨(磬氏)가 경을 만들 때 거(倨)와 구(句)의 비율이 1구(矩) 반이 되게 하였다.[40] 선유(先儒)[41]가 "위의 굽은 것이 구(鉤)이고, 아래의 곧은 것이 거(倨)가 된다. 구는 곧 고(股)이고, 거는 곧 고(鼓)이다. 고(股)는 위쪽에 있으면서 넓고 짧으며, 고(鼓)는 아래쪽에 있으면서 좁고 길다. 긴 것으로 짧은 것을 가린다면 고(鼓)가 고(股)보다 반구가 더 길다. 이것이 거(倨)가 1구(矩) 반이 된다는 것이다. 넓은 것으로 좁은 것을 가린다면 고(股)가 고(鼓)보다 또한 반구가 더 넓다. 이것이 구(句)가 또한 1구 반이 된다는 것이다. 너비와 길이가 정확히 법도에 맞도록 해야 한다. 그러나 두께는 모두 2치이다." 하였다. 혹자가 말하기를 "돌의 성질이 단단하면 비록 두껍더라도 소리가 맑고, 단단하지 못하면 비록 얇아도 소리는 탁하게 난다. 천구(天球)[42]는 곧 옥경(玉磬)으로 자연의 물건이니, 이 경씨의 제도에 구애될 수 있겠는가." 하였다.

40 경씨가 ……하였다 《주례》 〈동관고공기 경씨(磬氏)〉에 나온다.

41 선유 후한(後漢)의 정현(鄭玄)을 말한다.

42 천구 《서경(書經)》 〈고명(顧命)〉에 나오는데, 보옥(寶玉)의 이름이다. 소리를 내게 하는 옥[鳴球]이라고 한다.

편종 編鍾

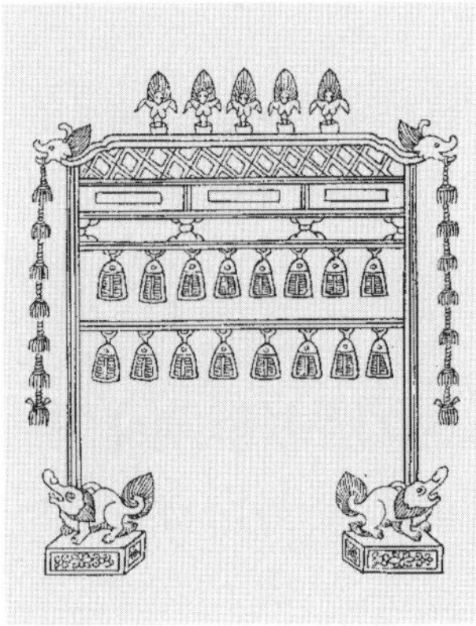

《문헌통고(文獻通考)》

《주례(周禮)》〈소서(小胥)〉에 "무릇 종과 경을 매달 때에 그 반을 도(堵)라 하고 그 전체를 사(肆)라고 한다." 하고, 주에 "종과 경은 두 층에 각각 8매씩 총 16매를 매다는데, 한 틀에 단 것을 도라 하고, 종 1도와 경 1도를 합하여 사라고 한다." 하였다. 지금 〈대성악(大晟樂)〉[43]도 전대의 제도를 본받아 역시 16매를 쓰는데, 그중 12매는 정성(正聲)의 종이고, 4매는 청성(淸聲)의 종이다.

《주례도》

《예서》에 "종을 다는 틀에서 세로로 세운 것을 거(虡)라 하고 가로로 댄 것을 순(簨)이라고 한다. 순 위에는 숭아(崇牙)[44]가 있고 거 위에는 업(業)을 설치한다. 업 위에는 깃[羽]을 꽂고 양쪽 끝에 벽삽(璧翣)을 둔다. 종거(鍾虡)는 나(臝)[45] 등속으로 장식하는데, 두꺼운 입술에 다문 입, 튀어나온 눈에 짧은 귀, 큰 가슴에 화려한 꼬리, 큰 몸체에 짧은 목을 한 모습이고, 소리가 크고 웅장하니, 종에 알맞다." 한 것이 이것이다.

《악학궤범》

편종을 치는 사람은 마주 선다. 아악(雅樂)인 경우에는 황종(黃鍾)에서 임종(林鍾)까지의 종은 오른손을 사용하고, 이칙(夷則)에서 청협종(淸夾鍾)까지의 종은 왼손을 사용한다. 속악의 경우에는 양손을 편의대로 사용하여 친다. ―편경(編磬)도 같다.― 종은 수(隧)를 치고, 경은 고(鼓)를 친다. 퇴(槌)는 뿔[角]을 쓴다. ―편경, 특종(特鍾), 특경(特磬), 탁(鐲), 요(鐃)의 퇴도 같다.

43 대성악 송 휘종(宋徽宗) 숭녕(崇寧) 3년(1104)에 설치한, 음악을 관장하는 기관인 대성부(大晟府)에서 제정한 신악(新樂)의 이름이다. 《宋史 卷129 樂志4》 우리나라는 1114년(예종 9)에 송 휘종이 신악인 대성악을 하사하여, 1116년에 태묘(太廟)에서 사용하였다고 한다. 《국역 성호사설 제13권 인사문 대성악》

44 숭아 순(簨) 위에 설치하여 종이나 경을 다는 장치이다. 《예기(禮記)》〈명당위(明堂位)〉에 '은나라의 숭아[殷之崇牙]'라고 하고, 주에 "순 위에 나무를 깎고 그림을 그려 숭아 형태를 만들어서 종과 경을 거는 것을 말한다." 하였다.

45 나 맹수 이름이다. 천하의 다섯 종류의 큰 짐승 중 하나로 털이 짧은 짐승을 말하는데, 호랑이, 표범, 비휴, 교룡이 여기에 속한다. 《周禮 冬官考工記 梓人》

편경 編磬

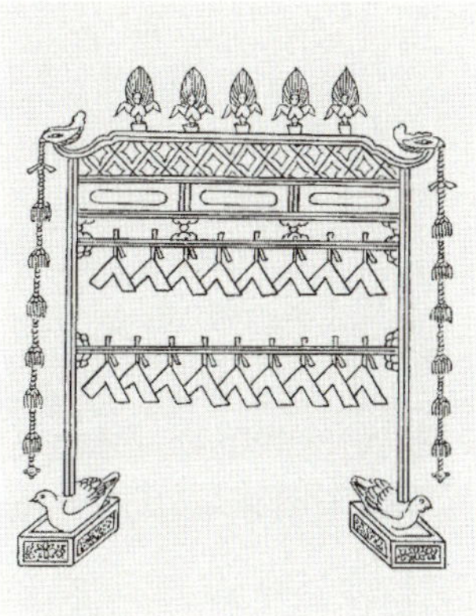

설명은 위에 보인다.

《주례도》

《예서》에[46] "경거(磬虡)는 날짐승 등속으로 장식하는데, 예리한 부리에 갈라진 입술, 작고 가느다란 눈에 긴 목, 작은 몸체에 납작한 배를 한 모습이다. 그 소리가 맑고 높아 멀리까지 들리니, 경에 알맞다." 한 것이 이것이다.

46 **예서에** 원문에는 없는데, 《예서(禮書)》〈종거(鍾虡) 경거(磬虡)〉에 나오는 내용이므로 보충하여 번역하였다.

특종 特鍾

설명은 위에 보인다.

《악학궤범》

특종은 등가(登歌)에서 음악을 시작할 때 쓰는 것이다. 종은 동철(銅鐵)과 납철(鑞鐵)을 화합하여 주조한다. ―순(錞), 탁(鐲), 요(鐃), 탁(鐸) 같은 종류의 주조하는 악기는 모두 이와 같다.― 특종은 음이 황종에 해당하고, 편종은 황종에서 청협종에 이르는 16가지 음이다. 길이와 폭은 모두 같은데, 두께에 따라 높낮이가 정해진다. 두꺼우면 음이 높고 얇으면 음이 낮다.

특경 特磬

설명은 위에 보인다.

《악학궤범》

특경은 등가에서 음악을 그치게 하는 데 쓰인다. 경은 남양(南陽)의 돌을 캐다가 만든다. 특경의 경우는 음이 황종에 맞고, 편경의 경우는 황종에서 청협종에 이르는 모두 16가지의 음이다. 길이와 폭은 모두 같은데, 두께로서 그 높낮이가 정해진다. 두꺼우면 소리가 높고, 얇으면 소리가 낮다. 모든 종과 경은, 너무 두꺼워서 소리가 높아 제 음률에 맞지 않는 것은 갈아서 얇게 하면 소리를 낮추어 제 음률에 맞게 할 수 있고, 너무 얇아서 소리가 낮아 제 음률에 맞지 않는 것은 아래 끝을 갈아 내면 소리를 높여 제 음률에 맞게 할 수 있다.

영고 靈鼓

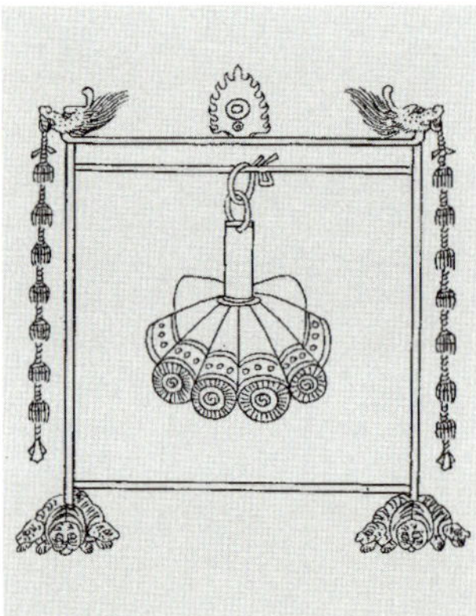

진씨(陳氏)[47]의 《악서(樂書)》

《주례》〈고인(鼓人)〉에 "뇌고(雷鼓)는 천신(天神)의 제사인 신사(神祀)에 치고, 영고(靈鼓)는 사직의 제사인 사제(社祭)에 치고, 노고(路鼓)는 종묘의 제사인 귀향(鬼享)에 친다." 하였다. 뇌(雷)는 하늘의 소리이고, 영(靈)은 땅의 덕이며, 노(路)는 사람의 도이다. 천신의 음악은 6번 변하므로 뇌고와 뇌도(雷鼗)가 6면(面)이고, 지기(地祇)의 음악은 8번 변하므로 영고와 영도(靈鼗)가 8면이다. 인귀(人鬼)의 음악은 9번 변하는데 노고와 노도는 4면이니, 이는 금(金)은 속성이 화(化)하기는 해도 변하지는 못하는데 귀신도 그와 같기 때문이다. 금은 토(土)가 아니면 생성되지 않으므로 토를 상징하는 숫자 5로 금을 상징하는 숫자

47 **진씨** 송나라 학자 진양(陳暘)을 말한다.

4에 더한다. 이것이 9번 변하는 까닭인가 보다. 주(注)에 "뇌고는 말가죽을 사용하니, 건(乾)의 덕은 말이 되기 때문이고, 영고는 소가죽을 사용하니, 곤(坤)의 덕은 소가 되기 때문이다." 하였다.

《악학궤범》

영고는 헌가(軒架)에 쓰이며, 진고(晉鼓)와 같이 친다.

영도 靈鼗

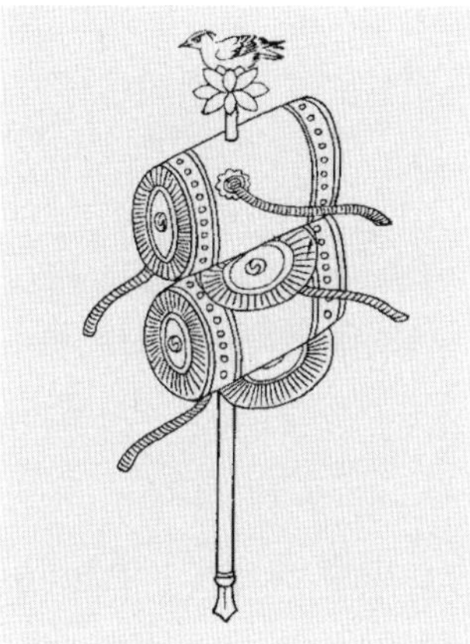

《주례(周禮)》〈태사악(太師樂)〉

뇌고에는 뇌도가 있고, 영고에는 영도가 있고, 노고에는 노도가 있다.

《악서》

고(鼓)로 음악을 절주(節奏)하고 도(鼗)로 음악을 시작하는 것이 음악을 하는 도리이다. 도(鞉)는 북을 연주함을 알리는 것이다. ―도(鞉)는 도(鼗)와 같다.

《문헌통고》

도(鼗)는 작은 북〔小鼓〕을 나무로 꿰어 연결하는데, 북통에 2개의 귀가 있고 귀에 끈이 달려 있어서 돌리면 끈이 스스로 친다. 뇌도는 북이 3개이고, 영도는 북이 4개이고, 노도는 북이 2개이다.

《악학궤범》

영도는 헌가에 쓰이는데, 음악을 연주하는 처음에 도를 흔든다.

절고 節鼓

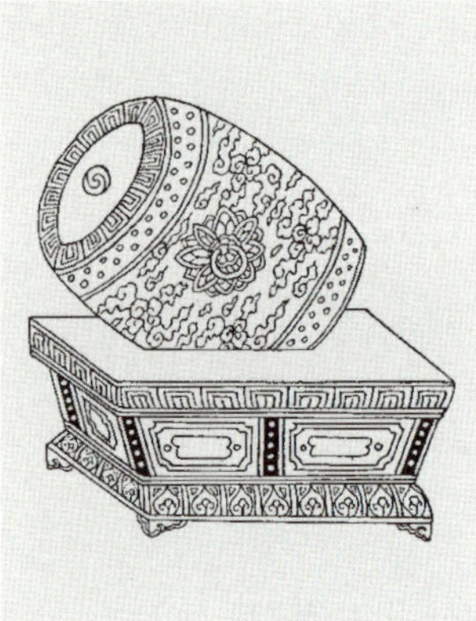

《문헌통고》

강좌(江左)의 청악(淸樂)[48]에 절고가 있는데, 모양은 바둑판 같고, 붉은 옻칠을 한 다음 그 위에 그림을 그렸으며, 받침대 가운데에 둥근 구멍을 터서 북을 앉히기에 알맞게 하였다. 이 북을 쳐서 음악을 절주(節奏)한다. 당나라 이후로 아악(雅樂)의 노래〔聲歌〕에 사용하였으니, 등가의 음악을 시작하고 그치게 하는 역할을 한다.

진고 晉鼓

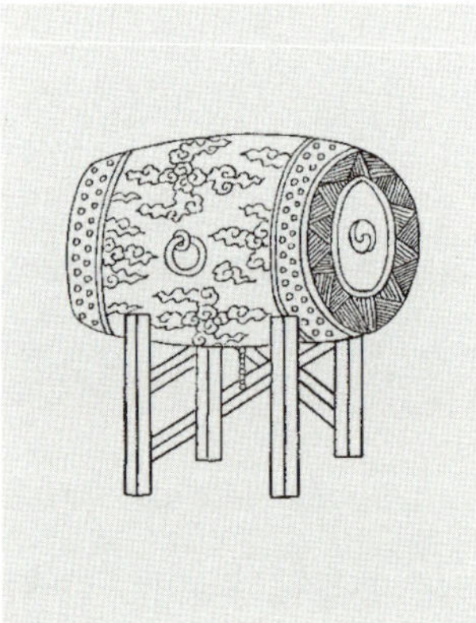

《문헌통고》

진고는 그 제도가 크면서 짧으니, 대개 금주(金奏)[49]를 연주하기 위한 것이다. 종사(鍾師)는 종과 북으로 〈구하(九夏)〉[50]를 연주하고 박사(鎛師)는 금주의 북을 관장한다 하였으니,[51] 아마도 진고일 것이다. 주에 "나무 기둥으로 북을 꿰고, 아래에는 받침을 만들며 위에는 가로로 댄 순(筍)을 만든다." 하였다.

《악학궤범》

지금의 제도는 4개의 기둥을 세우고 횡목(橫木)을 대서 가자(架子)를 만들고, 북을 그 위에 놓는다. 헌가의 음악을 시작하고 그치게 하는 역할을 하고, 또 주악(奏樂) 때에 간간이 치기도 한다. 퇴(槌)는 나무로 만든다.

48 **강좌의 청악** 강좌는 남북조(南北朝) 시대의 남조를 말하고, 청악은 남조의 구악(舊樂)인 〈청상악(淸商樂)〉을 말한다. 후위 효문제(後魏孝文帝)가 회(淮)와 한(漢)을 정벌하고 얻은 남음(南音)을 수집하여 〈청상〉이라고 하였고, 수(隋)나라의 평진(平陳)이 청상서(淸商署)를 설치하고 총괄하여 〈청악〉이라고 하였다.《舊唐書 卷29 音樂志2》

49 **금주** 《주례(周禮)》〈춘관종백(春官宗伯) 종사(鍾師)〉의 주(注)에 "금(金)은 종(鍾)과 박(鎛)이다." 하였다.《주례》〈지관사도(地官司徒) 고인(鼓人)〉의 주에는 "금주는 편종(編鍾)을 치는 것이다." 하였다.

50 **구하** 고악명(古樂名)으로, 왕하(王夏), 사하(肆夏), 소하(昭夏), 납하(納夏), 장하(章夏), 제하(齊夏), 족하(族夏), 개하(祴夏), 오하(驁夏)를 말한다.《初學記 卷15 樂部上》

51 **종사는……하였으니** 《주례》〈춘관종백 종사〉와 〈춘관종백 박사(鎛師)〉에 각각 들어 있는 구절이다.

축柷과 지止

《악서》

축이라는 악기는 사방 2자 4치이고 깊이는 1자 8치이다. 가운데에 몽치 자루[椎柄]가 있어 바닥까지 닿아 있는데, 그것을 두드려서 좌우로 치게 한다. 음(陰)은 2, 4에서 시작하여, 8, 10에서 마치니, 음의 수는 4와 8인데 양의 수 1로 주관한다. 그렇기 때문에 음악을 연주하게 되면 모든 악기 중에서 가장 먼저 연주할 뿐이고, 음악을 완성하는 것은 아니다. 그래서 형(兄)의 도리가 있다. 이것이 축이 궁현(宮縣)[52]의 동쪽에 자리하여 봄이 만물의 처음을 이루는 것을 상징하는 까닭이다. 《이아(爾雅)》에 "축을 두드리는 도구를 지(止)라고 한다." 하였으니, 축은 음악을 합주하여 시작할 때 반드시 그것을 두드리는데, 지로 하는 것은 처음을 경계하려는 것이다.

《악학궤범》

축이 당상(堂上)에 있을 때는 '강(椌)'이라 한다. 지(止)로 3번씩 쳐서 모두 9성(聲)으로 음악을 일으키는데, –밑바닥까지 두드리는 것이 1번, 좌우를 치는 것이 2번으로 모두 3번을 치게 되고, 이와 같이 하기를 3번 반복하면 9성이 된다.– 축의 형상은 아래가 네모나면서 조금 뾰족하다. 4면에 산수(山水)를 그리고 윗면에는 구름을 그린다. 받침대[臺]가 있다. 축은 소나무를 쓰고, 방대(方臺)는 가목(椵木)을 쓴다.

52 **궁현** 종(鍾)과 경(磬) 등의 악기를 틀에 거는 제도의 하나이다. 《주례》〈춘관종백 소서(小胥)〉에 "왕은 궁현, 제후는 헌현(軒縣), 경대부(卿大夫)는 판현(判縣), 사(士)는 특현(特縣)이다." 하고, 정현(鄭玄)의 주에 "궁현은 4면에 거는 것인데, 4면은 궁실의 4면이 담장으로 둘러싸인 것을 형상하므로 궁현이라고 한 것이다." 하였다.

어敔와 진籈

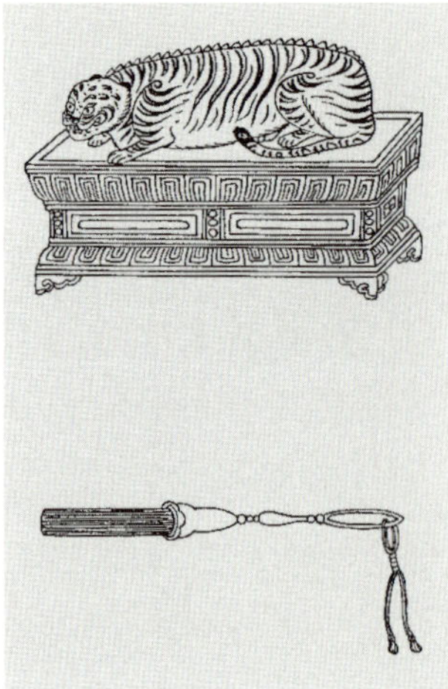

《악서》

어라는 악기는 형상이 엎드린 호랑이 모습과 같으니, 호랑이는 서방(西方)의 음(陰)을 상징하는 동물이다. 등에 27개의 톱니〔鉏鋙〕가 있으니, 3과 9를 곱한 수이고, 채〔櫟〕의 길이는 1자이니, 10의 수이다. 양(陽)은 3에서 이루어지고 9에서 변하는데, 음의 수 10으로 이긴다. 음악을 그치는 이유는 능히 처음으로 되돌아오는 것을 아름다움〔文〕으로 삼아 단지 흘려버리는 지경에 이르지 않게 할 뿐 아니라 또한 족히 지나침을 금하는 데 있다. 이것이 어가 궁현(宮縣)의 서쪽에 자리하여 가을에 만물이 결실을 이루는 것을 상징하는 까닭이다. 《이아》에 "어를 치는 도구를 진(籈)이라고 한다." 하였으니, 어는 음악을 절제하여 그치게 하는데, 반드시 진으로 치고자 하는 것은 뒤를 깨끗이 하려는 것이다.

《악학궤범》

어가 당상(堂上)에 있을 때에는 '갈(楬)'이라고 하며, 진으로 3번 긁어서 음악을 그치게 한다. –진대〔籈竹〕는 모두 3개이고, 매 끝을 쪼개서 3조각으로 하니, 곧 9의 수이다. 9로 3번 긁으니 곧 27개의 성음이 된다.– 어의 호랑이와 받침대는 가목(椵木)을 쓰고, 등 위의 새긴 톱니는 별도로 다른 단단한 나무로 만들어 등에 끼워 넣는다.

관 管

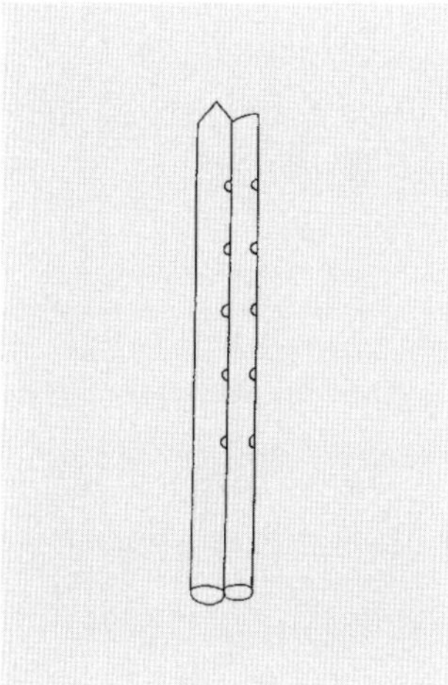

《주례도》

6개의 구멍은 12개월의 음(音)이니, 2개를 나란히 합하여 분다.

《악서》

선왕(先王)이 관을 만든 것은 음양의 소리를 통달하기 위해서이다. 그러나 양은 홀수이면서 혼자이고 음은 짝수이면서 무리를 이루며, 양은 크되 적고 음은 작되 많으며, 양은 드러나서 밝고 음은 그윽하여 어둡다. 고죽(孤竹)으로 만든 고죽관(孤竹管)은 천신(天神)을 강신하게 하니, 양의 홀수이면서 혼자인 점을 취한 것이고, 손죽(孫竹)으로 만든 손죽관(孫竹管)은 지기(地祇)를 나오게 하니, 음의 작되 많은 점을 취한 것이며, 음죽(陰竹)으로 만든 음죽관(陰竹管)은 인귀(人鬼)에게 예를 올리는 것이니, 음의 그윽하여 어두운 점을 취한 것이다. 《역(易)》에 "향방은 부류끼리 모이고, 사물은 무리로 나뉜다."[53]라고 한 것을 여기에서 볼 수 있다.

53 향방은……나뉜다 《주역(周易)》 〈계사전 상(繫辭傳上)〉에 나온 말이다.

《악학궤범》

관을 만드는 방법은 오죽(烏竹)을 쓰되 한쪽 면을 깎아 버리고 2개를 합쳐서 만들어 쌍성이 나게 한다. 상단의 첫마디 뒤를 도려내어 마디를 통하게 한다. 하나씩 건너 손으로 짚는 구멍이 모두 다섯이다. 관의 위 양 끝에 위아래 입술을 대고 불면 소리가 뒷구멍에서 난다. 누런 생사를 써서 관 둘레의 굵기에 따라 끈을 만들어 굵게 또는 잘게 동여맨다. –대로 만든 다른 악기도 이와 같이 한다.

약籥

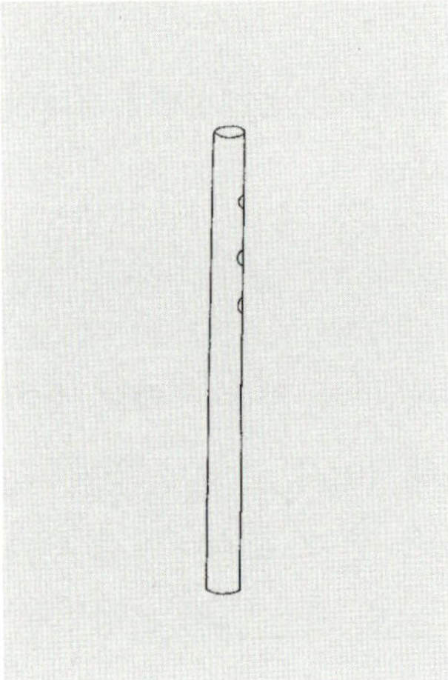

《주례도》

약은 적(篴)과 같은데, 구멍이 셋이고 짧다. 중성(中聲)[54]을 주로 하고 상하(上下)가 있게 한다.

《문헌통고》

약은 약(躍)으로, 기운이 약동하여 나오는 것이다. 옛날에는 묘(卯) 방위의 땅[55]에 자라는 대나무를 가져다 약을 만들었으니, 춘분(春分)의 음으로서 만물이 약동하여 나오기 때문이다. 그러나 삼루(三漏 세 구멍)의 약은 중성을 통하기 때문에 선왕의 악(樂)이요, 칠루(七漏 일곱 구멍)의 약은 두 가지 변성(變聲)을 가졌으니 세속의 악이다. 그런데 지금 태상시(太常寺)에서 쓰는 것은 세 구멍뿐이니, 어찌 또한 선왕의 제도를 얻었다고 하지 않겠는가.

《악학궤범》

약을 만드는 제도는 황죽(黃竹)으로 만들고, 상단의 앞면을 도려낸 다음 구멍을 내고 아래 입술을 대고 불면 소리가 구멍으로 나온다.

54 **중성** 궁(宮), 상(商), 각(角), 치(徵), 우(羽) 오음(五音) 중의 상성(商聲)을 말한다. 《몽계필담(夢溪筆談)》 〈악률(樂律)1〉에 "궁성은 치성을 낳고 치성은 상성을 낳고 상성은 우성을 낳고 우성은 각성을 낳는다. 그러므로 상성이 중성이 된다.〔宮生徵 徵生商 商生羽 羽生角 故商爲中聲〕" 하였다.

55 **묘 방위의 땅** 동방(東方) 지역으로 동방은 춘분에 해당된다.

생 笙

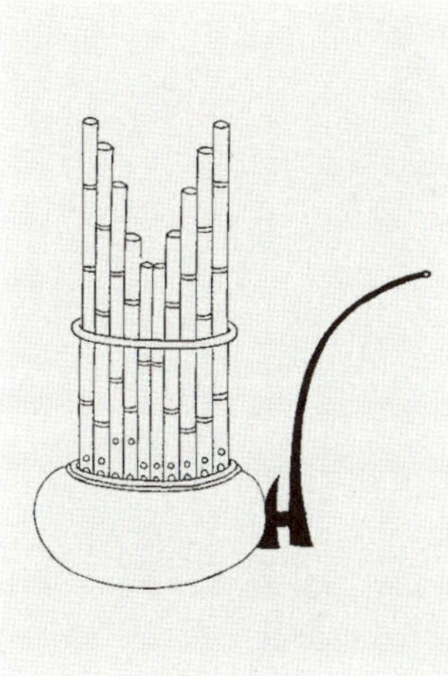

《예서》

생은 죽관(竹管)을 박통〔匏〕 안에 열 지어 세우고 황(簧)을 죽관 끝에 붙인 것이다. 큰 것은 황이 19개이고 작은 것은 황이 13개이다. 우(竽)는 황이 36개이다. 생의 길이는 4자이고 우의 길이는 4자 2치이다. 황은 쇳조각〔金鍱〕으로 만든다. 대개 많은 죽관이 박통 안에 들어 있어 둥지〔巢〕와 같은 형상이 있기 때문에 대생(大笙)을 소(巢)라고 하며, 큰 것이 창(唱)하면 작은 것이 화답하기 때문에 소생(小笙)을 화(和)라고 한다.

《문헌통고》

송조(宋朝)의 대악(大樂)에 전해 오는 생은 모두 황이 17개이다. 예전에는 그 밖에 2개의 죽관을 더 설치하였는데, 일정하게 두지 않아서 의관(義管)이라고 하였다.

《대성악보(大晟樂譜)》

생은 대나무를 모아 만드는데, 17개의 죽관을 사용한다. 앞에 8개의 황이 있고 뒤에 9개의 황이 있고, 높고 낮은 것에 차서가 있다. 죽관이 긴 것은 9치 5푼이고, 바닥 높이가 2치 5푼이니, 전체의 높이는 1자 5치[56]이다.[57]

56 **5치** 2치의 오기인 듯하다.

57 **대성악보……5치이다** 《대성악보》는 송 휘종(宋徽宗) 때에 음악 관장을 위해 설치한 대성부에서 찬술한 악보인데, 현재 전해지지 않는다. '생은 대나무를 모아 만드는데' 다음의 인용문은 《문헌통고》에 나오지 않으므로 우선 《대성악보》에 수록된 내용으로 추정하고 번역하였다.

화 和

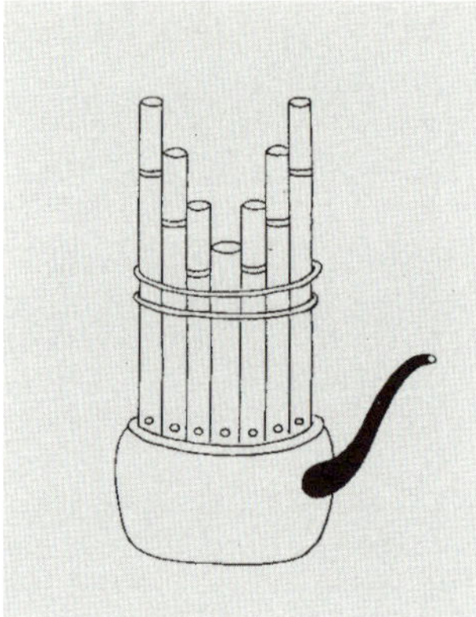

설명은 위에 보인다.

우 竽

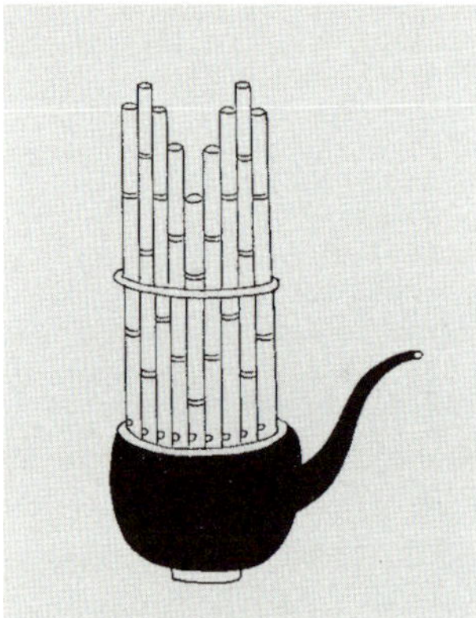

설명은 위에 보인다.

《악학궤범》

생, 우, 화를 만드는 제도는 박통 속에 따로 나무 기둥을 세우되 그 주위는 비게 한다. 박통의 윗면에 흑각(黑角)을 붙이는데, 빙 둘러 구멍을 뚫고 죽관을 꽂는다. 놋쇠〔豆錫〕로 띠를 만들어 죽관을 묶는다. 박통은 혹 나무로 만들기도 한다. 부리〔觜〕는 구리로 만들어 박통에 꽂고 입에 물고 부는데, 숨을 들이쉬고 내쉴 때 모두 소리가 난다. 죽관은 오죽(烏竹)을 쓰는데, 율에 따라 길이가 다르다. 또 단단한 나무를 써서 가운데를 뚫어 비게 하는데, 둘레와 지름이 죽관과 같게 하고 길이는 1치 6푼으로 하여 죽관 끝에 이어 붙인다. 한 면에 구멍을 뚫고 거기에다 쇳조각청〔簧鑠 혀〕을 붙인다. 죽관 안쪽 면에는 각각 길쭉한 구멍을 뚫어서 성기(聲氣)를 통하게 하고 바깥 면에도 둥근 구멍을 뚫어서, 막으면 소리가 나고 열면 소리가 나지 않게 한다.

소 簫

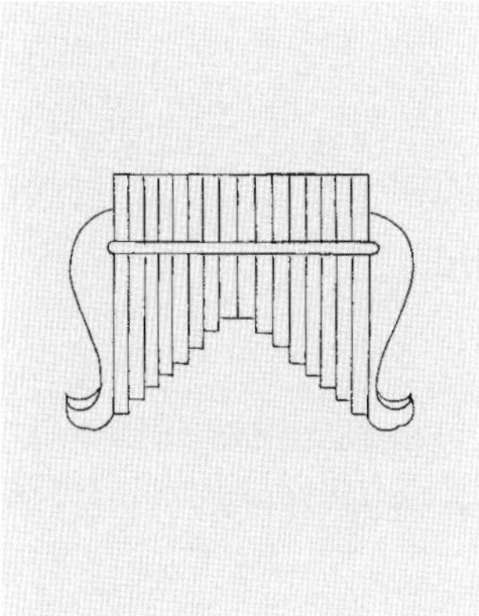

《주례도》

《박아(博雅)》[58]에 "소의 큰 것은 죽관이 24개이며 바닥이 없는데, 한(漢)나라에서 퉁소〔洞簫〕라고 한 것이다. 작은 것은 죽관이 16개이며 바닥이 있다. 형상은 봉(鳳)의 날개와 같고, 그 소리는 봉의 소리와 같다." 하였다.

58 박아 위(魏)나라 장읍(張揖)이 지은 10권으로 된 자서(字書)이다. 《광아(廣雅)》라고도 한다.

《대성악보》

봉소(鳳簫)는 대나무로 만드는데, 몸길이가 1자 4치이고, 죽관이 16개이며, 너비는 1자 6푼이다. 납밀로 그 바닥을 채워 넣는다. 가자(架子)는 1자 2치로 나무로 만든다. 제1관의 길이는 1자 2치 5푼이고 제2관의 길이는 1자 2치 1푼이고, 제3관의 길이는 1자 1치 3푼이고, 제4관의 길이는 1자 4푼이고, 제5관의 길이는 9치 8푼이고, 제6관의 길이는 9치이고, 제7관의 길이는 7치 6푼이고, 제8관의 길이는 6치 7푼이다. 제16관에서 제9관까지의 죽관의 길이는 다시 제1관에서 제8관까지의 치수와 같다. 오른손부터 선두로 삼아 차례로 불어 가서 왼손에 이르러 끝을 맺는다. 죽관의 치수에 음률을 화합하여 소리가 나게 한다.

《악학궤범》

소를 만드는 제도는, 해죽(海竹)으로 만들고 붉은 칠을 한다. 지금 치수에 음률을 화합하는 제도는 황종관(黃鍾管)에서 청협종관(淸夾鍾管)에 이르기까지 모두 그 밑바닥에 납을 넣어 율관(律管)에 맞추어서 소리가 나게 하는 것이다. 만약 소리가 높은 죽관이 있으면 그 속의 납을 줄이고, 소리가 낮으면 납을 더 보태어 조절한다. 가자(架子)는 가목(椵木)으로 만들고 검은 칠을 한다.

59 **경방** 전한(前漢) 시대의 역학자(易學者)이며, 문신이다. 자는 군명(君明)이다. 초연수(焦延壽)에게 《역(易)》을 배우고, 종률(鍾律)을 좋아하고 음성(音聲)을 잘 알았다. 본성(本姓)은 이씨(李氏)인데, 음률을 추단하여 경씨로 고쳤다. 《경씨역전(京氏易傳)》을 지었다. 《漢書 卷75 京房傳》

적 篴

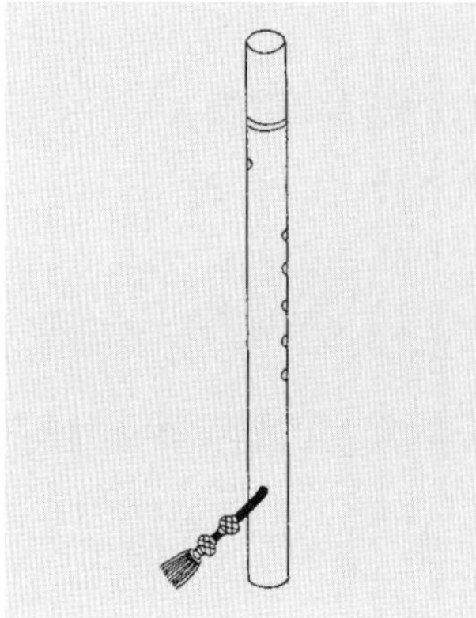

《주례도》

적은 예전에는 구멍이 4개였는데, 경방(京房)[59]이 구멍 1개를 추가해서 5음을 구비한 것이 지금의 적이다.

송조(宋朝)에서 보내온 적은 구멍이 앞에 5개, 뒤에 1개, 아래 양 옆에 각각 1개가 있다.

《악학궤범》

적을 만드는 제도는, 황죽(黃竹)으로 만든다. 상단 앞면을 깎아서 구멍을 낸 다음 거기다가 아랫입술을 대고 불면 소리가 구멍을 통해 나온다. 죽관 하단의 마디에 4개의 구멍을 내고 깎아서 십자(十字) 모양으로 만든다. 모두 8개의 구멍이 되는데, 첫째 구멍은 뒤에 있다.

부 缶

《악서》

토음(土音)인 부는 입추(立秋)의 음이다. 옛날에는 동이[盎]를 부라고 하였으니, 부라는 악기는 속이 비어 잘 수용하고 밖이 둥글어 잘 응하니, 중성(中聲)이 이로부터 나온다. 요 임금[唐堯] 때 땅바닥을 치고 노래한 사람이 있었는데, 이에 질(鄍)로 하여금 사슴가죽[麋鞈] –력(力)·각(各)의 반절음으로 생가죽끈이다.– 을 부에 붙여 치게 하였다. 이 때문에 《주역》에서 '영부(盈缶)'란 말이 〈비괘(比卦)〉에 나오고, '용부(用缶)'란 말이 〈감괘(坎卦)〉에 나오며, '고부이가(鼓缶而歌)'라는 말이 〈이괘(離卦)〉에 나온다. 《시경》에서 '격부(擊缶)'라는 말은 〈완구(宛丘)〉에 나오니, 이것은 부가 악기로 쓰인 것이 당요(唐堯) 때부터 주나라에 이르기까지 변하지 않았다는 것이다. 옛날에 진(秦)나라와 조(趙)나라가 민지(澠池)에서 회합하였을 때 조나라 왕이 진나라 왕을 위하여 부를 친 것[60]도 역시 전에 하던 대로 한 것일 뿐이다. 그런데 누가 서융(西戎 진(秦))에서 시작되었다고 하였는가. 선유(先儒)의 설이 어찌 그리 소략한가. 서간(徐幹)[61]이 "황종의 음을 들으면 부를 치는 소리가 섬세하다는 것을 알게 된다." 하였으니, 부의 음악은 다만 그 악기가 섬세해서 그런 것인가. 주에 "형상이 발 달린 동이 같다고도 하고, 엎어 놓은 동이 같다고도 하며, 4개의 채[杖]로 친다." 하였다.

60 **옛날에……친 것** 《사기(史記)》 권81 〈인상여열전(藺相如列傳)〉 등에 실려 있다.

61 **서간** 삼국(三國) 시대 위(魏)나라 북해(北海) 사람으로 자는 위장(偉長)이고 건안칠자(建安七子)의 한 사람이다. 인용문은 그의 저서인 《중론(中論)》 〈치학(治學)〉에 나오는 글이다.

《악학궤범》

지금 〈헌가도(軒架圖)〉에 부의 수가 모두 10개이고, 1개마다 한 사람이 쳐서 각각 율관에 맞춘다. 《악서》에는 "8개의 부가 모여 황종 1균(均)의 소리를 갖추었다." 하였으니, 상 위에 늘어놓았다면 한 사람이 반드시 12율을 전부 쳤을 것이다. 그리고 조왕이 진왕에게 부를 치기를 청한 것으로 보면 한 사람이 친 것이 분명하다. 지금 10개의 부를 각각 한 사람이 치는 것은 잘못된 것 같다. 또 황종 1균이라면 의당 7율을 써야 할 것인데, 8개의 부를 놓고 있다. 지금 〈헌가도〉에 의당 12개의 부를 써야 하는데, 10개의 부를 쓴 것도 알 수 없는 일이다. 부는 와토(瓦土)[62]로 구워 만들고, 두께로 율을 정한다.

62 **와토** 기와를 만드는 흙을 말한다.

지 篪

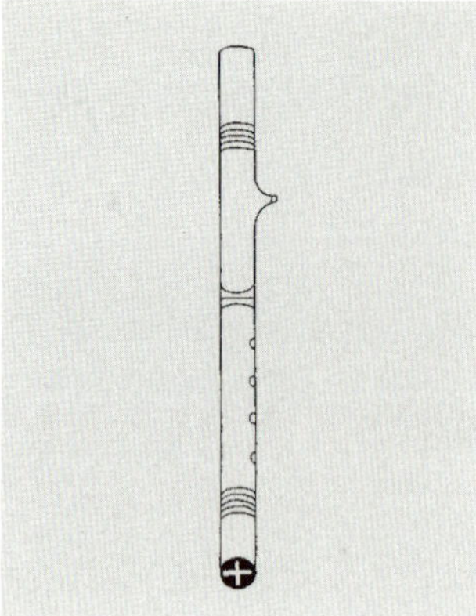

《주례도》

《대성악서(大晟樂書)》에 "훈(塤)과 지(篪)는 모두 구멍이 6개이지만 5개로 소리를 낸다. 이 두 악기는 구멍을 모두 막으면 황종음(黃鍾音)이 나오고 구멍을 모두 열면 응종음(應鍾音)이 나온다. 이것이 훈과 지가 서로 호응하는 까닭이다.[63] 나머지 음악도 모두 그러하다." 하였다.

《악학궤범》

지를 만드는 제도는, 황죽(黃竹)으로 만들고, 부리는 다른 대끝〔竹端〕을 써서 죽관에 꽂고, 납으로 땜질하여 김이 새는 것을 막는다. 아래 끝 마디에 4개의 구멍을 내고 깎아서 십자(十字) 모양으로 만든다. 구멍이 모두 5개인데, 첫째 구멍은 뒤에 있다.

63 훈과……까닭이다 《시경》〈하인사(何人斯)〉에 "백씨가 훈을 불거든 중씨는 지를 분다.〔伯氏吹塤 仲氏吹篪〕"라고 하였는데, 형제의 의가 좋은 것을 훈과 지의 소리가 서로 호응하는 것에 비유하여 쓴 것을 말한다.

훈 塤

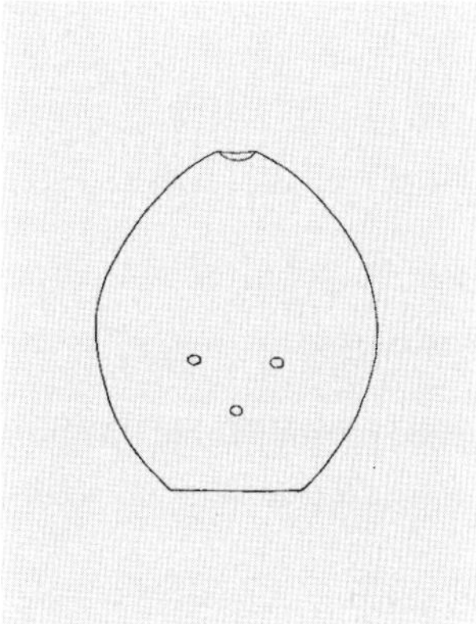

《주례도》

훈의 모양은 저울추[秤錘]와 같고, 흙으로 만든다.

《시경》에는 훈(壎)으로 되어 있다.

《악서》

훈이라는 악기는 입추(立秋)의 음이다. 바닥이 평평하고 6개의 구멍은 수(水)의 수(數)이고, 가운데가 비고 위가 뾰족한 것은 화(火)의 형상이다. 훈은 수·화가 서로 화합한 뒤에 악기를 이룬 것이므로 또한 수·화가 서로 화합한 뒤에 소리를 이루게 된다. 그러므로 큰 것은 소리가 황종(黃鍾)·대려(大呂)와 합하고, 작은 것은 소리가 태주(太簇)·협종(夾鍾)과 합하는데, 중요한 것은 중성(中聲)의 화합에 있다. 주에 "훈은 구멍이 6개인데, 위에 1개, 앞에 3개, 뒤에 2개이다." 하였다.

《악학궤범》

훈은 정해진 제도가 없으며 와토(瓦土)로 만드는데, 넓이가 알맞지 않거나 혹은 구울 때 구워진 정도가 다르기도 하여 이 때문에 성음이 고르지 못하다. 반드시 여러 개를 만들어서 율관(律管)에 맞는 것을 골라 써야 한다.

슬瑟

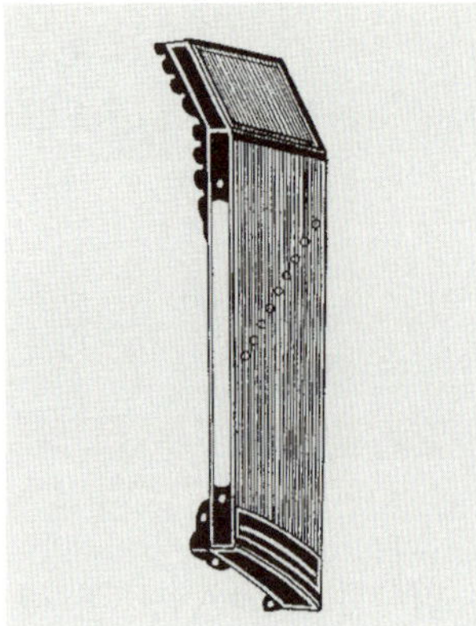

《예서》

《악기》에 "청묘(淸廟)의 슬[64]은 붉은색 줄〔朱絃〕이며 월(越)[65]은 크다." 하였다. 대개 실을 누이지 않으면 뻣뻣해서 소리가 높으며, 실을 누이면 부드러워서 소리가 낮다. 구멍이 작으면 소리가 빠르고, 구멍이 크면 소리가 느리다. 그러므로 월을 크게 하여 소리가 느리게 나도록 한 뒤에야 너무 빠르게 되지 않으며, 실을 누여서 그 소리를 낮게 한 뒤에야 너무 높게 되지 않는 것이다.

《악서》

슬이란 닫는 것이다. 이 때문에 슬이 분한 생각을 경계하고 욕심을 막아 사람의 덕을 바르게 해 주는 것이다. 그러므로 그 기러기발〔雁足〕을 앞에 두면 소리가 높아지고 기러기발을 뒤로 물리면 소리가 낮아진다. 《삼례도(三禮圖)》를 상고하면, 송슬(頌瑟)은 길이는 7자 2치요, 너비는 1자 8치이며, 25개의 줄이 모두 쓰인다.

《악학궤범》

슬을 만드는 제도는, 앞면은 오동나무를 쓰고 뒷면은 엄나무〔牙木〕를 쓰며, 4면의 가장자리는 검게 칠한다. 앞면에는 구름과 학을 그리고 양끝에는 비단 무늬를 그린다. 황종 줄이 가장 굵고 청응종(淸應鍾)으로 갈수록 점점 가늘어지되, 윤현(閏絃)은 황종과 같다.[66] 줄은 모두 주홍색으로 염색한다. ―단목(丹木)을 쓴다. 금(琴)의 줄도 이와 같다.― 기러기발도 점점 낮아진다. 본율 12줄은 오른손으로 타고, 청성(淸聲) 12줄은 왼손으로 타는데, 모두 식지(食指)로 동시에 떠서 쌍성(雙聲)이 나게 한다. 4개의 청성은 단지 청성만을 탄다. 윤현의 기러기발은 담괘(擔棵)[67]의 앞으로 물려 세워 놓는다.

64 **청묘의 슬** 청묘의 제악(祭樂)에 쓰였던 슬이다. 청묘는 주 문왕(周文王)의 사당이다.

65 **월** 슬의 바닥에 뚫린 구멍으로, 월이 크면 소리가 느리게 난다.

66 **윤현은 황종과 같다** 윤현은 슬 25현 중 가운데의 13현을 말한다. 제1현에서 제12현까지는 황종에서 응종까지 음이 차례로 나고, 제14현에서 제25현까지는 청황종에서 청응종까지의 음이 나며, 제1현에서 제25현에 이르기까지 점차로 가늘어지는데, 윤현의 굵기는 황종과 같다는 말이다.

67 **담괘** 현악기에서 오른손으로 타는 쪽의 줄을 받쳐 주는 나무를 말한다.

금 琴

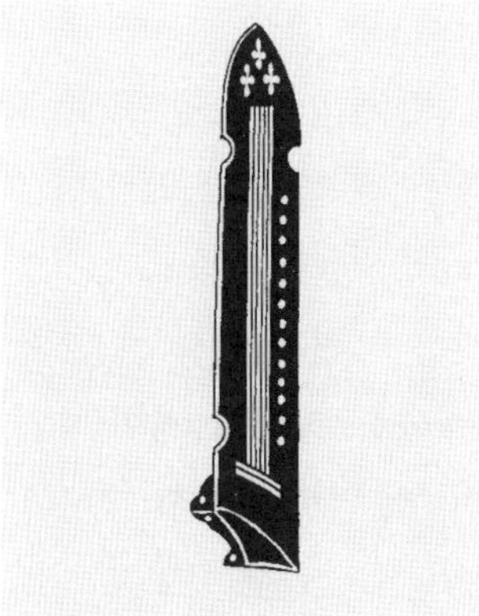

《악서》

금은 길이가 3자 6치 6푼이니 1기(期)의 일수를 본뜬 것이며, 너비는 6치이니 육합(六合)을 본뜬 것이며, 줄은 5개로 오행(五行)을 본뜬 것이며, 허리 너비 4치는 사시(四時)를 본뜬 것이다. 앞이 넓고 뒤가 좁은 것은 존비(尊卑)를 상징한 것이며, 위가 둥글고 아래가 모난 것은 천지(天地)를 상징한 것이다. 휘(暉)[68] 13은, 12는 12율을 상징하고 나머지 1은 윤(閏)을 상징한다. 금의 형상은 봉(鳳)을 본떴는데, 주조(朱鳥 주작(朱雀))는 남방의 새로 음악의 주장이다. 금의 몸체를 5등분하여 셋이 위가 되고 둘이 아래가 된 것은 삼천양지(參天兩地)의 뜻이다. 문왕(文王)과 무왕(武王)이 각각 1현씩 추가하여 그 둘을 문현(文絃), 무현(武絃)이라 하였는데, 이것을 칠현이라고 한다.

68 휘 금의 면(面)에 13개가 있으며 음절을 표시한다. 휘(徽)라고도 한다.

69 고선 십이율(十二律)의 하나인 각음(角音) 이다. 십이지(十二支)의 진(辰)과 음력 3월에 해당한다.《周禮 春官宗伯 大司樂》

《악학궤범》

금을 만드는 제도는, 앞면은 오동나무, 뒷면은 밤나무를 쓰고, 검은 칠을 한다. 휘는 소라 또는 조개로 만드는데 모두 13개이고, 가운데 제7휘가 가장 크고 양쪽으로 제1휘와 제13휘로 갈수록 점차 작아진다. 모두 7현인데, 처음의 현이 조금 굵고 7현에 이를수록 점차 가늘어진다. 왼손으로 줄 짚는 법은, 고선(姑洗)[69] 은 무명지를 세워서 누르고, 나머지는 모두 모지(母指)로 비스듬하게 누르는데, 맨손가락으로 하기도 하고 골무[甲]를 끼기도 한다. 오른손으로 타는 법은 고선은 무명지로 뜨고 이칙(夷則)·남려(南呂)·무역(無射)·응종(應鍾)·청대려(淸大呂)·청태주(淸太簇)·청협종(淸夾鍾)은 식지(食指)로 친다. 나머지는 다 장지(長指)로 뜬다. 줄을 짚지 않고 타는 것을 산성(散聲)이라고 하는데, 그것은 바로 허현(虛絃)의 소리이다. ―다른 악기도 이와 같다.

휘 麾

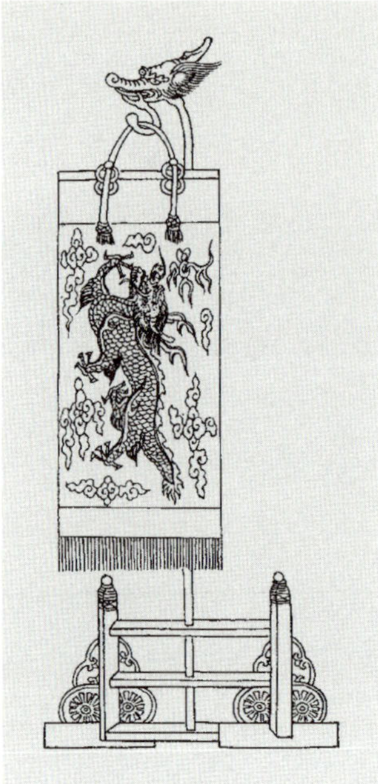

《악서》

《주관(周官)》에 "건거(巾車)[70]가 목로(木路)[71]를 맡아 대휘(大麾)를 세우고 사냥을 하며, 번국(蕃國)을 봉한다." 하였고,[72] 또 《서경》에 "왼손에는 황월(黃鉞)을 짚고 오른손에는 백모(白旄)를 잡고서 지휘한다." 했으니,[73] 휘는 주나라 사람이 만든 것이다. 후세에는 협률랑이 휘를 잡고 악공을 지휘하였다. 대개 그 제도는 높이가 7자이고, 대에 용머리를 장식하고 훈백(纁帛)을 매달아 그 위에 승천하는 용을 그렸다. 들면 음악이 시작되고, 누이면 음악이 그친다. 당 위에서는 서쪽 계단에 세우고 당 아래에서는 악현(樂懸)의 앞 조금 서쪽에 세운다. 《당악록(唐樂錄)》에서 '훈간(暈干)'이라 한 것이 이것이다.

《대성악보》

번(幡) 위에 검은색 비단 5치를 달고, 가운데에는 붉은색 비단 3자 6치를 달고, 아래에는 황색 비단 5치를 달며, 받침이 있다.

70 **건거** 주대(周代)의 관명이다. 춘관(春官)에 속한 거관(車官)의 장(長)으로서 공거(公車)의 정령(政令)을 맡았다.

71 **목로** 전로(田路)이다. 고대 제왕이 타는 다섯 수레의 하나로, 주로 사냥을 위해 행차하는 용도로 쓰였다. 금옥(金玉), 상아의 장식을 달거나 가죽을 입히지 않고 나무로 만들어 칠만 했다.

72 **주관에……하였고** 《주례》 〈춘관종백(春官宗伯) 건거(巾車)〉에 나온다.

73 **서경에……했으니** 《서경》 〈목서(牧誓)〉에 나온다.

조촉 照燭

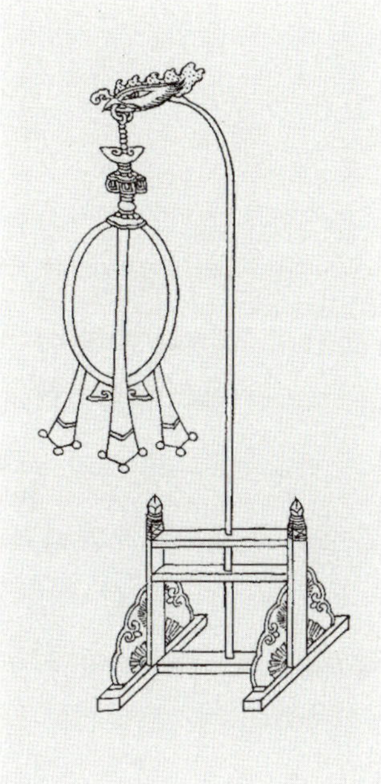

《오례의》

조촉의 제도는, 장대〔長竿〕의 끝에 붉은 비단의 농(籠)을 걸고 그 안에 촛불을 켜도록 하였다. 어두운 밤에 휘(麾)가 멀어 잘 보이지 않을 때, 들면 음악을 시작하고 누이면 음악을 그치게 한다.

《악학궤범》

조촉의 제도는, 대나무로 농을 만들고 위아래 끝은 나무를 갈아 운두(雲頭)[74]를 조각한다. 그 위에 붉은 비단을 씌우는데, 비단의 위아래 끝에는 검은 비단을 연이어 덧대고, 검은 비단에는 유소(流蘇)[75] 3개를 단다. 단지 어두운 밤에만 쓰며, 휘 옆 계단 아래에 세워 놓고, 음악이 시작될 때 휘와 동시에 들며 음악이 멈출 때도 동시에 누인다.

74 **운두** 구름 모양의 무늬 또는 장식물을 말한다.

75 **유소** 깃발이나 장막 등에 다는 오색의 실로 만든 수술이다.

무기 舞器 도설

둑 纛

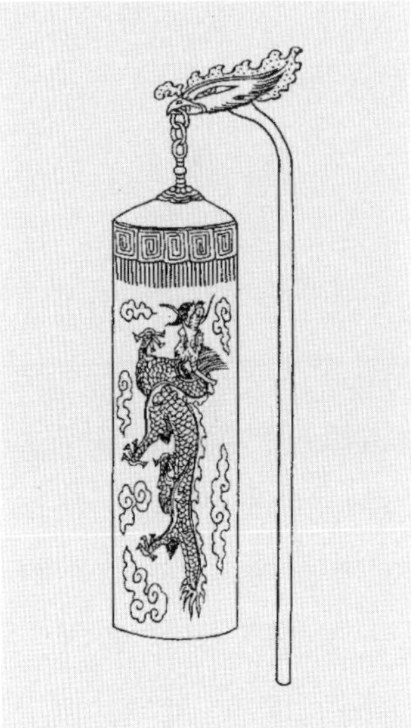

《악서》

〈군자양양(君子陽陽)〉[76]에 "왼손에 깃 일산을 잡고〔左執翿〕"라고 하였고, 〈완구(宛丘)〉[77] 시에 "백로 깃을 꽂고 있도다." 하였는데, 《이아(爾雅)》에 "도(翿)는 둑(纛)이다." 하였고, 곽박(郭璞)은 "지금의 우보당(羽葆幢)이다." 하였다. 대개 무인(舞人)이 세워 두어 의용(儀容)으로 삼는 것이지 손에 들고 추는 물건이 아닌 것이다. 성조(聖朝 송나라) 태악(太樂)에서 쓰는 것은 높이가 7자이고, 깃대 머리에 나무 봉황을 앉혔으며, 모우(旄牛)[78] 꼬리를 붙인 장식이 1층이다. 거기에 승천하는 용을 그려 넣은 훈백(纁帛)을 매달았다. 2명의 공인(工人)이 이것을 잡고 좌우로 나뉘어 서서 문무(文舞)를 인도하니, 또한 예부터 전해 오는 제도에 들어맞는다.

76 **군자양양** 《시경(詩經)》 〈왕풍(王風)〉의 편명이다.

77 **완구** 《시경》 〈진풍(陳風)〉의 편명이다.

78 **모우** 털이 긴 소를 말한다.

정 旌

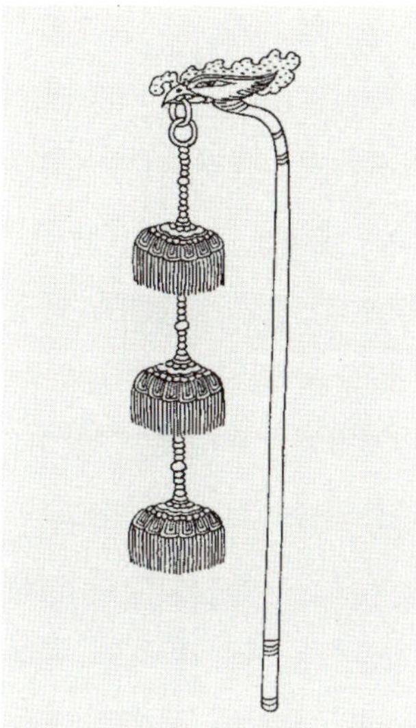

《악서》

춘추 시대에 송나라 사람이 〈상림지무(桑林之舞)〉[79]를 추어 진후(晉侯)를 접대하였는데, 무사(舞師)가 정하(旌夏)를 앞세워 나오자, 진후가 두려워하면서 물러나 방으로 들어가니, 이에 정을 치우고 향연을 마쳤다[80]고 하였는데, 대개 정하는 큰 기〔旌〕로, 무인이 행렬할 때에 대정으로 표시하였다. 〈대사례(大射禮)〉[81]에 "정을 들기를 궁성(宮聲)으로 하고, 정을 누이기를 상성(商聲)으로 한다." 한 것이 또한 그러한 유인가. 그러나 무악(武樂)은 무공(武功)을 상징한 것이다. 따라서 정을 그런 자리에 쓸 수 있다. 성조(聖朝)의 태악에서 사용한 것은 모우 꼬리를 붙인 장식이 3층이고, 높이는 둑과 같다. 2명의 공인이 정을 잡고 좌우에 나뉘어 서서 무무(武舞)를 인도하니, 또한 예부터 전해 오는 제도에 들어맞는다.

79 **상림지무** 〈상림악(桑林樂)〉에 맞추어 추는 춤을 말한다. 〈상림〉은 은(殷)나라 천자의 악곡명이다.

80 **송나라……마쳤다** 《춘추좌씨전(春秋左氏傳)》 양공(襄公) 10년 조에 나온다.

81 **대사례** 《의례》의 편명이다.

순 錞

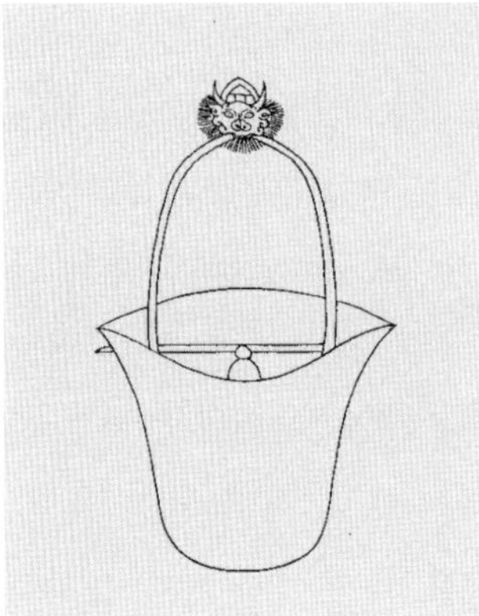

《문헌통고》

《주례》에 "고인(鼓人)이 6고(六鼓)와 4금(四金)의 소리를 관장하고, 그것으로 성악을 조절한다. 4금이란 순(錞), 탁(鐲), 요(鐃), 탁(鐸)이며, 금순(金錞)으로 고(鼓)를 화응한다." 하였다. 대개 그 모양은 종을 본뜬 것으로 이마가 크고 배는 동여매고 아가리는 좁으며, 엎드린 짐승으로 코를 삼고 안에는 작은 방울 모양의 구리로 만든 혀를 달았다. 대체로 음악을 시작할 적에 흔들어 이를 울려서 고성(鼓聲)과 서로 화응한다. -무무(武舞)를 출 때에는 공인이 손에 순을 쥐고 흔들어 무인(舞人)을 인도하여 진퇴시킨다.

《악학궤범》

지금 순을 쓰는 법은, 문무(文舞)가 물러가고 무무(武舞)가 들어올 때 악생(樂生) 1인이 양손에 순의 철끈을 잡고 흔들며 들어와 무인(舞人)의 오른편에 서서 아악의 4자(字) 1구의 제3자에 무인이 몸을 돌릴 때 흔들다가 제4자에 이르면 그친다. 탁(鐲), 요(鐃), 탁(鐸)의 쓰임도 모두 같다. 탁(鐲)과 요는 왼손에 자루를 쥐고, 오른손에 퇴(槌)를 잡고 친다. 탁(鐸)은 양손으로 자루를 쥐고 흔든다.

탁 鐲

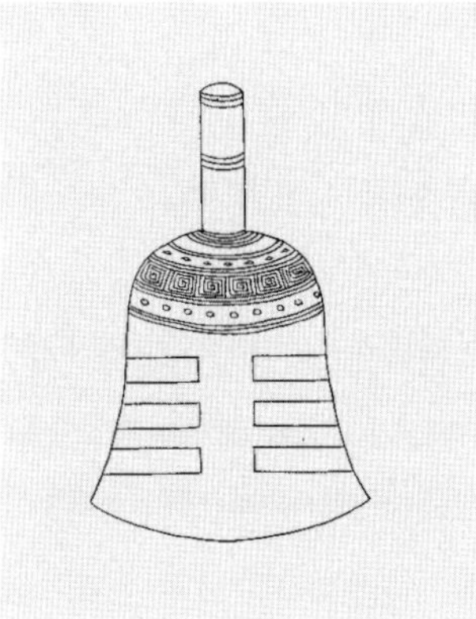

《악서》

《주관(周官 주례(周禮))》〈지관(地官) 고인(鼓人)〉에 "금탁(金鐲)으로 고(鼓)를 절제한다." 하였고, 정강성(鄭康成 정현(鄭玄))의 주(註)에 "탁은 작은 종으로 군대 행진에 이를 울려 고를 절제한다." 하였다. 대개 그 소리가 탁하므로 일러 탁이라고 하였고, 사람을 깨우친다고 해서 정녕(丁寧)이라고 한 것이고, 사람을 바르게 한다고 해서 정(鉦)이라 하는데, 실제로는 다 한가지이다.

요 鐃

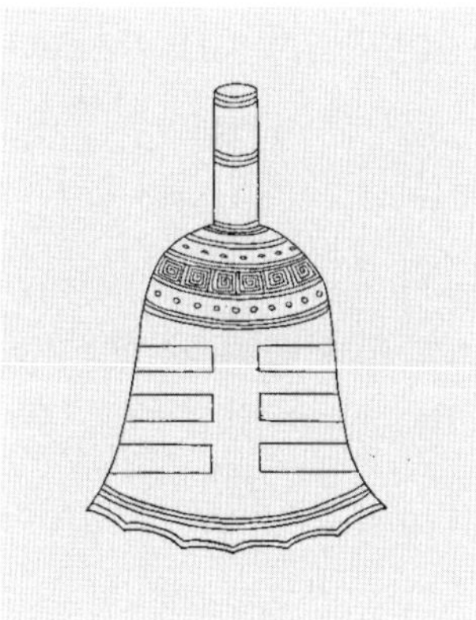

《악서》

《주관》〈지관 고인〉에 "금요(金鐃)로 음악을 그치게 한다." 하였는데, 그 소리가 요란스러우므로[譊譊然] 요라고 이름하였다. 《설문(說文)》에는 "요는 작은 징[小鉦]이다." 하였다. 자루 안이 위아래로 통해 있다. 한(漢)나라 고취곡(鼓吹曲)에 요가(鐃歌)가 있는데, 이로써 무무(武舞)를 물리는 것이다. 이 또한 주나라에서 전해진 제도가 아니겠는가. 대개 작은 것은 방울[鈴] 같은데 자루는 있고 혀는 없으니, 손에 쥐고 울려서 고성(鼓聲)을 그치게 한다. 큰 것은 종 모양과 같고 얇으며 옆에 24개의 선(銑)[82]이 있다. 궁현(宮縣)[83]에서 쓰이고 유소(流蘇)로 장식하며, 율음(律音)에 응하여 음악과 화합한다.

82 선 쇠북귀[鍾兩角]로 종 아가리의 양쪽 구석을 말한다.

83 궁현 87쪽 주52 참조.

탁 鐸

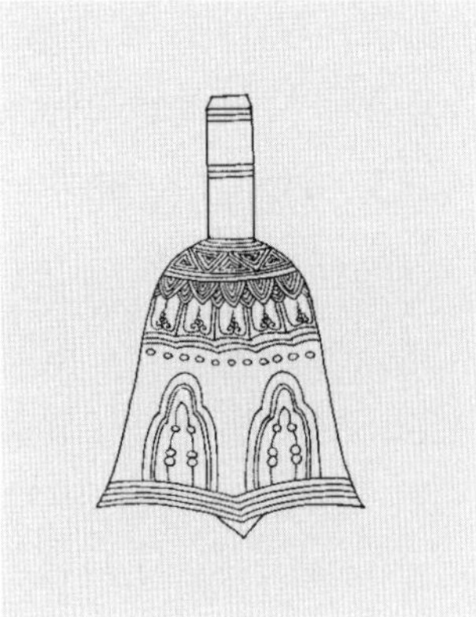

《악서》

《주관》〈지관 고인〉에 "금탁으로 고성(鼓聲)과 통한다." 하였고, 《석명(釋名)》에 "탁은 탁(度)으로, 호령의 한도이다. 탁은 큰 방울〔大鈴〕이다. 무인(舞人)이 탁을 흔들어 여러 사람을 경계하여 절도 있게 한다." 하였다. 이 때문에 금탁의 추를 쇠로 만들어 무사(武事)를 진작시키는 것이다. 무무(武舞)를 추는 사람이 이것을 잡는다.

응 應

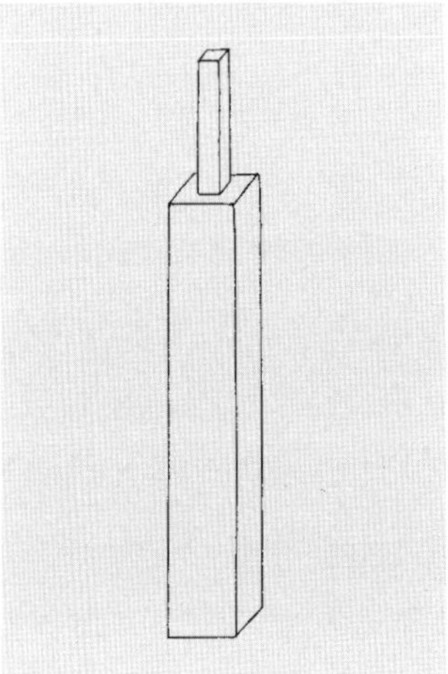

《문헌통고》

소용(小舂)을 응(應)이라 하는데, 대용(大舂)이 창(倡)하는 악절에 응하기 때문이다. 《주관》에 "응은 통(桶)과 같은데, 길이가 6자 5치이다. 가운데에는 축(柷)을 본뜬 몽치〔椎〕가 있어 바닥까지 닿아 있고, 그것을 좌우로 치게 하여, 축 치는 법과 상응한다." 하였고, 《예도(禮圖)》에는 "그 형태는 바르고 둥글며 안팎이 모두 붉은색이다." 하였다.

《악학궤범》

지금 응의 사용법은, 문무(文舞)가 물러가고 무무(武舞)가 들어올 때 악생 한 사람이 응을 갖고 들어와 무인(舞人)의 왼쪽에 서서, 모든 아악(雅樂)의 무무 때에 진고(晉鼓)를 치면 오른손으로 응의 몽치 자루를 쥐고 고성(鼓聲 북소리)에 따라 내리찧는다. 아(雅), 상(相), 독(牘)의 용법도 모두 같다. 아는 양손으로 허리끈을 잡고서 땅을 치고, 상은 왼손으로 끈을 잡고 오른손에 퇴(槌)를 쥐고서 치고, 독은 양손으로 잡고 땅을 친다.

아 雅

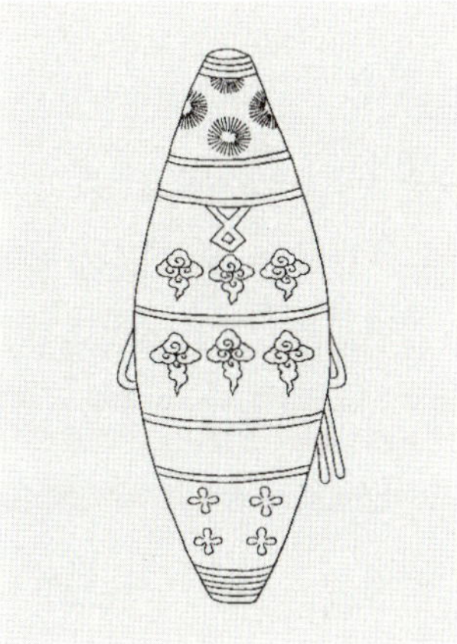

《악서》

아는 법도(法度)의 악기로서, 음악을 바르게 하는 것이다. 공인(工人)이 아로 춤추는 것은 빨라지는 것을 정도에 벗어나지 않게 하려는 것이다. 선유(先儒)가 "모양은 칠통(漆桶) 같되 아가리는 좁으며, 크기는 2위(圍 아름), 길이는 5자 6치이며, 양가죽을 팽팽하게 입힌다. 옆에 2개의 끈이 있고 그림을 성글게 그려 넣었다. 무공인(舞工人)이 아를 잡는 이유는 그것으로 춤을 절제하기 위함이다. 일설에는 가운데 몽치가 있다 한다." 하였다.

상 相

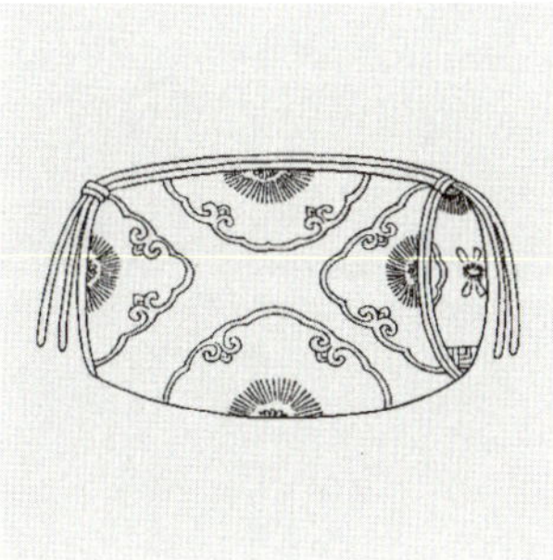

《문헌통고》

상의 모양은 비(鞞)와 같다. 겉은 가죽이고 속에는 겨[糠]를 넣고, 칠혈경(漆跌局)[84]으로 받치고서 치니, 이로써 음악을 보좌하는 것이다. 〈악기(樂記)〉에 "난(亂)을 상으로 다스린다." 하였고, 제가의 악도(樂圖)에서는 대부분 "상으로 조절한다." 하였으니, 이는 상이 음악을 보좌하고 또한 춤을 조절한다는 것이다. 지금 대악(大樂)의 무무(武舞)에 쓰는데, 두 공인(工人)이 무인(舞人)의 왼쪽에서 손으로 양쪽 끝을 어루만져 무인의 걸음을 조절하게 하니 이 또한 예전부터 전해진 상의 제도가 아니겠는가.

84 **칠혈경** 《문헌통고》〈악고(樂考) 무기(舞器)〉에는 칠혈국(漆跌局)으로 되어 있다.

독牘

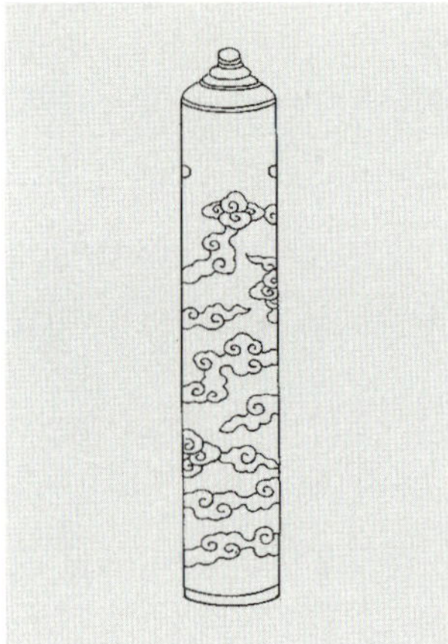

《악서》

대로 만드는데, 크기는 5치이다. 그 소리를 줄여서 작게 하니, 이로써 음악을 조절하는 것이다. 긴 것은 7자이고 짧은 것은 3자이다. 속이 비어 통(筩)과 같되 바닥이 없다. 그 끝에 2개의 구멍이 있고, 검붉은색으로 그림을 그렸다. 뜰에 늘어서서 양손으로 잡고 땅을 친다.

《주례도》

정 사농(鄭司農 정현(鄭玄))이 "독은 대나무로 만드는데 크기가 5, 6치이다. 그것으로 땅을 쳐서 소리를 내어 음악을 조절하는 역할을 한다." 하였다.

약籥

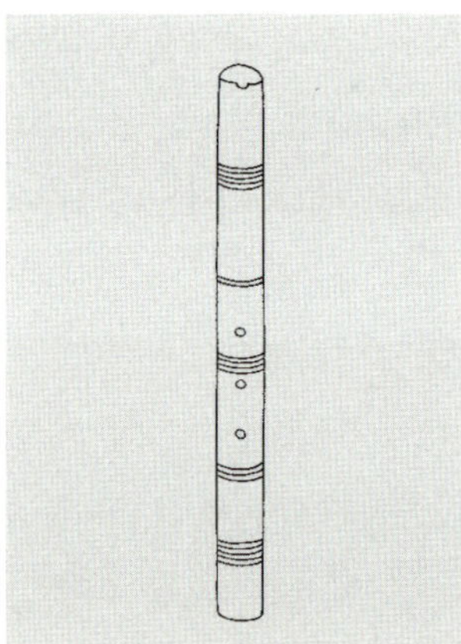

《문헌통고》

〈약사(籥師)〉[85]에 "제사 때에 〈우약지무(羽籥之舞)〉를 장단에 맞게 한다." 하였고, 《시경》에 "왼손에 약을 잡고, 오른손에 꿩의 깃을 잡는다." 하였다. 대개 약은 소리를 위한 것이고, 꿩의 깃은 모양을 위한 것이다.

《악학궤범》

약과 적은 문무인(文舞人)이 잡는 것이다.

85 **약사** 《주례》 〈춘관종백〉에 나오는 편명이다. 약사는 춘관에 소속된 관직으로, 문무(文舞)를 관장하여 국자(國子)에게 꿩깃을 들고 추는 춤과 피리 부는 것을 가르친다.

적 翟

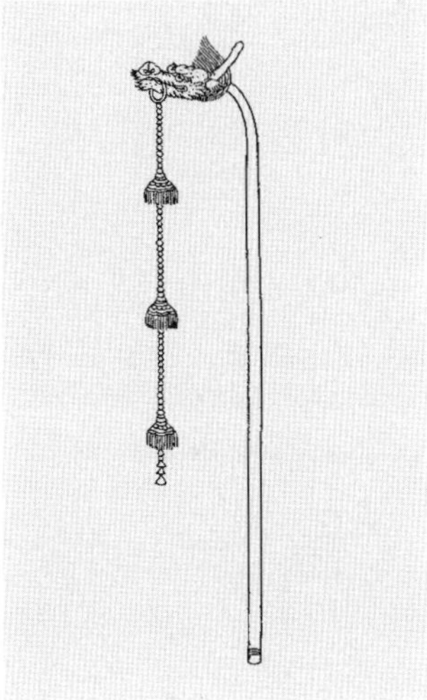

설명은 위에 보인다.

간 干

《악서》

간은 방패[盾]로 자기 몸을 가리는 것이고, 척(戚)은 도끼로 상대방과 대적하는 것이다. 방패에는 붉은 바탕에 용을 그렸다.

《주례》〈하관(夏官) 사병(司兵)〉

제사 때 무인(舞人)에게 병기(兵器)를 준다. 정씨(鄭氏 정현(鄭玄))가 "주간(朱干)과 옥척(玉戚) 등을 준다." 하였다.

《악학궤범》

간과 척은 무무(武舞)를 추는 사람이 잡는데, 왼손에 간을 잡고 오른손에 척을 잡는다.

척 戚

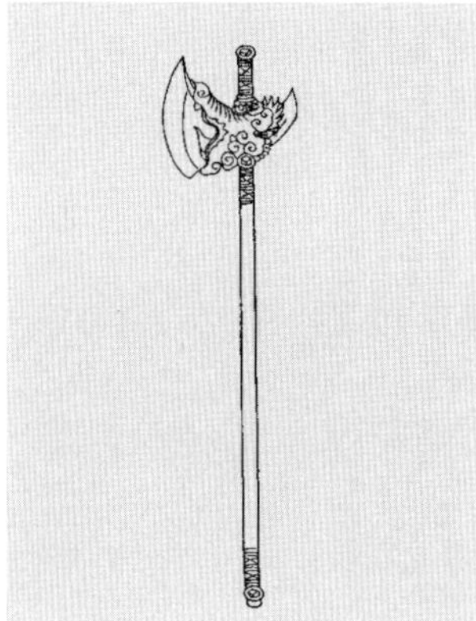

설명은 위에 보인다.

제복 祭服 도설

전하 殿下 면복 冕服

구장(九章)[86]이다. 영락(永樂) 원년(1403, 태종 3)에 내린 제도이다.

규 圭

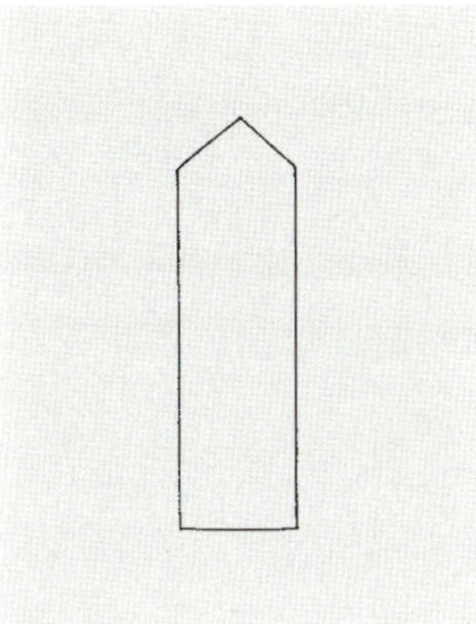

《오례의》

규는 푸른 옥으로 만드는데, 길이가 9치이다.

면 冕

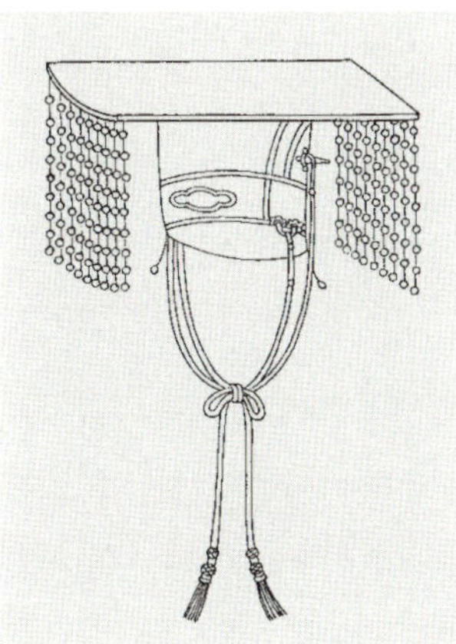

《오례의》

면은 판(版)의 너비는 8치이고 길이는 1자 6치이며, 앞은 둥글고 뒤는 네모지다. 검은색으로 덮고 붉은색으로 안을 대었으며 비단〔繒〕으로 만든다. 앞의 높이는 8치 5푼이고 뒤의 높이는 9치 5푼이며, 금으로 장식한다. 9류(旒)이고 유마다 9옥(玉)으로 되어 있으며, 5채(采)인데, 5채는 처음이 붉은색, 다음이 흰색, 푸른색, 황색, 흑색 순이다. 유의 길이는 9치로, 앞뒤 합해 18류이며, 금잠(金簪)을 쓴다. 그 면의 곁에 검

86 **구장** 구장복으로, 9가지 무늬의 수(繡)가 들어간 임금의 면복(冕服)을 말한다. 9가지 무늬는 《주례(周禮)》〈춘관종백(春官宗伯) 사소(司昭)〉의 주에 "용(龍), 산(山), 화충(華蟲), 화(火), 종이(宗彝), 조(藻), 분미(粉米), 보(黼), 불(黻)이다." 하였다.

은 끈을 달고 옥전(玉瑱)을 늘어뜨려 귀를 가린다. 자색 끈 2개를 양쪽 가에 달아 턱 아래에서 묶고 나머지는 늘어뜨린다. 또 붉은 끈 한 가닥을 왼쪽 비녀에 매고 턱 밑을 둘러서 오른쪽에서 위로 올려 비녀에 붙여 구부려 매고 그 나머지는 늘어뜨려 장식으로 삼는다.

의衣 앞면

《오례의》

의는 비단〔繒〕으로 만드는데, 그 색은 검붉은색〔玄〕이다. –검푸른 빛에 약간 붉은 기운이 도는 것을 검붉다〔玄〕고 한다.– 5장(章)으로 용, 산, 불, 화충(華蟲), 종이(宗彝)를 그 위에 그린다. –그리는 것은 양사(陽事)이므로 의(衣)에는 그림을 그리고, 수(繡)는 음공(陰功)이므로 상(裳)에는 수를 놓는 것이다.

의 뒷면

설명은 위에 보인다.

중단中單 앞면

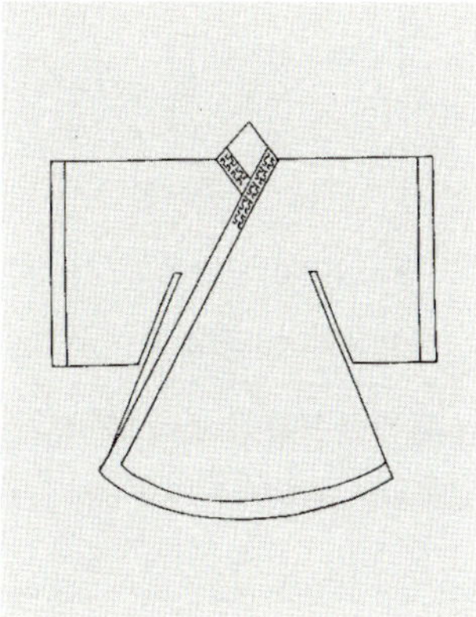

《오례의》

중단은 백증(白繒 흰 비단)으로 만든다. 푸른 깃〔靑領〕을 소매끝〔褾〕, 옷단〔襈〕, 뒷길〔裾〕에 대고 불(黻) 11개를 깃에 그린다.

중단 뒷면

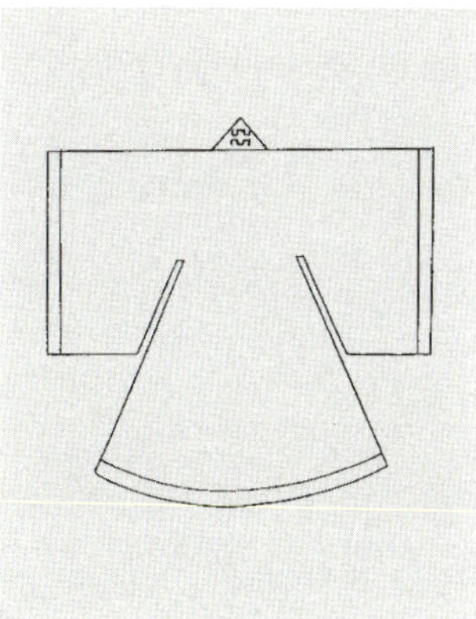

설명은 위에 보인다.

상 裳

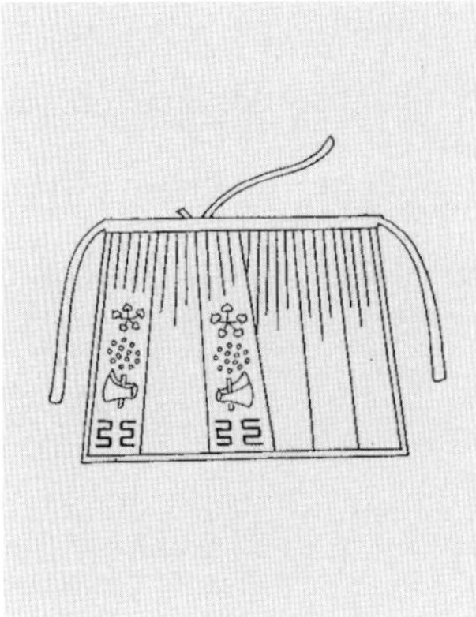

《오례의》

상은 비단〔繒〕으로 만드는데, 그 색은 분홍색〔纁〕이다. —3번 붉은색을 물들여야 분홍색이 된다.— 7폭으로 만드는데, 그 앞뒤가 달라서 앞은 3폭이요, 뒤는 4폭이다. 폭마다 양쪽 가에 각각 1치씩을 꿰매니 이를 삭폭(削幅)이라고 한다. 허리에는 벽적(辟積)이 수없이 있고, —벽적은 주름〔摺〕이다.— 상의 측면에 선〔純〕이 있는데, 이것을 벽(綼)이라 한다. 상의 하단에 선이 있는데 이것을 석(緆)이라 한다. 벽과 석의 너비는 각각 1치 반이며, 겉과 안을 합하여 3치가 된다. 그 위에 말〔藻〕, 분미(粉米), 보(黼), 불(黻) 4장(章)을 수놓는다.

폐슬 蔽膝

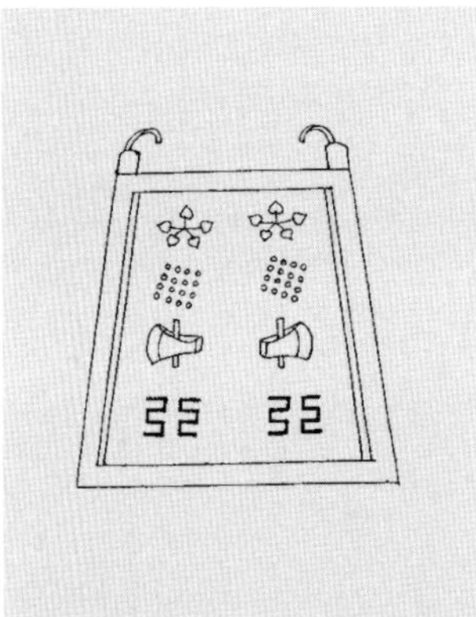

《오례의》

폐슬은 비단〔繒〕으로 만드는데, 그 색은 분홍색〔纁〕이다. 위에는 비(紕)가 있고 아래에는 준(純)이 있다.[87] 위에서 5치 떨어져서 말, 분미, 보, 불을 수놓는다.

87 위에는……있다 비(紕)와 준(純)은 모두 옷의 위아래에 두르는 선을 말한다. 《예기정의(禮記正義)》 〈잡기 하(雜記下)〉 주에 "옆에 두른 선을 비라 하고 아래에 두른 선을 준이라 한다.〔在旁曰紕 在下曰純〕" 하였다.

방심곡령 方心曲領

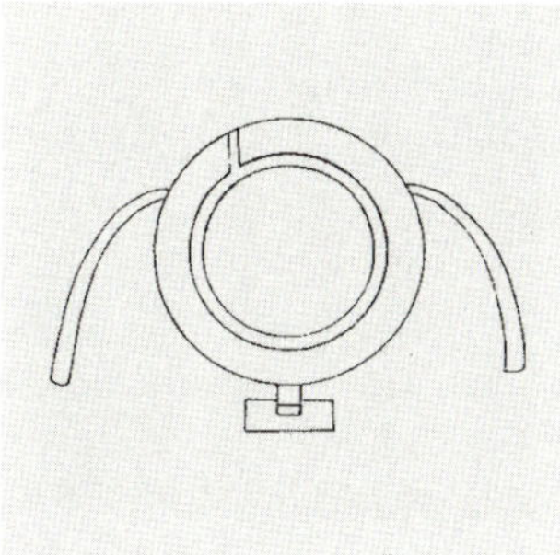

《오례의》

방심곡령은 백라(白羅)로 만드는데, 곁에 두 끈이 있다. —왼쪽은 초록색, 오른쪽은 붉은색이다.

혁대 革帶　대대 大帶

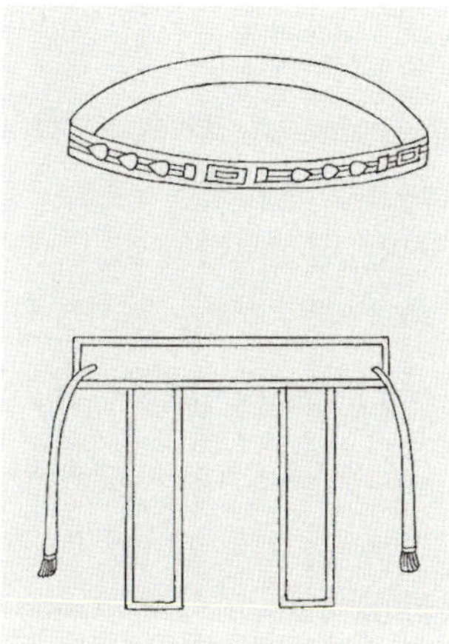

《궁원의(宮園儀)》[88]

혁대는 옥구(玉鉤)로 만든다. 《대명집례(大明集禮)》에 나오는데, 본조의 《오례의》에는 실려 있지 않다. 영조 을미년(1775, 영조 51)에 상방(尙方 상의원(尙衣院)) 신하가 상고하여 아뢰어 처음 이 제도가 구비되었다. 금상 병신년(1776, 정조 즉위년)에 또 교정관(校正官)의 진달로 인해 대대조(大帶條) 위에 첨록하여 착용하는 것을 정식으로 삼았다.

《오례의》

대대는 비(緋)와 백금(白錦 흰 비단)을 합하여 꿰맨다.

88 **궁원의** 사도세자(思悼世子)의 사당인 경모궁(景慕宮)과 그 원(園)인 영우원(永祐園)에서 행하는 의식 절차를 기술한 책이다. 1776년(정조 즉위년)에 처음 편성되었고, 이후 내용이 수정되어 1785년에 4권 1책으로 증수되었다.

수 綬

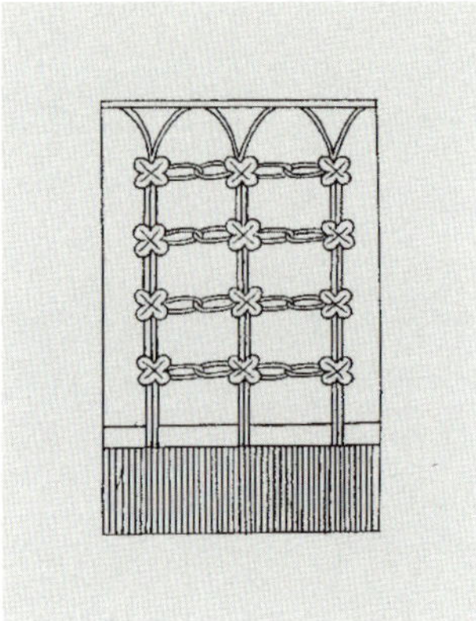

《오례의》

수는 홍화금(紅花錦)으로 만들고, 쌍으로 된 금고리〔雙金環〕를 단다.

패 佩

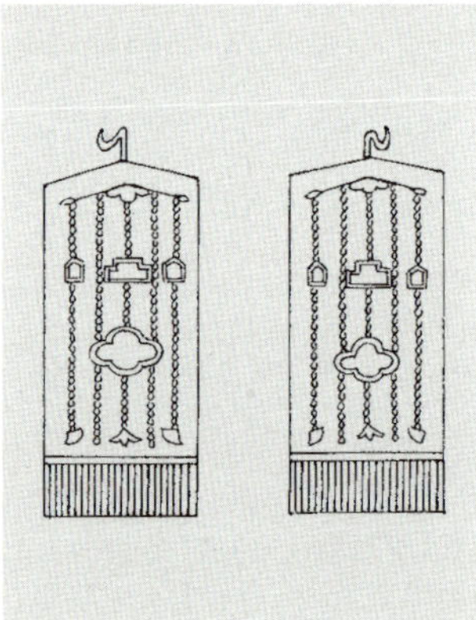

《오례의》

패는 2개인데, 위에는 금갈고리〔金鉤〕로 형(衡)을 설치한다. 다음에는 중형(重衡)이 있고, 가운데에는 거우(琚瑀)가 있고, 아래에는 쌍황(雙璜)이 있으며, 충아(衝牙)는 쌍황 사이에 있다. 또 쌍적(雙滴)이 충아와 양쪽 황 사이에 있는데 약옥주(藥玉株)로 꿴다. 그 형, 거우, 쌍황, 충아, 적자(滴子)는 모두 민옥(珉玉)으로 만든다.

말 襪

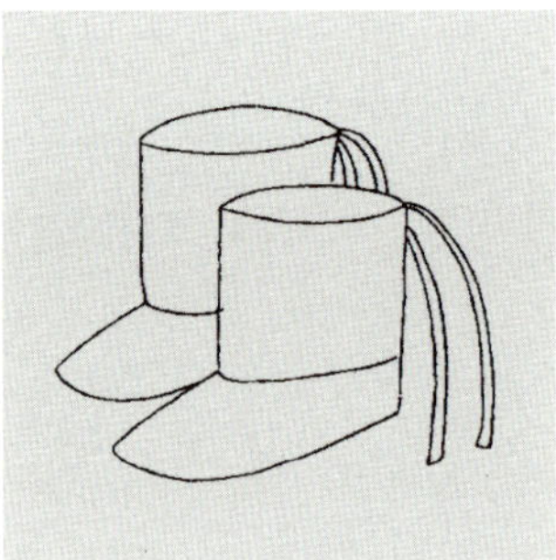

《오례의》

말은 비단(緋緞)으로 거죽을 만들고, 비초(緋綃)로 안을 댄다.

석 舃

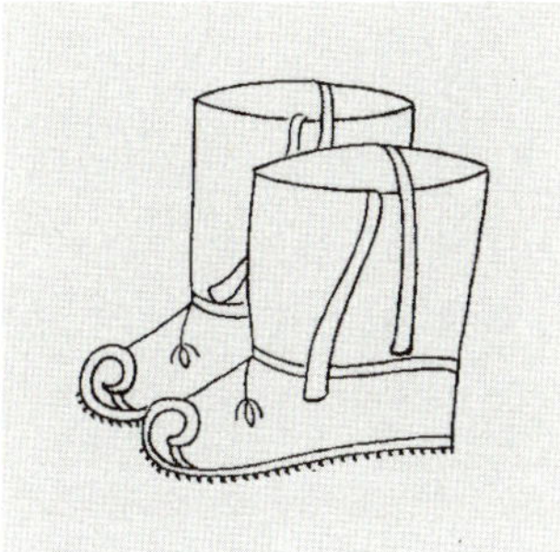

《오례의》

석은 비단으로 거죽을 만들고 백증(白繒)으로 안을 댄다.

왕세자 王世子 면복

칠장(七章)이다. 경태(景泰) 원년(1450, 세종 32)에 내린 제도이다.

규

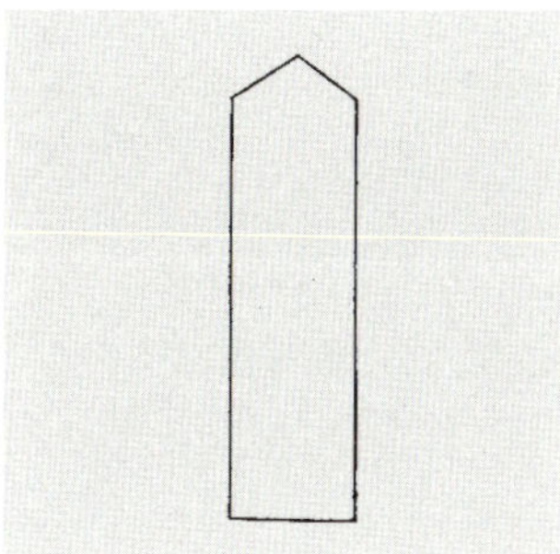

《오례의》

제도는 구장과 동일하다.

면

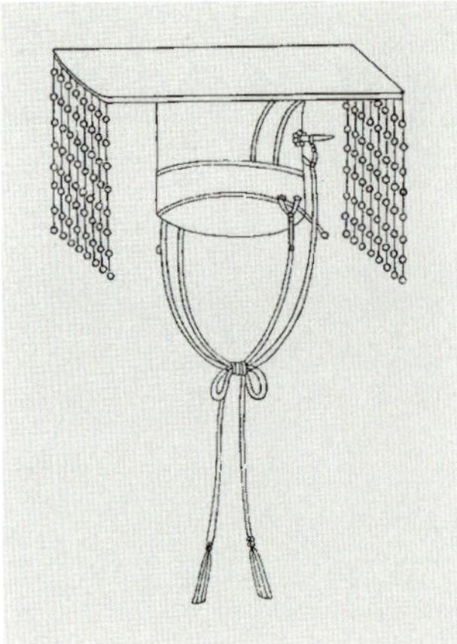

《오례의》

제도는 구장과 동일하다. 다만 8류(旒)이고, 유마다 8옥(玉)으로 되어 있으며, 3채(采)인데 처음이 붉은색, 다음이 흰색, 다음이 푸른색이다.

의 앞면

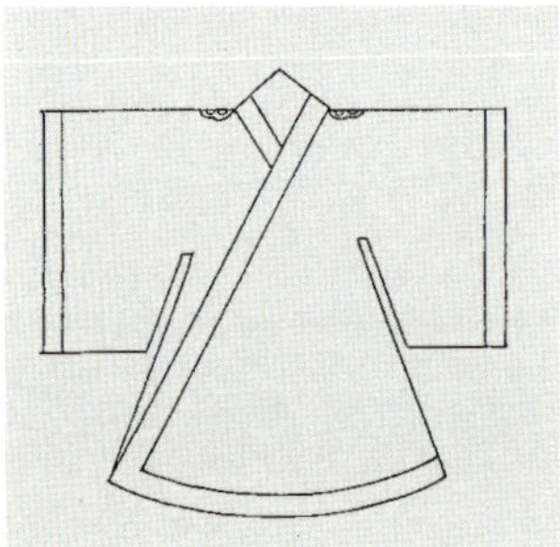

《오례의》

제도는 구장과 동일하다. 다만 삼장(三章)이고 화(火), 화충(華蟲), 종이(宗彝)를 그 위에 그린다.

의 뒷면

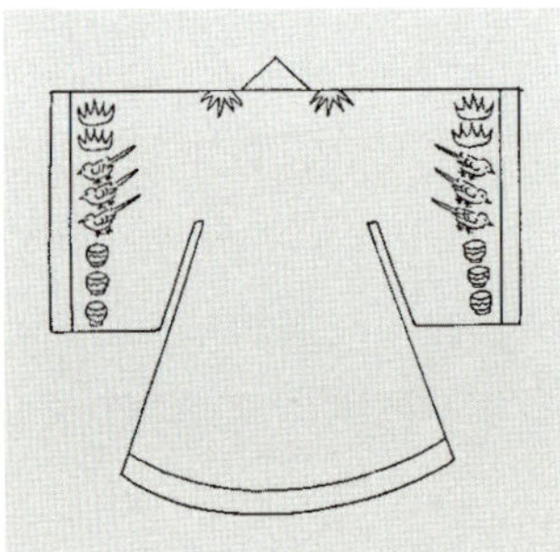

설명은 위에 보인다.

중단 앞면

《오례의》

제도는 구장과 동일하다.

중단 뒷면

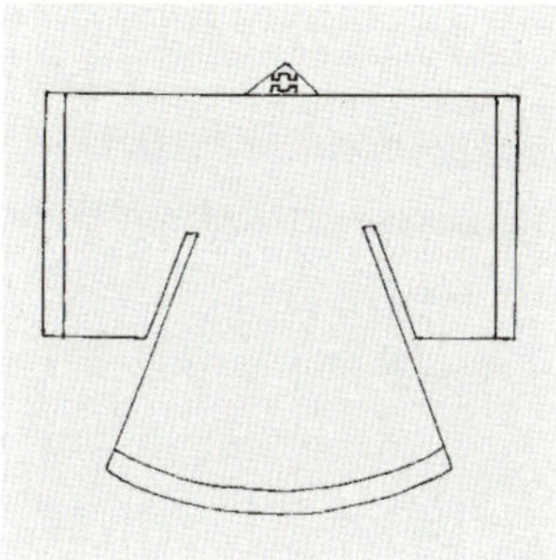

설명은 위에 보인다.

상

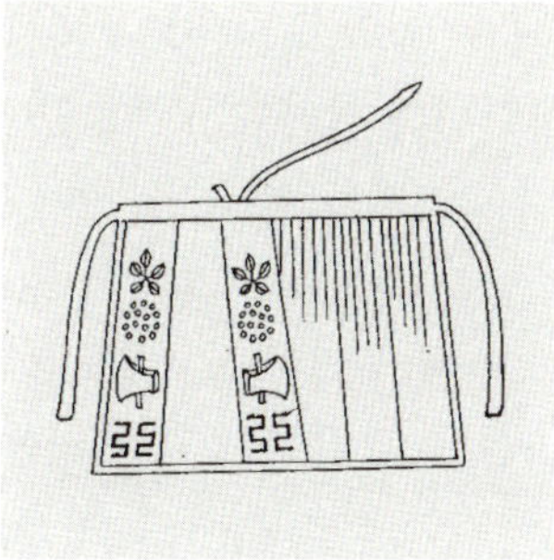

《오례의》

제도는 구장과 동일하다.

폐슬

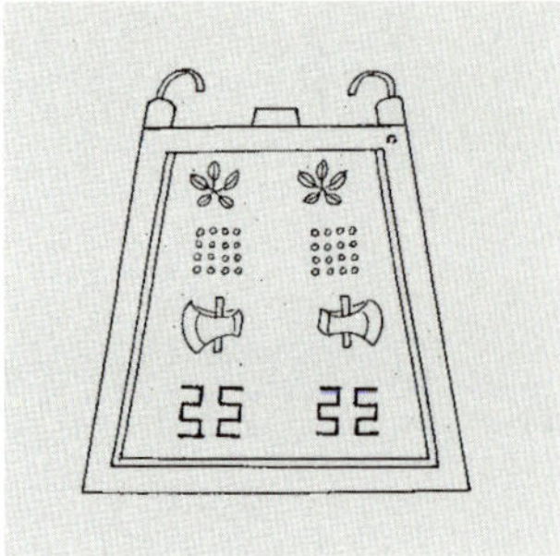

《오례의》

제도는 구장과 동일하다.

방심곡령

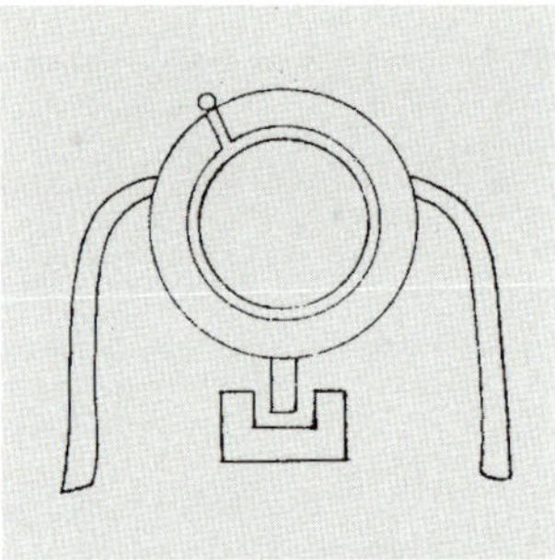

《오례의》

제도는 구장과 동일하다.

혁대·대대

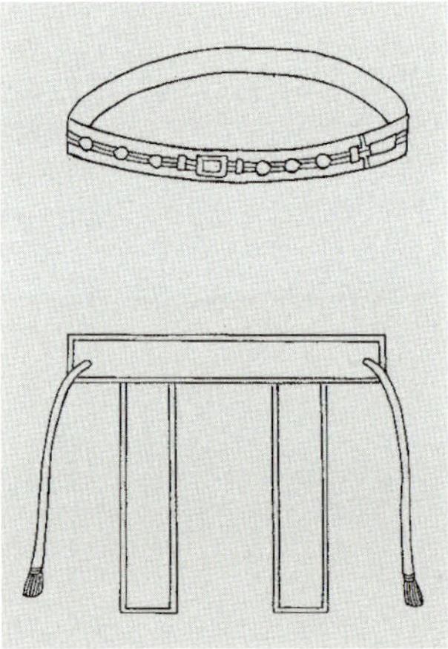

혁대는 설명이 위에 보인다. 대대는 《오례의》에 "제도는 구장과 동일하다." 하였다.

수

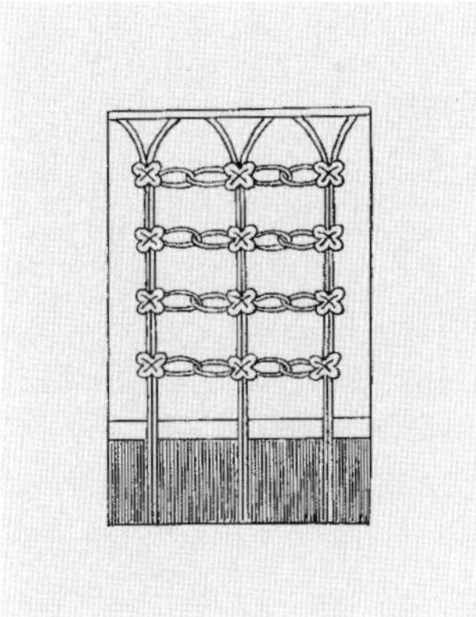

《오례의》

제도는 구장과 동일하다.

패

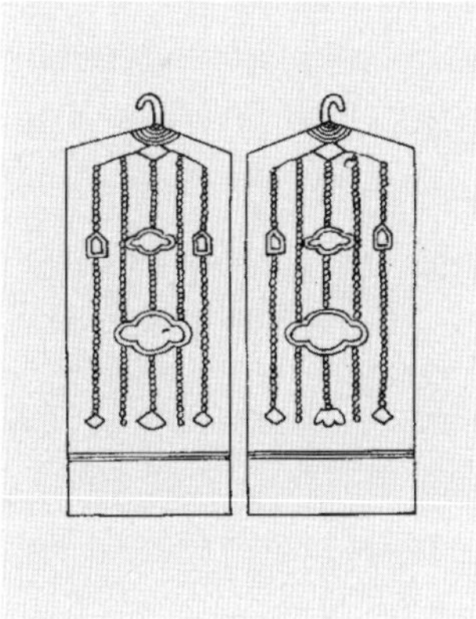

《오례의》

제도는 구장과 동일하다.

말

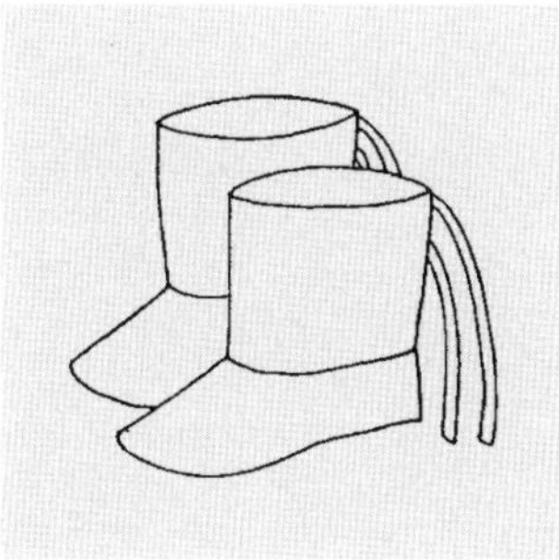

《오례의》

제도는 구장과 동일하다.

석

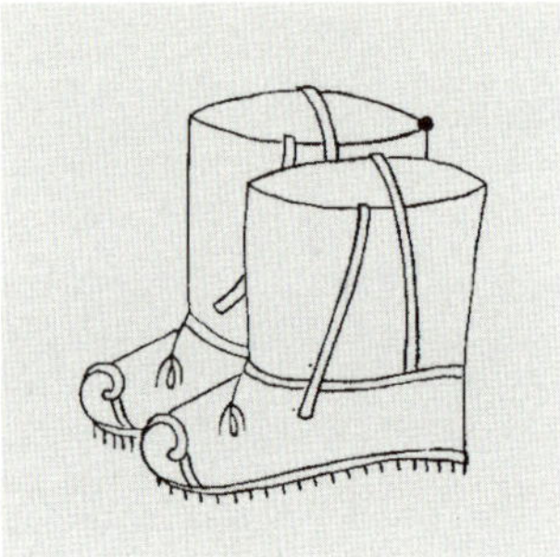

《오례의》

제도는 구장과 동일하다.

재관 齋官 관복 冠服

홀 笏

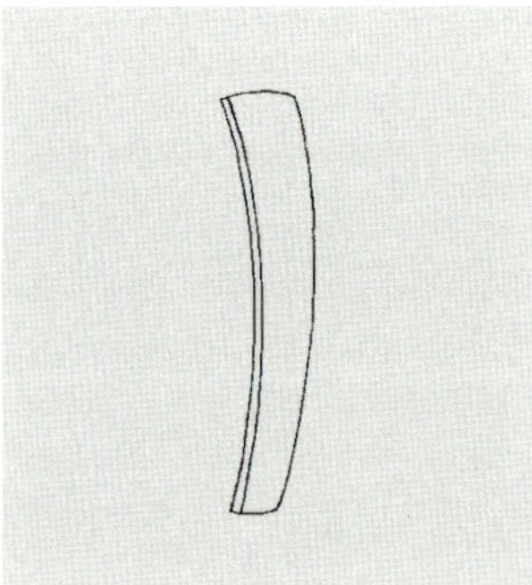

《오례의》

홀은 4품 이상은 상아(象牙)를 쓰고, 5품 이하는 나무로 만든다.

관冠

《오례의》

관은 1품은 5량(梁)[89]이요, 2품은 4량이요, 3품은 3량이요, 4품에서 6품까지는 2량이요, 7품 이하는 1량인데, 모두 뿔로 만든 비녀를 꽂는다.

89 양 굴건(屈巾)이나 금량관(金梁冠) 따위의 가운데가 불룩하게 나오거나 활 모양으로 굽어진 부분을 말한다.

의 앞면

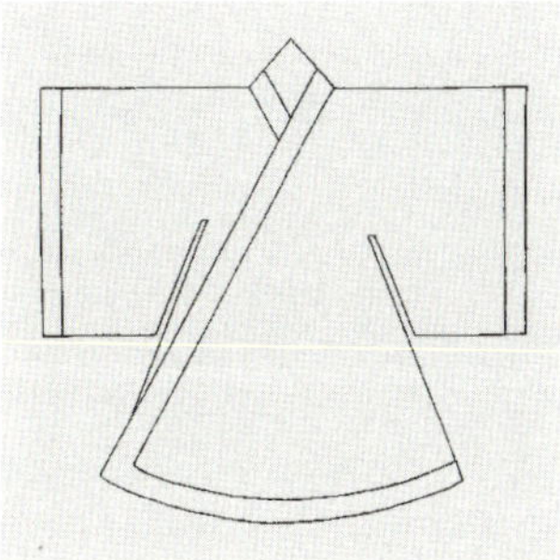

《오례의》

의(衣)는 청라(青羅)로 만든다.

의 뒷면

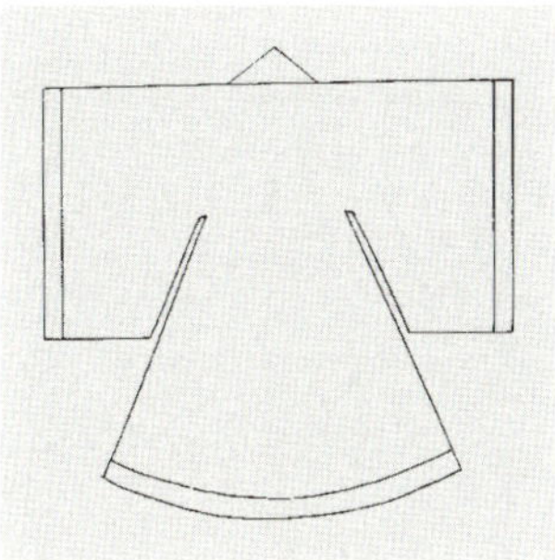

설명은 위에 보인다.

중단 앞면

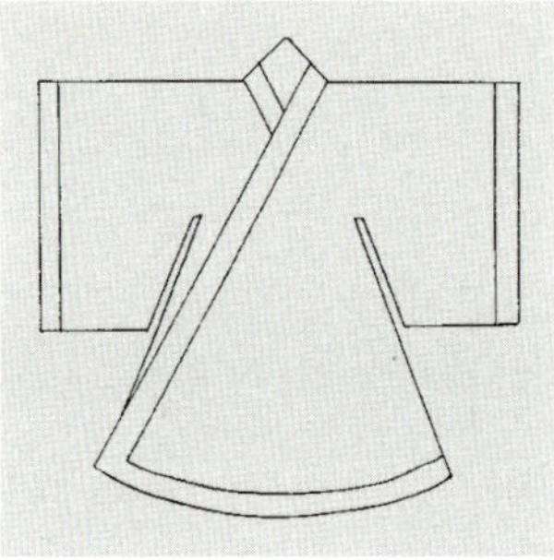

《오례의》

중단은 백사(白紗)로 만들고, 검은 천으로 옷깃의 선을 두른다.

중단 뒷면

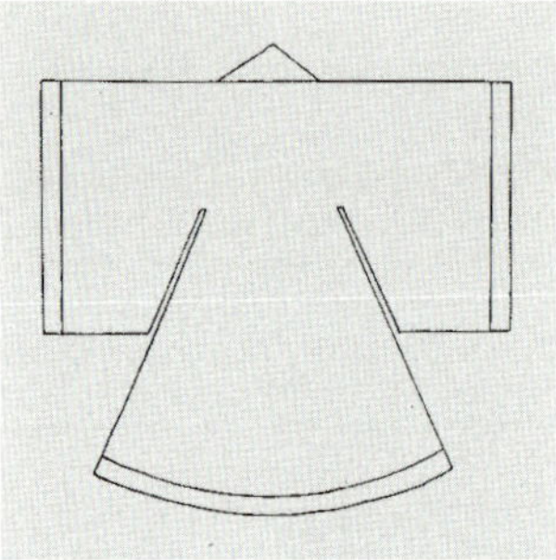

설명은 위에 보인다.

상

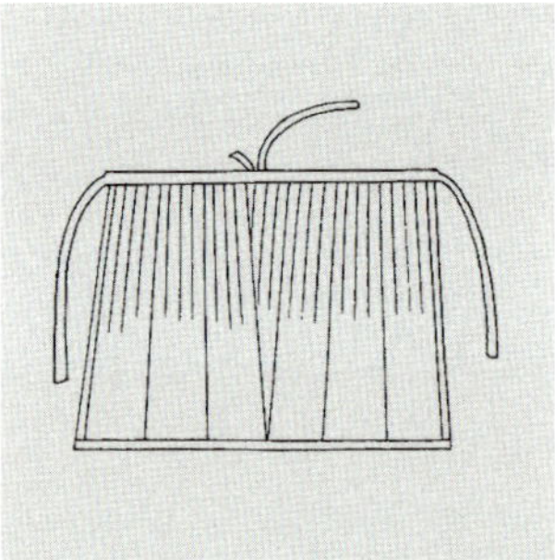

《오례의》

상은 적라(赤羅)로 만든다.

폐슬

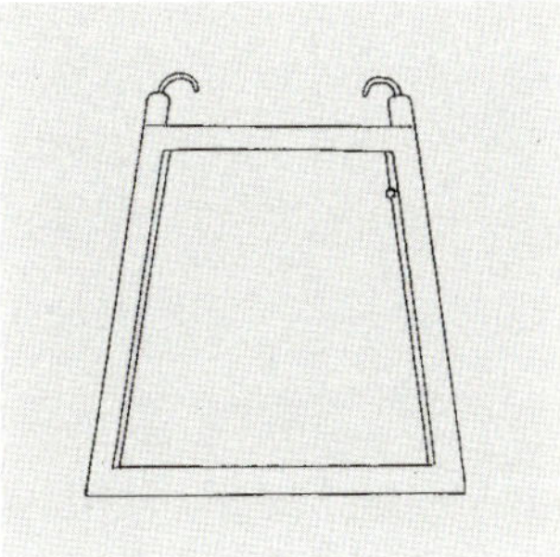

《오례의》

폐슬은 적라로 만든다.

방심곡령

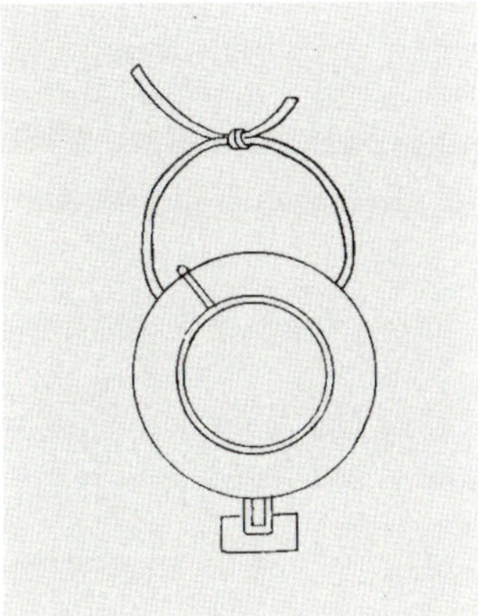

《오례의》

방심곡령은 백초(白綃)로 만든다.

혁대·대대

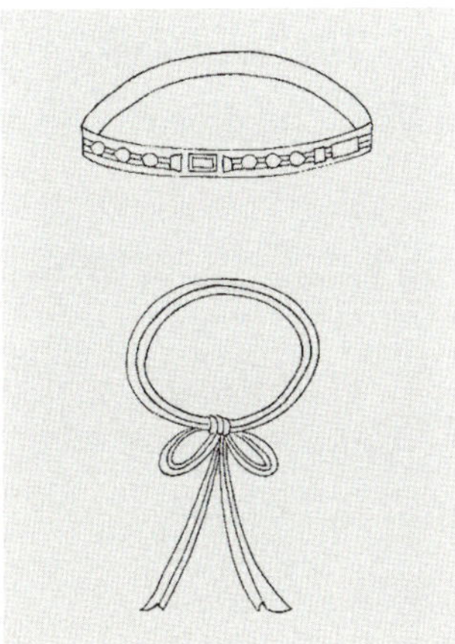

《오례의》

혁대는 2품 이상은 금을 쓰고, 3품에서 4품까지는 은을 쓰고, 5품 이하는 동(銅)을 쓴다. 대대는 적라와 백라(白羅)를 합쳐서 꿰맨다.

수

《오례의》

수는 2품 이상은 황색, 녹색, 적색, 자색의 4색이다. ─3품은 같고 4품에서 6품까지는 황색, 녹색, 적색의 3색이요, 7품 이하는 황색, 녹색의 2색이다.─ 실을 짜서 운학(雲鶴)을 만들고, ─3품은 반조(盤雕)요, 4품에서 6품까지는 연작(練鵲)이요, 7품 이하는 계칙(鷄鶒)이다.─ 화금(花錦) 밑에 푸른 실로 짠 망(網)을 달고, 쌍으로 된 금고리〔雙金環〕를 단다. ─3품에서 4품까지는 은고리〔銀環〕를 달고 5품 이하는 동고리〔銅環〕를 단다.

패

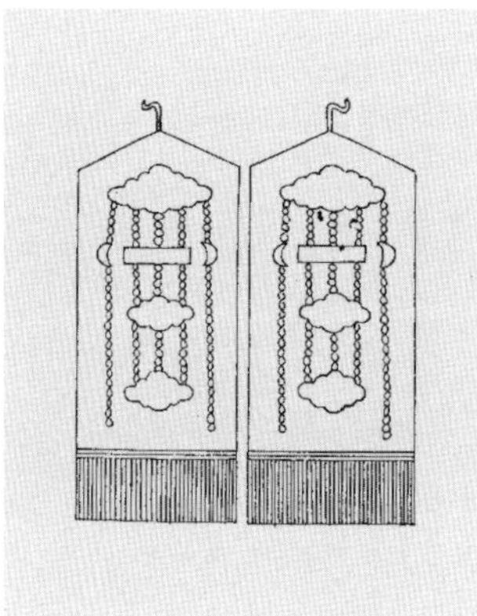

《오례의》

패는 2개이다. 위에는 동갈고리〔銅鉤〕로 형(衡)을 설치한다. 다음에는 중형(重衡)이 있고, 가운데에는 거우(琚瑀)가 있고, 아래에는 충아(衝牙)가 있으며, 쌍황(雙璜)이 중형의 양 곁에 있다. 또 쌍동(雙同)이 충아의 양 곁에 있고, 약옥주(藥玉株)로 꿴다. 그 형, 거우, 쌍황, 충아, 적자는 모두 민옥(珉玉)으로 만든다.

말

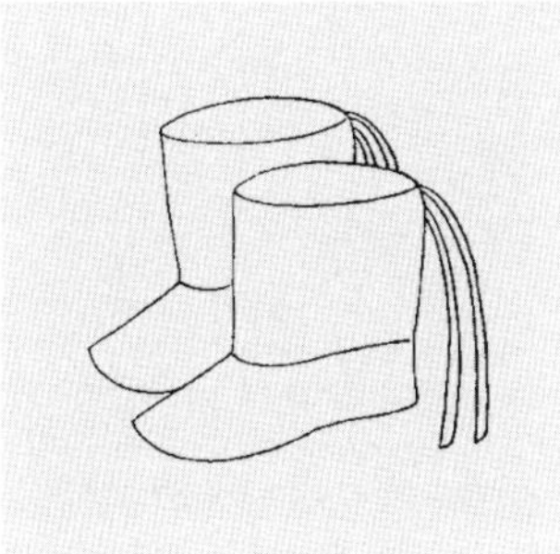

《오례의》

말은 백포(白布 흰 베)로 만든다.

이 履

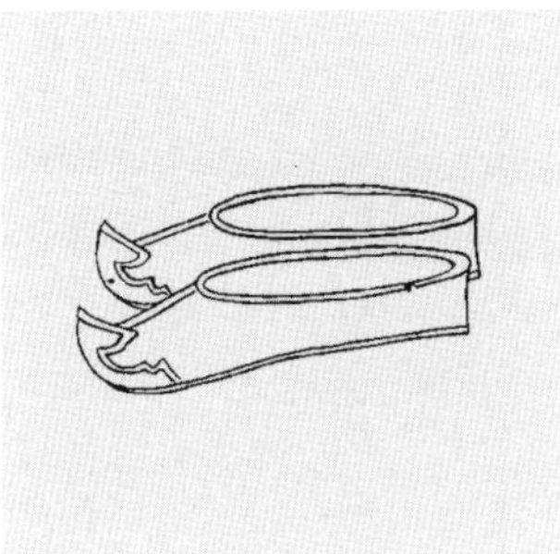

《오례의》

이는 검은 가죽으로 만든다.

척도 尺度 도설

포백척반 布帛尺半
주척전 周尺全
영조척반 營造尺半
조례기척반 造禮器尺半

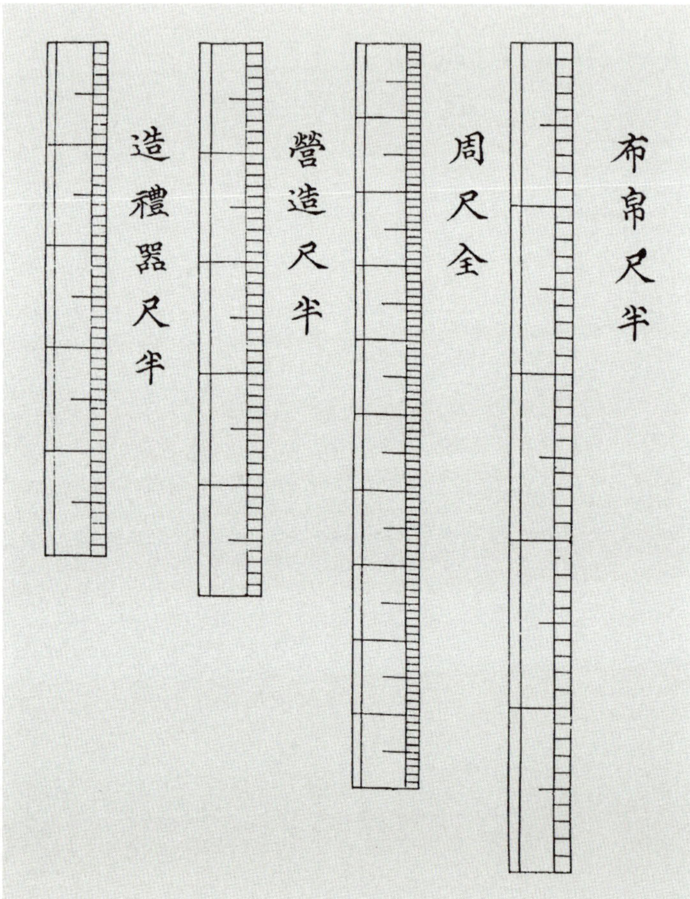

《오례의》

도(度)의 제도는 10리(釐)가 1푼(分)이 되고 10푼이 1치(寸)가 되고, 10치가 1자(尺)가 되고 10자가 1장(丈)이 된다. 주척(周尺)을 가지고 황종척(黃鍾尺)에 맞춘다면 주척의 길이가 6치 6리이고, 영조척(營造尺)을 가지고 황종척에 맞춘다면 길이가 8치 9푼 9리이다. 조례기척(造禮器尺)을 가지고 황종척에 맞춘다면 길이가 8치 2푼 3리이고, 포백척(布帛尺)을 가지고 황종척에 맞춘다면 길이가 1자 3치 4푼 8리이다.

사직서의궤

제1권 식례

사단 社壇[1]의 위판 제식 位版題式

1 사단 국가에서 토신(土神)에게 제사를 지내는 제단(祭壇)으로 사직단(社稷壇) 안의 동쪽에 있다.

2 국사지신 조선은 1395년(태조 4)에 사직단을 세워 대사(大祀)로 제사를 지냈는데, 사단의 정위(正位) 위판은 1431년(세종 13)에 황희(黃喜) 등의 건의에 따라 '태사지신(太社之神)'에서 '국사지신'으로 명칭을 바꾸었다. 이것은 "천자가 백성을 위해 세운 사(社)를 태사(太社)라고 하고 제후가 백성을 위해 세운 사를 국사(國社)라고 한다." 라는 《예기(禮記)》의 제법(祭法)을 따른 것이다. 뒤에 고종(高宗)이 1897년 대한제국(大韓帝國)을 선포한 뒤에는 황제의 예에 따라 다시 '태사지신'으로 명명하였다.

정위(正位) —북쪽을 향하고 있다.— 는 국사지신(國社之神)[2]이다.

배위(配位) —동쪽을 향하고 있다.— 는 후토씨지신(后土氏之神)이다.

직단 稷壇[3]의 위판 제식

정위 –북쪽을 향하고 있다.– 는 국직지신(國稷之神)[4]이다.

배위 –동쪽을 향하고 있다.– 는 후직씨지신(后稷氏之神)이다.

3 **직단** 국가에서 곡신(穀神)에게 제사를 지내는 제단으로 사직단 안의 서쪽에 있다.

4 **국직지신** 직단(稷壇)의 정위(正位) 위판이다. 중국은 '태직지신(太稷之神)'인데 조선조에는 '국직지신'이라 하였다. 위의 주2 참조.

변사 辨祀

대사(大祀)[5]와 소사(小祀)[6]인 기고(祈告)[7]이다. —《오례의(五禮儀)》

대사인 기곡(祈穀)[8]이다. —섭행(攝行)의 경우에는 소사가 된다.《속오례의(續五禮儀)》[9]

5 대사 국가에서 지내는 제사를 그 경중에 따라 대(大)·중(中)·소(小) 세 등급으로 나눈 가운데서, 종묘(宗廟), 영녕전(永寧殿), 사직(社稷)에 지내던 제사이다.

6 소사 국가에서 지내는 제사 중에 가장 작은 규모로서, 영성(靈星), 명산대천(名山大川), 사한(司寒), 마조(馬祖), 선목(先牧), 마사(馬社), 마보(馬步), 칠사(七祀) 등에 지내는 제사이다.

7 기고 일정하게 정해진 날이 없이 나라에 홍수, 가뭄, 질병, 병충해, 전쟁이 있거나 책봉, 관례(冠禮), 혼례 등이 있을 때 소원을 빌고 일을 아뢰기 위해 지내는 제사이다.

8 기곡 1월 첫 번째 신일(辛日)에 그해의 농사가 잘되게 해 달라고 사직(社稷)에 가서 지내는 제사이다.

9 속오례의 1744년(영조 20)에 왕명으로 《오례의》를 수정·보완한 《국조속오례의(國朝續五禮儀)》 5권, 《국조속오례의서례(國朝續五禮儀序例)》 1권, 《국조속오례의고이(國朝續五禮儀考異)》 1권, 1751년(영조 27)에 왕명으로 《국조속오례의》에 빠진 부분을 보충해 만든 《국조속오례의보(國朝續五禮儀補)》 2권, 《국조속오례의보서례(國朝續五禮儀補序例)》 2권을 말한다.

시일 時日

관상감(觀象監)에서 제사 지내기 3개월 전에 예조(禮曹)에 보고한다. 예조가 계문(啓聞)한 뒤에 서울과 지방에 널리 알려서 담당 관사가 직책에 따라 맡아 처리하게 한다. 《오례의》

정해진 날짜가 있는 제사는 중춘(仲春 2월)과 중추(仲秋 8월)의 상무일(上戊日 첫 번째 무일)과 납일(臘日)[10]이며, —《오례의》— 기곡은 맹춘(孟春 1월) 상신일(上辛日)이다. —《속오례의》

정해진 날짜가 없는 제사는 기고(祈告)와 보사(報祀)[11]이다. —홍수와 가뭄, 질병, 병충해, 전쟁이 있으면 그치기를 기원하는데, 기원하는 내용이 절박하면 날을 가리지 않는다. ○책봉(冊封), 관혼(冠昏) 등 무릇 국가에 대사(大事)가 있으면 고한다. ○무릇 수보(修補)할 일이 있으면 먼저 사유를 고하고, 이안제(移安祭)[12]와 환안제(還安祭)[13]를 지낸다. ○무릇 기원하여 응답이 있으면 보사하고, 홍수와 가뭄이 그치기를 기원한 경우에는 입추(立秋)를 기다린 뒤에 보사한다.《오례의》 ○기우제는 으레 4차 기우제는 사직(社稷)에서 지내고, 10차 기우제 또한 사직에서 지낸다.[14] 구(舊)《태상지(太常志)》

10 **납일** 동지(冬至) 뒤에 오는 셋째 술일(戌日)인데, 이날 선조와 온갖 신에게 제사, 곧 납향(臘享)을 지낸다. 조선 시대에는 동지 뒤 셋째 미일(未日)을 납일로 하였다.

11 **보사** 기고제(祈告祭)를 지낸 후 제사의 효험이 나타나서 기원한 일이 이루어졌을 때 그 보답으로 지내는 제사이다. 보사(報謝)라고도 한다.

12 **이안제** 궁묘(宮廟)나 능원(陵園)의 신주를 다른 곳으로 옮길 때 지내는 제사이다.

13 **환안제** 다른 곳으로 옮겼던 신주를 도로 제자리로 모실 때 지내는 제사이다.

14 **기우제는 으레……지낸다** 기우제는 하지(夏至) 뒤에 예조에서 품지하여 재가를 받아 이틀 간격으로 시행하는데 1차에서 12차까지 지낸다. 이 중 사직단에서 지내는 기우제는 4차 기우제와 10차 기우제인데, 4차에는 정2품, 10차에는 의정(議政)을 보내어 지낸다.《銀臺條例 禮攷 祈告祭》

축판 祝版

축판은 소나무로 만든다. 길이는 1자(尺) 2치(寸), 너비는 8치, 두께는 6푼(分)이다. 조례기척(造禮器尺)[15]을 사용하며, 전교서(典校署)에서 미리 준비한다. 무릇 기고(祈告)와 보사(報祀) 때에는 먼저 사유를 고하고, 이안제와 환안제를 지내며, 축사(祝詞)는 제사 지낼 때에 닥쳐서 짓는다.《오례의》

15 **조례기척** 조선 시대에 사용한 자(尺)의 한 가지이다. 태종 때에 예기(禮器)를 규격에 맞게 제조하기 위하여 이 자를 만들어 쓰기 시작하였는데, 이 자의 8치 2푼 3리가 황종척(黃鍾尺)의 한 자와 같다.

16 **구관** 관작(官爵)을 써야 할 경우에 생략하고서 대신 쓰는 말이다.

17 **예제** 술을 청탁(淸濁)에 따라 나눈 오제(五齊)의 하나로 주로 초헌례(初獻禮)에 사용한다. 오제는 범제(泛齊), 예제, 앙제(盎齊), 제제(緹齊), 침제(沈齊)이다.

유(維) 연호 몇 년 세차 모갑(歲次某甲) 모월 모삭(某月某朔) 모일 간지(某日干支)에 조선국왕(朝鮮國王) 성휘(姓諱)는 —섭행인 경우는 "삼가 신(臣) 구관(具官)[16] 모(某)를 보내어"라고 한다.— 감히 밝게 —이상은 4위(四位)가 모두 같다.

국사지신(國社之神)에게 고합니다.

삼가 아룁니다	伏以
두터운 덕으로 만물을 포용하고	德鉅載物
높은 공으로 백성을 세웠으니	功崇立民
바라건대 제찬(祭饌)의 오른쪽에서 흠향하시고	冀右享之
복록을 거듭 내려 주소서	茀祿來申
삼가	謹以
희생과 폐백, 예제[17]	牲幣醴齊
자성과 여러 가지 음식으로	粢盛庶品
제수(祭需)를 차려 올립니다	式陳明薦
후토구룡씨로	以后土句龍氏
배위(配位) 신주를 삼았으니	配神作主
흠향하소서	尙饗

이상은 국사에 대한 축문이다.

후토씨지신(后土氏之神)에게 고합니다.

삼가 아룁니다	伏以

사토[18]를 직책으로 삼아	職專司土
만물을 실어 양육하였으므로	載育萬物
경건하게 제사를 올리니	是虔享祀
큰 복을 더욱 크게 내려 주소서	介以景福
삼가	謹以
희생과 폐백, 예제	牲幣醴齊
자성과 여러 가지 음식으로	粢盛庶品
제수를 차려 올립니다	式陳明薦
배위 신주가 되어 신을 도우니	作主侑神
흠향하소서	尙饗

이상은 후토씨에 대한 축문이다.

국직지신(國稷之神)에게 고합니다.

삼가 아뢰옵니다	伏以
먹는 것이 백성에게는 하늘인데	食爲民天
온갖 곡식이 잘 영글었습니다	百穀用成
신께서는 굽어살피소서	神其降監
서직이 향기롭습니다	黍稷惟馨
삼가	謹以
희생과 폐백, 예제	牲幣醴齊
자성과 여러 가지 음식으로	粢盛庶品
제수를 차려 올립니다	式陳明薦
후직씨로	以后稷氏
배위 신주를 삼았으니	配神作主
흠향하소서	尙饗

이상은 국직에 대한 축문이다.

18 **사토** 은대(殷代)의 육부(六府)의 하나인데, 토지의 종류를 구분하고 부세(賦稅)의 차등을 매기는 일을 관장하였다.

후직씨지신(后稷氏之神)에게 고합니다.

삼가 아룁니다	伏以
오곡을 널리 전파하여	誕播嘉穀
많은 백성들을 두루 양육하였네	群黎徧毓
정결히 제사 지내는 나를 돌아보고	顧予吉蠲
복록을 거듭 내려 주소서	申錫戩穀
삼가	謹以
희생과 폐백, 예제	牲幣醴齊
자성과 여러 가지 음식으로	粢盛庶品
제수를 차려 올립니다	式陳明薦
배위 신주가 되어 신을 도우니	作主侑神
흠향하소서	尙饗

이상은 후직씨에 대한 축문이다.

19 순안지악 악곡 이름이다. 조선 시대에 사직단의 대제(大祭) 때 영신(迎神)과 송신(送神)에 연주하던 음악인데, 임종궁, 유빈궁, 응종궁, 유빈궁을 각각 2번씩 연주한다.《增補文獻備考 卷105 樂考 習樂 社稷壇大祭》

20 임종궁 제사에 연주하는 아악(雅樂) 선율의 하나이다. 임종궁의 선율은 원(元)나라 임우(林宇)의 《대성악보(大成樂譜)》 중 영신악(迎神樂)에서 선율을 가져와 조옮김 한 것이다. 시작음과 끝음이 모두 임종(林鍾)으로 되어 있으며, 가사 1자에 1음이 배치되는 형태로 되어 있다.

21 유빈궁 제사에 연주하는 아악 선율의 하나이다. 유빈궁의 선율은 《대성악보》 중 영신악에서 선율을 가져와 조옮김 한 것이다. 시작음과 끝음이 모두 유빈(蕤賓)으로 되어 있으며, 가사 1자에 1음이 배치되는 형태로 되어 있다.

22 응종궁 제사에 연주하는 아악 선율의 하나이다. 응종궁의 선율은 《대성악보》 중 영신악에서 선율을 가져와 조옮김 한 것이다. 시작음과 끝음이 모두 응종(應鍾)으로 되어 있으며, 가사 1자에 1음이 배치되는 형태로 되어 있다.

아악 雅樂

영신(迎神), 진찬(進饌), 문무퇴(文舞退), 무무진(武舞進), 아헌(亞獻), 종헌(終獻), 송신(送神) 때에는 헌가(軒架)에서 연주하고, 전폐(奠幣), 초헌(初獻), 철변두(徹籩豆) 때에는 등가(登歌)에서 연주한다.

영신 때에는 〈순안지악(順安之樂)〉[19]을 연주한다. —임종궁(林鍾宮),[20] 유빈궁(蕤賓宮),[21] 응종궁(應鍾宮),[22] 유빈궁

전폐 때에는 〈숙안지악(肅安之樂)〉[23]을 연주한다. —응종궁

진찬 때에는 〈옹안지악(雍安之樂)〉[24]을 연주한다. —태주궁(太簇宮)[25]

초헌 때에는 〈수안지악(壽安之樂)〉[26]을 연주한다. —응종궁

문무가 물러가고 무무가 나올 때에는 〈서안지악(舒安之樂)〉[27]을 연주한다. —태주궁

아헌과 종헌 때에는 〈수안지악〉을 연주한다. —태주궁

철변두 때에는 〈옹안지악〉을 연주한다. —응종궁

송신 때에는 〈순안지악〉을 연주한다. —임종궁 ○모두 《문헌비고(文獻備考)》에 나온다.

23 **숙안지악** 악곡 이름이다. 조선 시대에 사직단(社稷壇), 선농단(先農壇), 선잠단(先蠶壇), 우사단(雩祀壇), 문선왕묘(文宣王廟)의 대제(大祭) 때 폐백을 올릴 때에 연주하던 악곡이다. 이 중 사직단에서는 응종궁을 연주하고, 이 외에는 남려궁(南呂宮)을 연주하였다. 《增補文獻備考 卷105 樂考 習樂 社稷壇大祭》

24 **옹안지악** 악곡 이름이다. 조선 시대에 종묘, 사직단, 선농단, 선잠단, 우사단, 문선왕묘 등의 대제 때에 연주하던 악곡이다. 변(籩)과 두(豆)를 거둘 때에 연주한다. 《增補文獻備考 卷105 樂考 習樂 社稷壇大祭》

25 **태주궁** 제사에 연주하는 아악 선율의 하나이다. 임우의 《대성악보》 중 영신악에서 선율을 가져와 온음 높여 조옮김한 것이다. 시작음과 끝음이 모두 태주(太簇)로 되어 있으며, 가사 1자에 1음이 배치되는 형태로 되어 있다.

26 **수안지악** 악곡 이름이다. 조선 시대에 영녕전, 사직단, 풍운뇌우단, 선농단, 선잠단, 우사단 등의 제향 때 연주하던 음악이다. 《增補文獻備考 卷94 樂考 歷代樂制》

27 **서안지악** 악곡 이름이다. 조선 시대에 사직단, 풍운뇌우단, 선농단, 선잠단, 우사단, 문선왕묘 등의 제향에서 초헌례(初獻禮)가 끝난 다음에 문무(文舞)가 나가고 무무(武舞)가 들어올 때 연주하던 악곡이다. 현재에도 문묘(文廟)의 제향 때에 초헌이 끝난 다음에 연주된다. 《增補文獻備考 卷94 樂考 歷代樂制》

악장 樂章

헌가(軒架)에는 가사(歌詞)가 없고, 등가(登歌)에는 가사가 있다.[28] 《오례의》

전폐 奠幣

만물을 싣고 있는 두터운 땅은	坤厚載物
끝없이 광대하고	其大無外
우리 백성에게 곡식을 먹이시니	立我烝民
만세토록 길이 의지하리라	萬世永賴
엄숙한 사직단에는	有儼其壇
산초 향기 은은하고	有椒其馨
공손히 폐백을 받드니	惟恭奉幣
우리 제사 매우 완비되었네	我祀孔明

국사초헌 國社初獻

지극하도다 땅의 덕이여	至哉坤元
능히 저 하늘과 짝을 이루고	克配彼天
함홍광대[29]하여	含弘光大
만물을 실었도다	萬物載焉
정결히 제사하여	克禋克祀
예법에 어그러짐이 없으니	式禮莫愆
큰 복을 내려 주시기를	降福簡簡
만년토록 하소서	於萬斯年

후토(后土)도 같다.

28 **헌가에는……있다** 사직 제례의 악장(樂章)은 당하에서 연주하는 헌가에는 없고, 당상에서 연주하는 등가에만 있다. 즉 폐백을 올리는 '전폐(奠幣)'와 첫 번째 술잔을 올리는 '초헌(初獻)', 제기를 거두는 '철변두(徹籩豆)'의 절차에서만 보인다. 그리고 이때 연주하는 선율은 음려(陰呂)에 해당하는 응종궁(應鍾宮)이다. 《사직대제, 국립문화재연구소, 민속원, 2007, 122쪽》

29 **함홍광대** 함(含)은 포용하는 것이고 홍(弘)은 너그러운 것이며, 광(光)은 빛나는 것이고 대(大)는 큰 것을 말하는데, 곤(坤)의 덕, 곧 땅의 덕을 들어서 말한 것이다. 《周易 坤卦 九二》

국직초헌 國稷初獻

좋은 종자를 내려 주니	誕降嘉種
농사에 힘을 쓰고	務玆稼穡
온갖 곡식이 잘 영그니	百穀用成
많은 백성이 두루 혜택을 받도다	群黎徧德
우리 제사는 어떠한가	我祀如何
위의가 단정하도다	其儀不忒
도와주는 방도가 있으니	有相之道
큰 복을 더욱 크게 내려 주소서	介以景福

후직(后稷)도 같다.

철변두 徹籩豆

땅이 두텁다고 하니	謂地蓋厚
만물이 모두 형통하고	品物咸亨
농사가 보배이니	稼穡惟寶
길이 풍년을 보리라	永觀厥成
우리 변과 두를 거두니	徹我籩豆
제사가 매우 완비되었고	祀事孔明
많은 복을 내려 주시어	綏以多福
장수하고 강녕하게 하리라	壽考攸寧

생뢰 牲牢[30]

30 **생뢰** 사직 제사에 희생(犧牲)으로 쓰는 짐승으로 소, 돼지, 양을 말한다.

31 **돈박** 돼지의 어깻죽지 살을 말하는데, 가늘게 썰어 회를 만들어 제수로 쓴다.

32 **조** 제사 때 소, 돼지, 양 등의 희생을 담는 제기(祭器)이다.

33 **영종** 영조(英祖)를 지칭한다. 영종은 1890년(고종 27)에 '영조'로 고치기 전까지 사용된 본래의 묘호(廟號)이다.

대사(大祀)에는 대뢰(大牢) —소 1마리, 양 1마리, 돼지 1마리— 를 쓰는데, 양 3마리와 돼지 3마리를 더 쓴다. —섭사(攝事)에는 양을 더 쓰지 않는다.《오례의》 ○지금은 돼지 1마리를 더 써서, 돈박(豚拍)[31]을 조(俎)[32]에 담아 신위에 올리는 용도로 쓴다.

기고(祈告)와 보사(報祀)에는 돼지 1마리를 쓴다. —선고사유제(先告事由祭), 이안제(移安祭), 환안제(還安祭)도 같다.《오례의》 ○영종(英宗)[33] 갑오년(1774, 영조 50)에 전교로 인하여 돼지 2마리를 사용하는 것으로 정식을 삼았다.

폐백 幣帛

폐백은 검정색으로, 길이는 1장(丈) 8자 —조례기척(造禮器尺)을 쓴다.— 이고, 저포(苧布)를 쓴다. —《오례의》— 국사(國社), 후토(后土), 국직(國稷), 후직(后稷)에게는 각각 검정색 폐백 1단(端)을 올리는데, 1단마다 11자 6치 7푼이다. —조례기척을 쓴다.《속오례의》

제물 祭物

기곡제(祈穀祭)는 친행(親行)의 경우에 춘추 제향(春秋祭享)과 같고, 섭행(攝行)의 경우에는 기고제(祈告祭)와 같다.《속오례의》

1위(位)마다 밥〔飯〕 4종류〔色〕, 떡〔餠〕 6종류, 젓갈〔醢〕 4종류, 채소절임〔菹〕 3종류, 과일〔果〕 5종류, 포(脯) 5가지〔條〕, 대구어(大口魚) 3미(尾), 죽순(竹筍) 1두(豆), 소금〔鹽〕 1변(籩), 형갱(鉶羹)[34] 3기(器), 우(牛)·양(羊)·시(豕)의 생고기 각각 1갑(匣), 천조(薦俎)[35] 3종류 각각 1갑, 돈박(豚拍) 1두, 비석(脾析 소의 처녑) 1두, 술〔酒〕 3작(爵)이다. ―구(舊)《태상지(太常志)》

기고제는 1위마다 밥은 위와 같다. 과일, 포, 채소절임, 젓갈 각각 1기(器), 돼지의 생고기 1갑, 술 1작이다. ―구《태상지》 ○봉상시(奉常寺) 제물 단자(祭物單子)는 다음과 같다. 백미(白米) 1말(斗) 8되(升)가 들어간 분자병(粉餈餠).[36] 백미 1말 6되가 들어간 구이병(糗粈餠).[37] 위 두 떡에는 콩〔太〕 8되가 들어간다. 백미 1말 2되에 찹쌀〔粘米〕 2되, 참기름〔眞油〕 1되 2홉(合) 8사(夕)[38]가 들어간 삼식(糝食).[39] 백미 2되에 술 2되가 들어간 이식(酏食).[40] 백미 1말 6되가 들어간 백병(白餠 흰떡). 당서미(唐黍米) 2말 2되가 들어간 흑병(黑餠 검정떡). 멥쌀〔粳米〕, 기장쌀〔黍米〕, 메기장쌀〔稷米〕 각각 1말 8되, 차좁쌀〔粘粟米〕 2말 4되로 지은 밥〔飯〕. 중포(中脯) 2첩(貼). 대구어 12미. 능인(菱仁 마름 열매), 검인(芡仁 가시연밥의 열매), 황률(黃栗 말린 깐밤), 진자(榛子 개암), 대추〔大棗〕 각각 6되. 청저(菁菹 무김치), 근저(芹菹 미나리김치), 구저(韭菹 부추김치) 각각 6되. 예주(醴酒 단술) 18병(甁). 소금, 죽순 각각 6되. 녹해(鹿醢 사슴고기 젓), 담해(醓醢 육장(肉醬)) 각각 6근(斤). 토해(兎醢 토끼고기 젓) 4구(口). 어해(魚醢 생선 젓) 4미(尾). 생강(生薑) 4냥(兩) 8돈(錢). 개자(芥子 겨자) 4홉. 초(醋) 2홉 8사. 청근(菁根 무) 36개, 간장(艮醬) 2되 8홉, 소금 1되 2홉, 초(醋) 1홉 2사가 들어간 형갱(鉶羹) 12기. 흑폐(黑幣) 4단(端). 5냥촉(五兩燭) 12정(丁), 친제(親祭)의 경우에는 4냥촉 8정, 5냥촉 4정, 8냥촉 2정, 조촉(照燭) 1정이다. 황법밀(黃法蜜) 6냥, 기름〔油〕 6홉이 들어간 조등(照燈). ○기고 제물 단자는 다음과 같다. 밥과 폐백(幣)은 위와 같다. 과일, 포, 채소절임, 젓갈은 각각 1기(器). 마되(斗升)와 근량(斤兩)은 모두 위와 같다. 술 6병. 소밀촉(小蜜燭) 12정.

34 **형갱** 다섯 가지 맛으로 간을 맞춘 국을 말한다.

35 **천조** 조(俎)에 담아 신위(神位)에 올리는 익힌 쇠고기, 양고기, 돼지고기를 지칭하는 것으로 보인다. 사직의 각 신위마다 익힌 쇠고기, 양고기, 돼지고기를 각각 1갑(匣)씩 올린다.《社稷署儀軌 卷2 儀節 進熟》

36 **분자병** 떡의 일종으로, 쌀을 익힌 다음 찧어 콩가루를 입힌 것을 말한다.《星湖僿說 卷21 祭物》

37 **구이병** 떡의 일종으로 구이병(糗餌餠)으로도 쓴다. 쌀을 갈아 가루로 만든 다음에 반죽하여 익힌 것을 말한다.《星湖僿說 卷21 祭物》

38 **사** 척관법(尺貫法)의 한 단위로, 1사는 홉(合)의 10분의 1, 또는 1되(升)의 100분의 1에 해당된다. 사(勺)와 통용한다.

39 **삼식** 떡의 일종으로 삼식병(糝食餠)이라고도 한다. 쌀가루에 쇠고기를 섞어서 만들거나, 또는 쌀가루에 쇠고기, 양고기, 돼지고기를 섞어서 만들기도 한다.《春官通考 卷1 吉禮 宗廟》

40 **이식** 정중(鄭衆)은 술로 만든 떡으로 지금의 기교병(起膠餠)과 같다 하였고, 정현(鄭玄)은 낭촉고(狼臅膏)를 잘게 썰어 쌀과 섞어 묽게 끓인 죽이라고 하였다.《星湖僿說 卷21 祭物》

제기 祭器

대사(大祀)는 1위(位)마다 변(籩) 12개, 두(豆) 12개, 형(鉶) 3개, 보(簠) 2개, 궤(簋) 2개, 조(俎) 6개, 작(爵) 3개, 비(篚) 1개이다. —《오례의(五禮儀)》 도식(圖式)

기고(祈告)는 1위마다 변 2개, 두 2개, 보 2개, 궤 2개, 조 1개, 작 1개, 비 1개이다. —《오례의》 도식

재관 齋官

무릇 본관(本官)이 행사(行事)하는데, 집사자(執事者)가 사정이 있으면 다른 관원으로 충원한다. 헌관(獻官), 진폐작주관(進幣爵酒官), 전폐작주관(奠幣爵酒官), 천조관(薦俎官), 예의사(禮儀使), 집례(執禮)는 모두 예차(預差)가 있다. 집례와 대축(大祝)은 모두 문관(文官)이다.《오례의》

친제 親祭

아헌관(亞獻官) —왕세자(王世子)

종헌관(終獻官) —영의정(領議政)이 하는데, 사정이 있으면 차관(次官)이 한다.

진폐작주관 —이조 판서(吏曹判書)가 하는데, 사정이 있으면 참판(參判)이 한다.

천조관 —호조 판서(戶曹判書)가 하는데, 사정이 있으면 참판이 한다.

전폐작주관 —이조 참의(吏曹參議)

전사관(典祀官) —봉상시 정(奉常寺正)이 하는데, 사정이 있으면 부정(副正)이 한다.

집례 2인 —단 위는 3품 당상관(堂上官)이 하고, 단 아래는 4품이 한다.

단사(壇司) —본서(本署)의 영(令)이 하는데, 사정이 있으면 차관이 한다.

정위(正位)와 배위(配位) 4위(位)에 대한 관원은 다음과 같다.[41]

대축(大祝) 각각 1인 —지제교(知製敎)가 하는데 4품 이상이다.

축사(祝史) 각각 1인 —4품

재랑(齋郎) 각각 1인 —5품

집준(執尊) 각각 1인 —6품

봉조관(捧俎官) 각각 3인 —참외(參外)

장생령(掌牲令) —전생서 주부(典牲署主簿)가 하는데, 사정이 있으면 직장(直長)이 한다.

협률랑(協律郎) —장악원(掌樂院) 관원

작세위(爵洗位) —6품

관세위(盥洗位) 2인 —6품

아헌관 관세위(亞獻官盥洗位) —참외(參外)

41 정위와……같다 원문에는 '四位'로 되어 있는데, 《국조오례서례(國朝五禮序例)》에 '正配四位'로 되어 있으므로 이에 의거하여 보충 번역하였다. 4위에 대한 관원은 대축부터 봉조관까지이다.

종헌관 관세위(終獻官盥洗位) —참외 ○영의정이 아헌관이 되면 별도로 설치하지 않는다.

찬자(贊者) 2인 —통례원(通禮院) 관원

알자(謁者) 2인 —6품

찬인(贊引) 2인 —1인은 6품이고, 1인은 참외이다.

감찰(監察) 2인

예의사(禮儀使) —예조 판서가 하는데, 사정이 있으면 참판이 한다.

근시(近侍) 4인 —승지(承旨)

좌통례(左通禮)와 우통례(右通禮) —예의사 이하는 응봉관(應奉官)[42]이다.

봉례(奉禮) —왕세자 시종관(王世子侍從官) ○《오례의》

섭사 攝事

초헌관 —정1품

아헌관 —정2품

종헌관 —종2품

천조관 —3품 당상관

전사관 —봉상시 정이 하는데, 사정이 있으면 부정(副正)이 한다.

집례 2인 —단 위는 3품이 하고, 단 아래는 5품이 한다.

단사 —본서의 영이 하는데, 사정이 있으면 차관이 한다.

대축 2인 —6품

정위와 배위 4위에 대한 관원은 다음과 같다.[43]

축사 각각 1인 —참외

재랑 각각 1인 —참외

봉조관 각각 3인 —참외

장생령 —전생서 주부가 하는데, 사정이 있으면 직장이 한다.

협률랑 —장악원 관원

찬자 —참외

알자 —참외

42 **응봉관** 국가에서 지내는 제사가 있을 때, 임금의 명령에 응하여 의식의 절차를 주관하는 임시 벼슬 또는 그 벼슬아치를 말한다.

43 **정위와……같다** 원문에는 '四位'로 되어 있는데, 《국조오례서례》에 '正配四位'로 되어 있으므로 이에 의거하여 보충 번역하였다. 4위에 대한 관원은 축사부터 봉조관까지이다.

찬인 ―참외

감찰 ―《오례의》

기고 祈告

헌관(獻官) ―2품

전사관 ―봉상시 첨정(奉常寺僉正) 이하의 관원

단사 ―본서의 영이 하는데, 사정이 있으면 차관이 한다.

대축 ―참외

축사 ―참외

재랑 ―참외

찬자 ―참외

알자 ―참외

감찰 ―《오례의》 ○기곡 친제(祈穀親祭) 때의 재관은 춘추 대제(春秋大祭)와 같다. 《속오례의》 ○지금 기곡제는 비록 친행(親行)이 아니더라도 헌관은 정1품이다.

직관 職官

이속(吏屬) 첨부

태조(太祖) 원년(1392)에 사직단지기(社稷壇直) 2인을 두었는데, 뒤에 사직서(社稷署)로 바꾸고[44] 단유(壇壝)[45]의 소제(掃除)를 관장하였다. 도제조(都提調) 1원(員)이 있는데 의정(議政)이 겸임하고, 제조(提調) 1원, 영(令) 1원, 참봉(參奉) 2원이 있다. 숙종(肅宗) 30년(1704)에 참봉을 직장(直長)과 봉사(奉事)로 고쳤는데 각각 1원을 두었다. 영종(英宗) 원년(1725, 영조 1)에 봉사를 영(令)으로 고쳤는데, 그중 1원은 문신(文臣)으로 차임하였다.

이속은 서원(書員) 1인, 고지기(庫直) 1명, 수복(守僕) 8명, 사령(使令) 5명, 군사(軍士) 7명이다. —《문헌비고(文獻備考)》 ○부장(部將) 1원이 수직(守直)한다.

44 **뒤에 사직서로 바꾸고** 1426년(세종 8)에 사직단을 사직서로 명칭을 바꾸었다.

45 **단유** 제단(祭壇) 주위에 나지막하게 둘러쌓은 담을 말한다. 단유 주위에 다시 담장으로 둘렀는데, 이것을 '원(垣)'이라고 하며 '유(壝)'와 구분된다.

사직서의궤

제2권 의절

친제의 親祭儀

시일時日 에 대한 의절 〈식례(式例)〉에 보인다.

재계齊戒 에 대한 의절 《오례의》

제사 8일 전에 예조가 계문(啓聞)하여 재계하기를 청하면, 전하가 4일 동안 별전(別殿)에서 산재(散齊)하고, 3일 동안 치재(致齊)하되 2일은 정전(正殿)에서 하고 1일은 재궁(齊宮)에서 한다. —세자시강원(世子侍講院)이 기일 전에 별당(別堂)에서 산재하기를 청하고, 정당(正堂)과 재소(齊所)에서 치재하기를 청한다.— 무릇 산재할 때에는 조상(弔喪)과 문병(問病)을 하지 않고, 음악을 듣지 않으며, 유사(有司)는 형살 문서(刑殺文書)를 아뢰지 않는다. 치재할 때에는 오직 제사에 관한 일만 아뢴다.

제사 7일 전에 응당 행사를 치를 집사관(執事官) 및 배제(陪祭)할 종친(宗親)과 문무백관 —섭사(攝事)에는 전하의 재계하는 의식 및 배제관(陪祭官)은 없다.— 이 모두 공복(公服) 차림으로 의정부(議政府)에서 서계(誓戒)를 받는다.

제삿날 미명(未明) 7각(刻)[1]에 통례원(通禮院)이 자리를 설치한다. 종헌관(終獻官)은 북쪽에 자리를 정하여 남쪽을 향하게 하고, —섭사에는 초헌관(初獻官)이다.— 진폐작주관(進幣爵酒官)·천조관(薦俎官)·전폐작주관(奠幣爵酒官)은 남쪽에 자리를 정하여 북쪽을 향하게 하고 서쪽을 상위(上位)로 한다. —전폐작주관은 조금 물려서 자리를 정한다. 만약 영의정이 아헌관(亞獻官)이 되면 종헌관 이하는 남쪽에 자리를 정한다. 섭사에는 아헌관 이하는 남쪽에 자리를 정한다.— 감찰(監察)은 서쪽에 자리를 정하여 동쪽을 향하게 하고 북쪽을 상위로 한다. 예의사(禮儀使) 이하 여러 제관(祭官)은 동쪽에 자리를 정하여 서쪽을 향하게 하는데, 모두 등급에 따라 자리를 달리하여 두 줄로 서고 북쪽을 상위로 한다. 배제관은 남쪽에 자리를 정하여 북쪽을 향하게 하는데, 문관(文官)은 동쪽에 자리를 잡고 무관(武官)은 서쪽에 자

1 미명 7각 미명은 날이 채 밝기 전이라는 뜻이고 1각은 15분이므로, 미명 7각은 행사 당일 동트는 시간의 1시간 45분 전에 해당한다.

리를 잡아, 모두 등급에 따라 자리를 달리하여 두 줄로 서고 상대와 접하는 자리가 각각 상위가 된다.

5각[2]에 인의(引儀)의 인도를 받아 배제관 및 여러 제관이 나뉘어 자리에 나아가고, 인도를 받아 종헌관이 자리에 나아간다. 찬의(贊儀)가 종헌관의 왼쪽으로 나아가서 서쪽을 향하여 서서 서문(誓文)을 대신 읽기를,

"금년 모월 모일에 전하 —섭사에는 전하라고 일컫지 않는다.— 께서 사직(社稷)에 제사를 지낸다. 무릇 행사를 치를 집사관 및 배제할 종친과 문무백관은 술을 지나치게 —영종 병인년(1746, 영조 22)에 '종(縱)' 자를 '음(飮)' 자로 고치도록 명하였다.— 마시지 말고, 매운 것 —파·부추·마늘·염교— 을 먹지 말며, 조상과 문병을 하지 말고, 음악을 듣지 말며, 형벌을 쓰지 말고, 형살 문서에 판서(判署)[3]하지 말며, 더러운 일에 관여하지 말고, 각각 그 직책을 다한다. 혹시 이를 어기는 경우에는 국법에 따른 처벌이 있을 것이다."

한다. 읽기를 마친 다음에 찬의가 '재배(再拜)'를 창(唱)하면, 자리에 있는 사람들이 모두 재배하고 물러간다. 모든 여러 향관(享官) 및 근시(近侍)하는 관원으로 따라 올라갈 자는 모두 4일 동안 산재하고 정침(正寢)에서 재숙(齋宿)한다. 치재는 3일 동안 하되 2일은 본사(本司)에서 하고 1일은 제소(祭所)에서 한다. 배제관 및 여러 위(衛)의 소속으로 유문(壝門)을 지키는 자는 —문마다 호군(護軍) 2인, 모퉁이마다 대장(隊長) 1인이다. 섭사에는 모두 대장이 한다.— 각각 본사에서 하룻밤 청재(淸齋)[4]한다. 공인(工人 악공)과 이무(二舞 문무(文舞)와 무무(武舞))는 예조에서 하룻밤 청재한다. 치재 1일 전에 종헌관 이하는 모두 의정부에 모여서 의식을 익히고, 제사 1일 전 날이 밝을 무렵에 모두 제소에 모인다.

서계誓戒에 친림親臨하는 의절 《속오례의》에 나오고, 금의(今儀)[5]를 참고하였다.

제사 2일 전에 예조가 안팎에 임금의 명을 선포하여 각각 맡은 일을 수행하도록 한다. 1일 전에 액정서(掖庭署)가 전하의 판위(版位 왕이 서는 자

2 **5각** 미명 5각으로, 즉 동트는 시간의 1시간 15분 전에 해당한다.

3 **판서** 형살(刑殺) 집행에 관한 문서에 연월일을 쓰고 서명 날인하여 집행을 청하는 것을 말한다.

4 **청재** 몸과 마음을 깨끗이 하여 재계한다는 뜻이다.

5 **금의** 《사직서의궤(社稷署儀軌)》가 처음 편찬된 1783년(정조 7)경, 그 당시에 행해지고 있던 의절(儀節)을 지칭하는 듯하다. 이 의절의 내용은 1788년(정조 12)에 유의양(柳義養)이 어명으로 편찬한 《춘관통고(春官通考)》에 실려 있다.

리)를 인정전(仁政殿) 계단 위의 중앙에 북쪽 가까이 남쪽을 향하여 설치하고, 그 앞에 향안(香案)을 설치한다. 전의(典儀)가 독서문위(讀誓文位)를 인정전 계단 위의 동쪽 가까이에 서쪽을 향하여 설치하고, 형판(刑判) ─금의에는 "형조 판서(刑曹判書)"로 되어 있다.─ 의 자리를 독서문위의 남쪽에 서쪽을 향하여 설치하고, 아헌관, 종헌관, 여러 집사의 배위(拜位 절하는 자리)를 전정(殿庭)의 길 동쪽에 등급에 따라 자리를 달리하여 두 줄로 북쪽을 향하게 하고 서쪽을 상위로 하여 설치한다.

배향 문관(陪享文官) 1품 이하의 자리는 향관(享官)의 뒤에 설치하는데, 모두 등급에 따라 자리를 달리하여 두 줄로 북쪽을 향하게 한다. 종친 및 무관 1품 이하의 자리는 전정의 길 서쪽에 문관의 자리와 접하여 설치하는데, 모두 등급에 따라 자리를 달리하여 두 줄로 북쪽을 향하게 하고 문관과 접하는 자리가 상위가 된다. 감찰(監察)의 자리는 문반(文班)과 무반(武班)의 끝에 있는데, 동쪽과 서쪽에서 서로 마주보게 한다. 문외위(門外位 문밖의 정해진 자리)를 설치하되 평상시와 같이 한다.

계단 위 전의(典儀)의 자리는 동쪽 계단 위의 동쪽 가까이에 서쪽을 향하여 설치하고, 좌통례(左通禮)와 우통례(右通禮) 및 계단 아래 전의의 자리는 동쪽 계단 아래의 동쪽 가까이에 서쪽을 향하여 설치하고, 찬의(贊儀)와 인의(引儀)는 남쪽에서 조금 물러나 있게 한다. 또 찬의와 인의의 자리는 서쪽 계단 아래의 서쪽 가까이에 동쪽을 향하게 하고 모두 북쪽을 상위로 하여 설치한다.

북을 쳐서 초엄(初嚴)을 알린다. 병조가 여러 위(衛)를 거느리고 노부의장(鹵簿儀仗)[6]을 정계(正階) 및 전정(殿庭)의 동쪽과 서쪽에 벌여 놓고 군사를 도열하되 모두 규정대로 한다. 사복시 정(司僕寺正) ─금의에는 이 아래에 "여를 합문 밖에 대령한다.[進輿於閤外]" 5자가 있다.─ 이 여와 연(輦)을 전정의 가운데 길에 ─소여(小輿)는 북쪽에, 대련(大輦)은 그다음에 둔다.─ 어마(御馬)는 가운데 길 좌우에 벌여 놓는다. 여러 향관(享官) 및 종친과 문무백관이 모두 조당(朝堂)에 모여 각각 복장을 갖춘다. ─4품 이상은 조복(朝服)을 입고, 5품 이하는 상복(常服)을 입는다.

북을 쳐서 이엄(二嚴)을 알린다. 여러 향관 및 종친, 문무백관이 모두 문외위에 나아간다. 여러 호위하는 관원 및 사금(司禁)[7]이 각각 기복(器

6 **노부의장** 왕의 거둥이나 각종 의식에 갖추는 여러 종류의 의장으로, 행차하는 장소나 의식의 규모에 따라 대가노부(大駕鹵簿), 법가노부(法駕鹵簿), 소가노부(小駕鹵簿)로 나뉜다.

7 **사금** 조선 시대 무관직의 하나로, 임금을 시위하고 잡인의 근접을 막는 일을 하였다.

服)[8]을 입고 모두 합문 밖으로 나아가 사후(伺候)한다. 좌통례가 합문 밖으로 나아가 부복(俯伏)하였다가 무릎 꿇고 중엄(中嚴)[9]을 계청하면, 전하가 원유관(遠遊冠)에 강사포(絳紗袍)를 갖추고 내전(內殿)에 임어한다. 산선(繖扇)과 시위(侍衛)는 평상시의 의식과 같이 한다. —금의에는 이 아래에 "근시 및 집사관이 먼저 사배례를 행하기를 평상시의 의식과 같이 한다.[近侍及執事官先行四拜禮如常儀]" 14자가 있다.

북을 쳐서 삼엄(三嚴)을 알린다. 북소리가 그치면 안팎의 문을 연다. 인의의 인도를 받아 여러 향관 및 종친, 문무백관이 나뉘어 들어가 배위(拜位)에 나아간다. 좌통례가 부복하였다가 무릎 꿇고 외판(外辦)[10]을 아뢰면, 전하가 여(輿)를 타고 나간다. 산선과 시위는 평상시의 의식과 같이 한다.

좌통례와 우통례의 인도를 받아 전하가 강여소(降輿所)에 이른다. 좌통례가 여 앞으로 나아가 부복하였다가 무릎 꿇고, 여에서 내리기를 계청한 다음에 부복하였다가 일어나서 물러나 자리로 돌아간다. 전하가 여에서 내린다. 좌통례가 부복하였다가 무릎 꿇고, 규(圭)를 잡기를 계청한다. 근시(近侍)가 무릎 꿇고 규를 올리고 전하가 규를 잡는다. 좌통례와 우통례가 앞에서 인도하여, 전하가 판위에 이르러 남쪽을 향하여 선다. 근시가 좌우로 나뉘어 들어가 부복하고, 사관(史官)은 그 뒤에 자리한다. 전의가 '사배하시오.' 말하고, 찬의가 '국궁(鞠躬), 사배, 흥(興), 평신(平身)'을 창(唱)하면, 여러 향관 및 종친, 문무백관이 몸을 굽혀 사배하고 일어나 몸을 편다.

독서문관(讀誓文官) —총재(冢宰)— 및 형판(刑判) —금의에는 "형조 판서(刑曹判書)"로 되어 있다.— 이 동쪽 계단으로 올라가 독서문위에 나아가서 서쪽을 향하여 선다. 서문 —서문은 위에 보인다.— 을 읽는다. 읽기를 마치면, 독서문관 및 형판 —금의에는 "형조 판서"로 되어 있다.— 이 모두 내려와 자리로 돌아간다. 전의가 '사배하시오.' 말하고, 찬의가 '국궁, 사배, 흥, 평신'을 창하면, 여러 향관 및 종친, 문무백관이 몸을 굽혀 사배하고 일어나 몸을 편다.

좌통례가 판위 앞에 나아가 부복하였다가 무릎 꿇고, 대내(大內)로 돌아가기를 계청한다. 또 규(圭)를 놓기를 계청하면, 전하가 규를 놓고, 근시

8 **기복** 보통은 기물(器物)과 의복(衣服)을 말하는데, 여기서는 무관(武官)들이 입는 군복(軍服)을 말한다.

9 **중엄** 임금의 거둥 때에 경계의 신호로 두 번째 울리는 북소리이다. 이엄(二嚴)이라고도 한다. 경계의 신호로 첫 번째 울리는 북소리를 초엄(初嚴), 세 번째 울리는 북소리를 삼엄(三嚴)이라 이른다.

10 **외판** 왕이 행하는 의식에서 밖의 의식 준비가 빠짐없이 갖추어졌음을 아뢰는 말이다. 왕세자나 왕세손이 행하는 의식인 경우에는 '외비(外備)'라고 한다.

(近侍)가 무릎 꿇고 규를 받는다. 좌통례가 여(輿)를 타기를 계청하면, 전하가 여를 타고 대내로 돌아간다. 산선과 시위는 올 때의 의식과 같이 한다. 인의의 인도를 받아 여러 향관 및 종친, 문무백관이 나뉘어 차례로 나간다. —영종(英宗) 기미년(1739, 영조 15)에 처음으로 이 의절(儀節)을 사직 및 종묘의 친제(親祭) 때에 사용하였다.

진설陳設에 대한 의절 《오례의》에 나오고, 금의(今儀)를 참고하였다.

제사 3일 전에 전설사(典設司)가 대차(大次)를 단(壇)의 서문(西門) 밖의 길 북쪽에 남쪽을 향하여 설치하고, 시신(侍臣)의 막차(幕次)를 대차의 뒤에 남쪽을 향하여 설치하고, 왕세자의 막차를 대차의 서남쪽에 동쪽을 향하여 설치하고, 여러 제관(祭官)의 막차를 재방(齊坊)의 안에 설치하고, 배제관(陪祭官)의 막차를 그 앞에 —금의에는 이 아래에 "모두 북쪽을 향하여[俱北向]" 3자가 있다.— 설치하되 지형에 따라 적당한 곳에 설치한다.

2일 전에 단사(壇司)가 소속 인원을 거느리고 단의 안팎을 소제한다. 전설사가 찬만(饌幔)[11]을 서문 밖에 설치한다. 전악(典樂)이 소속 인원을 거느리고 등가(登歌)의 음악을 단의 북쪽에, 헌가(軒架)를 북문(北門) 안에 모두 남쪽을 향하여 설치한다.

11 **찬만** 국가에서 지내는 제향(祭享) 때에 장막을 치고 제사에 쓸 음식을 넣어 두는 곳이다.

1일 전에 전사관과 단사가 각각 소속 인원을 거느리고, 국사(國社)와 국직(國稷)의 신좌(神座)를 각각 단 위의 남쪽에 북쪽을 향하여 설치하고, 후토씨(后土氏)의 신좌를 국사 신좌의 왼쪽에, 후직씨(后稷氏)의 신좌를 국직 신좌의 왼쪽에 모두 동쪽을 향하여 설치하는데, 자리[席]는 모두 왕골자리로 한다.

집례(執禮)가 전하의 판위(版位)를 북문 안에 단(壇)을 마주보고 남쪽을 향하여 설치하고, —금의에는 이 아래에 "소차를 배위의 곁에 설치하되 지형에 따라 적당한 곳에 설치한다.[設小次於拜位之側 隨地之宜]" 12자가 있다.— 음복위(飮福位)를 국직단(國稷壇) 위의 신좌의 동북쪽에 남쪽을 향하여 설치한다.

찬자(贊者)가 아헌관(亞獻官), 종헌관(終獻官), 진폐작주관(進幣爵酒官), 천조관(薦俎官), 전폐작주관(奠幣爵酒官)의 자리를 서문 안의 길 북쪽에 설치하고, 집사자(執事者)의 자리를 그 뒤에 등급에 따라 자리를 달리하여 모두 두 줄로 동쪽을 향하게 하고 남쪽을 상위로 하여 설치한다. 감찰(監察)의 자리는 북문 안에 두 자리를 설치하는데, 한 자리는 동북쪽 모퉁이에서 서쪽을 향하게 하고, 한 자리는 서북쪽 모퉁이에서 동쪽을 향하게 한다. 집례(執禮)의 자리는 두 자리를 설치하는데, 한 자리는 북쪽 유문(壝門) 안에, 한 자리는 북쪽 유문 밖에 모두 서쪽 가까이 동쪽을 향하여 설치한다.

찬자, 알자(謁者), 찬인(贊引)의 자리는 —금의에는 이 아래에 "북(北)" 자가 있다.— 유문(壝門) 밖 집례의 뒤에 약간 북쪽에 동쪽을 향하게 하고 남쪽을 상위로 하여 설치한다. 협률랑(協律郎)의 자리는 국사단(國社壇) 아래의 동쪽 가까이에 서쪽을 향하여 설치한다. 전악(典樂)의 자리는 헌현(軒懸)[12]의 남쪽에 남쪽을 향하여 설치한다.

배제관의 자리는, 문관 1품 이하는 서문 안의 제관(祭官) 뒤에 조금 북쪽에 등급에 따라 자리를 달리하여 모두 두 줄로 동쪽을 향하게 하고 남쪽을 상위로 하여 설치하며, 종친 및 무관 1품 이하는 동문(東門) 안 조금 북쪽에 문관의 자리와 접하게 하고, 등급에 따라 자리를 달리하여 모두 두 줄로 서쪽을 향하게 하고 남쪽을 상위로 하여 설치한다.

문외위(門外位)는, 여러 제관은 서문 밖의 길 남쪽에 설치하되, 문관 1품 이하는 제관의 서쪽 조금 남쪽에 등급에 따라 자리를 달리하여 모두 두 줄로 북쪽을 향하게 하고 동쪽을 상위로 하여 설치한다. 종친 및 무관 1품 이하는 동문 밖의 길 북쪽에 등급에 따라 자리를 달리하여 모두 두 줄로 남쪽을 향하게 하고 서쪽을 상위로 하여 설치한다.

망예위(望瘞位)는 예감(瘞坎)[13]의 남쪽에 설치하는데, 아헌관은 남쪽에서 북쪽을 향하게 하고, —금의에는 "망예위는"부터 "북쪽을 향하게 하고"까지가 "전하의 망료위(望燎位)는 예감의 남쪽에 설치하는데, 전하는 남쪽에서 북쪽을 향하게 하고"로 되어 있다.— 집례, 찬자, 대축은 서쪽에서 두 줄로 동쪽을 향하게 하고 북쪽을 상위로 하여 설치한다.

제삿날 행사(行事)하기 전에, 전사관과 단사가 각각 소속 인원을 거느리고 들어와서 축판(祝版)을 각각 1개씩 신위의 오른쪽에 올려놓고 —각각 점(坫 받침대)이 있다.— 폐백 광주리[幣篚]를 각각 1개씩 준소(尊所)[14]에 진설

12 헌현 제후의 악현(樂懸)이다. 악현의 구성은 악기(樂器)를 방의 3면, 곧 남쪽을 제외한 동·서·북쪽에 거는데, 남쪽이 비어 있는 모양이 수레[車輿]와 같다고 하여 붙여진 이름이다. '헌현(軒縣)'으로도 쓴다.《周禮 春官宗伯 小胥》 여기서는 악현을 설치한 장소를 말한다.

13 예감 축판이나 폐백 등을 묻는 구덩이를 말한다.

14 준소 제향(祭享) 때에 준상(樽床)을 차려 놓는 곳이다.

하고, 향로(香爐), 향합(香合), 촛대 2개를 신위 앞에 진설하고, 이어서 제기(祭器)를 규정대로 진설한다. 복주작(福酒爵) —점(坫)이 있다.— 과 조육조(胙肉俎)는 각각 1개씩 국사와 국직의 준소에 진설하고, 또 국사의 조(俎) 1개는 찬만(饌幔) 안에 진설한다.

임금의 세(洗 손 씻는 곳)는 북쪽 유문 밖 서북쪽에 남쪽을 향하여 설치하고, 아헌(亞獻)과 종헌(終獻)의 세는 또 그 서북쪽에 모두 남쪽을 향하여 설치한다. —관세(盥洗)는 서쪽에 있고, 작세(爵洗)는 동쪽에 있다. 임금의 세 및 아헌의 세는 반이(槃匜)[15]가 있는데, 만약 영의정이 아헌이 되면 종헌과 세를 같이 사용하므로 반이가 없다.— 뇌(罍)는 모두 세(洗)의 서쪽에 두어 구기[勺]를 얹어 놓고, 비(篚 광주리)는 세의 동쪽에 두되 북쪽을 향하게 하고 수건을 담아 놓는다. —만약 작세에 쓰는 비이면 또한 작(爵)을 담아 놓는다. 점이 있다.

여러 집사의 관세는 아헌과 종헌의 세(洗) 서북쪽에 남쪽을 향하여 설치한다. 집준자(執尊者), 집뢰자(執罍者), 집비자(執篚者), 집멱자(執冪者)의 자리는 준(尊), 뇌(罍), 비(篚), 멱(冪)[16]의 뒤쪽에 설치한다.

15 **반이** 관세(盥洗)할 때 쓰는 용기로, 물을 받는 데 쓰는 것이 반(槃)이고, 물을 따르는 데 쓰는 것이 이(匜)이다.

16 **멱** 베나 갈포(葛布)로 만든 네모난 덮개이다.

17 **향정** 제향(祭享) 등에 쓸 향로(香爐)를 넣어 들고 가는 정자(亭子) 모양으로 된 작은 가마이다. 향정자(香亭子)라고도 한다.

향축 香祝 을 친히 전하는 의절 《오례의》에 나오고, 금의(今儀)를 참고하였다.

제사 1일 전 미명(未明) 5각(刻)에 액정서(掖庭署)가 전하의 욕위(褥位)를 사정전(思政殿) 월랑(月廊) 남쪽 계단의 아래 한복판에 남쪽을 향하여 —금의에는 "사정전"부터 "남쪽을 향하여"까지가 "인정전(仁政殿) 월대(月臺)에 남쪽을 향하여"로 되어 있다.— 설치하고, 향축안(香祝案)을 그 앞에 서쪽 가까이 동쪽을 향하여 설치한다. —금의에는 이 아래에 "또 향축지송위를 전(殿)의 동쪽 계단 아래에 동쪽 가까이 서쪽을 향하여 설치한다.[又設香祝祗送位於殿東階下近東西向]" 16자가 있다.— 병조가 노부세장(鹵簿細仗) 및 향정(香亭)[17]을 근정문(勤政門) 밖에 벌여 놓는다. —금의에는 "병조가"부터 "근정문 밖에 벌여 놓는다."까지가 "병조가 소속 인원을 거느리고 의장(儀仗)과 시위(侍衛)를 벌여 놓기를 평상시와 같이 한다."로 되어 있다.

3각에 여러 재관(齋官)이 시복(時服) 차림으로 모두 조당(朝堂)에 모인다. —금의에는 "3각에"부터 "조당에 모인다."까지가 "승지와 사관이 제 시각에 모여

서 각각 흑단령 차림으로 모두 궐문(闕門) 밖으로 나아가 사후(伺候)한다. 3각 전에 여러 재관이 각각 흑단령 차림으로 모두 조당에 모인다. 1각 전에 좌통례가 합문 밖으로 나아가 무릎 꿇고 중엄(中嚴)을 계청한다. 조금 있다가 또 외판(外辦)을 아뢴다."로 되어 있다.– 전하가 익선관(翼善冠)에 곤룡포(袞龍袍)를 갖추고, –금의에는 이 아래에 "여를 타고 나간다. 산선과 시위는 평상시의 의식과 같이 한다. 좌통례와 우통례가 앞에서 인도하여 강여소에 이르면, 좌통례가 무릎 꿇고 여에서 내리기를 계청하고, 전하가 여에서 내린다.〔乘輿以出 繖扇侍衛如常儀 左右通禮前導至降輿所 左通禮跪啓請降輿 殿下降輿〕" 33자가 있다. ○주(註)에 "만약 편전(便殿)에서 행하면 여를 타고 여에서 내리는 의식은 없다." 하였다.– 자리에 나아간다. –금의에는 이 아래에 "산선과 시위는 평상시의 의식과 같이 한다.〔繖扇侍衛如常儀〕" 7자가 있다.

전교서(典校署) 관원이 축판(祝版)을 받들어 올리면, 근시(近侍)가 전해 받아서 받들어 올린다. –만일 아울러 전할 경우에는 차례로 받들어 올린다. ○금의에는 "전교서"부터 "전해 받아서 받들어 올린다."까지가 "향실 관원이 흑단령 차림으로 향축을 받들어 무릎 꿇고 올리면 근시가 전해 받아서 무릎 꿇고 올린다."로 되어 있다. ○주에 "근시(近侍)는 예방 승지(禮房承旨)이다."라고 하였다.– 전하가 서명(署名)을 마치면, –금의에는 "친압(親押)[18]을 마치면"으로 되어 있다.– 근시가 축판 및 향을 받들어 임시로 안(案)에 둔다.

1각에 인의의 인도를 받아 초헌관이 사정전의 합문 밖으로 나아간다. –금의에는 "인의의"부터 "합문 밖으로 나아간다."까지가 "인의의 인도를 받아 헌관이 올라가 월대에 나아간다."로 되어 있다.

때가 되어, 좌통례가 욕위(褥位)의 왼쪽으로 들어와서 부복하면, 전하가 나와서 욕위에 나아가 남쪽을 향하여 선다. –금의에는 "전하가"부터 "남쪽을 향하여 선다."까지가 "전하가 욕위에서 남쪽을 향하여 선다."로 되어 있다.– 초헌관(初獻官) –금의에는 "초(初)" 1자가 없다. 아래도 같다.– 이 들어온다. –아울러 전할 경우에는 여러 초헌관이 차례로 들어온다.– 좌통례가 무릎 꿇고, 무릎을 꿇기를 계청하면, 전하가 무릎을 꿇는다. 근시가 향축을 가지고 –금의에는 "가지고〔以〕"가 "받들어〔捧〕"로 되어 있다.– 동쪽을 향하여 무릎 꿇고 올리면, 전하가 향축을 받아 초헌관에게 주고, 초헌관이 서쪽을 향하여 무릎 꿇고 받아서 일어난다. –아울러 전할 경우에는 먼저 받은 자는 문 안에 서서 서쪽을 향하고, 차례로 북쪽에 선다.

18 친압 임금이 제향(祭享)에 쓸 향봉(香封)과 축문(祝文)을 살피고 친히 어압(御押)을 적어 내리는 일을 말한다. 축문을 일일이 대조하는 일은 향실(香室)의 관원 또는 승지가 하였다. 신하들이 임금을 대신하여 어압이나 어휘(御諱)를 적어 넣는 것을 대압(代押)이라고 한다.《承政院日記 英祖 16年 5月 29日》《承政院日記 正祖 14年 12月 14日》

좌통례가 일어나 몸을 굽히기를 계청하면, 전하가 일어나 몸을 굽히고, 향축은 중문(中門)을 통하여 나간다. 좌통례가 몸을 펴기를 계청하면, 전하가 몸을 편다. —금의에는 "좌통례가 일어나 몸을 굽히기를 계청하면"부터 "전하가 몸을 편다."까지가, "좌통례가 무릎 꿇고, 일어나기를 계청하면, 전하가 일어난다. 좌통례와 우통례의 인도를 받아 전하가 내려와 계단 아래의 지송위(祗送位)에 나아가서 서쪽을 향하여 선다. 산선과 시위는 평상시의 의식과 같이 한다. 헌관이 향축을 받들고 정계(正階)를 통하여 나간다. 좌통례가 무릎 꿇고, 몸을 굽히기를 계청하면, 전하가 몸을 굽힌다. 향축이 지나가면 몸을 펴기를 계청하여 전하가 몸을 편다."로 되어 있다.

대내(大內)로 돌아간다. 초헌관이 근정문(勤政門) 밖으로 나가서 향축을 향정(香亭) 속에 둔다. 세장(細仗)이 앞에서 인도하고 향정이 그다음에 가고, 아헌관 이하는 초헌관을 따라 궐문 밖으로 나가서 말을 탄다. 재방(齊坊) 문 밖에 이르러 말에서 내려 재소(齊所)로 들어가서 향축을 탁자 위에 놓아둔다. —금의에는 "대내로 돌아간다."부터 "탁자 위에 놓아둔다."까지가 "헌관이 인정문(仁政門)을 나와 향축을 향거(香車) 안에 안치한다. 세장이 앞에서 인도하고 좌통례와 우통례의 인도를 받아 전하가 대내로 돌아간다."로 되어 있다. ○만약 친히 전하지 않으면 전교서 관원이 향축을 갖추어 올리고, 승지가 바깥뜰에서 대신 전한다.

거가車駕가 궁을 나가는 의절 《오례의》에 나오고, 금의(今儀)를 참고하였다.

출궁 —금의에는 "출궁(出宮)" 2자가 없다.— 3일 전에, 담당 관사가 안팎에 임금의 명을 선포하여 각각 맡은 일을 수행하도록 한다. 제사 2일 전에, 장악원(掌樂院)이 헌현(軒懸)의 악기를 근정전(勤政殿) —금의에는 "인정전(仁政殿)"으로 되어 있다.— 뜰의 남쪽 가까이에 북쪽을 향하여 벌여 놓는다. —거가가 나갈 때에는 악기를 설치만 해 놓고 연주하지는 않는다.〔懸而不作〕 ○금의에는 "출궁할 때에는 악기를 벌여 놓기만 하고 연주하지는 않는다.〔陳而不作〕"로 되어 있다.— 전설사가 왕세자의 막차(幕次)를 광화문(光化門) —금의에는 "돈화문(敦化門)"으로 되어 있다.— 밖 길 동쪽에 북쪽 가까이 서쪽을 향하여 설치한다.

제사 1일 전에, 통례원(通禮院)이 왕세자의 시립(侍立)하는 자리를 광화문 밖 —금의에는 "광화문 밖〔光化門外〕" 4자가 없다.— 막차 앞에 서쪽을 향하여 설치하고, 배제(陪祭)하는 종친, 문무백관의 시립하는 자리를 왕세자의 남쪽 —금의에는 "왕세자의 남쪽"이 "돈화문 밖"으로 되어 있다.— 에 서로 마주 향하게 하고 북쪽을 상위로 하여 설치한다. —문관은 동쪽에 있고, 무관은 서쪽에 있다.

세자익위사(世子翊衛司)가 소속 인원을 거느리고 의장(儀仗)과 시위(侍衛)를 벌여 놓기를 평상시와 같이 한다. 궁관(宮官)이 제 시각에 모여서 —금의에는 "모여서〔集到〕" 2자가 없다.— 각각 복장을 갖춘다. —문관은 조복(朝服)을 입고, 무관은 기복(器服 군복)을 입는다.

북을 쳐서 초엄(初嚴)을 알리면, —삼엄(三嚴)의 절차는 1일 전에 관상감(觀象監)이 계품(啓稟)한다. 뒤에도 이와 같다. ○금의에는 이 주(註)가 없다.— 병조(兵曹)가 여러 위(衛)를 거느리고 대가노부(大駕鹵簿)를 홍례문(弘禮門) —금의에는 "인정문(仁政門)"으로 되어 있다.— 밖에 설치하기를 평상시와 같이 한다.

배제관(陪祭官)이 모두 조방(朝房)[19]에 모여서 각각 조복을 입는다. —여러 제관이 먼저 제소(祭所)에 나아간다.— 궁관이 궁문 밖으로 나아가 좌우로 나뉘어 서로 마주 향하고 북쪽을 상위로 하여 선다. 익찬(翊贊)은 인(印)을 지기를 규정대로 하고,[20] 시종(侍從) —금의에는 "배종(陪從)"으로 되어 있다.— 하는 관원은 —익위(翊衛) 2인은 검(劍)을 차고, 사어(司禦) 2인은 궁시(弓矢)를 찬다.— 합문(閤門) 밖으로 나아가 받들어 맞이한다. 필선(弼善)이 합문 밖으로 나아가 —금의에는 "합문 밖으로 나아가〔詣閤外〕" 3자가 없다.— 무릎 꿇고 내엄(內嚴)[21]을 찬청(贊請)[22]한다.

북을 쳐서 이엄(二嚴)을 알리면, 여러 위가 각각 자기 부대를 독려하고 들어와서 전정(殿庭)에 도열하게 한다. 사복시 정(司僕寺正)이 연(輦)을 근정문(勤政門) —금의에는 "인정문(仁政門)"으로 되어 있다.— 밖에 대령시키고, 여(輿)를 사정전(思政殿) —금의에는 "선정전(宣政殿)"으로 되어 있다.— 합문 밖에 대령시키는데, 모두 남쪽을 향하게 한다. 배제관(陪祭官)이 나가서 시립(侍立)하는 자리로 나아간다.

필선(弼善)이 무릎 꿇고 외비(外備)[23]를 아뢰면 왕세자가 제복(祭服)을 입고 나온다. —금의에는 "제복을 입고 나온다."가 "원유관에 강사포를 갖추고 나온다."

19 **조방** 임금이 거처하고 있는 궁궐 앞에 즉시 입궐할 수 있도록 별도로 마련한 장소이다. 궐내·궐외 각 관사마다 조방을 두어 입조(入朝) 시간을 기다리거나, 재숙(齋宿), 직숙(直宿) 등의 용도로 쓰였다. 직방(直房)과 같은 개념이다.

20 **익찬은……하고** 왕세자가 궐내에 거둥할 때는 익위(翊衛)와 사어(司禦)가 좌우로 나뉘어 협련(挾輦)하며, 익찬이 인(印)을 지고 위솔(衛率) 이하가 좌우로 나뉘어 수행한다. 《六典條例 兵典 世子翊衛司》

21 **내엄** 왕세자나 왕세손이 거둥할 때에 경계의 신호로 울리는 두 번째 북소리를 말한다. 임금이 거둥할 경우에는 '중엄(中嚴)'이라고 한다.

22 **찬청** 윗사람에게 말씀드려서 청한다는 뜻으로, 임금에게 사용하는 '계청(啓請)' 대신 왕세자, 왕세손에게 사용하였다.

23 **외비** 왕세자나 왕세손이 행하는 의식에서 밖의 의식 준비가 빠짐없이 갖추어졌음을 아뢰는 말이다. 임금이 행하는 의식에서는 '외판(外辦)'이라고 한다.

로 되어 있다.— 필선 —금의에는 "상례(相禮)"로 되어 있다.— 의 인도를 받아 광화문(光化門) —금의에는 "돈화문(敦化門)"으로 되어 있다.— 밖의 막차에 나아간다. 시위(侍衛) —금의에는 "배위(陪衛)"로 되어 있다.— 는 평상시와 같이 한다.

시신(侍臣) —당하관(堂下官)으로서 경연(經筵), 춘추관(春秋館), 지제교(知製敎) 및 사헌부, 사간원, 통례원(通禮院)의 직임을 띠고 있는 자이다. 뒤에도 이와 같다. ○금의에는 이 주(註)가 없다.— 이 근정전(勤政殿) —금의에는 "인정전(仁政殿)"으로 되어 있다.— 서쪽 계단 아래로 나아가 좌우로 나뉘어 서서 거가(車駕)를 받들어 맞이한다.

여러 호위하는 관원 —병조와 도총부의 당상관, 오위장(五衛將), 내금위장(內禁衛將), 겸사복장(兼司僕將), 운검(雲劍)을 찬 중추(中樞) 4명, 갑옷을 받든 상호군(上護軍)과 투구를 받든 상호군 각각 1명, 궁시(弓矢)를 받든 상호군 12명, 겸사복(兼司僕)의 부류이다. 뒤에도 이와 같다. ○금의에는 이 주(註)가 없다.— 및 사금(司禁)이 각각 기복(器服)을 입고, 상서원(尙瑞院) 관원이 어보(御寶)를 받들고 모두 사정전(思政殿) —금의에는 "선정전(宣政殿)"으로 되어 있다.— 합문 밖으로 나아가 사후(伺候)한다. 좌통례가 합문 밖으로 나아가 부복(俯伏)하였다가 무릎 꿇고 중엄(中嚴)을 계청한다.

북을 쳐서 삼엄(三嚴)을 알리면, 필선(弼善) —금의에는 "상례(相禮)"로 되어 있다.— 의 인도를 받아 왕세자가 막차에서 나와 시립하는 자리에 나아간다.

종소리가 그치면 —금의에는 "북소리가 그치면"으로 되어 있다.— 안팎의 문을 연다. 좌통례가 부복하였다가 —금의에는 "부복하였다가〔俯伏〕" 2자가 없다.— 무릎 꿇고 외판(外辦)을 아뢰면, 전하가 원유관에 강사포를 갖추고 여(輿)를 타고 나간다. 산선과 시위는 평상시의 의식과 같이 한다.

좌통례와 우통례가 앞에서 인도하고 서쪽 계단으로 내려오면, 시신들이 대가(大駕)의 앞에서 협시(夾侍)[24]하기를 평상시와 같이 한다. —금의에는 "서쪽 계단으로 내려오면〔降自西階〕" 이하 12자가 없다.— 상서원 관원이 어보를 받들고 앞에 가고, —연(輦)을 타는 것을 기다려 어보를 말에 싣는다.— 대가가 근정문(勤政門) —금의에는 "인정문(仁政門)"으로 되어 있다.— 밖에 이르면, 좌통례가 여 앞으로 나아가 부복하였다가 —금의에는 "여 앞으로 나아가 부복하였다가〔進當輿前俯伏〕" 6자가 없다.— 무릎 꿇고, 여에서 내려 연을 타기를 계청한 다음에 부복하였다가 일어나서 물러나 자리로 돌아간다. —무릇 좌통례가

24 **협시** 양 옆에서 모시는 것을 말한다.

계청할 때는 모두 대가 앞에 나아가 부복하였다가 무릎 꿇고 계청한 다음에, 부복하였다가 일어나서 물러나 자리로 돌아간다. ○금의에는 "부복하였다가 일어나서 물러나 자리로 돌아간다.[俯伏興退復位]" 6자가 없다. ○또한 주(註)도 없다.

전하가 여(輿)에서 내려 연(輦)을 타면, —금의에는 이 아래에 "좌통례가 무릎 꿇고, 규를 잡기를 계청한다. 근시가 무릎 꿇고 규를 올리고, 전하가 규를 잡는다.[左通禮跪啓請執圭 近侍跪進圭 殿下執圭]" 17자가 있다.— 좌통례가 —금의에는 이 아래에 "무릎 꿇고[跪]" 1자가 있다.— 대가 —금의에는 "대가[駕]" 1자가 없다.— 가 출발하기를 계청한다. 대가가 움직이면 좌통례와 우통례가 양쪽에서 인도하여 나간다. —금의에는 "좌통례와 우통례가 양쪽에서 인도하여 나간다.[左右通禮夾引以出]" 8자가 없다.— 찬의(贊儀) 2인은 통례(通禮)의 앞에 있고, 의장(儀仗), 시위(侍衛), 전도(前導), 후종(後從)은 평상시와 같이 한다. 대가가 광화문(光化門) —금의에는 "돈화문(敦化門)"으로 되어 있다.— 밖으로 나가면 —금의에는 "밖에 이르면"으로 되어 있다.— 왕세자가 몸을 굽히고, 대가가 지나가면 몸을 편다.

시신의 상마소(上馬所)에 이르면, 좌통례가 대가는 잠시 머무르고 시신에게 말을 타도록 명하기를 계청하고, 물러가 시신에게 말을 타라고 말한다. —금의에는 "물러가 시신에게 말을 타라고 말한다.[退稱侍臣上馬]" 6자가 없다.— 찬의가 이 말을 전하여 외치면, 여러 시위하는 관원은 각각 소속 인원을 독려하여 좌우에서 대가를 호위한다. 시신들이 말을 타는 것을 마치면 —금의에는 "여러 시위하는"부터 "말을 타는 것을 마치면"까지가 "시위하는 관원 및 시신들이 말을 타는 것을 마치면"으로 되어 있다.— 좌통례가 대가 —금의에는 "대가[駕]" 1자가 없다.— 가 출발하기를 계청한다. 대가가 움직이면 고취(鼓吹)를 울리지 않고 시끄럽게 떠들지 못하게 한다. —금의에는 "고취를 울리지 않고 시끄럽게 떠들지 못하게 한다.[不鳴鼓吹 不得喧譁]" 8자가 없다. ○주(註)에 "고취를 연주하지 않는다.[鼓吹不作]" 하였다.

종친(宗親)과 배제관(陪祭官) —금의에는 "종친과 문무백관(文武百官)"으로 되어 있다.— 이 몸을 굽히고, 대가가 지나가면 몸을 편다. —금의에는 이 아래에 "왕세자가 이르면 몸을 굽히고, 지나가면 몸을 편다.[王世子至 鞠躬 過則平身]" 10자가 있다.

왕세자 및 배제(陪祭)하는 관원 —금의에는 "왕세자 및 배제하는 관원[王世子及陪祭之官]" 8자가 없다.— 이 차례로 시위하여 현무대(玄武隊)[25]의 뒤에 있기를 평상시의 의식과 같이 한다. —금의에는 "현무대의 뒤에 있기를 평상시의 의식과

25 현무대 고려·조선 시대에 임금이 거둥할 때 어가의 호위를 맡았던 군대의 하나이다.

같이 한다.〔在玄武隊之後如常儀〕" 9자가 없다.

대가가 재궁(齊宮) -금의에는 "사직(社稷)"으로 되어 있다.- 대문 밖 시신(侍臣)의 하마소(下馬所)에 가까이 이르면 좌통례는 대가가 잠시 머물기를 계청하고, 시신은 모두 말에서 내려 나뉘어 선다. -금의에는 "시신은 모두 말에서 내려 나뉘어 선다."가 "시신이 말에서 내리기를 마친다."로 되어 있다.

좌통례는 대가 -금의에는 "대가〔駕〕" 1자가 없다.- 가 출발하기를 계청한다. 대가가 움직이면 시신이 몸을 굽히고, 대가가 지나가면 몸을 편다. 대가가 대문 밖에 이르면 -금의에는 이 아래에 "좌통례가 무릎 꿇고, 규를 놓기를 계청한다. 전하가 규를 놓고, 근시가 무릎 꿇고 규를 받는다.〔左通禮跪啓請釋圭 殿下釋圭 近侍跪受圭〕" 17자가 있다.- 좌통례가 -금의에는 이 아래에 "무릎 꿇고〔跪〕" 1자가 있다.- 연(輦)에서 내려 여(輿)를 타기를 계청하면, 전하가 연에서 내려 여를 타고 -금의에는 이 아래에 "좌통례와 우통례가 앞에서 인도하여 동문을 거쳐〔左右通禮前導由東門〕" 9자가 있다.- 들어간다. 산선(繖扇)과 시위(侍衛)는 평상시의 의식과 같이 한다.

이보다 앞서 대가가 가까이 이르면 알자(謁者)의 인도를 받아 여러 제관(祭官) -조복(朝服)을 입는다.- 이 재궁(齊宮) 문 밖의 길 왼쪽에서 남쪽을 상위로 하여 서쪽을 향하여 서서, 대가를 바라보고 몸을 굽히고 받들어 맞이한다. 좌통례와 우통례가 앞에서 인도하여 상이 재궁에 이르면, 시신(侍臣)도 따라서 재궁 앞에까지 왔다가 물러가고, 대가노부(大駕鹵簿)는 대문 밖에 머문다. 봉례(奉禮)의 인도를 받은 왕세자와 인의(引儀)의 인도를 받은 여러 제관 및 배제관(陪祭官)이 나뉘어 재궁 남쪽에 모인다. -문관은 동쪽에 있고 무관은 서쪽에 있다.- 찬의(贊儀)가 품지하여 여러 관원에게 각각 막차(幕次)에 나아가도록 하고, 숙위(宿衛)는 평상시와 같이 한다. -금의에는 "이보다 앞서 대가가 가까이 이르면"부터 "숙위는 평상시와 같이 한다."까지가 "대가가 북쪽 신문(神門) 밖에 이르면 좌통례가 무릎 꿇고, 여에서 내리기를 계청한다. 전하가 여에서 내려 걸어서 앞길을 지나간다. 좌통례가 무릎 꿇고, 여를 타기를 계청한다. 전하가 여를 탄다. 좌통례와 우통례가 앞에서 인도하여 대차 앞에 이르면, 좌통례가 무릎 꿇고, 여에서 내리기를 계청한다. 전하가 여에서 내린다. 좌통례와 우통례가 앞에서 인도하여 대차에 들어간다."로 되어 있다.

희생犧牲과 제기祭器를 친히 살피는 의절 금의(今儀)

제사 1일 전에 집례가 생방(牲榜)[26]을 단(壇)의 서문(西門) 밖 바로 문 앞에 설치하되 동쪽을 향하게 하고 북쪽을 상위로 한다. 장생령(掌牲令)은 동북쪽에 자리하되 남쪽을 향하게 하고, 대축(大祝)은 희생의 서쪽에 자리하되 각각 희생 뒤에 있게 하고, 축사(祝史)는 각각 그 뒤에 자리하되 모두 동쪽을 향하게 한다.

액정서(掖庭署)가 전하의 성생위(省牲位)[27]를 단의 서문 밖 남쪽 가까이에 북쪽을 향하여 설치하고, 왕세자의 자리를 성생위의 뒤 서쪽 가까이에 동쪽을 향하여 설치한다. 집례가 종헌관 이하 여러 제관 및 예조 판서의 자리를 왕세자의 뒤 남쪽 가까이에 동쪽을 향하여 설치하고, 여러 집사와 감찰의 자리를 그 뒤에 설치하되 모두 남쪽을 상위로 한다. 전사관이 제기위(祭器位)를 단 위에 설치한다. –자리[席]를 깐다.

제삿날 미시(未時) 후(後) 2각(刻)[28]에 단사(壇司)가 소속 인원을 거느리고 단의 안팎을 소제한다. 집사자가 제기를 가지고 들어와서 자리에 진설한 다음에 수건과 뚜껑을 덮는다. 집준(執尊), 축사(祝史), 재랑(齋郞)이 모두 흑단령(黑團領) 차림으로 단 안에 나아가 각각 준소(尊所)에 선다. 종헌관 이하 여러 집사(執事) –4품 이상은 조복(朝服)을 입고, 5품 이하는 흑단령을 입는다.– 가 각각 알자(謁者)와 찬인(贊引)의 인도를 받아 자리에 나아간다. 장생령 –흑단령 차림이다.– 이 소속 인원을 거느리고 희생을 끌고 자리에 나아간다. 찬인의 인도를 받아 감찰이 단에 나아가 서쪽 계단으로 올라가서 단 위를 소제하고 내려와 단 아래에서 악현(樂懸)[29]을 둘러본다.

3각에 좌통례가 대차(大次) 앞에 나아가 부복하였다가 무릎 꿇고 중엄(中嚴)을 계청한다. 상례(相禮)가 재실 앞에 나아가 무릎 꿇고 내엄(內嚴)을 찬청(贊請)하고, –무릇 찬청할 때에는 모두 부복한다.– 조금 있다가, 막차에서 나오기를 찬청한다. 왕세자가 원유관에 강사포(絳紗袍)를 갖추고 막차에서 나와 자리에 나아간다. 좌통례가 부복하였다가 무릎 꿇고 외판(外辦)을 아뢰면, 전하가 원유관에 강사포를 갖추고 나온다. 좌통례와 우통례가 앞에서 인도하여 서문 밖에 이른다. –산선(繖扇)과 시위(侍衛)로서 들어갈 수 없는 자는 문 밖에서 멈춘다.– 좌통례가 규(圭)를 잡기를 계청하면, 근

26 **생방** 희생으로 쓸 소·양·돼지를 검사할 때에 잡아매기 위하여 말뚝을 박고 그 이름을 각각 써 붙인 방이다. '생방(牲牓)'으로도 쓴다.

27 **성생위** 희생을 살펴보는 자리이다.

28 **미시 후 2각** 미시는 오후 1시부터 3시를 말한다. 미시 후 2각은 오후 1시 30분경에 해당한다.

29 **악현** 종(鍾)이나 경(磬)을 거는 틀, 또는 걸려 있는 종, 경을 일컫기도 한다. 악현(樂縣)으로도 쓴다.

시가 무릎 꿇고 규를 올리고, 전하가 규를 잡는다. 좌통례와 우통례가 앞에서 인도하여 들어가서 북쪽 계단을 통해 올라간 다음 성기위(省器位)에 나아가 제기(祭器)를 씻는 것을 살펴본다. 집사자가 멱(冪)을 들고 깨끗하다고 고한다. —이미 끝났으면 임시로 거둔다.— 왕세자가 따라가서 함께 참여하기를 평상시와 같이 한다. 제기를 살피는 것을 마치면 좌통례와 우통례의 인도를 받아 전하가 도로 서문 밖으로 나가고, 상례의 인도를 받아 왕세자가 도로 나간다. 예조 판서의 인도를 받아 전하가 성생위(省牲位)에 나아가 북쪽을 향하여 선다. 산선과 시위는 평상시의 의식과 같이 한다. 상례의 인도를 받아 왕세자가 따라서 나아간다. 예조 판서가 앞으로 나아가 부복하였다가 무릎 꿇고, 희생(犧牲)을 살피기를 계청한 다음에 부복하였다가 일어나서 물러나 자리에 선다.

장생령(掌牲令)이 소속 인원을 거느리고 희생을 끌고 서쪽으로부터 와서 성생위 앞을 지난 다음 조금 나아와, 남쪽을 향하여 무릎 꿇고 손을 들어 "살졌다.〔腯〕"라고 말하고 다시 자리로 돌아간다. 대축(大祝)이 희생을 한 바퀴 돌고 동쪽을 향하여 손을 들어 "충실하다.〔充〕"라고 말하고 모두 다시 자리로 돌아간다. 전하가 희생을 살피는 것을 마치면, 여러 대축과 장생령이 차례대로 희생을 끌고 주방(廚房)에 나아가 전사관(典祀官)에게 준다. 예조 판서의 인도를 받아 전하가 도로 대차(大次) 앞에 이른다. 예조 판서가 무릎 꿇고, 규를 놓기를 계청하면, 전하가 규를 놓고, 근시가 무릎 꿇고 규를 받는다. 전하가 대차에 들어간다.

상례의 인도를 받아 왕세자가 도로 재실(齋室)로 들어간다. 찬인의 인도를 받아 예조 판서가 주방에 나아가 정(鼎)과 확(鑊)을 살피고 씻는 것을 거듭 살핀다. 알자의 인도를 받아 종헌관이 명수(明水)와 불을 취하는 것을 감독한다. 찬인의 인도를 받아 감찰이 주방에 나아가 찬구(饌具)를 살피고 나서 각각 재소(齋所)로 돌아간다. 포시(晡時) 후(後) 1각(刻)[30]에 전사관이 재인(宰人)을 거느리고 난도(鑾刀)로 희생을 잡는다. 축사가 각각 반(槃)으로 모혈(毛血 털과 피)을 받아서 찬소(饌所)에 두고, 드디어 희생을 삶는다.

30 **포시 후 1각** 포시는 신시(申時)로, 오후 3시부터 5시를 말한다. 포시 후 1각은 오후 3시 15분경에 해당한다.

희생犧牲과 제기祭器를 살피는 의절《오례의》

제사 1일 전에 집례(執禮)가 생방(牲榜)을 서문 밖 바로 문 앞에 동쪽을 향하게 하고 북쪽을 상위로 하여 설치한다. 장생령(掌牲令)의 자리는 희생의 동북쪽에 남쪽을 향하여 설치하고, 대축(大祝)의 자리는 희생의 서쪽에 각각의 희생 뒤에 설치하고, 축사(祝史)의 자리는 각각 그 뒤에 설치하되 모두 동쪽을 향하게 한다. 종헌관의 자리는 희생의 앞에 남쪽 가까이에 설치하는데, 북쪽을 향하게 한다. ─영의정이 아헌관이 되면 아헌관이 희생을 살핀다. 섭사(攝事)의 경우에도 같다.─ 감찰의 자리는 종헌관의 동쪽에 북쪽을 향하게 하고 약간 뒤에 설치한다. 전사관이 제기위(祭器位)를 단 위에 설치한다. ─모두 자리를 깐다.

미시(未時) 후 2각(刻)에 단사(壇司)가 소속 인원을 거느리고 단의 안팎을 소제한다. 집사자가 제기를 가지고 들어와서 자리에 진설한 다음에 수건과 뚜껑을 덮는다.

3각에 종헌관 이하 응당 희생과 제기를 살펴야 할 자가 모두 상복(常服) 차림으로 서문 밖으로 나아간다.

집례가 찬자(贊者), 알자(謁者), 찬인(贊引)을 거느리고 먼저 단 아래로 들어간다. 장생령이 희생을 끌고 자리에 나아간다. 찬인의 인도를 받아 감찰이 국사단(國社壇)에 나아가 서쪽 계단으로 올라가서 단 위를 소제한다. 국직단(國稷壇)에 나아가서도 마찬가지로 한다. 내려와서는 단 아래에 악현(樂懸)을 둘러보고 자리로 돌아간다.

알자의 인도를 받은 종헌관과 찬인의 인도를 받은 감찰이 국사단에 나아가 서쪽 계단으로 올라가서 씻는 것을 살핀다. 집사자가 멱(冪)을 들고 깨끗하다고 고한다. ─이미 끝났으면 임시로 거둔다.─ 국직단에 나아가서도 마찬가지로 한다. 인도를 받아 내려와 성생위(省牲位)에 나아간다. 장생령이 조금 앞으로 나와 "희생을 살펴보시오." 하고, 물러나 자리로 돌아간다. 종헌관이 희생을 살피고 나면 장생령이 또 앞으로 나아와 손을 들어 말하기를, "살졌다." 하고, 자리로 돌아간다. 여러 대축이 각각 희생을 한 바퀴 돌고 나서 동쪽을 향하여 손을 들어 "충실하다." 하고, 모두 자리로 돌아간다.

여러 대축이 장생령과 함께 차례로 희생을 끌고 주방에 나아가 전사관에게 준다. 알자의 인도를 받아 종헌관이 주방에 나아가 정(鼎)과 확(鑊)을 살피고, 씻는 것을 거듭 살펴보며 명수(明水)와 불을 취하는 것을 감독한다. —물은 음감(陰鑑)에서 취하고, 불은 양수(陽燧)에서 취한다.[31] 음감을 갑자기 마련할 수 없을 때에는 우물물로 대신한다. 불은 불 땔 때에 쓰고 물은 준(尊)에 담는다.— 찬인의 인도를 받아 감찰이 주방에 나아가 찬구(饌具)를 살핀다. 이를 마치면 각각 재소(齋所)로 돌아간다.

포시(晡時) 후 1각에 전사관이 재인(宰人)을 거느리고 난도(鑾刀)로 희생을 잡는다. 축사가 각각 반(槃)으로 모혈(毛血)을 받아서 찬소(饌所)에 두고, 드디어 희생을 삶는다. —가죽째 삶아 익히고, 그 나머지 모혈은 깨끗한 그릇에 담아 두었다가 제사가 끝난 뒤에 묻는다.— 단사가 소속 인원을 거느리고 단의 안팎을 소제한다.

31 **물은……취한다** 음감은 달밤에 이슬을 받던 쟁반(거울)이고, 양수는 태양 아래서 불을 취하기 위한 구리로 만든 화경(火鏡)이다. 《주례》〈추관사구(秋官司寇) 사훼씨(司烜氏)〉에 "사훼씨는 부수로써 태양에서 불을 취하고, 거울로써 달에서 물을 취하는 일을 관장한다.〔司烜氏掌以夫遂取明火於日 鑑取明水於月〕"라고 하였다.

32 **축시 전 5각** 축시는 오전 1시부터 3시를 말하므로, 축시 전 5각은 오후 11시 45분경에 해당한다.

33 **축시 1각** 오전 1시 15분경이다.

폐백幣帛을 올리는 의절 《오례의》에 나오고, 금의(今儀)를 참고하였다.

제삿날 축시(丑時) 전(前) 5각(刻)[32] —축시 전 5각은 즉 3경(更) 3점(點)이고, 행사는 축시 1각[33]에 한다.— 에 전사관(典祀官)과 단사(壇司)가 들어가 제물(祭物)을 찬구(饌具)에 담은 뒤에, 물러가 막차에 나아가서 복장을 갖춘다. 올라가서 국사(國社)와 후토씨(后土氏), 국직(國稷)과 후직씨(后稷氏)의 신위판(神位版)을 신좌(神座)에 설치한다. 찬인(贊引)의 인도를 받아 감찰이 국사단(國社壇)에 나아가 서쪽 계단으로 올라가서 —여러 집사가 올라가고 내려오는 것을 모두 서쪽 계단으로 한다.— 단(壇)의 위아래를 살펴보고 의식에 맞지 않는 것이 있는지를 규찰한다. 국직단(國稷壇)에 나아가서도 이와 같이 하고 도로 나간다.

3각 전에 여러 제관(祭官) 및 배제관(陪祭官)은 각각 복장을 갖추고 —제관은 제복(祭服)을 입고 배제관은 조복(朝服)을 입는다. ○금의의 주(註)에 "배제관은 4품 이상은 조복을 입고, 5품 이하는 상복(常服)을 입는다." 하였다.— 인의(引儀)의 인도를 받아 배제관이 나뉘어 모두 문외위(門外位)에 나아간다. 집례(執禮)가 찬자(贊者), 알자(謁者), 찬인을 거느리고 서문으로 들어와서 먼저 단의 북쪽 악현(樂懸)의 남쪽 배위(拜位)에 나아가 두 줄로 남쪽을 향하여 동쪽을 상위로 하여 서고, –금의에는 이 아래에 "자리를 정하고 선다.〔立定〕" 2자가 있다.– 사배한 다음에 각각 자리에 나아간다.

전악(典樂)이 공인(工人)과 이무(二舞)를 거느리고 들어와서 자리에 나아간다. –문무(文舞)는 들어와서 악현의 남쪽에 정렬하고, 무무(武舞)는 악현의 북쪽 길 동쪽에 선다.– 인의의 인도를 받아 배제관이 나뉘어 들어가 자리에 나아간다. 봉례(奉禮) –금의에는 "상례(相禮)"로 되어 있다.– 는 아헌관(亞獻官) –만약 영의정이 아헌관이 되면, 알자가 인도한다.– 을 인도하고, 알자 –금의에는 이 아래에 "종헌관과 알자를 인도하고〔引終獻官謁者〕" 6자가 있다.– 와 찬인은 각각 여러 제관을 인도하여 모두 서문(西門) 밖 자리에 나아간다. 좌통례는 대차(大次) 앞으로 나아가 무릎 꿇고 중엄(中嚴)을 계청한다.

찬인의 인도를 받아 감찰, 전사관, 대축(大祝), 축사, 재랑(齋郎), 단사, 협률랑(協律郎), 봉조관(捧俎官), 집준자(執尊者), 집뢰자(執罍者), 집비자(執篚者), 집멱자(執冪者)가 들어와서 악현의 남쪽 배위에 나아가 두 줄로 남쪽을 향하여 동쪽을 상위로 하여 선다.

집례가 "사배하시오." 하고, 찬자가 이 말을 전하여 외치면, –무릇 집례가 말을 하면 찬자가 모두 이 말을 전하여 외친다.– 감찰 이하가 모두 사배한다. 이를 마치면 찬인의 인도를 받아 감찰이 자리에 나아가고, 찬인의 인도를 받아 여러 집사가 관세위(盥洗位)에 나아가서 손을 씻고 수건으로 닦는다. 이를 마치면 각각 자리에 나아간다.

1각 전에 봉례(奉禮)가 아헌관을 인도하고, 알자와 찬인이 각각 종헌관, 진폐작주관, 천조관, 전폐작주관을 인도하여 들어와 자리에 나아가게 한다. 찬인의 인도를 받아 재랑이 작세위(爵洗位)에 나아가 작(爵)을 씻고 작을 닦는다. 이를 마치면 비(篚)에 담아서 준소(尊所)에 가지고 가서 점(坫) 위에 둔다. –금의에는 이 아래에 "3경 5점에〔三更五點〕" 4자가 있다.– 좌통례가 무릎 꿇고 외판(外辦)을 아뢰면, 전하가 면복(冕服)을 갖추고 나온다. 산선(繖扇)과 시위(侍衛)는 평상시의 의식과 같이 한다. 예의사(禮儀使)의 인도를 받아 전하가 서문(西門) 밖에 이르면, 근시(近侍)가 무릎 꿇고 규(圭)를 올리고, 예의사가 무릎 꿇고, 규를 잡기를 계청한다. –산선, 의장(儀仗), 시위는 문 밖에서 멈춘다. ○금의에는 "근시가"부터 "규를 잡기를 계청한다."까지가

"예의사가 무릎 꿇고, 규를 잡기를 계청한다. 근시가 무릎 꿇고 규를 올리고, 전하가 규를 잡는다."로 되어 있다.— 예의사의 인도를 받아 전하가 정문(正門)으로 들어와서 —시위로서 들어갈 수 없는 자는 문 밖에서 멈춘다. ○금의의 주(註)에 "근시가 따라서 들어온다." 하였다.— 판위(版位)에 나아가 남쪽을 향하여 선다. —서 있을 때마다 예의사는 전하의 왼쪽으로 물러나 부복한다.— 집례 —금의에는 "집례" 위에 "때가 되어[時至]" 2자가 있다.— 가 "예의사는 행사(行事)하기를 계청하시오." 하면, 예의사가 무릎 꿇고 "유사(有司)가 준비를 다 하였으니 행사하기를 청합니다."라고 아뢴다.

집례가 "모혈(毛血)을 묻으시오." 하면, 대축이 각각 모혈을 예감(瘞坎)에 묻는다. 협률랑이 무릎 꿇고 부복하였다가 휘(麾)[34]를 들고 일어나면, —무릇 물건을 취하는 자는 모두 무릎 꿇고 부복하였다가 취한 후에 일어나고, 물건을 올려놓을 때는 무릎 꿇고 올려놓은 다음 부복한 뒤에 일어난다.— 공인(工人)이 축(柷)[35]을 치고, 헌가(軒架)에서는 〈순안지악(順安之樂)〉을 연주하고, 〈열문지무(烈文之舞)〉[36]를 추는데, 음악은 7성(成)[37]을 연주한다.

집례가 "사배하시오." 하면, 예의사가 사배하기를 계청하여, 전하가 사배하고, —금의에는 "사배하기를 계청하여"부터 "전하가 사배하고"까지가 "몸을 굽혀 사배하고 일어나 몸을 펴기를 계청한다. 전하가 몸을 굽혀 사배하고 일어나 몸을 펴고"로 되어 있다.— 자리에 있는 사람들이 모두 사배한다. —먼저 절을 한 자는 절하지 않는다. ○금의에는 "먼저 절을 한[先拜]" 위의 주(註)에 "찬자(贊者)가 또한 외친다." 하였다.— 음악은 8성(成)을 연주한다. 협률랑이 휘를 눕히고 공인이 어(敔)[38]를 긁으면 음악이 그친다. —무릇 음악은 모두 협률랑이 무릎 꿇고 부복하였다가 휘를 들고 일어나면, 공인이 축을 친 뒤에 연주하고, 휘를 눕히고 어를 긁은 뒤에 그친다.

근시(近侍)가 관세위에 나아가 손을 씻고 수건으로 닦는다. 이를 마치면 시위하는 자리로 돌아간다. 알자의 인도를 받아 진폐작주관과 전폐작주관이 관세위에 나아가 손을 씻고 수건으로 닦는다. 이를 마치면 국사(國社)의 준소에 나아가 남쪽을 향하여 선다.

집례가 "전폐례(奠幣禮)를 행하시오."라고 하면, 예의사의 인도를 받아 전하가 관세위에 나아가 남쪽을 향하여 선다. 규(圭)를 꽂기를 계청한다. —만약 규를 꽂는 것이 불편하면 근시가 받들고 있는다. ○금의에는 "규를 꽂기를 계청

34 **휘** 음악의 시작과 끝을 알려 주는 깃발이다. 음악이 시작될 때는 이것을 들고 음악이 끝날 때 이것을 누인다.

35 **축** 나무 상자 모양의 악기이다. 이것을 쳐서 음악을 시작하게 하였다.

36 **열문지무** 조선 시대 종묘(宗廟), 사직(社稷), 풍운뇌우(風雲雷雨) 등의 제향 때에 추던 문무(文舞)의 이름이다.

37 **7성** 성(成)은 음악 1곡(曲)이 끝나는 것을 말한다. 즉 음악 7곡을 말한다.

38 **어** 엎드린 범 모양의 악기이다. 등의 톱니를 긁어서 음악을 그치게 하였다.

한다."가 "예의사가 규를 꽂기를 계청하면, 전하가 규를 꽂는다."로 되어 있다. ○주(註)에 "'받들고 있는다.' 아래에 '매양 이와 같이 한다.〔每倣此〕' 3자가 있다." 하였다.— 근시가 무릎 꿇고 이(匜)를 가지고 일어나서 물을 붓고, 또 근시가 무릎 꿇고 반(槃)을 가지고 물을 받는다. 전하가 손을 씻으면 근시가 무릎 꿇고 비(篚)에서 수건을 꺼내어 올린다. 전하가 수건으로 손을 닦는다. 이를 마치면 근시가 수건을 비에 넣는다.

예의사가 규(圭)를 잡기를 계청한다. —금의에는 이 아래에 "근시가 무릎 꿇고 규를 올리면, 전하가 규를 잡는다.〔近侍跪進圭 殿下執圭〕" 9자가 있다.— 인도를 받아 —금의에는 "인도를 받아" 위에 "예의사의〔禮儀使〕" 3자가 있다.— 전하가 국사단(國社壇)에 나아가 북쪽 계단으로 올라간다. —근시가 따라 올라간다.— 등가(登歌)에서는 〈숙안지악(肅安之樂)〉을 연주하고, 〈열문지무〉를 춘다. —금의에는 이 아래에 "예의사의 인도를 받아 전하가〔禮儀使導殿下〕" 6자가 있다.— 국사(國社)의 신위(神位) 앞에 나아가 남쪽을 향하여 선다. —금의에는 이 아래에 "집례가 무릎을 꿇으라고 말하니,〔執禮曰跪〕" 4자가 있다.— 예의사가, 무릎 꿇고 규를 꽂기를 계청하면, 전하가 무릎을 꿇고서 규를 꽂고, 자리에 있는 사람들이 모두 무릎을 꿇는다. —찬자가 또한 외친다.

근시 1인은 향합(香合)을 받들고, 1인은 향로(香爐)를 받들어 무릎 꿇고 올린다. 예의사가 세 번 향을 올리기를 계청한다. —금의에는 이 아래에 "전하가 세 번 향을 올린다.〔殿下三上香〕" 5자가 있다.— 근시가 향로를 신위 앞에 올려놓는다. 근시가 폐백 광주리〔幣篚〕를 진폐작주관(進幣爵酒官)에게 주면, 진폐작주관은 폐백을 받들어 무릎 꿇고 올린다. 예의사가 폐백을 잡아 폐백을 올리기를〔執幣獻幣〕[39] 계청한다. —금의에는 이 아래에 "전하가 폐백을 잡아 폐백을 올린다.〔殿下執幣獻幣〕" 6자가 있다.— 폐백을 전폐작주관에게 주어 신위 앞에 올려놓게 한다. —향을 올리고 폐백을 올리는 것은 서쪽에서 동쪽을 향하여 하고, 향로를 올려놓고 폐백을 올려놓는 것은 동쪽에서 서쪽을 향하여 한다. 작(爵)을 올리고 작을 올려놓는 것도 이에 준한다.— 예의사가 규(圭)를 잡고 부복하였다가 일어나 몸을 펴기를 계청하면, 전하가 규를 잡고 부복하였다가 일어나 몸을 펴고, 자리에 있는 사람들이 모두 부복하였다가 일어나 몸을 편다. —찬자가 또한 외친다.

인도를 받아 —금의에는 "인도를 받아" 위에 "예의사의〔禮儀使〕" 3자가 있다.— 전

39 **폐백을 잡아……올리기를** 집폐(執幣)는 폐백 광주리〔幣篚〕를 건네받아 잡는 것을 말하고, 헌폐(獻幣)는 폐백 광주리를 전폐작주관(奠幣爵酒官)이나 대축(大祝) 등에게 건네주어 신위 앞에 올리는 것을 말한다.

하가 후토씨(后土氏)의 신위 앞에 나아가 서쪽을 향하여 선다. —금의에는 이 아래에 "집례가 무릎을 꿇으라고 말하니, 예의사가〔執禮曰跪 禮儀使〕" 7자가 있다.— 무릎 꿇고 규를 꽂기를 계청하면, 전하가 무릎을 꿇고서 규를 꽂고, 자리에 있는 사람들이 모두 무릎을 꿇는다. —찬자가 또한 외친다.— 근시 1인은 향합을 받들고, 1인은 향로를 받들어 무릎 꿇고 올린다. 예의사가 세 번 향을 올리기를 계청한다. —금의에는 이 아래에 "전하가 세 번 향을 올린다.〔殿下三上香〕" 5자가 있다.— 근시가 신위 앞에 향로를 올려놓는다. 근시가 폐백 광주리를 진폐작주관에게 주면, 진폐작주관은 폐백을 받들어 무릎 꿇고 올린다. 예의사가 폐백을 잡아 폐백을 올리기를 계청하면, —금의에는 이 아래에 "전하가 폐백을 잡아 폐백을 올린다.〔殿下執幣獻幣〕" 6자가 있다.— 폐백을 전폐작주관에게 주어 신위 앞에 올려놓게 한다. —향을 올리고 폐백을 올리는 것은 북쪽에서 남쪽을 향하여 하고, 향로를 올리고 폐백을 올려놓는 것은 남쪽에서 북쪽을 향하여 한다. 작(爵)을 올리고 작을 올려놓는 것도 이에 준한다.

예의사가 규(圭)를 잡고 부복하였다가 일어나 몸을 펴기를 계청하면, 전하가 규를 잡고 부복하였다가 일어나 몸을 펴고, 자리에 있는 사람들이 모두 부복하였다가 일어나 몸을 편다. —찬자가 또한 외친다.— 등가(登歌)가 그친다. 예의사의 인도를 받아 전하가 북쪽 계단으로 내려와서, 국직단(國稷壇)에 나아가 —금의에는 이 아래에 "규를 꽂는다.〔搢圭〕" 2자가 있다.— 향을 올리고 폐백을 올려놓는 것을 모두 위의 의식과 같이 한다. 이를 마치면 진폐작주관과 전폐작주관이 모두 내려와 자리로 돌아간다. 예의사의 인도를 받아 전하가 북쪽 계단으로 내려와 자리로 돌아간다.

익힌 희생犧牲의 고기를 올리는 의절 《오례의》에 나오고, 금의(今儀)를 참고하였다.

전하가 이미 단에 올라가서 폐백을 신위 앞에 올려놓았으면, 찬인(贊引)의 인도를 받아 전사관(典祀官)이 나가서 진찬자(進饌者)를 거느리고 주방(廚房)에 나아간다. 비(匕)로 확(鑊)에서 쇠고기를 건져 올려 정(鼎) 하나에 담고, 다음에 양고기를 건져 올려 정 하나에 담고, 다음에 돼지고기를 건져 올려 정 하나에 담는다. —매 신위마다 쇠고기, 양고기, 돼지고기가 각각 1정씩이다.— 모두 경(扃)[40]과 멱(冪)을 설치하여, 축사(祝史)가 양쪽에서 맞들고 찬만(饌幔) 안으로 들어가서 진설한다.

알자의 인도를 받아 천조관(薦俎官)이 나가서 찬소(饌所)에 나아가고, 봉조관(捧俎官)이 뒤따른다. 전하가 폐백을 신위에 올려놓고 자리로 돌아가는 것을 기다려 집례가 "진찬(進饌)하시오." 한다. 축사가 경(扃)을 뽑아서 정(鼎)의 오른쪽에 놓고, 멱(冪)을 걷고 정(鼎)에 비(匕)와 필(畢)[41]을 얹어 놓는다. 전사관이 비로 쇠고기를 건져 올려 생갑(牲匣)[42]에 담는다. 다음에 양고기와 돼지고기를 건져 올려 각각 생갑에 담는다. —매 신위마다 쇠고기, 양고기, 돼지고기가 각각 1갑(匣)씩이다.

다음에 인도를 받아 천조관이 국사(國社)의 조(俎)를 받들고, 봉조관이 각각 생갑을 받든다. 전사관의 인도를 받아 찬(饌)을 들여오되, 국사와 국직의 찬은 정문(正門)으로 들여오고 배위(配位)의 찬은 좌달(左闥)[43]로 들여온다. 조(俎)가 처음 문에 들어오면 헌가에서는 〈옹안지악(雍安之樂)〉을 연주한다. 국사와 국직의 찬은 북쪽 계단으로 올라가고, 배위의 찬은 서쪽 계단으로 올라간다. 여러 대축이 이를 맞이하여 단 위로 인도한다.

천조관이 국사의 신위 앞에 나아가 남쪽을 향하여 무릎 꿇고 올리는데, 먼저 쇠고기를 올리고 다음에 양고기를 올리고 다음에 돼지고기를 올린다. —여러 대축이 제물 올리는 것을 돕는다.— 제물 올리는 것을 마치면 생갑의 뚜껑을 연다. 다음에 후토씨(后土氏)의 신위 앞에 나아가 서쪽을 향하고 무릎 꿇고 올리는데, 먼저 쇠고기를 올리고 다음에 양고기를 올리고 다음에 돼지고기를 올린다. —여러 대축이 제물 올리는 것을 돕는다.— 제물 올리는 것을 마치면 생갑의 뚜껑을 연다. 천조관이 서쪽 계단으로 내려온다. 국직단(國稷壇)에 나아가 진헌(進獻)하기를 모두 위의 의식과 같이 한다. 이를 마치면 음악이 그친다. 알자의 인도를 받아 천조관 이하가 서쪽 계단으로 내려와 자리로 돌아간다. 여러 대축이 준소(尊所)로 돌아간다.

알자의 인도를 받아 진폐작주관과 전폐작주관이 국사(國社)의 준소에 나아가 남쪽을 향하여 선다. 집례가 "예의사는 전하를 인도하여 초헌례를 행하시오." 한다. 예의사의 인도를 받아 전하가 국사의 준소에 나아가 동쪽을 향하여 선다. 등가(登歌)에서는 〈수안지악(壽安之樂)〉을 연주하고,

40 **경** 정(鼎)을 드는 가로목[橫木]으로, 가로로 지른 빗장을 말한다.

41 **필** 고기를 드는 데 사용하는 목차(木叉)로, 《의례(儀禮)》〈특생궤식례(特牲饋食禮)〉에서 정현(鄭玄)은 "모양이 차(叉)와 같으니, 대개 필성(畢星)과 비슷하여 이름을 취한 것이다." 하였다.

42 **생갑** 희생을 담는 상자를 말한다.

43 **좌달** 정문(正門)의 왼쪽 작은 문을 말한다.

〈열문지무(烈文之舞)〉를 춘다. 집준자(執尊者)가 멱(冪)을 들고, 진폐작주관이 예제(醴齊)를 떠내면, 근시(近侍)가 작(爵)으로 술을 받는다. 예의사의 인도를 받아 전하가 북쪽 계단으로 올라가 신위 앞에 나아가 남쪽을 향하여 선다. —금의(今儀)에는 이 아래에 "집례가 무릎을 꿇으라고 말하니, 예의사가〔執禮曰跪 禮儀使〕" 7자가 있다.— 무릎 꿇고 규를 꽂기를 계청하면, 전하가 무릎을 꿇고서 규를 꽂고, 자리에 있는 사람들이 모두 무릎을 꿇는다. —찬자가 또한 외친다.— 근시가 작(爵)을 진폐작주관에게 주면 진폐작주관이 작을 받들어 무릎 꿇고 올린다. 예의사가 작을 잡아 작을 올리기를〔執爵獻爵〕[44] 계청하면, —금의에는 이 아래에 "전하가 작을 잡아 작을 올린다.〔殿下執爵獻爵〕" 6자가 있다.— 작을 전폐작주관에게 주어 신위 앞에 올려놓게 한다. 예의사가, 규(圭)를 잡고 부복하였다가 일어나 조금 물러나서 남쪽을 향하여 무릎을 꿇기를 계청한다. —금의에는 이 아래에 "전하가 규를 잡고 부복하였다가 일어나 조금 물러나서 남쪽을 향하여 무릎을 꿇는다.〔殿下執圭 俯伏興 少退南向跪〕" 12자가 있다.— 음악이 그친다.

대축(大祝)이 신위의 오른쪽으로 나아가 서쪽을 향하여 무릎 꿇고 축문(祝文)을 읽는다. 이를 마치면 음악이 연주된다. 예의사가 부복하였다가 일어나 몸을 펴기를 계청하면, 전하가 부복하였다가 일어나 몸을 펴고, 자리에 있는 사람들이 모두 부복하였다가 일어나 몸을 편다. —찬자가 또한 외친다.— 음악이 그친다. 예의사의 인도를 받아 전하가 북쪽 계단으로 내려와, 후토씨의 준소에 나아가 동쪽을 향하여 선다. 음악이 연주된다. 집준자가 멱(冪)을 들고, 진폐작주관이 예제를 떠내면, 근시가 작(爵)으로 술을 받는다. 예의사의 인도를 받아 전하가 북쪽 계단으로 올라가 신위 앞에 나아가서 서쪽을 향하여 선다. —금의에는 이 아래에 "집례가 무릎을 꿇으라고 말하니, 예의사가〔執禮曰跪 禮儀使〕" 7자가 있다.— 무릎을 꿇고 규를 꽂기를 계청하면, 전하가 무릎을 꿇고서 규를 꽂고, 자리에 있는 사람들이 모두 무릎을 꿇는다. —찬자가 또한 외친다.— 근시가 작(爵)을 진폐작주관에게 주면, 진폐작주관이 작을 받들어 무릎 꿇고 올린다. 예의사가 작을 잡아 작을 올리기를 계청하면, —금의에는 이 아래에 "전하가 작을 잡아 작을 올린다.〔殿下執爵獻爵〕" 6자가 있다.— 작을 전폐작주관에게 주어 신위 앞에 올려놓게 한다. 예의사가, 규를 잡고 부복하였다가 일어나 조금 물러나서 서쪽

44 작을 잡아……올리기를 집작(執爵)은 술잔을 건네받아 잡는 것을 말하고, 헌작(獻爵)은 술잔을 건네받아 신위 앞에 올리는 것을 말한다.

을 향하여 무릎을 꿇기를 계청한다. ―금의에는 이 아래에 "전하가 규를 잡고 부복하였다가 일어나 조금 물러나서 서쪽을 향하여 무릎을 꿇는다.〔殿下執圭 俯伏興 少退西向跪〕" 12자가 있다.― 음악이 그친다.

대축이 신위의 오른쪽으로 나아가 북쪽을 향하여 무릎 꿇고 축문을 읽는다. 이를 마치면 음악이 연주된다. 예의사가, 부복하였다가 일어나 몸을 펴기를 계청하면, 전하가 부복하였다가 일어나 몸을 펴고, 자리에 있는 사람들이 모두 부복하였다가 일어나 몸을 편다. ―찬자가 또한 외친다.― 음악이 그친다. 예의사의 인도를 받아 전하가 북쪽 계단으로 내려와 국직단(國稷壇)에 나아가 진헌(進獻)하기를 모두 위의 의식과 같이 한다.

진폐작주관과 전폐작주관이 모두 내려와 자리로 돌아간다. 예의사의 인도를 받아 전하가 북쪽 계단으로 내려와 자리로 돌아간다. ―금의에는 이 아래에 "집례가 '예의사는 전하를 인도하여 소차(小次)에 들어가게 하시오.' 하면, 예의사가 소차에 들어가기를 계청한다. 전하를 인도하여 소차 앞에 거의 이르렀을 때 예의사가 규를 놓기를 계청하면, 전하가 규를 놓고, 근시가 무릎 꿇고 규를 받는다. 전하가 소차에 들어간다.〔執禮曰 禮儀使導殿下入小次 禮儀使啓請入小次 導殿下將至小次前 禮儀使啓請釋圭 殿下釋圭 近侍跪受圭 殿下入小次〕" 49자가 있다.― 문무(文舞)가 물러가고 무무(武舞)가 나온다. 헌가에서는 〈서안지악(舒安之樂)〉을 연주한다. 춤추는 자가 자리를 정하고 서면, 음악이 그친다.

이보다 앞서 전하가 자리로 돌아가려고 할 때에 집례가 "아헌례(亞獻禮)를 행하시오." 한다. 봉례(奉禮) ―금의에는 "상례(相禮)"로 되어 있다. 아래도 같다.― 가 아헌관을 인도하여 관세위(盥洗位)에 나아가 남쪽을 향하여 서게 하고, 규(圭)를 꽂기를 고한다. ―금의에는 이 아래에 "만약 영의정이 아헌관이 되면 홀(笏)을 꽂기를 고한다. 아래도 같다.〔若領議政爲亞獻官 則贊搢笏 下同〕" 14자가 있다.― 아헌관이 손을 씻고 수건으로 닦는다. 이를 마치면 규를 잡기를 고하고, ―금의에는 이 아래에 "알자가 아헌관을 인도하여〔謁者引亞獻官〕" 6자가 있다.― 인도하여 국사(國社)의 준소로 나아가서 동쪽을 향하여 서게 한다. 헌가(軒架)에서는 〈수안지악(壽安之樂)〉을 연주하고, 〈소무지무(昭武之舞)〉를 춘다.

집준자(執尊者)가 멱(冪)을 들고 앙제(盎齊)[45]를 떠내면, 집사자(執事者)가 작(爵)으로 술을 받는다. 봉례가 아헌관을 인도하여 서쪽 계단 ―금의에는

45 앙제 제사에 사용하는 다섯 종류의 술〔오제(五齊)〕 중 하나로, 흰색 빛이 나는 탁주를 말한다.

"북쪽 계단"으로 되어 있다. 아래도 같다.— 으로 올라가 신위 앞에 나아가서 남쪽을 향하여 서게 하고, 무릎 꿇고 규를 꽂기를 고한다. 집사자가 작을 아헌관에게 주면, 아헌관이 작을 잡아 작을 올리고, 작을 집사자에게 주어 신위 앞에 올려놓게 한다. 봉례가 규를 잡고 부복하였다가 일어나 몸을 펴기를 고하고, 아헌관을 인도하여 서쪽 계단으로 내려와 후토씨(后土氏)의 준소(尊所)에 나아가 동쪽을 향하여 서게 한다. 집준자가 멱을 들고 앙제를 떠내면, 집사자가 작으로 술을 받는다. 봉례가 아헌관을 인도하여 서쪽 계단으로 올라가 신위 앞에 나아가서 서쪽을 향하여 서게 하고, 무릎 꿇고 규를 꽂기를 고한다. 집사자가 작을 아헌관에게 주면, 아헌관이 작을 잡아 작을 올리고, 작을 집사자에게 주어 신위 앞에 올려놓게 한다. 봉례가 규를 잡고 부복하였다가 일어나 몸을 펴기를 고하고, 아헌관을 인도하여 서쪽 계단으로 내려와 국직단(國稷壇)에 나아가 진헌(進獻)하게 하기를 모두 위의 의식과 같이 한다. 이를 마치면 음악이 그친다. 인도를 받아 내려와 자리로 돌아간다.

아헌관이 작(爵)을 올리는 것을 거의 마치면, 집례가 "종헌례를 행하시오." 한다. 알자의 인도를 받아 종헌관이 예를 행하기를 모두 아헌(亞獻) 의식과 같이 한다. 이를 마치면 인도를 받아 내려와 자리로 돌아간다. —금의에는 이 아래에 "이보다 앞서 종헌관이 이미 자리로 돌아갔다.〔初終獻官既復位〕" 7자가 있다.

알자의 인도를 받아 진폐작주관과 천조관이 서쪽 계단으로 올라가 음복위(飮福位)에 나아가서 동쪽을 향하여 선다. 대축이 각각 국사(國社)와 국직(國稷)의 준소에 나아가 작(爵)으로 상준(上尊)[46]의 복주(福酒)를 떠내어 1작(爵)에 함께 담는다. 또 대축이 조(俎)를 가지고 나아가 국사와 국직의 신위 앞의 조육(胙肉)을 덜어 내어 1조(俎)에 함께 담는다.

46 상준 제사나 연향에서 가장 윗자리에 놓는 술잔, 또는 가장 좋은 술이라는 뜻이다. 상준(上樽)으로도 쓴다.

집례가 "예의사는 전하를 인도하여 음복위에 나아가시오." 한다. —금의에는 이 아래에 "예의사가 음복위에 나아가기를 계청하면, 전하가 소차(小次)에서 나간다. 예의사가 규를 잡기를 계청하면, 근시가 무릎 꿇고 규를 올리고, 전하가 규를 잡는다.〔禮儀使啓請詣飮福位 殿下出次 禮儀使啓請執圭 近侍跪進圭 殿下執圭〕" 29자가 있다.— 예의사의 인도를 받아 전하가 북쪽 계단으로 올라가 음복위에 나아가서 남쪽을 향하여 선다. 대축이 작(爵)을 진폐작주관에게 주면, 진폐작주관이 작을 받들어 동쪽을 향하여 무릎 꿇고 올린다. ―금의에는 이 아래에 "집례가 무릎을 꿇으라고 말하니[執禮曰跪]" 4자가 있다.― 예의사가 무릎 꿇고 규를 꽂기를 계청하면, 전하가 무릎을 꿇고서 규를 꽂고, 자리에 있는 사람들이 모두 무릎을 꿇는다. ―찬자가 또한 외친다. ○금의에는 이 아래에 "예의사가 작을 받기를 계청한다.[禮儀使啓請受爵]" 7자가 있다.― 전하가 작을 받아 마신다. 이를 마치면 진폐작주관이 빈 작을 받아서 대축에게 주고, 대축이 받아서 점(坫)에 도로 놓는다.

대축이 조(俎)를 천조관에게 주면, 천조관이 조를 받들어 동쪽을 향하여 무릎 꿇고 올린다. 예의사가 조를 받기를 계청하면, 전하가 조를 받아 근시에게 준다. 근시가 조를 받들고 북쪽 계단으로 내려와 문을 나가 사옹원(司饔院) 관원에게 준다. 진폐작주관과 천조관이 내려와 자리로 돌아간다. 예의사가, 규를 잡고 부복하였다가 일어나 몸을 펴기를 계청하면, 전하가 규를 잡고 부복하였다가 일어나 몸을 펴고, 자리에 있는 사람들이 모두 부복하였다가 일어나 몸을 편다. ―찬자가 또한 외친다.― 인도를 받아 ―금의에는 인도를 받아 위에 "예의사의[禮儀使]" 3자가 있다.― 전하가 내려와 자리로 돌아간다. 집례가 "사배하시오." 하면, 예의사가 사배하기를 계청한다. 전하가 사배하고, ―금의에는 "사배하기를 계청한다."부터 "전하가 사배하고"까지가 "몸을 굽혀 사배하고 일어나 몸을 펴기를 계청하면, 전하가 몸을 굽혀 사배하고 일어나 몸을 편다."로 되어 있다.― 자리에 있는 사람들이 모두 사배한다. ―금의에는 이 아래의 주(註)에 "찬자가 또한 외친다." 하였다.― 집례가 "변(籩)과 두(豆)를 거두시오." 하면, 여러 대축이 나아가 변과 두를 거둔다. ―거둔다는 것은 변과 두를 각각 하나씩 그전 자리에서 조금 옮기는 것이다.― 등가(登歌)에서는 〈옹안지악(雍安之樂)〉을 연주하고, 거두는 것을 마치면 음악이 그친다. 헌가(軒架)에서는 〈순안지악(順安之樂)〉을 연주한다.

집례가 "사배하시오." 하면, 예의사가 사배하기를 계청한다. 전하가 사배하고, ―금의에는 "사배하기를 계청한다."부터 "전하가 사배하고"까지가 "몸을 굽혀 사배하고 일어나 몸을 펴기를 계청한다. 전하가 몸을 굽혀 사배하고 일어나 몸을 펴고"로 되어 있다.― 자리에 있는 사람들이 모두 사배한다. ―금의에는 이 아래의 주(註)에 "찬자가 또한 외친다." 하였다.― 음악은 1성(成)을 연주하고 그친다. 예의사가 무릎 꿇고 예가 끝났음을 아뢰고, 전하를 인도하여 대차(大次)로 돌아가기 위해 문을 나간다. 예의사가 규(圭)를 놓기를 계청하고, 근시가 무릎 꿇고 규를 받는다. 산선(繖扇)과 시위(侍衛)는 평상시의 의식과 같이 한다. 전하가 대차에 들어가서 면복(冕服)을 벗는다. —금의에는 "예의사가 무릎 꿇고 아뢰고[禮儀使跪啓]" 이하 42자가 없다.

집례가 "망예(望瘞)[47]하시오." 하면, 봉례(奉禮)의 인도를 받아 아헌관이 망예위(望瘞位)[48]에 나아가 북쪽을 향하여 서고, 집례가 찬자를 거느리고 망예위에 나아가 동쪽을 향하여 선다. 여러 대축이 서직반(黍稷飯 서직으로 지은 밥)을 가져와서 흰 띠[白茅]를 깔아 묶고 비(篚)에 축판과 폐백을 담아 각각 계단을 통하여 단(壇)에서 내려와서 예감(瘞坎)에 놓는다. 집례가 "묻으시오." 하면, 예감을 흙으로 반쯤 덮는데, 단사(壇司)가 감시한다. 아헌관은 봉례의 인도를 받고, 여러 제관(祭官)은 각각 알자와 찬인의 인도를 받아 나간다. —금의에는 "집례가 '망예하시오.' 하면"부터 "여러 제관은 각각 알자와 찬인의 인도를 받아 나간다."까지가 "집례가 '망료(望燎)[49]하시오.' 한다. 집례가 '예의사는 전하를 인도하여 망료위(望燎位)[50]에 나아가시오.' 하면, 예의사의 인도를 받아 전하가 국사단(國社壇)의 망료위에 나아가 북쪽을 향하여 선다. 집례가 찬자를 거느리고 망료위에 나아가 동쪽을 향하여 서고, 대축이 축판과 폐백을 가져와서 망료위에 나아간다. 집례가 '불사르시오.' 하면 대축이 폐백을 화로(火爐)에서 태운다. 대축이 또 서직반을 가져와서 흰 띠를 깔아 묶고 비(篚)에 축판을 담아 예감에 놓는다. 예감을 흙으로 반쯤 덮는데, 단사가 감시한다. 예의사가 전하를 인도하고, 이어 국직단(國稷壇)의 망료위에 나아가기를 위의 의식과 같이 한다. 집례가 '예(禮)가 끝났음을 아뢰시오.' 하면, 예의사가 무릎 꿇고 예가 끝났음을 아뢴다. 예의사의 인도를 받아 전하가 서문(西門)을 나간다. 예의사가 규(圭)를 놓기를 계청하면, 전하가 규를 놓고, 근시가 무릎 꿇고 규를 받는다. 산선과 시위는 평상시의 의식과 같이 한다. 예의사의 인도를 받아 전하가 대차로 돌아가서 면복을 벗는다. 아헌관과 종헌관이 알자의 인도를 받고, 제관이 각각 찬인의 인도를 받아 나간다."로 되어 있다.

집례가 찬자를 거느리고 본래의 자리로 돌아가고, 인의의 인도를 받아 배제관(陪祭官)이 나뉘어 차례로 나간다. 찬인(贊引)의 인도를 받아 감찰 및 여러 집사가 모두 악현(樂懸)의 남쪽 배위(拜位)로 돌아가서 자리를 정하고 선다. 집례가 "사배하시오." 하면, 감찰 이하가 모두 사배한다. 이를 마치면 찬인이 차례로 인도하여 나간다. —금의에는 이 아래에 "대축이 이어 관

47 망예 사직(社稷), 산천(山川) 등 지기(地祇)에 대한 제사나, 종묘(宗廟)나 선농(先農), 선잠(先蠶) 등 인귀(人鬼)에 대한 제사가 끝나면 대축(大祝)이 제사에 사용한 축문과 폐백 등을 광주리에 담아서 예감(瘞坎)에 묻는 것을 헌관(獻官)이 지켜보는 의식이다.

48 망예위 망예하는 의식을 지켜보는 자리이다.

49 망료 종묘나 사직 등의 제향에서 헌관이 폐백과 축문을 태우는 것을 지켜보는 의식이다. 1757년(영조 33) 이후로 왕명에 의해 축문과 폐백을 예감에 묻는 것이 불결하고 공경스럽지 못하다는 이유로 축문과 폐백을 쓰는 곳에는 모두 망료하도록 제도로 정하여 《국조상례보편(國朝喪禮補編)》에 싣도록 하였다. 《英祖實錄 英祖 33年 10月 10日》

50 망료위 망료하는 의식을 지켜보는 자리이다.

세위에 나아가 손을 씻고 수건으로 닦는다.[大祝仍就盥洗位盥帨]" 9자가 있다.– 전악(典樂)이 공인(工人)과 이무(二舞)를 거느리고 나간다. 집례가 찬자, 알자, 찬인을 거느리고 악현의 남쪽 배위에 나아가 사배하고 나간다. –금의에는 이 아래에 "대축(大祝)" 2자가 있다.– 전사관(典祀官)과 단사가 각각 소속 인원을 거느리고서 신위판(神位版)을 간수하고 예찬(禮饌 제사 음식)을 거두어 가지고 내려와 물러간다.

거가車駕가 궁宮으로 돌아오는 의절 《오례의》에 나오고, 금의(今儀)를 참고하였다.

전하가 이미 재궁(齊宮) –금의에는 "재전(齊殿)"으로 되어 있다.– 으로 돌아왔으면, 좌통례가 무릎 꿇고 해엄(解嚴)을 계청한다. –장사(將士)는 함부로 부오(部伍 대열)를 떠날 수 없다. ○금의에는 이 주(註)가 없다.

전하가 재궁에 머무른 지 1각쯤 되어 북을 쳐서 초엄(初嚴)을 알리면, 의장(儀仗), 시위(侍衛), 노부(鹵簿)를 돌아가는 길로 돌려놓기를 올 때의 의식과 같이 한다. –금의에는 "전하가 재궁에 머무른 지"부터 "올 때의 의식과 같이 한다."까지가 "북을 쳐서 초엄을 알리면, 병조가 의장과 시위를 돌아가는 길로 돌려놓기를"로 되어 있다.

3각쯤 되어 북을 쳐서 이엄(二嚴)을 알리면, –금의에는 "3각쯤 되어"부터 "이엄을 알리면"까지가, "북을 쳐서 이엄을 알리면"으로 되어 있다.– 사복시 정(司僕寺正)이 대문 밖에 연(輦)을 대령하고, 재궁 –금의에는 "재전"으로 되어 있다.– 앞에 여(輿)를 대령하는데 모두 남쪽을 향하게 한다. 인의(引儀)가 종친 및 문무백관 –조복(朝服)을 입는다. ○금의에는 "인의가"부터 "백관이 조복을 입는다."까지가 "종친과 문무백관은 그대로 조복을 입는다."로 되어 있다. ○주(註)에 "4품 이상은 조복을 입고, 5품 이하는 흑단령(黑團領)을 입는다." 하였다.– 을 나누어 인도하여, 나가서 –금의에는 이 아래에 "야주개[51]의 앞길[夜晝介前路]" 5자가 있다.– 시립(侍立)하는 자리에 나아간다.

왕세자가 제복(祭服)을 갖추고 나가면, –내엄(內嚴)을 고하고 외비(外備)를 아뢴다. 시위(侍衛)는 모두 평상시와 같이 한다. ○금의에는 "제복을 갖추고 나가면"이 "원

51 **야주개** 야주현(夜晝峴), 야주현(夜珠峴)의 이두식 표기로 보인다. 야주개는 경덕궁(慶德宮) 앞의 거리 이름으로 서부(西部) 적선방(積善坊)에 속해 있다. 경덕궁은 1766년(영조52)에 경희궁(慶熙宮)으로 개명하였다. 《숙종실록》 25년 2월 11일 기사에 "환궁할 때에는 마땅히 야주현(夜晝峴)의 길을 경유하여 올 것이니, 각 영(營)의 군병들은 야주현에서 대령(待令)하게 하라." 한 내용이 있다.

유관에 강사포를 갖추고"로 되어 있다. ○주(註)에 "'시위(侍衛)'가 '배위(陪衛)'로 되어 있다." 하였다.— 필선(弼善) —금의에는 "상례(相禮)"로 되어 있다.— 의 인도를 받아 외차(外次)[52]에 나아가는데, 시위는 평상시와 같이 한다. —금의에는 "시위는 평상시와 같이 한다.〔侍衛如常〕" 4자가 없다.— 시신(侍臣)이 재궁 —금의에는 "재전"으로 되어 있다.— 앞에 나아가 좌우로 나뉘어 받들어 맞이한다. 여러 호위하는 관원 및 사금(司禁)은 각각 기복(器服 군복)을 갖추고, 상서원 관원은 어보(御寶)를 받들고, 모두 재궁 —금의에는 "재전"으로 되어 있다.— 앞에 나아가 사후(伺候)한다.

52 외차 대문 밖에 잠깐 쉴 수 있도록 장막으로 만든 휴식처이다.

좌통례가 무릎 꿇고 중엄(中嚴)을 계청하고, 5각(刻)쯤 되어 북을 쳐서 삼엄(三嚴)을 알리면 —금의에는 "5각쯤 되어"부터 "삼엄을 알리면"까지가 "북을 쳐서 삼엄을 알리면"으로 되어 있다.— 필선 —금의에는 "상례"로 되어 있다.— 의 인도를 받아 왕세자가 막차(幕次)를 나와 시립하는 자리에 나아간다. 좌통례가 무릎 꿇고 외판(外辦)을 아뢰면, 전하가 원유관(遠遊冠)에 강사포(絳紗袍)를 갖추고 여(輿)를 타고 —금의에는 "여를 타고〔乘輿〕" 2자가 없다.— 나간다. —금의에는 이 아래에 "좌통례가 무릎 꿇고, 여를 타기를 계청하면, 전하가 여를 탄다.〔左通禮跪啓請乘輿 殿下乘輿〕" 12자가 있다.— 산선(繖扇)과 시위(侍衛)는 평상시의 의식과 같이 한다. 좌통례가 앞에서 인도하고 시신이 옆에서 모시기를 평상시와 같이 하고, —금의에는 "좌통례(左通禮)" 이하 11자가 없다.— 상서원 관원이 어보를 받들고 앞에 간다.

대가(大駕)가 대문 밖에 이르면 —금의에는 "대가가 대문 밖에 이르면"이 "좌통례가 앞에서 인도하여 신문(神門) 밖에 이르러, 좌통례가 무릎 꿇고, 여(輿)에서 내리기를 계청하면, 전하가 여에서 내려 걸어서 앞길을 지나간다. 좌통례가 무릎 꿇고, 여를 타기를 계청하면, 전하가 여를 탄다. 좌통례와 우통례가 앞에서 인도하여 대문 밖에 이른다."로 되어 있다.— 좌통례가 여 앞에 나아가 부복하였다가 —금의에는 "여 앞에 나아가 부복하였다가〔進當輿前俯伏〕" 6자가 없다.— 무릎 꿇고, 여에서 내려 연(輦)을 타기를 계청한 다음에 부복하였다가 일어나서 물러나 자리로 돌아간다. —금의에는 "부복하였다가 일어나서 물러나 자리로 돌아간다.〔俯伏興 退復位〕" 6자가 없다.— 전하가 여에서 내려 연을 탄다. —금의에는 이 아래에 "좌통례가 무릎 꿇고, 규(圭)를 잡기를 계청하면, 근시가 무릎 꿇고 규를 올리고, 전하가 규를 잡는다.〔左通禮跪啓請執圭 近侍跪進圭 殿下執圭〕" 17자가 있다.

좌통례가 —금의에는 이 아래에 "무릎 꿇고[跪]" 1자가 있다.— 대가(大駕)가 —금의에는 "대가가[駕]" 1자가 없다.— 출발하기를 계청한다. 대가가 움직이면 좌통례와 우통례가 양쪽에서 인도하여 나간다. 찬의(贊儀) 2인은 통례의 앞에 있고, 의장(儀仗), 시위(侍衛), 전도(前導), 후종(後從)은 평상시의 의식과 같이 한다. 왕세자는 몸을 굽히고 있다가 대가가 지나가면 몸을 편다. 대가가 시신(侍臣)의 상마소(上馬所)에 이르면, 좌통례가 —금의에는 이 아래에 "무릎 꿇고[跪]" 1자가 있다.— 대가는 잠시 머무르고 시신은 말을 타도록 명하기를 계청하고, 물러나 시신에게 말을 타도록 말한다. 찬의가 이 말을 전하여 외치면, —금의에는 이 아래에 "시신이 말을 탄다.[侍臣上馬]" 4자가 있다.— 여러 시위하는 관원이 각각 소속 인원을 독려하여 좌우에서 대가를 호위하게 한다. —금의에는 "각각 소속 인원을 독려하여 좌우에서 대가를 호위하게 한다.[各督其屬 左右翊駕]" 8자가 없고, "및[及]" 1자가 있다.— 시신들이 말에 오른다.

이를 마치면 좌통례는 대가가 —금의에는 "대가가[駕]" 1자가 없다.— 출발하기를 계청한다. 대가가 움직이면 고취(鼓吹)가 울려 퍼진다. 종친과 문무백관이 몸을 굽히고, 대가가 지나가면 몸을 편다. —금의에는 이 아래에 "왕세자가 이르면 몸을 굽히고, 지나가면 몸을 편다.[王世子至 鞠躬 過則平身]" 10자가 있다.— 왕세자 및 종친, 문무백관이 차례로 시위(侍衛)하기를 올 때의 의식과 같이 한다. 대가가 경복궁(景福宮) 문 밖의 시신(侍臣)의 하마소(下馬所)에 이르면, 좌통례는 대가가 잠깐 머물기를 계청하고, 시신은 모두 말에서 내려 나뉘어 선다. 좌통례가 대가가 출발하기를 계청한다. 대가가 움직이면 시신은 몸을 굽히고, 지나가면 몸을 편다. —금의에는 "대가가 경복궁 문 밖의 시신의 하마소에 이르면[駕至景福宮]" 이하 45자가 없다.— 대가가 근정문(勤政門) 밖에 이르면 —금의에는 "대가가 근정문 밖에 이르면"이 "대가가 인정문(仁政門)에 이르면"으로 되어 있다.— 고취는 그치고 시신은 나뉘어 선다. —금의에는 "나뉘어 선다.[分立]" 2자가 없다.— 좌통례가 —금의에는 이 아래에 "무릎 꿇고[跪]" 1자가 있다.— 연(輦)에서 내려 여(輿)를 타기를 계청하면, 전하가 연에서 내려 여를 타고 들어간다.

공인(工人)이 축(柷)을 치면, —금의에는 "공인이 축을 치면"이 "헌가의[軒架]"로 되어 있다.— 음악이 연주된다. 산선과 시위는 평상시의 의식과 같이 한다. 좌통례와 우통례가 앞에서 인도하여 합문(閤門)에 이르는데, 공인이

어(敔)를 긁으면 음악이 그친다. 시신은 전정(殿庭)까지 따라갔다가 물러간다. —금의에는 "합문에 이르는데"부터 "물러간다."까지가 "대내로 돌아간다. 음악이 그친다. 좌통례가 무릎 꿇고 해엄(解嚴)을 아뢰면, 병조가 전교를 받들어 방장(放仗)[53]한다."로 되어 있다.

53 **방장** 의장(儀仗)을 풀어 본디의 상태로 돌려보내는 일을 말한다.

섭사의 攝事儀

《오례의》에 나오고, 금의(今儀)를 참고하였다.

시일 時日 에 대한 의절 〈식례(式例)〉에 보인다.

재계 齊戒 에 대한 의절 위에 보인다.

진설 陳設 에 대한 의절

제사 2일 전에 단사(壇司)가 소속 인원을 거느리고 단의 안팎을 소제한다. 전설사(典設司)가 찬만(饌幔)을 서문(西門) 밖에 설치한다. 1일 전에 전악(典樂)이 소속 인원을 거느리고 등가(登歌)의 음악을 단의 북쪽에, 헌가(軒架)를 북문(北門) 안에 모두 남쪽을 향하여 설치한다.

전사관과 단사가 각각 소속 인원을 거느리고, 국사(國社)와 국직(國稷)의 신좌(神座)를 각각 단 위의 남쪽에 북쪽을 향하여 설치하고, 후토씨(后土氏)의 신좌를 국사 신좌의 왼쪽에, 후직씨(后稷氏)의 신좌를 국직 신좌의 왼쪽에 모두 동쪽을 향하여 설치하고, 자리〔席〕는 모두 왕골자리로 한다.

집례(執禮)가 초헌관(初獻官)의 자리를 북문 안의 길 서쪽에 남쪽을 향하여 설치하고, 음복위(飮福位)를 국직단(國稷壇) 위의 신좌 동북쪽에 남쪽을 향하여 설치한다. 아헌관(亞獻官), 종헌관(終獻官), 천조관(薦俎官)의 자리를 서문 안의 길 북쪽에 설치하고, 집사자(執事者)의 자리를 그 뒤에, 등급에 따라 자리를 달리하여 모두 두 줄로 동쪽을 향하게 하고 남쪽을 상위로 하여 설치한다. 감찰(監察)의 자리를 북문 안의 서북쪽 모퉁이에 동쪽을 향하여 설치하고, 서리(書吏)가 그 뒤에서 모신다. 집례의 자리는 두 자리를 설치하되, 한 자리는 북쪽 유문(壝門) 안에, 한 자리는 북쪽 유문 밖에 모두 서쪽 가까이에 동쪽을 향하여 설치한다.

찬자(贊者), 알자(謁者), 찬인(贊引)의 자리는 유문 밖 집례의 뒤에 약간 북쪽에 동쪽을 향하게 하고 남쪽을 상위로 하여 설치한다. 협률랑(協律郞)의 자리는 국사단(國社壇) 아래의 동쪽 가까이에 서쪽을 향하여 설치한다. 전악(典樂)의 자리는 헌현(軒懸)의 남쪽에 남쪽을 향하여 설치한다. 여러 제관(祭官)의 문외위(門外位)는 서문 밖의 길 북쪽에, 등급에 따라 자리를 달리하여 두 줄로 남쪽을 향하게 하고 동쪽을 상위로 하여 설치한다.

망예위(望瘞位)는 —금의(今儀)에는 "예(瘞)"가 "요(燎)"로 되어 있다. 아래도 같다.— 예감(瘞坎)의 남쪽에 설치하는데, 초헌관은 남쪽에서 북쪽을 향하게 하고, 집례, 찬자, 대축은 서쪽에서 두 줄로 동쪽을 향하게 하고 북쪽을 상위로 하여 설치한다.

제삿날 행사(行事)하기 전에, 전사관과 단사가 각각 소속 인원을 거느리고 들어와서 축판을 각각 1개씩 신위의 오른쪽에 올려놓고 —각각 점(坫 받침대)이 있다.— 폐백 광주리[幣篚]를 각각 1개씩 준소(尊所)에 진설하고, 향로(香爐), 향합(香合), 촛대 2개를 신위 앞에 설치하고, 이어서 제기(祭器)를 규정대로 진설한다. 복주작(福酒爵) —점(坫)이 있다.— 과 조육조(胙肉俎)는 각각 1개씩 국사와 국직의 준소에 진설하고, 또 국사(國社)의 조(俎) 1개는 찬만 안에 진설한다.

세(洗)를 북쪽 유문 밖 서북쪽에 남쪽을 향하여 설치하고, —관세(盥洗)는 서쪽에 있고, 작세(爵洗)는 동쪽에 있다.— 뇌(罍)는 세(洗)의 서쪽에 두어 구기[勺]를 얹어 놓고, 비(篚)는 세의 동쪽에 두되 북쪽을 향하게 하고 수건을 담아 놓는다. —만약 작세(爵洗)에 쓰는 비(篚)이면 또한 작(爵)을 담아 놓는다. 점(坫)이 있다.

여러 집사의 관세는 헌관의 세(洗) 서북쪽에 남쪽을 향하여 설치한다. 집준자(執尊者), 집뢰자(執罍者), 집비자(執篚者), 집멱자(執冪者)의 자리는 준(尊), 뇌(罍), 비(篚), 멱(冪)의 뒤쪽에 설치한다.

향축香祝을 전하는 의절 위에 보인다.

희생犧牲과 제기祭器를 살피는 의절 위에 보인다.

폐백幣帛을 올리는 의절

제삿날 축시(丑時) 전(前) 5각(刻)[54] —축시 전 5각은 즉 3경(更) 3점(點)이고, 행사는 축시 1각에 한다.— 에 전사관(典祀官)과 단사(壇司)가 들어가 제물(祭物)을 찬구(饌具)에 담은 뒤에, 물러나 막차에 나아가서 복장을 갖춘다. 올라가서 국사(國社), 후토씨(后土氏), 국직(國稷), 후직씨(后稷氏)의 신위판(神位版)을 신좌(神座)에 설치한다. 찬인의 인도를 받아 감찰이 국사단(國社壇)에 나아가 서쪽 계단으로 올라가서 —여러 집사가 올라가고 내려오는 것은 모두 서쪽 계단으로 한다.— 단(壇)의 위아래를 살펴보고 의식에 맞지 않는 것이 있는지를 규찰한다. 국직단(國稷壇)에 나아가서도 이와 같이 하고 도로 나간다.

3각 전에 여러 제관(祭官)은 각각 복장을 갖춘다. 집례가 찬자, 알자, 찬인을 거느리고 서문으로 들어와서 먼저 악현(樂懸)의 남쪽 배위(拜位)에 나아가 두 줄로 남쪽을 향하여 동쪽을 상위로 하여 서고, 사배한 다음에 각각 자리에 나아간다.

전악(典樂)이 공인(工人)과 이무(二舞)를 거느리고 들어와서 자리에 나아간다. —문무(文舞)는 들어와서 악현의 남쪽에 정렬하고, 무무(武舞)는 악현의 북쪽 길 동쪽에 선다.— 알자와 찬인이 각각 여러 제관을 인도하여 모두 문외위(門外位)에 나아가게 한다.

1각 전에 찬인의 인도를 받아 감찰, 전사관, 대축(大祝), 축사(祝史), 재랑(齋郞), 단사, 협률랑(協律郞), 봉조관(捧俎官)이 들어와서 악현의 남쪽 배위에 나아가 두 줄로 남쪽을 향하여 동쪽을 상위로 하여 선다.

집례가 "사배하시오." 하고, 찬자(贊者)가 이 말을 전하여 외치면, —무릇 집례가 말을 하면 찬자가 모두 이 말을 전하여 외친다.— 감찰 이하가 모두 사배한

54 **축시 전 5각** 오후 11시 45분 경이다. 168쪽 주32 참조.

다. 이를 마치면 찬인(贊引)의 인도를 받아 감찰이 자리에 나아가고, 인도를 받아 여러 집사가 관세위(盥洗位)에 나아가서 손을 씻고 수건으로 닦는다. 이를 마치면 각각 자리에 나아간다.

재랑이 작세위(爵洗位)에 나아가 작을 씻고 작을 닦은 다음에 비(篚)에 담아서 준소(尊所)로 가지고 가서 점(坫) 위에 둔다. 알자의 인도를 받은 초헌관과 찬인의 인도를 받은 아헌관, 종헌관, 천조관이 들어와서 자리에 나아간다.

알자가 초헌관의 왼쪽으로 나아가서 "유사(有司)가 준비를 다 하였으니 행사하기를 청합니다."라고 아뢰고, 물러나 자리로 돌아간다.

집례가 "모혈(毛血)을 묻으시오." 하면, 대축이 각각 모혈을 예감(瘞坎)에 묻는다. 협률랑이 무릎 꿇고 부복하였다가 휘(麾)를 들고 일어나면, 공인(工人)이 축(柷)을 치고, 헌가(軒架)에서는 〈순안지악(順安之樂)〉을 연주하고, 〈열문지무(烈文之舞)〉를 추는데, 음악은 7성(成)을 연주한다.

집례가 "사배하시오." 하면, 자리에 있는 사람들이 모두 사배한다. —먼저 절을 한 자는 절하지 않는다.— 음악은 8성(成)을 연주한다. 협률랑이 휘를 눕히고 공인이 어(敔)를 긁으면 음악이 그친다.

집례가 "전폐례(奠幣禮)를 행하시오." 하면, 알자가 초헌관을 인도하여 관세위(盥洗位)에 나아가 남쪽을 향하여 서게 하고 홀(笏)을 꽂기를 고한다. 초헌관이 손을 씻고 수건으로 닦는다. 알자가 홀을 잡기를 고하고, 인도하여 국사단(國社壇)에 나아가 북쪽 계단으로 오른다. 등가(登歌)에서는 〈숙안지악(肅安之樂)〉을 연주하고, 〈열문지무(烈文之舞)〉를 춘다. 국사(國社)의 신위 앞에 나아가 남쪽을 향하여 서게 하고, 무릎 꿇고 규를 꽂기를 고한다.

집사자 1인은 향합(香合)을 받들고, 1인은 향로(香爐)를 받들어 무릎 꿇고 올린다. 알자가 세 번 향을 올리기를 고한다. 집사자가 향로를 신위 앞에 올려놓는다. 대축이 폐백 광주리를 초헌관에게 주면, 초헌관이 폐백을 잡아 폐백을 올리고, 폐백을 대축에게 주어 신위 앞에 올려놓게 한다. —무릇 향을 받들고 폐백을 주는 것은 모두 헌관의 오른쪽에서 하고, 향로를 올려놓고 폐백을 올려놓는 것은 모두 헌관의 왼쪽에서 한다. 작(爵)을 주고 작을 올려놓는 것도 이에 준한다.— 알자가 홀(笏)을 잡고 부복하였다가 일어나 몸을 펴기를 고한다. 인도하여 후토씨(后土氏)의 신위 앞에 나아가 서쪽을 향하여 서게 하고, 무릎 꿇고 홀을 꽂기를 고한다. 집사자 1인은 향합을 받들고, 1인은 향로를 받들어 무릎 꿇고 올린다. 알자가 세 번 향을 올리기를 고한다. 집사자가 향로를 신위 앞에 올려놓는다. 대축이 폐백을 초헌관에게 주면, 초헌관이 폐백을 잡아 폐백을 올리고, 폐백을 대축에게 주어 신위 앞에 올려놓게 한다.

알자가 홀(笏)을 잡고 부복하였다가 일어나 몸을 펴기를 고한다. 등가(登歌)가 그친다. 알자의 인도를 받아 초헌관이 북쪽 계단으로 내려와서, 국직단(國稷壇)에 나아가 향을 올리고 폐백을 올리기를 모두 위의 의식과 같이 한다. 이를 마치면 인도를 받아 내려와 자리로 돌아간다.

익힌 희생犧牲의 고기를 올리는 의절

초헌관이 단(壇)에 올라가서 신위 앞에 폐백을 올려놓았으면, 찬인(贊引)의 인도를 받아 전사관(典祀官)이 나가서 진찬자(進饌者)를 거느리고 주방(廚房)에 나아간다. 비(匕)로 확(鑊)에서 쇠고기를 건져 올려 생갑(牲匣)에 담고, 다음에 양고기와 돼지고기를 각각 생갑에 담아서, —신위마다 쇠고기, 양고기, 돼지고기가 각각 1갑(匣)씩이다.— 찬만(饌幔) 안으로 들어가서 진설한다.

알자의 인도를 받아 천조관(薦俎官)이 나가서 찬소(饌所)에 나아가고, 봉조관(捧俎官)이 뒤따른다. 초헌관이 폐백을 신위에 올려놓고 자리로 돌아가는 것을 기다려 집례가 "진찬(進饌)하시오." 하면, 알자의 인도를 받아 천조관이 국사(國社)의 조(俎)를 받들고, 봉조관이 각각 생갑을 받든다. 전사관의 인도를 받아 찬(饌)을 들여오되, 국사와 국직의 찬은 정문(正門)으로 들여오고, 배위(配位)의 찬은 좌달(左闥)로 들여온다. 조(俎)가 처음 문에 들어오면 헌가(軒架)에서는 〈옹안지악(雍安之樂)〉을 연주한다. 국사와 국직의 찬은 북쪽 계단으로 올라가고, 배위의 찬은 서쪽 계단으로 올라간다. 여러 대축이 이를 맞이하여 단 위로 인도한다.

천조관이 국사의 신위 앞에 나아가 남쪽을 향하여 무릎 꿇고 올리는

데, 먼저 쇠고기를 올리고 다음에 양고기를 올리고 다음에 돼지고기를 올린다. -여러 대축이 제물 올리는 것을 돕는다.- 제물 올리는 것을 마치면 생갑의 뚜껑을 연다. 다음에 후토씨의 신위 앞에 나아가 서쪽을 향하고 무릎 꿇고 올리는데, 먼저 쇠고기를 올리고 다음에 양고기를 올리고 다음에 돼지고기를 올린다. -여러 대축이 제물 올리는 것을 돕는다.- 제물 올리는 것을 마치면 생갑의 뚜껑을 연다. 천조관이 서쪽 계단으로 내려와서, 국직단(國稷壇)에 나아가 진헌(進獻)하기를 모두 위의 의식과 같이 한다. 이를 마치면 음악이 그친다. 알자의 인도를 받아 천조관 이하가 서쪽 계단으로 내려와 자리로 돌아간다. 여러 대축이 준소(尊所)로 돌아간다.

집례가 "초헌례를 행하시오." 하면, 알자의 인도를 받아 초헌관이 국사의 준소에 나아가 동쪽을 향하여 선다. 등가(登歌)에서는 〈수안지악(壽安之樂)〉을 연주하고, 〈열문지무(烈文之舞)〉를 춘다. 집준자(執尊者)가 멱(冪)을 들고 예제(醴齊)를 떠내면, 집사자가 작(爵)으로 술을 받는다. 알자가 초헌관을 인도하여 북쪽 계단으로 올라가 신위 앞에 나아가서 남쪽을 향하여 서게 하고, 무릎 꿇고 홀(笏)을 꽂기를 고한다. 집사자가 작을 초헌관에게 주면, 초헌관이 작을 잡아 작을 올리고, 작을 집사자에게 주어 신위 앞에 올려놓게 한다. 알자가 홀을 잡고 부복하였다가 일어나 조금 물러나 남쪽을 향하여 무릎을 꿇기를 고한다. 음악이 그친다.

대축(大祝)이 신위의 오른쪽으로 나아가 서쪽을 향하여 무릎 꿇고 축문(祝文)을 읽는다. 이를 마치면 음악이 연주된다. 알자가 부복하였다가 일어나 몸을 펴기를 고한다. 음악이 그친다. 인도를 받아 초헌관이 북쪽 계단으로 내려와, 후토씨(后土氏)의 준소에 나아가 동쪽을 향하여 선다. 음악이 연주된다. 집준자가 멱을 들고 예제를 떠내면, 집사자가 작으로 술을 받는다. 알자가 초헌관을 인도하여 북쪽 계단으로 올라가 신위(神位) 앞에 나아가서 서쪽을 향하여 서게 하고, 무릎 꿇고 홀을 꽂기를 고한다. 집사자가 작을 초헌관에게 주면, 초헌관이 작을 잡아 작을 올리고, 작을 집사자에게 주어 신위 앞에 올려놓게 한다. 알자가 홀을 잡고 부복하였다가 일어나 조금 물러나서 서쪽을 향하여 무릎을 꿇기를 고한다. 음악이 그친다.

대축이 신위의 오른쪽으로 나아가 북쪽을 향해 무릎 꿇고 축문을 읽는다. 이를 마치면 음악이 연주된다. 알자가 부복하였다가 일어나 몸을 펴기를 고한다. 음악이 그친다. 알자의 인도를 받아 초헌관이 북쪽 계단으로 내려와서 국직단에 나아가 진헌하기를 모두 위의 의식과 같이 한다. 이를 마치면 자리로 돌아간다. 문무(文舞)가 물러가고 무무(武舞)가 나온다. 헌가에서는 〈서안지악(舒安之樂)〉을 연주한다. 춤추는 자가 자리를 정하고 서면, 음악이 그친다.

이보다 앞서 초헌관이 이미 자리로 돌아갔으면, 집례가 "아헌례를 행하시오." 한다. 알자가 아헌관을 인도하여 관세위(盥洗位)에 나아가 남쪽을 향하여 서게 하고, 홀을 꽂기를 고한다. 아헌관이 손을 씻고 수건으로 닦는다. 이를 마치면 홀을 잡기를 고하고, 인도하여 국사(國社)의 준소에 나아가 동쪽을 향하여 서게 한다. 헌가(軒架)에서는 〈수안지악(壽安之樂)〉을 연주하고, 〈소무지무(昭武之舞)〉를 춘다.

집준자가 멱을 들고 앙제(盎齊)를 떠내면, 집사자가 작(爵)으로 술을 받는다. 알자가 아헌관을 인도하여 서쪽 계단 —금의에는 "북쪽 계단"으로 되어 있다. 아래도 같다.— 으로 올라가 신위 앞에 나아가서 남쪽을 향하여 서게 하고, 무릎 꿇고 홀을 꽂기를 고한다. 집사자가 작을 아헌관에게 주면, 아헌관이 작을 잡아 작을 올리고, 작을 집사자에게 주어 신위 앞에 올려놓게 한다. 알자가 홀을 잡고 부복하였다가 일어나 몸을 펴기를 고하고, 아헌관을 인도하여 서쪽 계단으로 내려와 후토씨(后土氏)의 준소에 나아가 동쪽을 향하여 서게 한다. 집준자가 멱을 들고 앙제를 떠내면, 집사자가 작으로 술을 받는다. 알자가 아헌관을 인도하여 서쪽 계단으로 올라가 신위 앞에 나아가서 서쪽을 향하여 서게 하고, 무릎 꿇고 홀을 꽂기를 고한다. 집사자가 작을 아헌관에게 주면, 아헌관이 작을 잡아 작을 올리고, 작을 집사자에게 주어 신위 앞에 올려놓게 한다. 알자가 홀을 잡고 부복하였다가 일어나 몸을 펴기를 고하고, 아헌관을 인도하여 서쪽 계단으로 내려와 국직단에 나아가 진헌(進獻)하기를 모두 위의 의식과 같이 한다. 이를 마치면 음악이 그친다.

인도를 받아 내려와 자리로 돌아가면, 집례가 "종헌례를 행하시오." 한다. 알자의 인도를 받아 종헌관이 예를 행하기를 모두 아헌(亞獻) 의식과 같이 한다. 이를 마치고 인도를 받아 내려와 자리로 돌아가면, 집례가 "음복(飮福)하고 조육(胙肉)을 받으시오." 한다. 대축이 각각 국사와 국직의 준소에 나아가 작으로 뇌(罍)의 복주(福酒)를 떠내어 1작(爵)에 함께 담는다. 또 대축이 조(俎)를 가지고 나아가 국사와 국직의 신위 앞의 조육을 덜어 내어 1조(俎)에 함께 담는다.

알자가 초헌관을 인도하여 북쪽 계단으로 올라가 음복위(飮福位)에 나아가서 남쪽을 향하여 서게 하고, 무릎 꿇고 홀을 꽂기를 고한다. 대축이 초헌관의 오른쪽으로 나아가 동쪽을 향하여 작을 초헌관에게 주면, 초헌관이 작을 받아 마셔 작을 비우고, 대축이 나아가 빈 작을 받아서 점(坫)에 도로 놓는다. 대축이 동쪽을 향하여 조(俎)를 초헌관에게 주면, 초헌관이 조를 받아 집사자에게 주고, 집사자가 조를 받아 북쪽 계단으로 내려와서 문을 나간다.

알자가 홀을 잡고 부복하였다가 일어나 몸을 펴기를 고하고, 인도하여 내려와 자리로 돌아간다. 집례가 "사배하시오." 하면, 자리에 있는 사람들이 모두 사배한다. 집례가 "변(籩)과 두(豆)를 거두시오." 하면, 여러 대축이 나아가 변과 두를 거둔다. ―거둔다는 것은 변과 두를 각각 하나씩 그전 자리에서 조금 옮기는 것이다.― 등가(登歌)에서는 〈옹안지악(雍安之樂)〉을 연주하고, 거두는 것을 마치면 음악이 그친다. 헌가(軒架)에서는 〈순안지악(順安之樂)〉을 연주한다.

집례가 "사배하시오." 하면, 자리에 있는 사람들이 모두 사배한다. 음악은 1성(成)을 연주하고 그친다. 집례가 "망예(望瘞)하시오." 하면, 알자의 인도를 받아 초헌관이 망예위(望瘞位)에 나아가 북쪽을 향하여 서고, 집례는 찬자(贊者)를 거느리고 망예위에 나아가 동쪽을 향하여 선다. 여러 대축이 서직반(黍稷飯)을 가져와서 흰 띠〔白茅〕를 깔아 묶고 비(篚)에 축판과 폐백을 담아 각각 계단을 통하여 단(壇)에서 내려와서 예감(瘞坎)에 놓는다. 집례가 "묻으시오." 하면, 예감을 흙으로 반쯤 덮는데, ―금의에는 "집례가 '망예하시오.' 하면"부터 "예감을 흙으로 반쯤 덮는데"까지가 "집례가 '망료(望燎)하시오.' 하면, 알자가 초헌관을 거느리고 망료위(望燎位)에 나아가 북쪽을 향하여 서고, 집례가 찬자를 거느리고 망료위에 나아가 동쪽을 향하여 서며, 대축이 축판과 폐백을 가지고 망료위에 나아간다. 집례가 '불사르시오.' 하면, 대축이 폐백을 화로(火爐)에서 태운다. 대축이 서직반을 가져와서 흰 띠를 깔아 묶고 비에 축판을 담아 예감에 놓는다. 예감을 흙으로 반쯤 덮는데,"로 되어 있다.— 단사(壇司)가 감시한다. 알자가 초헌관의 왼쪽으로 나아가 예가 끝났음을 아뢴다. 초헌관 이하가 각각 알자와 찬인의 인도를 받아 차례로 나간다. 집례가 찬자를 거느리고 본래의 자리로 돌아가고, 찬인의 인도를 받아 감찰 및 여러 집사가 모두 악현(樂懸)의 남쪽 배위(拜位)로 돌아가서 자리를 정하고 선다. 집례가 "사배하시오." 하면, 감찰 이하가 모두 사배한다. 이를 마치면 찬인이 차례로 인도하여 나간다. —금의에는 이 아래에 "대축이 이어 관세위에 나아가 손을 씻고 수건으로 닦는다.[大祝仍就盥洗位盥帨]" 9자가 있다.— 전악(典樂)이 공인(工人)과 이무(二舞)를 거느리고 나가고, 집례가 찬자, 알자, 찬인을 거느리고 악현의 남쪽 배위에 나아가 사배하고 나온다. —금의에는 이 아래에 "대축(大祝)" 2자가 있다.— 전사관(典祀官)과 단사(壇司)가 각각 소속 인원을 거느리고서 신위판(神位版)을 간수하고 예찬(禮饌)을 거두어 가지고 내려와 이에 물러간다.

기고의 祈告儀

보사(報祀)와 동일한데, 다만 음복(飮福)하고 조육(胙肉)을 받는 점이 다르다. 《오례의》에 나오고, 금의(今儀)를 참고하였다.

재계齊戒에 대한 의절

제사 3일 전에 여러 사관(祀官)이 함께 이틀 동안 정침(正寢)에서 재숙(齋宿)하며 산재(散齊)하고, 하루 동안 사소(祀所)에서 치재(致齊)한다. —보사제(報祀祭), 선고사유제(先告事由祭), 이안제(移安祭), 환안제(還安祭)도 같다. 만약 기원하는 것이 절박하면 하룻밤만 청재(淸齋)한다.

진설陳設에 대한 의절

제사 1일 전에 단사(壇司)가 소속 인원을 거느리고 단의 안팎을 소제한다. 전사관(典祀官)과 단사가 각각 소속 인원을 거느리고, 국사(國社)와 국직(國稷)의 신좌(神座)를 각각 단 위의 남쪽에 북쪽을 향하여 설치하고, 후토씨(后土氏)의 신좌를 국사 신좌의 왼쪽에, 후직씨(后稷氏)의 신좌를 국직 신좌의 왼쪽에 모두 동쪽을 향하여 설치하고, 자리〔席〕는 모두 왕골자리로 한다.

찬자(贊者)가 헌관(獻官)의 자리를 북문(北門) 안의 길 서쪽에 남쪽을 향하여 설치하고, 집사자(執事者)의 자리를 서문(西門) 안의 길 북쪽에 등급에 따라 자리를 달리하여 두 줄로 동쪽을 향하게 하고 남쪽을 상위로 하여 설치한다. 감찰(監察)의 자리는 북문 안의 서북쪽 모퉁이에 동쪽을 향하여 설치하고, 서리(書吏)가 그 뒤에서 모신다.

찬자, 알자(謁者)의 자리는 북쪽 유문(壝門) 밖에 서쪽 가까이 동쪽을 향하여 설치하고, 여러 기관(祈官)[55]의 문외위(門外位)는 서문 밖의 길 북쪽에 등급에 따라 자리를 달리하여 두 줄로 남쪽을 향하게 하고 동쪽을

55 **기관** 천지신명에게 소원을 빌기 위하여 지내는 제사에 참례하는 제관(祭官)을 말한다.

상위로 하여 설치한다.

망예위(望瘞位) —금의(今儀)에는 "예(瘞)"가 "요(燎)"로 되어 있다. 아래도 같다.— 는 예감(瘞坎)의 남쪽에 설치하는데, 헌관은 남쪽에서 북쪽을 향하고, 대축(大祝)과 찬자는 서쪽에서 동쪽을 향하게 하고 북쪽을 상위로 하여 설치한다.

기고제(祈告祭)를 지내는 날 행사(行事)하기 전에, 전사관과 단사가 각각 소속 인원을 거느리고 들어와서 축판을 각각 1개씩 신위의 오른쪽에 올려놓고, —각각 점(坫)이 있다.— 폐백 광주리[幣篚]를 각각 1개씩 준소(尊所)에 진열하고, 향로(香爐), 향합(香合), 촛대 2개를 신위 앞에 설치하고, 이어서 제기(祭器)를 규정대로 진설한다.

세(洗)를 북쪽 유문 밖 서북쪽에 남쪽을 향하여 설치하고, —관세(盥洗)는 서쪽에 있고, 작세(爵洗)는 동쪽에 있다.— 뇌(罍)는 세의 서쪽에 두어 구기[勺]를 얹어 놓고, 비(篚)는 세의 동쪽에 두되 북쪽을 향하게 하고 수건을 담아 놓는다.— 만약 작세에 쓰는 비이면 또한 작(爵)을 담아 놓는다. 점(坫)이 있다.

여러 집사의 관세는 헌관의 세(洗) 서북쪽에 남쪽을 향하여 설치한다. 집준자(執尊者), 집뢰자(執罍者), 집비자(執篚者), 집멱자(執冪者)의 자리는 준(尊), 뇌(罍), 비(篚), 멱(冪)의 뒤쪽에 설치한다.

예禮를 행하는 의절

기고제를 지내는 날 축시(丑時) 전(前) 5각(刻) —축시 전 5각은 곧 3경(更) 3점(點)이며, 행사는 축시 1각에 한다.— 에 전사관(典祀官)과 단사(壇司)가 들어가 제물(祭物)을 찬구(饌具)에 담은 뒤에, 물러나 막차(幕次)에 나아가서 복장을 갖춘다. 올라가서 국사, 후토씨, 국직, 후직씨의 신위판을 신좌에 설치한다.

3각 전에 여러 기관(祈官)이 각각 복장을 갖춘다. 찬자와 알자가 서문(西門)으로 들어와서 먼저 단의 북쪽 배위(拜位)에 나아가 동쪽을 상위로 하여 남쪽을 향하여 서고, 사배한 다음에 자리에 나아간다. 알자의 인도를 받아 여러 기관이 서문 밖 자리에 나아간다.

1각 전에 알자의 인도를 받아 감찰(監察), 전사관, 대축(大祝), 축사(祝史), 재랑(齋郞), 단사가 들어와서 단의 북쪽 배위에 나아가 두 줄로 동쪽을 상위로 하여 남쪽을 향하여 자리를 정하고 선다. 찬자(贊者)가 "사배하시오." 하면, 감찰 이하가 모두 사배한다. 이를 마치면, 알자의 인도를 받아 감찰이 자리에 나아가고, 인도를 받아 여러 집사가 관세위(盥洗位)에 나아가 손을 씻고 수건으로 닦는다. 이를 마치면 각각 자리에 나아간다. —여러 집사가 올라가고 내려오는 것을 모두 서쪽 계단으로 한다.— 재랑이 작세위(爵洗位)에 나아가 작(爵)을 씻고 작을 닦는다. 이를 마치면 비(篚)에 담아서 준소(尊所)로 받들고 가서 점(坫) 위에 둔다.

알자의 인도를 받아 헌관(獻官)이 들어와서 자리에 나아간다. 알자가 헌관의 왼쪽으로 나아가서, "유사(有司)가 준비를 다 하였으니 행사하기를 청합니다."라고 아뢰고, 물러나 자리로 돌아간다. 찬자가 "사배하시오." 하면, 헌관이 사배한다. 찬자가 "전폐례(奠幣禮)를 행하시오." 하면, 알자가 헌관을 인도하여 관세위에 나아가 남쪽을 향하여 서게 하고, 홀(笏)을 꽂기를 고한다. 헌관이 손을 씻고 수건으로 닦는 것을 마치면, 홀을 잡기를 고하고, 인도하여 국사단(國社壇)에 나아가 북쪽 계단으로 오르게 한다. 국사의 신위 앞에 나아가 남쪽을 향하여 서게 하고, 무릎 꿇고 홀을 꽂기를 고한다.

집사자 1인은 향합(香合)을 받들고, 1인은 향로(香爐)를 받들어 무릎 꿇고 올린다. 알자가 세 번 향을 올리기를 고한다. 집사자가 향로를 신위 앞에 올려놓는다. 대축이 폐백 광주리를 헌관에게 주면, 헌관은 폐백을 잡아 폐백을 올리고, 폐백을 대축에게 주어 신위 앞에 올려놓게 한다. —무릇 향을 받들고 폐백을 주는 것은 모두 헌관의 오른쪽에서 하고, 향로를 올려놓고 폐백을 올려놓는 것은 모두 헌관의 왼쪽에서 한다. 작(爵)을 받고 작을 올려놓는 것도 이에 준한다.— 알자가 홀을 잡고 부복하였다가 일어나 몸을 펴기를 고하고, 인도하여 후토씨의 신위 앞에 나아가 서쪽을 향하여 서게 하고 무릎 꿇고 홀을 꽂기를 고한다. 집사자는 1인은 향합을 받들고, 1인은 향로를 받들어 무릎 꿇고 올린다. 알자가 세 번 향을 올리기를 고한다. 집사자가 신위 앞에 향로를 올려놓는다. 대축이 폐백 광주리를 헌관에게 주면, 헌관은 폐백을 잡아 폐백을 올리고, 폐백을 대축에게 주어 신위 앞에 올려놓게 한다.

알자가 홀(笏)을 잡고 부복하였다가 일어나 몸을 펴기를 고하고, 헌관을 인도하여 북쪽 계단으로 내려와서 국직단(國稷壇)에 나아가 향을 올리고 폐백을 올려놓는 것을 모두 위의 의식과 같이 한다. 이를 마치면 인도를 받아 내려와 자리로 돌아간다.

찬자가 "작헌례(酌獻禮)를 행하시오." 하면, 알자의 인도를 받아 헌관이 국사(國社)의 준소에 나아가 동쪽을 향하여 선다. 집준자(執尊者)가 멱(冪)을 들고 술을 떠내면, 집사자가 작(爵)으로 술을 받는다. 알자가 헌관을 인도하여 북쪽 계단으로 올라가 신위 앞에 나아가서 남쪽을 향하여 서게 하고, 무릎 꿇고 홀을 꽂기를 고한다. 집사자가 작을 헌관에게 주면, 헌관은 작을 잡아 작을 올리고, 작을 집사자에게 주어 신위 앞에 올려놓게 한다.

알자가 홀을 잡고 부복하였다가 일어나 조금 물러나 남쪽을 향하여 무릎을 꿇기를 고한다. 대축이 신위의 오른쪽으로 나아가 서쪽을 향하여 무릎 꿇고 축문(祝文)을 읽는다. 이를 마치면 알자가 부복하였다가 일어나 몸을 펴기를 고하고, 헌관을 인도하여 북쪽 계단으로 내려와 후토씨(后土氏) 준소에 나아가 동쪽을 향하여 서게 한다. 집준자가 멱을 들고 술을 떠내면, 집사자가 작(爵)으로 술을 받는다. 알자가 헌관을 인도하여 북쪽 계단으로 올라가 신위 앞에 나아가서 서쪽을 향하여 서게 하고, 무릎 꿇고 홀을 꽂기를 고한다. 집사자가 작을 헌관에게 주면, 헌관은 작을 잡아 작을 올리고, 작을 집사자에게 주어 신위 앞에 올려놓게 한다.

알자가 홀을 잡고 부복하였다가 일어나 조금 물러나 서쪽을 향하여 무릎을 꿇기를 고한다. 대축이 신위의 오른쪽으로 나아가 북쪽을 향하여 무릎 꿇고 축문을 읽는다. 이를 마치면 알자가 부복하였다가 일어나 몸을 펴기를 고하고, 헌관을 인도하여 북쪽 계단으로 내려와서, 국직단에 나아가 진헌(進獻)하게 하기를 모두 위의 의식과 같이 한다. 이를 마치면 인도를 받아 내려와 자리로 돌아간다.

대축이 나아가 변(籩)과 두(豆)를 거둔다. –거둔다는 것은 변과 두를 각각 하나씩 그전 자리에서 조금 옮기는 것이다.– 찬자가 "사배하시오." 하면, 헌관이 사배한다. 알자의 인도를 받아 헌관이 망예위(望瘞位)에 나아가 북쪽을 향하여 서고, 찬자가 망예위에 나아가 동쪽을 향하여 선다. 대축이 비(篚)에 축판과 폐백을 담아 가지고 각각 그 계단을 통해 단에서 내려와 예감(瘞坎)에 놓는다. 찬자가 "묻으시오." 하면, 예감을 흙으로 반쯤 덮는다. —금의에는 "알자의 인도를 받아 헌관이"부터 "예감을 흙으로 반쯤 덮는다."까지가 "알자의 인도를 받아 헌관이 망료위에 나아가 북쪽을 향하여 서고, 집례가 찬자를 거느리고 망료위에 나아가 동쪽을 향하여 선다. 대축이 축판과 폐백을 가져와서 망료위로 나아간다. 집례가 '불사르시오.' 하면, 대축이 폐백을 화로(火爐)에서 태운다. 대축이 서직반(黍稷飯)을 가져와서 흰 띠〔白茅〕를 깔아 묶고 비(篚)에 축판을 담아 예감에 놓은 다음 예감을 흙으로 반쯤 덮는다."로 되어 있다.— 알자가 헌관의 왼쪽으로 나아가 예가 끝났음을 아뢴다. 드디어 헌관을 인도하여 나가면, 찬자가 본래의 자리로 돌아간다.

알자의 인도를 받아 감찰 및 여러 집사가 모두 단(壇)의 북쪽 배위(拜位)로 돌아가서 자리를 잡고 선다. 찬자가 "사배하시오." 하면, 감찰 이하가 모두 사배한다. 이를 마치면 알자가 차례로 인도하여 나간다. —금의에는 이 아래에 "대축이 이어 관세위에 나아가 손을 씻고 수건으로 닦는다.〔大祝仍就盥洗位盥帨〕" 9자가 있다.— 찬자와 알자가 단의 북쪽 배위에 나아가 사배하고 나간다. —금의에는 이 아래에 "대축(大祝)" 2자가 있다.— 전사관(典祀官)과 단사(壇司)가 각각 소속 인원을 거느리고서 신위판(神位版)을 간수하고 예찬(禮饌)을 거두어 가지고 내려와 이에 물러간다.

홀기 笏記[56]

본서(本署)에 소장하고 있고, 현재 사용한다.

56 홀기 각종 의식에서 그 진행 순서 및 절차를 미리 정해 놓은 기록을 말한다.

친제親祭 시 단壇 위에서의 홀기

○ 찬인(贊引)이 감찰(監察)을 인도하여 점검하고 살펴보게 한다. ―전악(典樂)이 공인(工人)과 이무(二舞)를 거느리고 들어와서 자리에 나아간다.

○ 인의(引儀)가 배제관(陪祭官)을 나누어 인도하여 들어와서 자리에 나아가게 한다.

○ 찬인이 감찰 및 여러 집사를 인도하여 들어와서 배위(拜位)에 나아가게 한다.

○ 사배(四拜)한다. 감찰 이하는 모두 사배한다.

○ 찬인이 감찰을 인도하여 자리에 나아가게 한다.

○ 여러 집사가 관세위(盥洗位)에 나아간다. ―각각 자리에 나아간다.

○ 알자(謁者)가 아헌관(亞獻官), 종헌관(終獻官)을 인도하고 찬인이 진폐작주관(進幣爵酒官), 천조관(薦俎官), 전폐작주관(奠幣爵酒官)을 인도하여 자리에 나아가게 한다.

○ 찬인이 축사(祝史)와 재랑(齋郎)을 인도하여 작세위(爵洗位)에 나아가게 한다.

○ 좌통례(左通禮)가 무릎 꿇고 외판(外辦)을 아뢴다.

○ 예의사(禮儀使)가 전하를 인도하여 정문으로 들어와 판위(版位)에 나아가게 한다. ―서문(西門)에 이르러 규(圭)를 잡기를 계청한다.

○ 예의사가 행사(行事)하기를 계청한다. ―"유사(有司)가 준비를 다 하였으니 행사하기를 청합니다."라고 고한다.

○ 모혈(毛血)을 묻는다. ―대축(大祝)은 각각 모혈을 예감(瘞坎)에 묻는다.

○ 헌가(軒架)에서 〈순안지악(順安之樂)〉을 연주하고, 〈열문지무(烈文之舞)〉를 춘다. ―음악은 7성(成)을 연주한다.

○ 예의사가 사배하고 일어나 몸을 펴기를 계청한다. 전하가 사배하고 일어

나 몸을 편다. 자리에 있는 사람들이 모두 사배하고 일어나 몸을 편다.

○ 음악을 그친다.

○ 알자가 진폐작주관과 전폐작주관을 인도하여 관세위에 나아가게 한다.

○ 인도하여 국사(國社)의 준소(尊所)에 나아가게 한다.

○ 전폐례(奠幣禮)를 행한다.

○ 예의사가 전하를 인도하여 관세위에 나아가 남쪽을 향하여 서게 한다. ─규(圭)를 꽂기를 계청한다. 손을 씻고 수건으로 닦는다. 이를 마치면 규를 잡기를 계청한다.

○ 예의사가 전하를 인도하여 북쪽 계단으로 올라가 국사의 신위(神位) 앞에 나아가서 남쪽을 향하여 서게 한다.

○ 등가(登歌)에서 〈숙안지악(肅安之樂)〉을 연주하고, 〈열문지무〉를 춘다.

○ 무릎을 꿇기를 계청한다. ─전하가 무릎을 꿇고, 자리에 있는 사람들이 모두 무릎을 꿇는다. 규를 꽂고 세 번 향을 올리고 폐백을 잡아 폐백을 올리기를 계청한다. 규를 잡기를 계청한다.

○ 부복하였다가 일어나 몸을 펴기를 계청한다. ─전하가 부복하였다가 일어나 몸을 펴고, 자리에 있는 사람들이 모두 부복하였다가 일어나 몸을 편다.

○ 예의사가 전하를 인도하여 후토씨(后土氏)의 신위 앞에 나아가 서쪽을 향하여 서게 한다.

○ 무릎을 꿇기를 계청한다.

○ 부복하였다가 일어나 몸을 펴기를 계청한다.

○ 음악을 그친다.

○ 예의사가 전하를 인도하여 북쪽 계단으로 내려와서 국직(國稷)의 신위 앞에 나아가 남쪽을 향하여 서게 한다.

○ 음악을 연주한다.

○ 무릎을 꿇기를 계청한다.

○ 부복하였다가 일어나 몸을 펴기를 계청한다.

○ 예의사가 전하를 인도하여 후직씨(后稷氏)의 신위 앞에 나아가 서쪽을 향하여 서게 한다.

○ 무릎을 꿇기를 계청한다.

○ 부복하였다가 일어나 몸을 펴기를 계청한다.

○ 음악을 그친다. —진폐작주관, 전폐작주관이 내려와 자리로 돌아간다.

○ 예의사가 전하를 인도하여 내려와 자리로 돌아가게 한다. —찬인이 전사관을 인도하여 나가서 주소(廚所)에 나아가게 하고, 정(鼎)을 든 자가 따른다. 알자가 천조관을 인도하여 나가서 찬소(饌所)에 나아가게 하고, 봉조관(捧俎官)이 따른다.

○ 진찬(進饌)한다.

○ 헌가(軒架)에서 〈옹안지악(雍安之樂)〉을 연주한다. —알자가 천조관을 인도하여 정문으로 들어오게 한다.

○ 여러 대축(大祝)이 단 위에서 맞이하여 인도한다. —알자가 천조관을 인도하여 올라가 국사(國社)의 신위 앞에 나아가게 하고, 인도하여 후토씨의 신위 앞에 나아가게 한다. 인도하여 국직(國稷)의 신위 앞에 나아가게 하고, 인도하여 후직씨의 신위 앞에 나아가게 한다.

○ 음악을 그친다.

○ 알자가 천조관을 인도하여 내려와 자리로 돌아가게 한다. —봉조관이 따라 내려온다.

○ 알자가 진폐작주관과 전폐작주관을 인도하여 국사의 준소(尊所)에 나아가게 한다.

○ 초헌례(初獻禮)를 행한다.

○ 예의사가 전하를 인도하여 국사의 준소에 나아가 동쪽을 향하여 서게 한다.

○ 등가에서 〈수안지악(壽安之樂)〉을 연주하고, 〈열문지무〉를 춘다. —예제(醴齊)를 따른다.

○ 예의사가 전하를 인도하여 신위 앞에 나아가 남쪽을 향하여 서게 한다.

○ 무릎 꿇기를 계청한다. —전하가 무릎을 꿇고, 자리에 있는 사람들이 모두 무릎을 꿇는다. 규(圭)를 꽂고 작(爵)을 잡아 작을 올리기를 계청한다. 규를 잡고 부복하였다가 일어나 조금 물러나 무릎 꿇기를 계청한다.

○ 음악을 그친다. —축문 읽기를 마친다.

○ 음악을 연주한다.

○ 부복하였다가 일어나 몸을 펴기를 계청한다. —전하가 부복하였다가 일어나 몸을 펴고, 자리에 있는 사람들이 모두 부복하였다가 일어나 몸을 편다.

○ 음악을 그친다.

○ 예의사가 전하를 인도하여 북쪽 계단으로 내려와 후토씨의 준소에 나아가 동쪽을 향하여 서게 한다.

○ 음악을 연주한다.

○ 예의사가 전하를 인도하여 신위 앞에 나아가 서쪽을 향하여 서게 한다.

○ 무릎을 꿇기를 계청한다.

○ 음악을 그친다.

○ 음악을 연주한다.

○ 부복하였다가 일어나 몸을 펴기를 계청한다.

○ 음악을 그친다.

○ 예의사가 전하를 인도하여 북쪽 계단으로 내려와 국직의 준소에 나아가 동쪽을 향하여 서게 한다.

○ 음악을 연주한다.

○ 예의사가 전하를 인도하여 신위 앞에 나아가 남쪽을 향하여 서게 한다.

○ 무릎을 꿇기를 계청한다.

○ 음악을 그친다.

○ 음악을 연주한다.

○ 부복하였다가 일어나 몸을 펴기를 계청한다.

○ 음악을 그친다.

○ 예의사가 전하를 인도하여 북쪽 계단으로 내려와 후직씨의 준소에 나아가 동쪽을 향하여 서게 한다.

○ 음악을 연주한다.

○ 예의사가 전하를 인도하여 신위 앞에 나아가 서쪽을 향하여 서게 한다.

○ 무릎을 꿇기를 계청한다.

○ 음악을 그친다.

○ 음악을 연주한다.

○ 부복하였다가 일어나 몸을 펴기를 계청한다.

○ 음악을 그친다. —진폐작주관과 전폐작주관이 내려와 자리로 돌아간다.

○ 예의사가 전하를 인도하여 내려와 자리로 돌아가게 한다.

○ 문무(文舞)는 물러가고, 무무(武舞)가 나아간다.

○ 헌가에서 〈서안지악(舒安之樂)〉을 연주한다.

○ 음악을 그친다.

○ 예의사가 소차(小次)에 들어가기를 계청한다. ―예의사가 전하를 인도하여 소차에 들어가게 하고, 규를 놓기를 계청한다.

○ 아헌례(亞獻禮)를 행한다. ―축사(祝史)와 재랑(齋郎)이 각각 준소에 나아간다.

○ 알자가 아헌관을 인도하여 관세위에 나아가게 한다.

○ 알자가 아헌관을 인도하여 국사의 준소에 나아가게 한다.

○ 헌가에서 〈수안지악(壽安之樂)〉을 연주하고, 〈소무지무(昭武之舞)〉를 춘다. ―앙제(盎齊)를 따른다.

○ 인도하여 신위 앞에 나아가게 한다. ―인도하여 후토씨의 준소에 나아가게 하고, 인도하여 신위 앞에 나아가게 한다. 인도하여 국직의 준소에 나아가게 하고, 인도하여 신위 앞에 나아가게 한다. 인도하여 후직씨의 준소에 나아가게 하고, 인도하여 신위 앞에 나아가게 한다.

○ 음악을 그친다.

○ 알자가 아헌관을 인도하여 내려와 자리로 돌아가게 한다.

○ 종헌례(終獻禮)를 행한다.

○ 알자가 종헌관을 인도하여 관세위에 나아가게 한다.

○ 알자가 종헌관을 인도하여 국사의 준소에 나아가게 한다.

○ 헌가에서 〈수안지악〉을 연주하고, 〈소무지무〉를 춘다. ―청주(淸酒)를 따른다.

○ 인도하여 신위 앞에 나아가게 한다. ―인도하여 후토씨의 준소에 나아가게 하고, 인도하여 신위 앞에 나아가게 한다. 인도하여 국직의 준소에 나아가게 하고, 인도하여 신위 앞에 나아가게 한다. 인도하여 후직씨의 준소에 나아가게 하고, 인도하여 신위 앞에 나아가게 한다.

○ 음악을 그친다.

○ 알자가 종헌관을 인도하여 내려와 자리로 돌아가게 한다.

○ 알자가 진폐작주관과 천조관을 인도하여 음복위(飮福位)에 나아가게 한다.

○ 음복례(飮福禮)를 행한다.

○ 예의사가 소차(小次)에서 나오기를 계청한다. ―규를 잡기를 계청한다.

○ 예의사가 전하를 인도하여 음복위에 나아가 남쪽을 향하여 서게 한다.

○ 무릎 꿇기를 계청한다. 전하가 무릎을 꿇는다. 자리에 있는 사람들이 모두 무릎을 꿇는다. —규를 꽂고, 작(爵)을 받고, 조육(胙肉)을 받기를 계청한다. 규를 잡기를 계청한다. 진폐작주관과 천조관은 내려와 자리로 돌아간다.

○ 부복하였다가 일어나 몸을 펴기를 계청한다. 전하가 부복하였다가 일어나 몸을 편다. 자리에 있는 사람들이 모두 부복하였다가 일어나 몸을 편다.

○ 예의사가 전하를 인도하여 내려와 자리로 돌아가게 한다.

○ 예의사가 사배하고 일어나 몸을 펴기를 계청한다. 전하가 사배하고 일어나 몸을 편다. 자리에 있는 사람들이 모두 사배하고 일어나 몸을 편다.

○ 변(籩)과 두(豆)를 거둔다. —여러 대축이 모두 나아가 거둔다.

○ 등가에서 〈옹안지악〉을 연주한다. —1성(成)이다.

○ 음악을 그친다.

○ 헌가에서 〈순안지악〉을 연주한다. —1성이다.

○ 예의사가 사배하고 일어나 몸을 펴기를 계청한다. 전하가 사배하고 일어나 몸을 편다. 자리에 있는 사람들이 모두 사배하고 일어나 몸을 편다.

○ 음악을 그친다.

○ 망료(望燎)한다. —여러 대축이 각각 축(祝)과 폐백을 받들고 예감(瘞坎)에 나아간다.

○ 예의사가 전하를 인도하여 망료위(望燎位)에 나아가 북쪽을 향해 서게 한다.

○ 불사른다. —대축이 불사른다.

○ 예의사가 무릎 꿇고 예가 끝났음을 아뢴다.

○ 예의사가 전하를 인도하여 대차(大次)로 돌아가게 한다.

○ 인의는 배제관(陪祭官)을 나누어 인도하여 나가게 한다.

○ 찬인이 감찰 및 여러 집사를 인도하여 모두 배위(拜位)로 돌아가게 한다.

○ 사배한다. 감찰 이하가 모두 사배한다.

○ 찬인이 감찰 이하를 인도하여 나가게 한다. —집례, 찬자, 알자, 찬인이 사배하고 나간다. 전악이 공인과 이무를 거느리고 나간다. 단사(壇司)가 소속 인원을 거느리고 찬(饌 제사 음식)을 거둔다.

친제 시 단 아래에서의 홀기

○ 찬인(贊引)이 감찰(監察)을 인도하여 점검하고 살펴보게 한다. —전악(典樂)이 공인(工人)과 이무(二舞)를 거느리고 들어와 자리에 나아간다.

○ 인의가 배제관(陪祭官)을 나누어 인도하여 자리에 나아가게 한다.

○ 찬인이 감찰 및 여러 집사를 인도하여 들어와 배위(拜位)에 나아가게 한다.

○ 사배(四拜)한다. 감찰 이하가 모두 사배한다.

○ 찬인이 감찰을 인도하여 자리에 나아가게 한다.

○ 여러 집사가 관세위(盥洗位)에 나아간다.

○ 알자가 아헌관(亞獻官), 종헌관(終獻官)을 인도하고, 찬인이 진폐작주관(進幣爵酒官), 천조관(薦俎官), 전폐작주관(奠幣爵酒官)을 인도하여 들어와 자리에 나아가게 한다.

○ 좌통례(左通禮)가 무릎 꿇고 외판(外辦)을 아뢴다.

○ 예의사(禮儀使)가 전하를 인도하여 정문으로 들어와 판위(版位)에 나아가게 한다.

○ 예의사가 행사(行事)하기를 계청한다. —"유사가 준비를 다 하였으니 행사하기를 청합니다."라고 고한다.

○ 모혈(毛血)을 묻는다.

○ 헌가(軒架)에서 〈순안지악(順安之樂)〉을 연주하고, 〈열문지무(烈文之舞)〉를 춘다.

○ 예의사가 사배하고 일어나 몸을 펴기를 계청한다. 전하가 사배하고 일어나 몸을 편다. 자리에 있는 사람들이 모두 사배하고 일어나 몸을 편다.

○ 음악을 그친다.

○ 전폐례(奠幣禮)를 행한다.

○ 진찬(進饌)한다.

○ 헌가에서 〈옹안지악(雍安之樂)〉을 연주한다.

○ 음악을 그친다.

○ 초헌례(初獻禮)를 행한다.

○ 문무(文舞)는 물러가고, 무무(武舞)가 나아간다.

○ 헌가에서 〈서안지악(舒安之樂)〉을 연주한다.

○ 음악을 그친다.

○ 예의사가 소차(小次)에 들어가기를 계청한다.

○ 아헌례(亞獻禮)를 행한다.

○ 헌가에서 〈수안지악(壽安之樂)〉을 연주하고, 〈소무지무(昭武之舞)〉를 춘다.

○ 음악을 그친다.

○ 종헌례(終獻禮)를 행한다.

○ 헌가에서 〈수안지악〉을 연주하고, 〈소무지무〉를 춘다.

○ 음악을 그친다.

○ 음복례(飮福禮)를 행한다.

○ 예의사가 막차(幕次)에서 나오기를 계청한다.

○ 예의사가 사배하고 일어나 몸을 펴기를 계청한다. 전하가 사배하고 일어나 몸을 편다. 자리에 있는 사람들이 모두 사배하고 일어나 몸을 편다.

○ 헌가에서 〈순안지악〉을 연주한다.

○ 예의사가 사배하고 일어나 몸을 펴기를 계청한다. 전하가 사배하고 일어나 몸을 편다. 자리에 있는 사람들이 모두 사배하고 일어나 몸을 편다.

○ 음악을 그친다.

○ 망료(望燎)한다.

○ 알자가 아헌관, 종헌관을 인도하고, 찬인이 진폐작주관, 천조관, 전폐작주관을 인도하여 나가게 한다.

○ 인의가 배제관을 나누어 인도하여 나가게 한다.

○ 찬인이 감찰 및 여러 집사를 인도하여 모두 배위(拜位)로 돌아가게 한다.

○ 사배한다. 감찰 이하가 모두 사배한다.

○ 찬인이 감찰 이하를 인도하여 나가게 한다. —전악이 공인과 이무를 거느리고 나간다.

섭사攝事 시 단 위에서의 홀기

○ 찬인(贊引)이 감찰(監察)을 인도하여 점검하고 살펴보게 한다. ―전악(典樂)이 공인(工人)과 이무(二舞)를 거느리고 들어와 자리에 나아간다.

○ 찬인이 감찰 및 여러 집사를 인도하여 들어와서 배위(拜位)에 나아가게 한다.

○ 사배한다. 감찰 이하가 모두 사배한다.

○ 찬인이 감찰을 인도하여 자리에 나아가게 한다.

○ 여러 집사가 관세위(盥洗位)에 나아간다. ―각각 자리에 나아간다. 찬인이 축사(祝史)와 재랑(齋郎)을 인도하여 작세위(爵洗位)에 나아가게 한다.

○ 알자가 초헌관(初獻官)을 인도하고, 찬인이 아헌관(亞獻官), 종헌관(終獻官), 천조관(薦俎官)을 인도하여 자리에 나아가게 한다.

○ 알자가 나아가 행사(行事)하기를 청한다. ―초헌관의 왼쪽에서 "유사가 준비를 다 하였으니 행사하기를 청합니다."라고 아뢴다.

○ 모혈(毛血)을 묻는다. ―대축(大祝)은 각각 모혈을 예감(瘞坎)에 묻는다.

○ 헌가(軒架)에서 〈순안지악(順安之樂)〉을 연주하고, 〈열문지무(烈文之舞)〉를 춘다. ―음악은 7성(成)을 연주한다.

○ 사배한다. 초헌관 이하 자리에 있는 사람들이 모두 사배한다.

○ 음악을 그친다.

○ 전폐례(奠幣禮)를 행한다.

○ 알자가 초헌관을 인도하여 관세위에 나아가게 한다.

○ 알자가 초헌관을 인도하여 국사(國社)의 신위 앞에 나아가게 한다.

○ 등가(登歌)에서 〈숙안지악(肅安之樂)〉을 연주하고, 〈열문지무〉를 춘다. ―세 번 향을 올리고, 폐백을 잡아 폐백을 올린다. 인도하여 후토씨(后土氏)의 신위 앞에 나아가게 한다.

○ 음악을 그친다. ―인도하여 국직(國稷)의 신위 앞에 나아가게 한다.

○ 음악을 연주한다. ―인도하여 후직씨(后稷氏)의 신위 앞에 나아가게 한다.

○ 음악을 그친다.

○ 알자가 초헌관을 인도하여 내려와 자리로 돌아가게 한다.

○ 진찬(進饌)한다.

○ 헌가에서 〈옹안지악(雍安之樂)〉을 연주한다. ―알자가 천조관을 인도하여 정문으로 들어오게 한다.

○ 여러 대축이 단 위에서 맞이하여 인도한다. ―천조관이 올라가 국사의 신위 앞에 나아가고, 다음에 각각의 신위에 나아가기를 모두 위의 의식과 같이 한다.

○ 음악을 그친다.

○ 알자가 천조관을 인도하여 내려와 자리로 돌아가게 한다. ―봉조관이 따라 내려온다.

○ 초헌례(初獻禮)를 행한다.

○ 알자가 초헌관을 인도하여 국사의 준소(尊所)에 나아가게 한다.

○ 등가에서 〈수안지악(壽安之樂)〉을 연주하고, 〈열문지무〉를 춘다. ―예제(醴齊)를 따른다.

○ 인도하여 신위 앞에 나아가게 한다. ―작(爵)을 올리고 부복하였다가 일어나 조금 물러나서 무릎을 꿇는다.

○ 음악을 그친다. ―축문 읽기를 마친다.

○ 음악을 연주한다.

○ 음악을 그친다.

○ 인도하여 후토씨의 준소에 나아가게 한다.

○ 음악을 연주한다.

○ 인도하여 신위 앞에 나아가게 한다.

○ 음악을 그친다.

○ 음악을 연주한다.

○ 음악을 그친다.

○ 인도하여 국직의 준소에 나아가게 한다.

○ 음악을 연주한다.

○ 인도하여 신위 앞에 나아가게 한다.

○ 음악을 그친다.

○ 음악을 연주한다.

○ 음악을 그친다.

○ 인도하여 후직씨의 준소에 나아가게 한다.

○ 음악을 연주한다.

○ 인도하여 신위 앞에 나아가게 한다.

○ 음악을 그친다.

○ 음악을 연주한다.

○ 음악을 그친다.

○ 알자가 초헌관을 인도하여 내려와 자리로 돌아가게 한다.

○ 문무(文舞)는 물러가고, 무무(武舞)가 나아간다.

○ 헌가에서 〈서안지악(舒安之樂)〉을 연주한다.

○ 음악을 그친다.

○ 아헌례(亞獻禮)를 행한다.

○ 알자가 아헌관을 인도하여 관세위에 나아가게 한다.

○ 인도하여 국사의 준소에 나아가게 한다.

○ 헌가에서 〈수안지악(壽安之樂)〉을 연주하고, 〈소무지무(昭武之舞)〉를 춘다. ―앙제(盎齊)를 따른다.

○ 인도하여 신위 앞에 나아가게 한다. ―작(爵)을 올리고 다음에 각각의 신위에 나아가 작을 올리기를 모두 위의 의식과 같이 한다.

○ 음악을 그친다.

○ 알자가 아헌관을 인도하여 내려와 자리로 돌아가게 한다.

○ 종헌례(終獻禮)를 행한다.

○ 알자가 종헌관을 인도하여 관세위에 나아가게 한다.

○ 인도하여 국사의 준소에 나아가게 한다.

○ 헌가에서 〈수안지악〉을 연주하고, 〈소무지무〉를 춘다. ―청주(清酒)를 따른다.

○ 인도하여 신위 앞에 나아가게 한다. ―작을 올리고 다음에 각각의 신위에 나아가 작을 올리기를 모두 위의 의식과 같이 한다.

○ 음악을 그친다.

○ 알자가 종헌관을 인도하여 내려와 자리로 돌아가게 한다.

○ 음복례(飮福禮)를 행한다.

○ 알자가 초헌관을 인도하여 음복위에 나아가게 한다.

○ 알자가 초헌관을 인도하여 내려와 자리로 돌아가게 한다.

○ 사배한다. 초헌관 이하 자리에 있는 사람들이 모두 사배한다.

○ 변(籩)과 두(豆)를 거둔다. —대축이 들어와 변과 두를 거둔다.

○ 등가에서 〈옹안지악〉을 연주한다.

○ 음악을 그친다.

○ 헌가에서 〈순안지악〉을 연주한다.

○ 사배한다. 초헌관 이하 자리에 있는 사람들이 모두 사배한다.

○ 음악을 그친다.

○ 망료(望燎)한다.

○ 알자가 초헌관을 인도하여 망료위(望燎位)에 나아가게 한다.

○ 불사른다.

○ 예가 끝났음을 고한다. —알자가 초헌관의 왼쪽으로 나아가 예가 끝났음을 아뢴다.

○ 알자가 초헌관을 인도하여 나가게 한다.

○ 찬인이 감찰 및 여러 집사를 인도하여 모두 자리로 돌아가게 한다.

○ 사배한다. 감찰 이하가 모두 사배한다.

○ 찬인이 감찰 이하를 인도하여 나가게 한다. —집례, 찬자, 알자, 찬인이 사배하고 나간다. 전악이 공인과 이무를 거느리고 나간다. 단사(壇司)는 소속 인원을 거느리고 찬(饌)을 거둔다.

섭사 시 단 아래에서의 홀기

○ 찬인(贊引)이 감찰(監察)을 인도하여 점검하고 살펴보게 한다. —전악(典樂)은 공인(工人)과 이무(二舞)를 거느리고 들어가서 자리에 나아간다.

○ 찬인이 감찰 및 여러 집사를 인도하여 들어가서 배위(拜位)에 나아가게 한다.

○ 사배한다. 감찰 이하가 모두 사배한다. —찬인이 감찰을 인도하여 자리에 나아가게 한다. 여러 집사가 관세위(盥洗位)에 나아가 각각 자리에 나아간다.

○ 알자가 초헌관(初獻官)을 인도하고, 찬인이 아헌관(亞獻官), 종헌관(終獻官), 천조관(薦俎官)을 인도하여 자리에 나아가게 한다.

○ 알자가 나아가 행사(行事)하기를 청한다. —"유사가 준비를 다 하였으니 행사

하기를 청합니다."라고 고한다. 모혈(毛血)을 묻는다.

○ 헌가(軒架)에서 〈순안지악(順安之樂)〉을 연주하고, 〈열문지무(烈文之舞)〉를 춘다.

○ 사배한다. 초헌관 이하 자리에 있는 사람들이 모두 사배한다.

○ 음악을 그친다.

○ 전폐례(奠幣禮)를 행한다.

○ 진찬(進饌)한다.

○ 헌가에서 〈옹안지악(雍安之樂)〉을 연주한다.

○ 초헌례(初獻禮)를 행한다.

○ 문무(文舞)는 물러가고, 무무(武舞)가 나아간다.

○ 헌가에서 〈서안지악(舒安之樂)〉을 연주한다.

○ 아헌례(亞獻禮)를 행한다.

○ 헌가에서 〈수안지악(壽安之樂)〉을 연주하고, 〈소무지무(昭武之舞)〉를 춘다.

○ 종헌례(終獻禮)를 행한다.

○ 헌가에서 〈수안지악〉을 연주하고, 〈소무지무〉를 춘다.

○ 음복례(飮福禮)를 행한다.

○ 알자가 초헌관을 인도하여 음복위에 나아가게 한다.

○ 사배한다. 초헌관 이하 자리에 있는 사람들이 모두 사배한다.

○ 헌가에서 〈순안지악〉을 연주한다.

○ 사배한다. 초헌관 이하 자리에 있는 사람들이 모두 사배한다.

○ 음악을 그친다.

○ 망료(望燎)한다. 찬인이 아헌관, 종헌관, 천조관을 인도하여 나가게 한다.

○ 찬인이 감찰 및 여러 집사를 인도하여 모두 돌아가 배위(拜位)로 돌아가게 한다.

○ 사배한다. 감찰 이하가 모두 사배한다.

○ 찬인이 감찰 이하를 인도하여 나가게 한다. —전악은 공인과 이무를 거느리고 나간다.

고유제告由祭 홀기

○ 알자(謁者)가 감찰(監察) 및 여러 집사를 인도하여 들어와 배위(拜位)에 나아가게 한다.

○ 사배한다. 감찰 이하가 모두 사배한다.

○ 알자가 감찰과 전사관(典祀官)을 인도하여 자리에 나아가게 한다.

○ 여러 집사가 관세위(盥洗位)에 나아간다.

○ 각각 자리에 나아간다.

○ 알자가 헌관(獻官)을 인도하여 들어와 자리에 나아가게 한다.

○ 알자가 헌관의 왼쪽으로 나아가 "유사가 준비를 다 하였으니 행사하기를 청합니다."라고 아뢴다.

○ 사배한다. 헌관이 사배한다.

○ 전폐례(奠幣禮)를 행한다.

○ 알자가 헌관을 인도하여 관세위에 나아가게 한다.

○ 인도하여 국사(國社)의 신위 앞에 나아가게 한다.

○ 인도하여 후토씨(后土氏)의 신위 앞에 나아가게 한다.

○ 인도하여 국직(國稷)의 신위 앞에 나아가게 한다.

○ 인도하여 후직씨(后稷氏)의 신위 앞에 나아가게 한다.

○ 인도하여 내려와 자리로 돌아가게 한다.

○ 작헌례(酌獻禮)를 행한다.

○ 알자가 헌관을 인도하여 국사의 준소(尊所)에 나아가게 한다.

○ 인도하여 신위 앞에 나아가게 한다.

○ 인도하여 후토씨의 준소에 나아가게 한다.

○ 인도하여 신위 앞에 나아가게 한다.

○ 인도하여 국직의 준소에 나아가게 한다.

○ 인도하여 신위 앞에 나아가게 한다.

○ 인도하여 후직씨의 준소에 나아가게 한다.

○ 인도하여 신위 앞에 나아가게 한다.

○ 인도하여 내려와 자리로 돌아가게 한다.

○ 변(籩)과 두(豆)를 거둔다.

○ 사배한다. 헌관은 사배한다.

○ 망료(望燎)한다.

○ 알자가 헌관을 인도하여 망료위(望燎位)에 나아가게 한다.

○ 불사른다.

○ 알자가 헌관의 왼쪽으로 나아가 예가 끝났음을 아뢴다.

○ 알자가 헌관을 인도하여 나가게 한다.

○ 알자가 감찰 및 여러 집사를 인도하여 모두 배위(拜位)로 돌아가게 한다.

○ 사배한다. 감찰 이하가 모두 사배한다.

○ 알자가 감찰 이하를 인도하여 차례로 나가게 한다.

사직서의궤

제3권 고사 상

단유 壇壝 와 관사 館舍

○ 태조 2년 계유 (1393) 2월

삼사좌복야 영서운관사(三司左僕射領書雲觀事) 권중화(權仲和)가 새 도읍에 들어설 종묘(宗廟), 사직(社稷), 궁전(宮殿), 조시(朝市)의 형세도(形勢圖)[1]를 올리니, 상이 서운관(書雲觀) 및 풍수학인(風水學人) 이양건(李陽建)·배상충(裵尚忠) 등에게 명하여 지형의 형세를 자세히 살펴보게 하였다. 3년 갑술(1394)에 한양(漢陽)으로 도읍을 옮기고, 11월에 상이 도평의사사(都評議使司) 및 서운관 사원(史員)을 거느리고 종묘와 사직이 들어설 땅을 살펴보고 공작국(工作局)을 설치하였다. ―《문헌비고(文獻備考)》와 구(舊)《춘관지(春官志)》의 기록을 합하였다.

○ 태종 6년 병술 (1406)

사직단(社稷壇)을 수리하고 수호(守護)할 인정(人丁)을 주도록 명하였다. ―《문헌비고》

○ 숙종 7년 신유 (1681) 5월

친제(親祭) 때 대신(大臣)이 전하께서 장전(帳殿)[2]에서 밤을 새우다가 옥체(玉體)를 상할까 두려워하여 잠깐 본서(本署)의 직방(直房)[3]에 드실 것을 청하였다. 이윽고 또 전하께서 밤을 새운 곳이라 하여 본서의 관원이 감히 들어가 거처하지 못한다고 여쭈니, 상이 일렀다.

"하룻밤 경숙(經宿)한 까닭으로 문을 굳게 닫고 출입을 금지하는 것은 옳지 않으니, 들어가 거처하게 하라." ―《사직서등록(社稷署謄錄)》

○ 숙종 20년 갑술 (1694) 7월

사직(社稷)의 전사청(典祀廳) 및 좌우 집사청(左右執事廳)을 중수(重修)하였다. ―출전은 위와 같다.

1 **형세도** 풍수지리설에서 산의 모양과 지세(地勢)를 이르는 말이다.

2 **장전** 임금이 앉도록 임시로 꾸민 자리이다. 구름차일을 치고 사방을 휘장으로 둘러막고 바닥을 높인 다음, 자리를 펴고 그 가운데에 좌석을 마련하였다.

3 **직방** 수직(守直)을 하기 위하여 사용하는 방을 말한다.

○ 같은 해 10월

예조가 아뢰기를,

"방금 사직서의 첩보(牒報)를 보니, '신실(神室)을 고쳐 짓는 일로 고유제를 지낸 후 위판(位版)을 옮겨 봉안할 처소를 만약 안향청(安香廳)으로 한다면, 이번에 제사 지낼 때의 향축(香祝)은 어느 곳에 봉안해야 합니까?……' 하였습니다. 안향청 외에 달리 임시로 봉안하기에 합당한 곳이 없고 안향청은 청사(廳事)의 좌우로 방사(房舍)가 있으니, 위판 및 향축을 우선 변통하여 봉안하는 것이 사리에 합당할 것 같습니다."

하니, 그대로 따랐다. —출전은 위와 같다.

○ 같은 해 10월

사직의 신실(神室)을 중건하였다. 예조가 아뢰기를,

"사직의 신실은 임진년(1592, 선조25) 왜란(倭亂) 뒤에 고쳐 지었는데, 규모가 매우 협소하여 몸을 자유롭게 움직이는 것도 어렵고 또한 재목이 썩어서 무너질 염려가 있으니, 마땅히 문의(問議)하여 고쳐 지어야 합니다."

하였다. 좌의정 박세채(朴世采)와 우의정 윤지완(尹趾完)은 아뢰기를,

"기왕 기울어진 것을 알았으니, 속히 제때에 중건해야 합니다."

하였다. 드디어 이달 3일에 고유제를 지내고 나서, 이어 옛 신실을 헐고 집터를 확장하여 새 재목을 사용하여 고쳐 지었다. 집의 길이와 너비는 전에 비하여 3자 5치 커졌고, 오량각(五樑閣)[4] 으로 지었으며 북쪽을 향하고 있다.

상량문(上樑文)은 다음과 같다.

사단(社壇)과 직단(稷壇)에 아울러 제사를 지낼 수 있으니 역대 임금들의 사직을 우러러 받드는 의절(儀節)을 조심스럽게 행하였고, 신령을 편안하게 봉안할 수 있으니 며칠 내로 웅장한 건물의 아름다운 모습을 볼 수 있도다. 예(禮)는 그러하였으나 때는 기다림이 필요하였다. 방택(方澤)을 봉하는 것은 멀리 중려(重黎)로부터 시작된 제도이고,[5] 음양(陰陽)으로 위치를 분변함에 칠묘(七廟)의 존귀함을 아울렀고,[6] 토곡(土穀)이 잘 닦여 공용(功用)이 이루어져서 육부(六府)[7]의 이익을 같이하였다.

4 **오량각** 다섯 개의 도리로 짠 지붕틀로 지은 집을 말한다. '오량집'이라고도 한다.

5 **방택을……제도이고** 사직단을 쌓아 제사 지내는 것은 요순(堯舜) 시대 중려(重黎)로부터 시작된 제도라는 뜻이다. 방택은 땅귀신에게 제사 지내는 지단(地壇)이고, 중려는 요순 시대 희씨(羲氏)와 화씨(和氏)의 조상인 중씨(重氏)와 여씨(黎氏)를 아울러 칭한 말이다.

6 **음양으로……아울렀고** 종묘는 양(陽)인 동쪽에 자리 잡고 사직은 음(陰)인 서쪽에 자리 잡았는데, 사직이 종묘의 존귀함에 짝을 이루고 있다는 뜻이다. 칠묘는 천자(天子)의 종묘를 말하는데, 시조의 사당에 삼소(三昭)와 삼목(三穆)을 합쳐 7묘라고 한 데서 유래한 말이다.

7 **육부** 수(水), 화(火), 금(金), 목(木), 토(土), 곡(穀)을 가리키는데, 부(府)는 재용(財用)이 그로부터 나온다는 뜻에서 붙인 이름이다.《書經 大禹謨》

삼가 생각건대, 우리 조정은 성조(聖祖)께서 도읍을 건설하고 나라를 세운 뒤에 맨 먼저 영단(靈壇 사직단)을 쌓았고, 세종(世宗)께서는 예악을 전술(傳述)하고 문치(文治)를 일으켜서 사전(祀典)이 모두 질서가 있게 되었다. 오른쪽에 후토(后土)를 배향하고 왼쪽에 후직(后稷)을 배향하여 공훈을 기리었고, 네 층계를 둘러싸고 네 문을 세워서 순서대로 자연의 정기를 받았다. 이미 의지할 신판(神板)이 있어서 이에 신판을 봉안할 명궁(明宮 신실(神室))을 건립하였다. 아름답지도 않고 웅장하지도 않지만 영구히 없어지지 않을 건물을 세우려고 힘썼고, 이곳을 지키고 보호하여 황폐하게 될 근심이 없게 하였다. 때때로 살피고 수리하지 않는다면 오랜 세월에 퇴락함을 어찌하겠는가. 마룻대가 휘고 지붕이 무너지는 것이 염려되니, 마땅히 빨리 새로 지을 것을 도모하였다. 옆에서 바람이 들어오고 위에서 비가 새는 것을 막지 못하면, 어떻게 옛 건물을 그대로 유지할 수 있겠는가. 신령들이 흠향하지 않을까 크게 두려우니, 어찌 축사(祝辭)에 부끄러움이 없다고 일컫겠는가.

이에 우리 성상께서는 신인(神人)을 화합시켜 아름다운 사업에 응하고, 제례(祭禮)를 우러러보고 공경하는 마음을 일으켰다. 대신이 차자(箚子)를 올린 것으로 인하여 성상께서 결단을 내리시어, 유사(有司)에게 명하여 공장(工匠)을 모아 농한기에 공사를 시작하도록 하였다. 번거롭게 감독하지 않아도 일을 이미 즉석에서 처리하였고, 사당의 단청이 그윽하니 마치 옛날 총토(冢土)[8]의 모습이고, 높다란 기둥과 서까래는 이를 보는 도성 사람들을 너무도 기쁘게 하였다. 집터를 닦고 집을 지으니 선대의 일을 계승한 성대함을 볼 수 있고, 나라의 큰일이 제사에 있으니 나태하여 폐기하는 잘못이 없게 하였다. 이에 길일(吉日)을 택하여 상량(上樑)을 하게 되었으니, 감히 아랑지송(兒郎之頌)[9]을 본받아서 장인(匠人)의 노고에 보답코자 한다.

어기여차 떡 던져라 들보 저 동쪽에	抛樑東
동쪽에서 떠오른 햇살 창문에 비치네	扶桑瑞色曜窓櫳
왕성하게 만물이 생장 번식하는 뜻은	藹然萬物生生意
대지가 만물을 싣고 있는 공임을 알아야 하리	要識陰靈厚載功

8 **총토** 왕이 토지의 신과 곡식의 신에게 제사 지내기 위해 세운 제단(祭壇), 즉 사직단(社稷壇)을 말한다.

9 **아랑지송** 상량문의 뒤에 붙이는 여섯 수의 시(詩)를 말한다. 아랑위(兒郎偉)는 대들보를 올릴 때 여러 사람이 힘을 모아 '어영차' 하는 소리를 나타내는 의성어(擬聲語)이다.

어기여차 떡 던져라 들보 저 서쪽에 拋樑西
성곽 주변의 솔숲에 저녁밥 짓는 연기 자욱하네 松林繞郭夕烟迷
들녘의 가을걷이 풍년이라 수확은 하고많고 秋成郊野千箱斂
보사제에 단연코 두 개의 규(珪)를 올리리라 報祀端宜薦兩珪

어기여차 떡 던져라 들보 저 남쪽에 拋樑南
이궁[10]의 원림(園林)과 형세가 서로 어우러졌네 離宮苑籞勢相參
더디고 더딘 한낮의 태양은 단유(壇壝)에 밝고 遲遲午日明崇壝
상서로운 기운과 짙푸른 초목은 봄날을 머금고 있네 佳氣葱蘢麗景含

어기여차 떡 던져라 들보 저 북쪽에 拋樑北
북악의 산록은 처마에 비치어 푸르고 푸르네 岳麓映簷蒼翠色
현명이 천지를 폐장하는 것을 잠시 허락하고[11] 暫許玄冥行閉藏
때가 되면 우레가 나와 양덕을 돕네[12] 到時雷出資陽德

어기여차 떡 던져라 들보 저 위쪽에 拋樑上
해와 달이 광활한 하늘에 높이 떠 있네 日月高懸天宇曠
북극성과 짝함은 천지개벽 때 시작되어 配極知從剖判初
끝없이 계속 이어갈 것임을 알겠네 茫茫元會計來長

어기여차 떡 던져라 들보 저 아래쪽에 拋樑下
향로 탁자와 빛나는 잔치는 조용하고도 전아하네 香卓華筵靜且雅
설만하게 하지 말고 공경하는 마음을 잊지 말아서 항상 경건을 바치고 毋褻毋忘常致虔
응당 영감이 통하여 큰 복을 내리는 것을 보리라 應看肹蠁降純嘏

삼가 바라건대, 상량을 한 뒤에 송백(松柏)이 시들지 않아 정원이 항상 새롭게 해 주시기를. 제수(祭需)가 이미 청결하고 희생(犧牲)이 이미 살졌으니, 사시(四時)에 기보(祈報)의 예(禮)를 갖추게 되었고,[13] 이에 편안하고 이에 길하니 천추토록 심원하고 그윽한 처소를 보전하게 해 주시기를. 온

10 **이궁** 임금의 별궁(別宮)을 말하는데, 여기서는 경희궁(慶熙宮)을 말한다. 경희궁은 서울의 5대 궁궐 가운데 가장 서쪽에 위치하여 서궐(西闕)이라고도 일컬어진다.

11 **현명이……허락하고** 겨울에 사직의 신실을 중수하는 것을 말한다. 현명은 겨울 귀신 이름이다. 《예기》〈월령(月令)〉에 "일양(一陽)이 처음 생기는 중동(仲冬)의 달에 궁궐과 여염(閭閻)의 파손된 곳을 보수하고 감옥을 축조하여 천지의 폐장을 돕는다." 하였다.

12 **우레가……돕네** 우레(雷)는 《주역(周易)》의 지뢰복괘(地雷復卦)이다. 동지(冬至) 이전까지는 음(陰)이 극도로 왕성해지다가, 동지부터 일양(一陽)이 회복되어 점차 왕성해진다.

13 **사시에……되었고** 기보(祈報)는 봄과 여름에는 풍년을 기원하고 가을과 겨울에는 풍년에 대한 감사의 제사인 보사제(報祀祭)를 지내는 것을 말한다.

갖 복록이 충분하니 국운을 도와 영원히 이어 가며, 오곡이 풍성하니 우리 백성들에게 은혜를 베풀어 윤택하게 살 수 있게 해 주시기를.

대제학 박태상(朴泰尙)이 지어 올렸다. —《사직서등록》과 박태상 가집(家集)의 기록을 합하였다.

○ 숙종 27년 신사 (1701) 7월

예조가 아뢰기를,

"사직(社稷)의 안향청(安香廳)을 이미 철거하고 중수하는 공사를 하고 있어서, 이번 대제(大祭) 때에 향축을 달리 봉안할 곳이 없으니, 서쪽에 있는 집사청(執事廳)을 수리하여 봉안하는 것이 어떻겠습니까?"

하니, 그대로 따랐다. —《예조등록(禮曹謄錄)》

○ 같은 해 10월

사직의 안향청을 중수하였다. 본서가 예조에 첩보하기를,

"안향청이 기왕 어재실(御齋室)[14]을 겸하고 있는데 새로 지었으니, 입직하는 관원이 유숙(留宿)할 곳이 아닙니다. 어떻게 해야겠습니까?"

하니, 예조의 제사(題辭)[15]에,

"본조에서 변통하기 어려운 점이 있다. 비록 각 능(陵)의 규례를 가지고 말하더라도, 어재실을 별도로 지은 곳이 아니면 성상께서 능에 거둥할 때 참봉(參奉)의 재실(齋室)에 머무셨으니, 본서의 관원이 규례대로 들어가 거처하는 것도 불가할 것이 없다."

하였다. —《사직서등록》

○ 숙종 28년 임오 (1702) 11월

새로 부장(部將)의 직소(直所)를 지었다. —출전은 위와 같다.

○ 숙종 36년 경인 (1710) 6월

사직단(社稷壇)을 보축(補築)하도록 명하였다. 예조가 아뢰기를,

"사직의 제단(祭壇)을 축조한 지가 이미 몇백 년이 지나서 사면(四面)의 층계와 체석(砌石)[16]이 치우치고 기울어져서 완전한 곳이 거의 없습니

14 **어재실** 임금이 능(陵)·묘(廟)에 거둥하여 잠시 머무르는 재실이다.

15 **제사** 원문은 '題'로 되어 있고, 《사직서등록(社稷署謄錄)》에는 '題辭內'로 되어 있다. 제사는 관청에서 공문서나 백성의 소장(訴狀), 청원서 같은 데에 기록하는 지령(指令)이다. 이에 의거하여 공문서 용어로 쓰인 '제(題)'는 모두 '제사(題辭)'로 번역하였다.

16 **체석** 단(壇)의 사방 바깥에 쌓은 직사각형으로 다듬은 돌을 말한다.

다. 그런데 전부 개축하는 것은 사안이 매우 중대하니 대신(大臣)에게 문의하소서."

하였다. 영의정 이여(李畬)가 아뢰기를,

"옛날 사직(社稷)의 제도는 벽돌로 체석을 쌓도록 규정되어 있지는 않았으나 남방(南方)의 흙은 잘 부서져서 체석을 쌓지 않으면 쉽게 무너질까 염려된다고 하였으니,[17] 이것은 주자(朱子)의 말입니다. 단(壇)에서 중요한 것은 흙을 쌓는 데에 있고, 체석은 단지 흙을 보호하기 위한 것입니다. 이미 체석을 쌓았으나 붕괴되었다면 또한 어찌 개수하지 않을 수 있겠습니까. 그러나 조종(祖宗)이 나라를 세운 초기부터, 사직을 건립하고 단(壇)을 설치하여 수백 년 동안 공경을 다하는 장소로 삼았습니다. 그러니 방토(方土)[18]를 개축하는 것은 말할 것도 없고 외부에 배열된 체석도 마땅히 옛것을 그대로 사용하여 완전하게 수리하고 부득이한 경우가 아니면 새것으로 바꿔서는 안 될 듯합니다. 그러니 우선 아주 심한 곳만 개수하고, 뒤에 다시 살펴서 의논하여 결정하는 것이 참으로 신중히 하는 도리에 부합될 것입니다."

하니, 의논한 대로 시행하라고 전교하였다. 예조 판서 황흠(黃欽)이 아뢰기를,

"사직단을 옛것을 그대로 사용하여 보수하는 것으로 여쭈어 결정하였는데, 예전에 있던 돌이 부족하니 새로운 돌 3, 4개를 보태어 쓰는 것이 어떻겠습니까?"

하니, 그대로 하라고 전교하였다. —《문헌비고》와 《사직서등록》의 기록을 합하였다.

○ 숙종 38년 임진 (1712) 2월

큰바람이 불었다. 사직의 신실(神室) 사면(四面)의 달발〔㺚簾〕[19]이 모두 찢어지고, 단(壇)의 북쪽 신문(神門) 3칸이 주춧돌과 함께 엎어졌는데, 보수하고 고쳐 세우도록 명하였다. —《사직서등록》

○ 영종 18년 임술 (1742) 9월

본서(本署)가 아뢰기를,

17 옛날……하였으니 《주자대전(朱子大全)》 권68 〈답사단설(答社壇說)〉에 보인다.

18 방토 사직단을 쌓을 때 들어간 흙을 말한다. 원래 사직단에 들어가는 흙은 동(東)·서(西)·남(南)·북(北)·중(中)에 따른 청(靑)·백(白)·적(赤)·흑(黑)·황(黃) 등 5가지 색깔의 흙을 사용하였다.

19 달발 달뿌리풀로 엮어 만든 발이다.

"본서의 부장청(部將廳)이 벽(壁) 뒤에 있는데 대문(大門)과 서로 등지고 있어서 사람들이 출입하는 것을 살펴 조사할 수가 없으니, 해당 조(曹)로 하여금 대문 곁으로 옮겨 세우게 하는 것이 어떻겠습니까?"

하니, 그대로 따랐다. —출전은 위와 같다.

○ 영종 25년 기사 (1749) 7월

예조가 아뢰기를,

"사직의 제기장(祭器欌)을 지금 만들려고 하는데, 현재 안향청(安香廳) 서쪽에 있는 제기고(祭器庫)는 퇴락해 있을 뿐만 아니라 지대가 낮고 습한 곳입니다. 《오례의(五禮儀)》의 도식(圖式)을 상고해 보니, 단(壇)의 서쪽, 주방(廚房) 북쪽에 제기고가 있었으나 지금은 없어지고 차장고(遮帳庫)가 되었는데, 지세가 정결하고 평탄하여 지금의 고사(庫舍)보다 훨씬 낫습니다. 《오례의》 도식에 의거하여 제기고를 이곳에 다시 지은 뒤에, 제기장을 만드는 것이 사리에 매우 합당합니다."

하니, 그대로 따랐다. —《예조등록》

○ 영종 45년 기축 (1769) 4월

사직단(社稷壇)을 보수하도록 명하였다. 이보다 앞서 본서의 낭관(郎官)이 "사단(社壇)을 지난 경인년(1710, 숙종 36)에 보축(補築)하여 지금 이미 60년이 되었습니다. 그래서 두 단(壇)의 쌓은 흙이 점점 씻겨 나갔고 사면(四面)의 체석(砌石) 안은 흙이 4, 5치의 깊이로 패여 있으며 대석(臺石) 및 체석은 기울어진 곳이 많으니, 개수하지 않을 수 없습니다."라는 뜻으로 전후의 도제조(都提調)에게 품의하였으나, 사체(事體)가 중대하여 머뭇거리다가 실행에 옮기지 못하였다. 그러다가 이해 2, 3월에 큰비가 내려서 모래와 물이 흘러들어 점점 기울고 위태롭게 되었다. 본서의 영(令) 윤우동(尹遇東)이 도제조에게 말하니, 도제조 김치인(金致仁)이 봉심한 후에 연석(筵席)에서 아뢰어 윤허를 받았다. 윤허한 내용은 다음과 같다.

첫째, 단(壇)의 동쪽과 남쪽 면을 개축하고, 동쪽 모퉁이의 지대석(地臺石) 1개를 새로 갖출 것.

둘째, 단의 동쪽, 남쪽, 서쪽 면의 상대석(上臺石)이 기울고 물러나 있는 곳은 옛날대로 수리하여 배치하고 단에는 석회(石灰)를 칠하여 전부 개축할 것. -단 위에 채울 흙은 도제조가 연석에서 아뢴 것을 인하여 본서의 북쪽 담장 안에서 퍼 왔다.

공사를 마치자, 본서의 영 윤우동과 감역관 남기운(南紀雲)은 모두 승진시켜 서용(敍用)하고, 본서의 수복(守僕)에게는 해당 조로 하여금 미포(米布)를 참작하여 제급(題給)하도록 명하였다. -《사직서등록》

○ 당저(當宁 순조) 3년 계해(1803) 1월

정원이 아뢰기를,

"오늘 사직의 기곡 대제(祈穀大祭) 때에 차장(遮帳)[20]이 견실하지 못하여 예가 끝났을 때 실례(失禮)하는 일이 있게 되었으니, 놀랍고 송구스러운 일이 이보다 더 심한 것은 없습니다. 해당 여러 진배관(進排官)을 엄하게 처벌해야 합니다만, 본원이 추고를 청하는 것 외에는 달리 시행할 만한 벌이 없으니, 어떻게 해야겠습니까? 감히 여쭙니다."

하니, 의금부로 잡아다 처리하라고 전교하였다.

20 차장 차일장(遮日帳)의 준말로 햇볕을 가리기 위하여 치는 포장이나 장막을 말한다.

○ 같은 해 11월

본서 도제조 이시수(李時秀)가 아뢰기를,

"신은 오늘 3경(更)쯤에 사직의 악기고(樂器庫)에 불이 났다는 보고를 듣고 너무도 놀랐습니다. 본서의 제조 조상진(趙尙鎭)과 함께 급히 나아가 봉심(奉審)하니, 낙엽이 쌓인 곳에 우연히 난 불이 악기고까지 번져 3칸이 모두 소실(燒失)되고, 미처 옮기지 못한 악기도 대부분 소실되었습니다. 다행스럽게 즉시 불을 끄기는 하였지만 막중한 곳에서 이런 놀라운 일이 있었으니, 마땅히 위안하는 거조가 있어야겠습니다. 해당 조로 하여금 품지하여 거행하게 하고, 호조와 예조의 당상, 장악원 제조로 하여금 날이 밝기를 기다려 나아가 봉심하게 한 뒤에, 고사(庫舍)는 즉시 다시 짓고 소실된 악기도 다시 갖추도록 하소서. 신이 평상시 제대로 검칙하지 못한 죄는 너무도 황공스럽지만 본서(本署)의 입직 관원이 신중을 기하지 못한 것은 참으로 매우 놀랍습니다. 해당 부(府)로 하여금 잡아다 신문하여 엄히 처벌하게 하고, 수직(守直)한 하속 등은 담당 관사로 하여금 엄히 죄를 다스리게 하는 것이 어떻겠습니까?" 하니, 윤허한다고 전교하였다. 악기고는 동월(同月)에 고쳐 짓고, 악기는 이듬해 5월 6일에 일을 마쳐 도감(都監)의 당상과 낭청이 배진(陪進)하여 악기고에 넣었다. 당일 입직한 영(令) 이의화(李義和)는 장(杖) 100은 속전(贖錢)을 받고 평산부(平山府)에 도(徒) 3년으로 정배하고, 입직한 수복(守僕) 이봉갑(李鳳甲)은 장 100에 유(流) 3000리로 창녕현(昌寧縣)에 정배하고, 박수득(朴守得)은 안의현(安義縣)에 정배하고, 순경군(巡更軍) 1명은 운봉현(雲峯縣)에 정배하였다. —이날 삼군문(三軍門)[21]의 대장 및 병조 판서, 좌포장(左捕將)과 우포장(右捕將), 순장(巡將)은 모두 불을 껐고, 도제조 이시수(李時秀), 제조 조상진(趙尙鎭), 본서의 영 이익회(李翊會)는 모두 사진(仕進)하였다.

21 삼군문 훈련도감(訓鍊都監), 금위영(禁衛營), 어영청(御營廳)을 말한다. 삼영문(三營門)이라고도 한다.

○ 순조 27년 정해 (1827) 3월 10일

본서의 제조 김이교(金履喬)가 마침 대궐 안에 있다가 달(達)하기를,[22]

"오늘 파루(破漏)[23] 후에 본서의 악공청(樂工廳) 2칸이 소실되었다고 합니다. 비록 다행스럽게 즉시 불을 끄기는 했지만, 막중한 곳에서 이처럼 불이 났으니 너무도 놀랍고 송구스럽습니다. 위안제(慰安祭)를 해당 조에서 품지하여 거행하게 하소서. 소실된 곳을 수리하는 일은, 신이 대궐에 나온 바람에 불에 타 잿더미가 된 전말을 미처 간심(看審)하지 못하였고, 불이 난 근본 원인도 미처 규명하지 못하였으니, 연석(筵席)에서 물러 나온 뒤에 달려가서 자세히 살핀 다음 초기(草記)를 올려 거행하겠습니다. 신이 평상시 제대로 검칙하지 못한 죄는 너무도 황공하지만 본서(本署)의 입직 관원이 신중을 기하지 못한 것은 참으로 매우 놀랍습니다. 해당 부(府)로 하여금 잡아다 신문하여 엄하게 처벌하게 하고, 수직한 하속 등은 담당 관사로 하여금 엄하게 죄를 다스리게 하는 것이 어떻겠습니까?"

하니, 아뢴 대로 하라고 영(令)하였다.[24] 당일 입직한 영 유기풍(柳基豐)은 장 100에 유 3000리로 경산현(慶山縣)에 정배하고, 수복 고수민(高壽民)은 장 100에 유 3000리로 금산군(錦山郡)에 정배하고, 이득형(李得亨)은 임피현(臨陂縣)에 정배하고, 순경 군사(巡更軍士) 송우득(宋于得)은 영천군(榮川郡)에 정배하고, 심임득(沈任得)은 용궁현(龍宮縣)에 정배하였다. —이

22 달하기를 원문은 '달왈(達曰)'로, 세자에게 아뢸 때 쓰는 표현이다. 임금에게 아뢸 때 '계왈(啓曰)'이라고 하는 것과 구별하기 위해 본문과 같이 번역하였다.

23 파루 조선 시대에 서울에서 통행금지를 해제하기 위하여 5경(更) 5점(點)에 종각의 종을 33번 치던 일을 말한다.

24 영하였다 원문은 '영왈(令曰)'로, 세자가 명령할 때 쓰는 표현이다. 임금의 명령과 구별하기 위해 본문과 같이 번역하였다.

날 삼군문의 대장 및 병조 판서, 좌포장과 우포장, 순장은 모두 불을 껐고, 도제조 김재찬(金載瓚)은 신병이 있어 사진하지 않았고, 제조 김이교, 영 김이평(金履平)·유영근(柳英根)은 모두 사진하였다.

전례 典禮

○ **태조 4년 을해**(1395)

봉상시가 아뢰기를,

"지금은 개국(開國)한 초기이니 옛 제도를 새롭게 해야 합니다. 종묘의 악장(樂章)도 이미 개정(改定)하였는데, 사직의 악장은 아직도 옛날 제도를 그대로 따르고 있으니 개작(改作)하는 것이 마땅합니다."

하니, 그대로 따랐다. —《문헌비고》

○ **세종조**(世宗朝)

비로소 아악(雅樂)을 제정하였다.

을사년(1425, 세종 7) 가을에 해주(海州)에서 검정 기장[秬黍]이 생산되고, 병오년(1426) 봄에 남양(南陽)에서 경석(磬石)이 생산되어, 기장[黍]을 가져와서 율(律)을 정하고 돌을 가져와서 경(磬)을 만들었다. 대제학 박연(朴堧)이 음률(音律)에 정통하였는데, 상이 발탁 등용하여 관습도감 도제조(慣習都鑑都提調)로 삼고 음악에 관한 일을 전적으로 담당하게 하여 10여 년 만에 완성하였다. 15년 계축(1433) 조제(朝祭)에서 처음으로 아악을 사용하고 여악(女樂)을 폐지하였다. —구《춘관지》

○ **세조 즉위년 을해**(1455)

의정부가 예조의 첩정(牒呈)에 의거하여 아뢰기를,

"〈사직친제의(社稷親祭儀)〉를 살펴보니, '예의사(禮儀使)의 인도를 받아 전하께서 판위(版位)에 나아가면 행사하기를 계청한다. 헌가(軒架)에서는 〈순안지악(順安之樂)〉을 연주하고, 〈열문지무(烈文之舞)〉를 추는데, 음악은 8성(成)을 연주하고 그친다.' 하였습니다. 정통(正統) 6년(1441, 세종 23) 1월 모일에, 첨지중추부사 박연(朴堧)이 건의한 내용을 자세히 참고해 보니, '종묘에서 친향하는 날에 강신(降神)하는 음악을 임시로 9성(成)을 감하여 3성으로 연주하면, 사궁(四宮)이 갖추어지지 않아

변수(變數)가 부족하게 되어 온당치 않은 듯합니다. 당 태종(唐太宗) 때 태상시(太常寺)에 조서를 내리기를 「무릇 천신(天神)에게 향사하고 지기(地祇)에게 제사하고, 종묘에 제향할 때 궁가(宮架)[25]에서는 제사마다 강신(降神)에는 4곡(曲), 송신(送神)에는 1곡을 연주하라.」 하였습니다. 지금 종묘에서 강신하는 음악을 만약 9성을 감한다면, 바라건대 당나라 제도를 본받아 사궁(四宮)에 대해 각각 1성씩 4성으로 하소서.' 하였는데, 당시에는 박연의 건의를 받아들였습니다. 지금부터는 사직 친제 때 음악을 8성으로 연주하는 것도 임시로 감하여 4성으로 하소서."

하니, 그대로 따랐다. —《춘관지》

○ 효종(孝宗) 즉위년 기축(1649)

즉위 이튿날에, 대신을 보내어 종묘와 사직에 왕위를 계승한 사실을 고하였다. 처음에 《오례의》에는 즉위한 뒤에 종묘와 사직에 고하는 예문(禮文)이 없었기 때문에 역대로 빠뜨리고 거행하지 않은 경우가 많았다. 이때에 이르러 예조가 《대명회전(大明會典)》 〈등극의(登極儀)〉의 "관원을 보내어 천지와 종묘, 사직에 고유한다."라는 글을 인용하여 행하기를 계청하였으므로 마침내 종묘, 영녕전(永寧殿), 숙녕전(肅寧殿) 및 사직에 고유하도록 명한 것이다. —《국조보감(國朝寶鑑)》

○ 효종 원년 경인(1650) 6월

가뭄에 황충(蝗蟲)까지 일었다. 상이 친히 사단(社壇)에서 기우제를 지내려고 할 때 예조가, 검정 도포〔黑袍〕에 옥대(玉帶)를 띠고 검정 신발〔黑靴〕을 신고 예를 행하기를 청하니, 그대로 따랐다. 음악을 사용할 것인지의 여부에 대해서는 대신에게 문의하도록 명하였는데, 김상헌(金尙憲)과 김육(金堉)은 "반드시 음악을 쓸 필요는 없습니다." 하였다. 우의정 조익(趙翼)이 차자를 올리기를,

"대저 상중(喪中)에는 3년 동안 제사를 지내지 않는 것이 예법입니다.[26] 그런데 이번에 사직에 친히 제사 지내는 것은 바로 하늘을 두려워하고 백성을 걱정하는 지극한 마음에서 나온 것으로 일단 부득이하게 거행하게 된 이상에는 이에 합당한 도리를 극진히 하도록 힘써야 마땅할 것

25 **궁가** 궁궐 안에 악기를 거는 틀, 또는 궁궐에서 연주하는 음악의 한 가지이다.

26 **상중에는……예법입니다** 《예기(禮記)》 〈왕제(王制)〉에 "부모의 상을 당하면 3년 동안은 직접 제사에 참여하지 않는다. 다만 천지와 사직의 신에게 제사를 드리는 것은 상기(喪期)에 구애받지 않고 한다.〔喪三年不祭 唯祭天地社稷 爲越紼而行事〕"라고 하였는데, 이것은 천지와 사직의 신이 부모보다 더 높기 때문이다.

입니다. 예(禮)는 본래 정성을 근본으로 하고 형식을 말단으로 여기지만, 근본과 말단을 모두 극진히 하여 완전하게 갖추는 것이 가장 좋을 것입니다.

대저 상을 당하면 인정상 자신의 정성을 극진히 다하지만, 이것은 한 나라의 사적인 일입니다. 그러나 천지의 신령에게 지내는 제사는 천하의 사람들이 누구나 똑같이 높이는 것입니다. 따라서 그 예법이 매우 엄하고도 중대한데 개인의 상사(喪事) 때문에 줄이는 것이 있다면 아마도 온당치 않은 듯합니다.

옛날에 종묘(宗廟)의 제사는 상중에는 지내지 않았지만, 천지 산천에 지내는 제사는 상기(喪期)에 구애받지 않고 지냈습니다. 그렇다면 외신(外神)[27]과 종묘의 영령을 섬기는 예법은 사체(事體)가 또한 같지 않습니다. 이번에 음악을 사용하는 것이 어찌 슬퍼하는 마음을 해치는 점이 있겠습니까. 다만 신을 섬기는 일을 조심스럽게 행하면서 감히 줄이는 바가 없고자 하는 것입니다."

하니, 조익의 의논을 따르도록 명하였다. —《국조보감》과 조익(趙翼) 문집(文集)[28]의 기록을 합하였다.

27 **외신** 천지와 산천의 신령을 말한다. 이에 반해 종묘 등에 모신 일가(一家)의 영령은 내신(內神)이라고 한다.

28 **조익 문집** 《포저집(浦渚集)》을 말하는데, 위 글은 권12 〈논기우제의용악차(論祈雨祭宜用樂箚)〉에 실려 있다.

29 **고문** 국가에 경사나 흉사 등 중대한 일이 있을 경우 종묘와 사직에 알리는 글이다.

○ 현종 즉위년 기해(1659) 7월

예조가 아뢰기를,

"《오례의(五禮儀)》에 '초상(初喪)부터 졸곡(卒哭)까지 대사(大祀)·중사(中祀)·소사(小祀)를 모두 정지하고, 염빈(殮殯)한 뒤에는 오직 사직(社稷)에만 제사를 지낸다.'라는 글이 있습니다. 그래서 사직의 정전(正殿)에 비가 새는 곳에 대해 이달 6일에 선고사유제(先告事由祭) 및 이안제(移安祭), 환안제(還安祭)를 설행하고 이어 개수하도록 계하받았습니다. 향실(香室)에 보관되어 있는 기축년(1649, 효종 즉위년) 사직을 개수할 때의 제문(祭文)을 상고해 보니, 처음에는 축문(祝文)으로 계하받았다가 고문(告文)[29]으로 고쳐서 부표(付標)하였는데, 이는 분명 평상시와는 다르기 때문에 다만 고문으로 거행한 것입니다. 그러니 이번에도 기축년의 전례대로 고문으로 거행하도록 고쳐서 부표하여 들입니다."

하니, 그대로 따랐다. —《예조등록》

○ 숙종 9년 계해(1683) 1월

처음으로 사직에서 기곡제(祈穀祭)를 지냈다. 이보다 앞서 판중추부사 김수흥(金壽興)이 차자를 올리기를,

"《예기(禮記)》 〈월령(月令)〉에는 '맹춘(孟春 1월) 원일(元日)에 천자가 상제(上帝)에게 기곡제를 지낸다.' 하였고, 《좌씨전(左氏傳)》에는 '후직(后稷)에게 교사(郊祀)를 지내 풍년이 들기를 기원한다.'[30] 하였습니다. 교사를 지내는 예법은 비록 우리나라가 감히 의논할 수 있는 것이 아니지만, 기곡제를 지내는 것은 그래도 행할 수 있습니다. 그러니 원월(元月)이 가기 전에 국사단(國社壇)에서 제사를 지내는 것이 예법의 본뜻에 합당할 듯합니다. 그러나 기왕 우리나라의 사전(祀典)에 실려 있는 바가 아니니 여러 대신(大臣)에게 하문하여 처리하소서."

하니, 상이 대신에게 의논하도록 명하였다. 영중추부사 송시열(宋時烈)이 아뢰기를,

"〈월령〉과 좌씨(左氏)의 말은 모두 천자의 일에 속합니다. 그러나 《주례(周禮)》에 '무릇 나라에서 전조(田祖)에게 제사를 지내 풍년을 기원한다.'[31]라는 글이 있으니, 비록 천자가 아니더라도 안 될 것은 없습니다."

하였다. 여러 대신도 이의가 없었으므로 의논한 바에 따라 시행하도록 명하였다. 이달 28일에 대신을 보내어 행사(行事)하였다. ―《숙묘보감(肅廟寶鑑)》과 《문헌비고》의 기록을 합하였다.

○ 숙종 21년 을해(1695) 11월

비망기(備忘記) ―아래 〈전교(傳敎)〉에 보인다.― 로 인하여 맹춘 상신(上辛)[32]에 기곡제를 지내는 일을 대신에게 의논하였다. 좌의정 유상운(柳尙運)이 아뢰기를,

"〈월령〉의 기곡(祈穀)은 교사(郊祀)의 예(禮)이고, 전조에게 풍년을 기원하는 것도 나라를 소유한 임금이 하는 일입니다. 그러니 비록 평년(平年)이라도 이를 모방하여 행하는 것은 진실로 불가할 것이 없습니다. 더구나 올해는 크게 흉년이 든 뒤끝에 백성의 사생(死生)과 나라의 존망(存亡)이 오로지 내년 농사의 풍흉(豐凶)에 달려 있는 데야 더 말할 것이 있겠습니까. 이 점이 성상께서 내년 농사를 깊이 걱정하고 백성들

30 후직에게……기원한다 《춘추좌씨전(春秋左氏傳)》 양공(襄公) 7년 조에 나오는 말이다.

31 무릇……기원한다 《주례(周禮)》 〈춘관종백(春官宗伯) 약장(籥章)〉에 나오는 말이다. 전조(田祖)는 전설에 처음으로 밭을 경작한 사람으로, 신농(神農)을 가리킨다.

32 상신 음력으로 매월 상순(上旬)의 신일(辛日)을 말한다.

을 위하여 온갖 노력을 기울이고 친히 제사까지 지내려는 이유입니다. 그러니 예관(禮官)들로 하여금 그 절목(節目)을 강구하여 거행하게 하는 것이 사의(事宜)에 합당할 듯합니다."

하니, 의논한 대로 시행하도록 명하였다. ―매년 1월 상신일(上辛日)에 기곡제를 지내는 것은 이로부터 시작되었다. ○구(舊)《태상지(太常志)》

○ 숙종 22년 병자(1696) 12월

예조가 아뢰기를,

"삼동(三冬)에 눈이 쌓이면 진실로 내년 농사가 풍년이 들 징조입니다. 그런데 겨울이 이미 깊었는데 큰 눈은 아직까지 내리지 않고 추위가 더욱 혹독하여 가을에 심은 밀과 보리가 필시 얼어서 상하게 될 것이니, 내년 농사가 염려됨을 이루 다 말할 수 없습니다. 종전에는 이와 같은 때에 기설제(祈雪祭)를 설행한 예가 많았으니, 전례대로 종묘, 사직, 북교(北郊)에 특별히 중신(重臣)을 보내되 날을 가리지 말고 9일에 설행하는 것이 어떻겠습니까?"

하니, 그대로 따랐다. ―구《태상지》와《사직서등록》의 기록을 합하였다.

○ 숙종 30년 갑신(1704)

예조 판서 민진후(閔鎭厚)가 아뢰기를,

"《오례의(五禮儀)》에는 '사직(社稷), 풍운뇌우(風雲雷雨), 선농(先農), 선잠(先蠶), 우사(雩祀), 문묘(文廟)에는 모두 팔일(八佾)[33]을 쓴다.'라는 글이 있습니다. 그런데 지난번 선농에서 친히 제사 지낼 때 단지 육일(六佾)만 쓰기에 신이 괴이하게 여기고 악공(樂工)들에게 물어보니, 대답할 바를 몰랐습니다. 이것은 병란의 뒤에 예를 갖추지 못하고 구습에 젖어 오늘에 이르게 된 것이 아닌가 생각됩니다. 바로잡는 방도가 없어서는 안 되니, 대신에게 하문하여 처리하는 것이 어떻겠습니까?"

하니, 상이 이르기를,

"대신에게 의논하여 처리하라."

하였다. 판중추부사 서문중(徐文重)이 헌의하기를,

"옛날에 천자는 팔일이고 제후는 육일인데, 각 열[佾]마다 인원수는 그

33 **팔일** 일은 춤추는 열[舞列]을 말한다. 팔일은 춤추는 열이 8열인데 천자가 사용한다.

열의 수와 같습니다. 어떤 사람은 각 열마다 8인이라고도 하니, 이것이 악무(樂舞)의 제도입니다. 우리 조정에서는 팔일을 쓸 수 없는데, 《오례의》 및 《악학궤범(樂學軌範)》에는 모두 '아악(雅樂)은 육일(六佾)에 각각 8인인데 사직(社稷) 및 여러 중사(中祀)에 쓰고, 속악(俗樂)은 육일에 각각 6인인데 종묘 및 여러 연례(宴禮)에 쓴다.'라는 명백한 글이 있습니다. 그런데 아악과 속악에서 모두 육일에 열마다 각각 6인을 쓴 사실에 대해서는 개정한 연월이 문적(文籍)에 나타나지 않습니다. 갑진년(1604, 선조 37)에 전후 악생(樂生)의 수(數)를 상정(詳定)한 것 및 등가(登歌)·헌가(軒架)의 악기 숫자가 고금에 어떠했는지를 미루어 보건대, 이때에 묘악(廟樂)을 다시 정하고 악생을 줄인 듯하며[34] 그것을 준행한 지 이미 1백 년이 지났습니다. 더구나 지금은 어렵고 곤란한 때이므로, 풍형예대(豐亨豫大)[35]의 일을 가볍게 의논하기 어려운 점이 있습니다."

하고, 좌의정 이여(李畬)가 헌의하기를,

"《오례의》에 '사직·풍운뇌우·선농·선잠·우사·문선왕(文宣王 공자)에게는 제사에 아악을 쓰고 육일로 춤을 추는데 각 열마다 8인이고, 종묘·영녕전(永寧殿)·문소전(文昭殿)·의묘(懿廟)에는 제사에 속악을 쓰고 육일로 춤을 추는데, 각 열마다 6인이다.'라고 하였으니, 육일은 같은데 각 열의 인원수가 아악에서는 많고 속악에서는 적은 차이가 있습니다. 무일(舞佾)의 법은, 천자는 팔일이고 제후는 육일인데, 각 열마다 인원수가 그 일수(佾數)와 같다고 하였으며, 어떤 사람은 각 열마다 8인이라고 하였습니다. 주자(朱子)가 두 가지 설(說)을 《논어집주(論語集註)》에 함께 채록하고서 어느 것이 옳은지 자세하지 않다고 하였습니다.[36] 이로써 본다면 차등을 두는 의절은 일수에 달려 있고 인원수에 달려 있는 것이 아닌 듯합니다. 사직 이하 아악을 쓰는 곳에서 제사 지내는 신(神)에게는 팔일을 쓰는 것이 마땅한데 육일에 그치는 것은 제후국에서 지내는 제사이기 때문입니다. 그러나 인원수를 8인을 써서 속악과 다르게 한 것은 오히려 차등을 두려는 뜻이 있어서 그러한 것입니까? 신은 견문과 식견이 부족하고 비루하여 그에 대해 억설(臆說)을 말씀드릴 수 없습니다. 또 추후에 예관(禮官)의 말을 들으니, '여러 곳의 제삿날이 각각 달라서 일시에 아울러 거행할 필요가 없기 때문에 비록 악생(樂生)

34 **갑진년에……듯하며** 《인조실록(仁祖實錄)》 7년 6월 21일 조에 "삼가 악공의 수를 상고해 보니 원수(元數)와 보수(補數)를 합하여 모두 837명인데, 갑진년(1604, 선조 37)에 고쳐서 427명으로 상정하였고, 악생(樂生)의 수는 397명인데 역시 고쳐서 144명으로 상정하였습니다."라고 하였다. 이날 기사에는 종묘, 영녕전 등의 제향에 필요한 악공의 수효와 사직, 산천 제향, 석전제에 필요한 악생의 수효 등을 언급하고 있다.

35 **풍형예대** 풍(豐)과 예(豫)는 모두 《주역(周易)》 64괘 중의 하나로, 풍은 성대(盛大)한 모양을 뜻하고, 예는 화락(和樂)한 모양을 뜻한다. 본래는 안락하고 풍요로운 태평성대의 모습을 뜻하는 말이었으나 여기서는 성대하고 화려한 궁중 의식을 가리키는 말로 쓰였다. 《周易 豐卦, 豫卦》

36 **주자가……하였습니다** 《논어》 〈팔일(八佾)〉의 "공자께서 계씨(季氏)를 두고 말씀하셨다. 천자(天子)의 팔일무(八佾舞)를 뜰에서 춤추게 하니, 이 짓을 차마 한다면 무엇을 차마 하지 못하겠는가?"라고 한 구절의 주석에 "일(佾)은 춤추는 열(列)인데, 천자는 8열, 제후는 6열, 대부는 4열, 사는 2열이다. 각 열마다 인원수는 그 열의 수와 같다. 혹자는 각 열마다 8명이라고 하니, 어느 것이 옳은지는 자세하지 않다.[佾 舞列也 天子八 諸侯六 大夫四 士二 每佾人數 如其佾數 或曰 每佾八人 未詳孰是]"하였다.

37 **길해** 경칩(驚蟄)이 지난 후의 첫 번째 길한 해일(亥日)을 말한다.

38 **빈궁의 상** 빈궁은 경종(景宗)의 원비(元妃)인 단의왕후(端懿王后) 심씨(沈氏)를 말한다. 경종 즉위 2년 전인 1718년 2월에 승하하였다. 1720년 경종이 즉위하자 혜릉(惠陵)의 능호와 영휘(永徽)의 전호를 받고 단의왕후로 추봉되었다.

39 **천지와……지낸다** 《예기(禮記)》〈왕제(王制)〉에 보인다.

을 정원 외로 더 두지 않더라도 저절로 변통하여 인원수를 채울 수 있습니다. 다만 경칩(驚蟄) 뒤 길해(吉亥)[37]에 선농(先農)을 제향하는 제사가 중춘(仲春) 상정(上丁)에 문선왕(文宣王)에게 올리는 석전(釋奠)과 서로 겹칠 수도 있으니 이 점이 문제가 될 것입니다.'라고 하였습니다. 국가에서 여러 번 상란(喪亂)을 겪은 탓에 등가와 헌가의 악기가 모두 예전보다 줄었는데 모두 복구하지는 못하고 있습니다. 이번에 아악의 무일(舞佾) 인원수를 비록 줄여서 6인을 쓰더라도, 그것이 또한 반드시 고례(古禮)에 부합되지 않는다고는 할 수 없고 준행한 지도 이미 오래되었으므로 복구하는 것을 가볍게 의논하기 어려울 듯합니다."

하니, 그대로 따랐다. ―《문헌비고》

○ 숙종 44년 무술(1718) 2월

예조가 아뢰기를,

"이번 사직(社稷) 춘향 대제(春享大祭)는 빈궁(嬪宮)의 상(喪)[38]으로 인하여 수향(受香)을 하지 못하였습니다. 삼가 《예기》를 상고해 보니, '천지와 사직의 신에게 제사를 드리는 것은 상기(喪期)에 구애받지 않고 제사를 지낸다.'[39] 하였고, 《오례의》에는 '초상(初喪)부터 졸곡(卒哭)까지 대사(大祀)·중사(中祀)·소사(小祀)를 모두 정지하고, 염빈(殮殯)한 뒤에는 오직 사직에만 제사를 지낸다.' 하였습니다. 지금은 이미 염빈한 뒤이고 중월(仲月 2월)도 아직 다 지나가지 않았습니다. 다만 사직의 제사는 상무일(上戊日)에 설행하는 것이 원칙이고 상무일이 이미 지났는데 중무일(中戊日)에 뒤미처 거행하는 것도 전례가 없습니다. 사전(祀典)은 사체가 중대하니 대신(大臣)에게 의논한 다음 품처하게 하는 것이 어떻겠습니까?"

하였다. 대신의 의논이 마땅히 거행해야 한다고 하여, 마침내 중무일에 거행하였다. ―《사직서등록》

○ 경종 원년 신축(1721) 6월

가뭄이 들었다. 상이 사직에서 친히 기우제를 지내려고 하니, 예조가 아뢰기를,

"지금은 평상시와 다르니, 음복례(飮福禮)는 마땅히 줄여야 합니다. 일찍이 계미년(1703, 숙종 29)에 종묘에 친제할 때 대신(大臣)의 상(喪) 때문에 음복례를 행하지 않았으니,[40] 이번에도 정지하는 것이 합당합니다."

하니, 그대로 따랐다. —《예조등록》

○ 영종 15년 기미(1739)

처음으로 친림하여 서계(誓戒)를 받는 의식을 거행하였다. 사직 및 태묘(太廟 종묘)에 제사하는 구례(舊例)에는 행사하는 집사관 및 배제(陪祭)하는 백관(百官)이 의정부에서 행하게 되어 있다. 이때 이르러 상이 몸소 여러 향관(享官) 및 종친·문무백관을 거느리고 인정전(仁政殿) 계단에서 행하였다. 이조 판서를 독서문관(讀誓文官)으로 차임하고, 사정이 있으면 참판이 대신하였다. 《예기》의 "왕이 택궁(澤宮 태학)에 서서 서명(誓命)을 듣는다."[41]라는 글로 인하여, 백관으로 하여금 서서 서계의 말을 받도록 하였다. —《문헌비고》와 구《춘관지》의 기록을 합하였다.

○ 정종(正宗)[42] 21년 정사(1797) 12월

예조가 아뢰기를,

"오는 1월 2일에 종묘, 영희전(永禧殿), 경모궁(景慕宮)의 봄 전알(展謁)을 하겠다고 명을 내리셨습니다. 그런데 사직(社稷) 기곡 대제(祈穀大祭)의 이의(肄儀 예행연습)가 2일에 있기 때문에 여러 향관(享官)이 모두 배종(陪從)하는 반열에 있으니, 어떻게 해야겠습니까? 감히 여쭙니다."

하니, 전교하기를,

"종묘와 사직이 소중하기는 마찬가지이다. 이의를 3일에 정해 거행하는 것이 예법에 불가할 것은 없으니 이대로 하고, 이후로 만일 종묘의 전알과 겹치게 되면 이번 일을 전례로 삼도록 하라."

하였다.

○ 정종 23년 기미(1799) 12월

예조가 아뢰기를,

"오는 1월 사직 기곡 대제를 친행(親行)으로 할 때 희생을 살피고 제기

40 일찍이……않았으니 1703년(숙종 29) 4월 9일 종묘의 하향 대제(夏享大祭) 때 당시 좌의정이었던 이세백(李世白, 1635~1703)이 졸(卒)하자, 부제학(副提學) 김진규(金鎭圭) 등이 음복(飮福) 등의 절차를 생략하자고 차자(箚子)를 올린 사실이 있다.《肅宗實錄 29年 4月 9日》

41 왕이……듣는다 《예기》〈교특생(郊特牲)〉에 보인다.

42 정종 정조(正祖)를 지칭한 말이다. 정종은 1890년(고종 27)에 '정조'로 고치기 전까지 사용된 본래의 묘호(廟號)이다.

(祭器)를 살피는 의절(儀節)을 규례대로 친림(親臨)으로 마련할지 감히 여쭙니다."

하니, 전교하기를,

"친림으로 마련하라. 이후로는 취품(取稟)을 생략하고 이번 일을 전례로 삼아 마련하도록 하라."

하였다.

○ 정종 24년 경신(1800) 2월

예조 판서 이만수(李晩秀)가 아뢰기를,

"종묘, 사직, 문묘에 제향한 뒤의 번육(膰肉)을 세자궁에는 중포(中脯)로 봉진한 전례가 있습니다. 이번에도 이대로 거행하도록 분부하는 것이 어떻겠습니까?"

하니, 상이 그대로 하라고 하였다.

○ 당저(當宁 순조) 5년 을축(1805)

예조가 아뢰기를,

"초상(初喪)부터 졸곡(卒哭)까지 대사(大祀)·중사(中祀)·소사(小祀)를 모두 정지하고, 오직 사직에만 제사를 지내도록 계하하셨습니다. 오는 2월 4일에 사직 대제(大祭)를 행하는데, 상께서 지금 상중(喪中)에 계시니,[43] 규례대로 섭행(攝行)으로 마련하겠습니다. 감히 아룁니다."

하니, 알았다고 전교하였다.

○ 순조 6년 병인(1806) 1월

대신과 비국 당상이 인견을 위해 입시했을 때 좌의정 한용귀(韓用龜)가 아뢰기를,[44]

"신의 생각에는 음복(飮福)의 절차는 막중한 향례(享禮)입니다. 무인년(1758, 영조 34)에는 휘령전(徽寧殿)[45]의 담제(禫祭)가 효소전(孝昭殿)[46]의 연제(練祭) 뒤에 있게 되었는데 장헌세자(莊獻世子)가 바야흐로 심제(心制)[47] 중이었기 때문에 음복례를 하지 말라는 하교가 있었습니다만, 지금 효안전(孝安殿)[48]의 연제 뒤에는 백관들이 모두 이미 상복을 벗고 길

43 **상께서……계시니** 영조의 계비(繼妃)인 정순왕후(貞純王后) 김씨가 1805년(순조 5) 승하하였다.

44 **대신과……아뢰기를** 이 기사는 입시했을 때 한용귀(韓用龜)가 직접 아뢴 말이 아니라, 연제(練祭) 후 향사(享祀)에서의 음복례(飮福禮) 시행 여부에 대해 예조에서 낭청을 보내 시임 대신과 원임 대신에게 수의(收議)했을 때 헌의(獻議)한 내용인데, 《사직서의궤》를 만들 때 잘못 전재(轉載)한 것으로 보인다. 《純祖實錄 6年 1月 3日》《承政院日記 純祖 6年 1月 3日》

45 **휘령전** 영조의 비(妃) 정성왕후(貞聖王后) 서씨(徐氏)의 혼전(魂殿)이다. 정성왕후는 1757년(영조 33) 2월에 승하하였다.

46 **효소전** 숙종의 계비 인원왕후(仁元王后) 김씨(金氏)의 혼전이다. 인원왕후는 1757년 3월에 승하하였다.

47 **심제** 상제(喪制)가 복(服)은 벗었으나 슬픔이 가시지 않아서 대상(大祥)이 지난 뒤 담제(禫祭)까지 입는 복이다.

48 **효안전** 영조의 계비 정순왕후(貞純王后) 김씨의 혼전이다. 정순왕후는 1805년(순조 5)에 승하하였다.

복(吉服)으로 갈아입었고, 대소(大小) 향사(享祀)가 또한 섭행을 하니, 음복례를 하더라도 구애될 것이 없을 듯합니다. 다만 삼가 생각건대, 경모궁(景慕宮)에 대해서는 친제(親祭)와 섭향(攝享)을 막론하고 인정과 예의로 참작하여 보면 규례대로 음복하는 것은 합당하지 않을 듯합니다. 이미 명백하게 근거할 만한 예문(禮文)이 없는 만큼, 식견이 부족한 신으로서는 감히 억측으로 대답할 수 없습니다. 오직 널리 하문하여 처리하소서."

하니, 좌상의 의논대로 하라고 전교하였다.

규례 規例

○ 태조조(太祖朝)

적전 영(籍田令)과 적전 승(籍田丞)을 두어 적경(籍耕)과 제사(祭祀)의 법(法)을 관장하게 하였다. 서적전(西籍田)은 본래 고려(高麗)의 교채지(郊采地)[49]로 개성부(開城府) 동쪽 20리에 있는데, 마을 이름을 '전농(典農)'이라 하고, 관청을 두어 '형향각(馨香閣)'이라는 편액(扁額)을 달았다. 본 적전(籍田)의 노비로 하여금 경작하게 하여 종묘와 사직 이하 각 능(陵)과 각 단(壇)의 1년 동안 예정되어 있는 제향(祭享)과 각종 자성(粢盛)의 비용으로 충당하게 하였다. 동적전(東籍田)은 동쪽 교외 15리에 있는데, 마을 이름을 또한 '전농'이라 하고, 관청을 두어 '필분각(苾芬閣)'이라는 편액을 달았다. 본 적전의 노비가 모민(募民)들과 함께 경작하여 종묘와 사직 이하 각 능과 각 단의 수시로 지내는 별제(別祭)와 각종 자성의 비용으로 충당하게 하였다. —《문헌비고》와 구《태상지》의 기록을 합하였다.

49 **교채지** 교채공전(郊采公田)과 같은 뜻으로, 국가에서 조세를 받아들여서 공신(功臣)에게 주기 위하여 교외(郊外)에 마련하여 놓은 공전을 말한다.

○ 세조 즉위년 을해(1455) 7월

종묘, 사직, 제릉(諸陵)의 대향(大享)과 기신(忌辰)의 재계일에는 시사(視事)를 정지하도록 명하였다. —《국조보감》

○ 숙종 11년 을축(1685)

종묘와 사직의 친제(親祭) 때에 대간(臺諫)으로서 제사에 차출된 인원은 적간(摘奸)할 때에 여러 집사의 예에 의거하여 똑같이 배례(拜禮)하도록 명하였다. —《수교집록(受教輯錄)》

○ 같은 해 3월

호조 판서 정재숭(鄭載嵩)이 아뢰기를,

"사직에 대해 봉심하는 일이 없어서 제기(祭器), 제복(祭服), 잡물(雜物)의 수보(修補)를 단지 본서의 첩보에만 의거하고 있는 까닭에, 들어갈 물력(物力)에 대해 하인배들이 농간을 부리는 폐단이 많이 있습니다. 마땅히 지금부터는 호조, 예조, 공조의 낭관(郎官)으로 하여금 매년 봄가을로 봉심하게 한 뒤에 훼손되는 대로 개수하는 것을 정식으로 삼아 시행하소서."

하니, 그대로 따랐다. ―《예조등록》과 《사직서등록》의 기록을 합하였다.

○ 숙종 18년 임신(1692) 2월

사직(社稷) 춘향(春享)의 헌관(獻官)이 아뢰기를,

"큰바람이 종일토록 그치지 않아서 단 위의 차장(遮帳)이 찢어지고, 제기(祭器)가 기울어지기도 하였습니다. 제사를 지낼 때 만약 다시 이와 같은 일이 생긴다면, 신판(神版)이 움직일 염려가 없지 않습니다. 신장(神欌)을 단 위에 모셔 두고, 신판을 그 안에 봉안하여 뜻밖의 근심을 방비하소서."

하니, 그대로 따랐다. ―이후로 신사년(1701, 숙종 27) 춘향, 임진년(1712, 숙종 38) 기곡(祈穀) 및 춘향 때에 큰바람을 만나자, 모두 이 전례를 쓰기를 계청하였다. ○《사직서등록》

○ 숙종 34년 무자(1708) 2월

본서가 예조에 첩보하기를,

"이번 대제(大祭)에 친림할 때 알자(謁者)의 인도로 천조관(薦俎官)이 단(壇)에 올라간 일에 대해서, 상이 온당치 않다는 하교를 내리니, 정원이 알자는 추고하고 수복(守僕)은 치죄하기를 아뢰었습니다. 종전에는 친제(親祭) 때 알자가 으레 단에 올라갔으나, 이번에는 이미 전교가 있었으니, 지금부터는 알자가 단에 올라가는 절차를 어떻게 해야겠습니까?"

하니, 예조의 제사(題辭)에,

"알자의 직임은 인접(引接)하는 것에 불과하다. 예전에는 단에 올라갔다고 말한 것은 필시 어리석은 수복들이 그릇된 전례를 잘못 인용한 소치라고 생각된다. 지금부터는 알자는 단에 올라가지 않는 것을 정식으로 삼아 시행하라."

하였다. ―출전은 위와 같다.

50 **대갱** 제사에 쓰던 고깃국을 말한다. 소나 돼지, 양 따위의 고기를 삶아 얻는데, 소금이나 양념을 전혀 하지 않았다. 태갱(太羹)이라고도 한다.

51 **경자년 국상** 1720년(숙종 46) 6월 8일 승하한 숙종의 국상을 말한다.

○ 숙종 42년 병신(1716) 4월

예조가 아뢰기를,

"《오례의》 및 《종묘의궤(宗廟儀軌)》 도식(圖式)을 상고해 보니, 각 실(室)의 준상(尊床)에는 서쪽에 명수(明水)와 현주(玄酒)를 진설하였는데, 지금은 단지 빈 준(尊)만 진설합니다. 대갱(大羹)[50]은 와등(瓦甑)에 담아 첫째 줄에 올리는데, 《오례의》 주(註)에 '대갱은 태고(太古)의 국으로 간을 하지 않은 고깃국〔肉汁〕인데, 후대의 임금이 고례(古禮)를 보존하려고 하기 때문에 진설한다.' 하였습니다. 그런데 지금은 냉수에 쇠기름〔牛脂〕을 조금 썰어 넣어서 쓰고 있으니 크게 예제(禮制)를 잃은 것입니다. 마땅히 고례에 의거하여 고기를 삶아서 국을 만들어 올려야 합니다. 돈박(豚拍)은 《오례의》 도식에 '가늘게 썰어서 회를 만든다.'라고 하였는데, 지금은 덩어리 고기〔全肉〕를 두(豆)에 담아 진설합니다. 이미 익힌 돼지고기를 두에 담아 진설하는데 또 익힌 돼지고기 한 덩어리를 두에 담아 진설하여 한 물건을 두 가지로 사용하고 있으니, 이것은 필시 중간에 잘못된 것이므로 또한 마땅히 규례대로 썰어서 사용해야 되겠습니다. 그 나머지 병이(餠餌)도 법식에 어긋난 것이 많이 있다고 합니다. 지금부터는 한결같이 《오례의》 도식에 의거하여 베껴서 등록(謄錄)을 만들어 봉상시(奉常寺) 및 종묘서(宗廟署)에 나누어 주고, 전사관(典祀官) 및 본서의 관원으로 하여금 도식과 등록을 살펴서 검찰(檢察)하고 진설하는 것을 감독하게 하고, 사직(社稷), 각 전(殿), 여러 산천의 크고 작은 향사(享祀)에도 똑같이 시행하게 하소서."

하니, 상이 따랐다. —《숙묘보감》

○ 영종 6년 경술(1730) 7월

본서가 예조에 첩보하기를,

"국상(國喪)의 졸곡(卒哭) 전에는 대소(大小) 제향(祭享)의 번육(膰肉)을 정결한 곳에 묻는다는 규례가 있습니다. 경자년(1720, 숙종 46) 국상[51] 때에는 추향(秋享)의 번육을 평상시의 규례대로 빈전(殯殿)에 진상하고, 내의원에 약용(藥用)으로 들어온 양(羊)의 간(肝) 및 소, 양, 돼지의 기름〔脂〕과 발〔足〕을 규례대로 진배(進排)한 것을 제외하고 그 나머지는 모두 묻었습니다. 갑진년(1724, 경종 4) 국상[52] 때에는 납향(臘享)의 번육을 빈전 및 대왕대비전에 규례대로 봉진하고, 대전과 중궁전은 이미 상선(常膳)을 회복하였기 때문에 똑같이 봉진하였습니다. 전후의 등록(謄錄)이 한결같지 않으니, 이번에는 어떻게 해야겠습니까?"

하니, 예조의 제사(題辭)에,

"갑진년 규례대로 거행하라."

하였다. -《사직서등록》

○ **영종 20년 갑자(1744) 8월**

봉상시 도제조 김재로(金在魯)가 아뢰기를,

"제사에 쓰는 중포(中脯)는 예문(禮文)의 치수가 길이는 8치, 너비는 1치 5푼, 두께는 2푼으로 규정되어 있는데, 근래에 헌관(獻官)의 채근으로 인하여 점차 크게 만들게 되었습니다. 무릇 중포를 너무 두껍고 크게 만들면 상하고 부패하기 쉽습니다. 그래서 신은 치수를 조금 줄여서 만들게 하여 예문의 치수와 크게 차이가 나지 않게 하려고 합니다만, 만약 여쭈어 정하지 않으면 필시 제사 지내는 곳에서 채근할 염려가 있습니다. 내년 봄부터 시작하여 점차 두께와 길이, 너비를 줄이는 것이 좋을 듯합니다."

하니, 그대로 따랐다. -출전은 위와 같다.

○ **영종 21년 을축(1745) 1월**

본서의 도제조 조현명(趙顯命)이 아뢰기를,

"무릇 사직을 봉심할 때에는 망신실례(望神室禮)[53]가 있는데, 요즈음 봄 가을로 봉심할 때에 호조와 예조 낭관이 망례(望禮)를 행하지 않고 곧장 봉심을 하니 매우 해괴한 일입니다. 이후로는 등록(謄錄)에 의거하여 망례를 행하게 하는 것이 어떻겠습니까?"

하니, 그대로 따랐다. -《예조등록》과 《사직서등록》의 기록을 합하였다.

○ **같은 해 5월**

본서가 예조에 첩보하기를,

52 **갑진년 국상** 1724년(경종4) 8월 25일 창경궁(昌慶宮) 환취정(環翠亭)에서 승하한 경종(景宗)의 국상을 말한다.

53 **망신실례** 사직(社稷)을 봉심할 때 먼저 신실(神室)을 바라보고 절하는 예식이다.

"본서의 신실(神室) 근처의 담장이 무너져서 위안제(慰安祭)를 지내는 것은 처음 만들어 시행하는 법이니, 미리 그 경계(境界)를 정하지 않을 수 없습니다. 대저 서남쪽의 담장이 신실에 가장 가까운데, 그 담장 모퉁이로부터 파수(把數)[54]를 계산하면 서쪽 담장 모퉁이로부터 북쪽으로 서쪽 홍살문(紅箭門)까지가 20파(把)이고, 남쪽 담장 모퉁이로부터 동쪽으로 남쪽 홍살문까지가 또한 20파입니다. 뒷날에 서문과 남문 두 문 사이의 담장이 무너지면, 위안제를 설행할지의 여부를 본서에서 미리 강구하여 결정한 뒤에 그때 가서 본조에 첩보하고 나서 거행하도록 하겠습니다.……"

하였다. ―《사직서등록》

54 파수 두 팔을 펴서 벌린 길이인 발의 수를 말한다. 1파(把)는 10자(尺)이다.

55 화악작 뜨는 부분을 꽃받침 모양으로 만든 구기[勺]를 말한다.

○ **영종 30년 갑술(1754) 12월**

우부승지 이유신(李裕身)이 아뢰기를,

"태묘(太廟 종묘) 제향 때의 헌관(獻官)과 여러 집사(執事)의 관세위(盥洗位)에서 사용하는 구기[勺]는 준소(尊所)의 용두작(龍頭勺)과 모양이 엇비슷하기 때문에 혹시라도 혼동하여 뒤섞일 염려가 없지 않습니다. 그러니 관세(盥洗)에 사용하는 구기를 모양을 달리하여 다시 만듦으로써 서로 뒤섞이지 않게 하는 것이 어떻겠습니까?"

하니, 상이 이르기를,

"이 말을 들으니 한심한 생각이 든다. 무릇 제기(祭器)로 쓰는 구기는 모두 용두작이니, 관세에 쓰는 구기를 화악작(花萼勺)[55]으로 만들고, 종묘, 사직, 전(殿)에 사용할 구기를 각각 3건씩 해당 조로 하여금 이달 안에 만들게 하라."

하였다. ―출전은 위와 같다.

○ **영종 39년 계미(1763) 9월**

영의정 홍봉한(洪鳳漢)이 아뢰기를,

"제향(祭享)에 쓸 녹해(鹿醢 사슴고기 젓)를 노루[獐]로 대신 쓰는 것은 끝내 온당치 않습니다. 일전에 특교(特教)가 내린 뒤로, 사세로 보아서는 사슴을 진배(進排)하는 것이 마땅하겠으나, 허다한 제향에 모두 녹해를 쓰는 것은 형편상 될 수가 없습니다."

하니, 상이 이르기를,

"단(壇), 묘(廟), 사(社) 및 문묘(文廟), 정전(正殿)의 대향(大享)에는 쓰도록 하라."

하였다. —출전은 위와 같다.

○ 영종 43년 정해(1767) 1월

종묘와 사직에 향사(享祀)할 때 고례(古禮)를 회복하여 지주(旨酒 좋은 술)를 사용하고, 제사를 마친 뒤에는 술동이에 남아 있는 술과 음복(飮福)하고 남은 술을 전사관(典祀官)이 깨끗한 곳에 붓도록 명하였다. —출전은 위와 같다.

○ 영종 47년 신묘(1771) 1월

사직 기곡제(祈穀祭)에서 향축을 받을 때의 의장(儀仗)은 대제(大祭)의 규례대로 대령하도록 명하였다. —출전은 위와 같다.

○ 같은 해 5월

판부사 김양택(金陽澤)이 아뢰기를,

"단(壇),[56] 종묘, 사직, 산천(山川)의 대제에 올리는 과일 가운데 황률(黃栗)과 대추[大棗]는 일찍이 백자(柏子), 호두(胡桃), 은행(銀杏) 등의 과일로 변통하여 대신 봉진하였습니다. 신사년(1761, 영조 37)에 고(故) 상신(相臣) 윤동도(尹東度)가 호조 판서로 있을 때, 대신 봉진해서는 안 된다는 것으로 연석(筵席)에서 품의하여 정식(定式)을 삼았는데, 근래에 들으니 여름에 쓰는 대추와 밤에 상한 것이 많다고 합니다. 대개 종묘와 사직 제향에 올리는 것은 으레 껍질을 벗기지 않는데, 대추와 밤의 경우에는 비록 껍질을 벗기더라도 쪼개어 볼 수 없기 때문에 안쪽 부분이 상한 것을 알 수 없습니다. 규례대로 대신 봉진하게 하는 것이 어떻겠습니까?"

하니, 상이 그대로 하라고 하였다. —출전은 위와 같다.

56 단 여기서의 단은 황단(皇壇)을 말한다.《承政院日記 英祖 47年 5月 28日》

57 태뢰 제사에 소, 양, 돼지를 빠짐없이 갖춘 희생을 이르는 말이다. 대뢰(大牢)라고도 한다.

○ 영종 50년 갑오(1774) 5월

영의정 김상복(金相福)이 아뢰기를,

"섭행(攝行)으로 하는 사직 고제(告祭)에는 본래 돼지 1마리를 쓰는데, 올봄 기곡제(祈穀祭) 뒤에 '비록 태뢰(太牢)[57]는 쓰지 않더라도 돼지 1마리만 쓰는 것은 너무 간략한 것 같으니, 이후로는 돼지 2마리를 쓰라.'라는 전교가 있었고, 그 뒤에 예조 판서가 여쭈어 정하여 기곡제의 경우에만 2마리를 썼습니다. 이번 기우제(祈雨祭)에 전례대로 돼지 1마리를 쓰고, 신주 4위(位)에 대해 돼지 1마리를 가지고 나누어 쓰는 것은 구차함을 면할 수 없습니다. 기우제와 기곡제에 똑같이 돼지 2마리를 쓰는 것이 합당할 듯하기에, 우러러 아룁니다."

하니, 상이 이르기를,

"이후로는 무릇 섭행으로 하는 제사에 대해서는 태실(太室)의 전례대로 거행하라."

하였다. ―출전은 위와 같다.

○ 정종 6년 임인(1782) 1월

예조 판서 김노진(金魯鎭)이 아뢰기를,

"기곡제를 섭행으로 하는 경우는 이미 소사(小祀)이기 때문에 제관(祭官) 외에는 원래 재계하는 예가 없습니다. 《오례의(五禮儀)》에 '선농제(先農祭), 선잠제(先蠶祭), 석전제(釋奠祭)의 경우도 재계를 하지 않고, 중사(中祀)와 소사도 마찬가지이다.'라고 하였는데, 기곡제의 경우는 '제관은 치재(致齊)하라.'라는 신묘년(1771, 영조 47)의 특교(特敎)로 인하여, 마침내 근년에 통행되는 규례가 되었습니다. 이후로는 한결같이 《오례의》를 따라서 친향(親享)이 아니면 제관 외에는 모두 재계하지 못하게 하는 것이 어떻겠습니까?"

하니, 그대로 따랐다. ―출전은 위와 같다.

○ 정종 16년 임자(1792) 10월

승지 홍의영(洪義榮)이 아뢰기를,

"막중한 축문(祝文)을 단지 전향(傳香)할 때 헌관(獻官)이 향관(香官)과 함께 한 차례 교정을 보는 것으로 끝내는 것은 공경하고 삼가는 마음이 부족한 것입니다. 이후로는 축문을 쓸 때 헌관이 대축(大祝) 및 묘사(廟司)와 함께 교정을 보고, 만약 제대로 살피지 못한 잘못이 있으면 축문을 교정 본 여러 신하를 아울러 논감(論勘)하는 것을 묘(廟), 궁(宮), 원(園), 묘(墓)에 대해서 일체 정식으로 삼아 시행하고 이어 이러한 내용을 써서 향대청(香大廳)에 게시하여 영구히 준행할 수 있도록 하는 것이 어떻겠습니까?"

하니, 그대로 따랐다.

○ 정종 17년 계축(1793) 1월

동부승지 성정진(成鼎鎭)이 아뢰기를,

"친행(親行)으로 하는 기곡 대제(祈穀大祭) 때에 감찰 홍광일(洪光一)이 '내정(內井)의 물이 혹시 말라 버리면 미리 외정(外井)을 수리하여 물을 길어 쓸 수 있도록 대비하는 것이 본래 서부(西部) 수정관(修井官)의 책무입니다. 그런데 이번 친림할 때 내정이 이미 말라 버렸는데도 외정을 즉시 수리하지 않은 까닭에 물을 길어 쓸 방법이 없게 하였으니, 때에 닥쳐서 몸 둘 바를 몰랐습니다. 우물을 가려서 물을 길을 때에 수정관이 제대로 살피지 않았을 뿐만 아니라 하례(下隷)도 대령하지 않았습니다. 중요한 일은 생각지 않고 오로지 태만하게 지낸 것이 이보다 심한 경우가 없으니, 해당 부(部)의 관원을 경책하는 방도가 없어서는 안 됩니다.' 하였습니다. 대감(臺監 사헌부 감찰)의 정과(呈課)[58]가 이미 이와 같으니, 사체로 헤아려 보건대 매우 온당치 않습니다. 서부 수정관에게 현고(現告)를 받고 의금부로 잡아다 신문하여 엄하게 처벌하소서."

하니, 답하기를,

"윤허하지 않는다. 수정관의 일은, 이것이 부(部)의 관원의 죄는 아니다. 제거(提擧 제조(提調)) 된 자가 만약 항상 신칙하였다면, 어찌 때에 닥쳐서 구차한 폐단이 있었겠는가. 하물며 기일보다 하루 먼저 나아갔는데, 무슨 우물을 살피고 신칙한 일을 했다는 것인가. 해당 서(署)의 제거 서유린(徐有隣)을 우선 체차하라. 해당 낭관(郎官) 등은 새로 들어온 자 외에는 의금부로 잡아다 신문하여 엄하게 처벌하고, 해당 전사

58 정과 사헌부 감찰이 금령(禁令)을 어긴 사람이나 관원의 불법(不法) 또는 조의(朝儀)에 어긋난 행위에 대해 대간(臺諫)에게 고하는 것이다. 그 내용을 대간이 왕에게 아뢰어 청죄(請罪)할 수 있게 하였다.《日省錄 正祖 10年 1月 22日》

관(典祀官)도 의금부로 잡아다 처리하라. 행수 수복(行首守僕 수복의 우두머리)에 대해서는 해당 조로 하여금 엄히 형장을 쳐서 한 사람을 징계하여 여러 사람을 경계하라. 너희들은 대각(臺閣)의 직임에 있으면서 어찌 한갓 정과(呈課)를 베껴 쓰고, 감찰이 시키는 대로만 하는가. 비록 명수(明水)를 제대로 살피지 못한 관원을 곧바로 지척(指斥)하지 않았더라도, 제거와 전사관을 아울러 논죄하지 않았으니 이와 같은 대간의 체모를 지금에야 비로소 처음 보았다. 너희들은 엄하게 추고할 것이고, 해당 대감(臺監)도 추고하겠다. 근일에 대감은 오직 세력이 없는 사람에게만 정과하여 책임이나 때울 생각을 하고, 새로 들어온 자도 이것을 본받는다. 문관(文官)·음관(蔭官)·무관(武官) 감찰(監察) 중에 사일(仕日)이 가장 오래된 사람도 의금부로 잡아다 신문하여 처리하라."

하였다.

정원이 아뢰기를,

"본서(本署)가 대소(大小) 제향(祭享) 때에 내정(內井)과 외정(外井)을 모두 사용하도록 결정하소서."

하였다.

○ 같은 해 9월

행 부사직 이문원(李文源)이 아뢰기를,

"묘궁(廟宮)의 대문 자물쇠는 사체(事體)가 대궐 문과 다름이 없기 때문에 날이 밝은 뒤에 비로소 자물쇠 여는 것을 허락하였습니다. 그런데 작년 겨울에 하교로 인하여 대제(大祭)가 파한 뒤에 악공(樂工)과 숙수(熟手)[59]는 모두 즉시 대문을 열고 내보내었는데, 향관(享官) 이하는 유문(留門)[60]이 된 까닭에 일시에 나갈 수 없었습니다. 이미 일을 마친 뒤에 많은 관원이 이유 없이 엄숙한 지역에 오랫동안 머무는 것은 또한 온당치 않으니, 이후로는 한꺼번에 내보내소서. 제기(祭器)를 창고에 넣은 뒤에는 종헌관과 감찰도 따라서 묘궁에서 나오도록 하고, 삭제(朔祭)와 망제(望祭) 및 각종 제향(祭享)의 처소도 모두 이 예에 의거하여 거행하는 것이 좋을 듯합니다. 그래서 감히 이렇게 우러러 아룁니다."

59 **숙수** 잔치나 제사 등의 큰 일 때에 전문으로 음식을 만드는 사람이다.

60 **유문** 궁문(宮門)의 개폐(開閉)는 정시(定時)에 행하는 것으로 되어 있으나, 꼭 나가야 할 사람과 들어올 사람이 있을 때에는 그 개폐를 보류하였다.

하니, 예조 판서 민종현(閔鍾顯)이 아뢰기를,

"신의 생각도 이 중신(重臣)과 다름이 없으니, 이대로 시행하는 것이 편리할 듯합니다."

하자, 상이 그대로 하라고 하였다.

○ 정종 21년 정사(1797) 1월

장악원 제조 민종현(閔鍾顯)이 아뢰기를,

"대향(大享) 때 재계하는 곳은 얼마나 엄숙하고 경건한 곳입니까. 그런데 악공들이 출입을 제멋대로 하니 매우 온당치 못한 일입니다. 작년 납향(臘享) 때부터 삼가 성상의 하교에 의거하여 특별히 엄하게 신칙하여 예전처럼 행동하지 못하게 하였습니다만, 시일이 조금 오래된 뒤로는 점차 해이해졌습니다. 이런 내용으로 단사(壇司),[61] 묘사(廟司), 궁사(宮司), 재소(齋所) 및 수문청(守門廳)에 써서 걸어서 영구히 준행할 바탕으로 삼고, 춘조(春曹 예조)와 약원(藥院 내의원)도 똑같이 벽에 써서 걸어서 신칙하도록 분부하는 것이 어떻겠습니까?"

하니, 상이 그대로 하라고 하였다.

61 단사 조선 시대에 제단(祭壇)의 관리를 맡은 관아. 또는 그 관아의 사람을 말한다. 여기서는 사직서(社稷署)를 가리킨다.

○ 정종 23년 기미(1799) 12월

우승지 정상우(鄭尙愚)가 아뢰기를,

"오늘 사직(社稷) 납향 대제(臘享大祭)의 서계(誓戒) 때에 헌관(獻官)의 초기(草記)를 제감(祭監)과 감찰(監察)이 와서 바쳤는데, 이것은 실상 잘못된 규례입니다. 감찰은 해당 사(司)의 낭관(郎官)과 차이가 있을 뿐만 아니라, 제감이 정과(呈課)하는 것이 본래 상규(常規)인데, 어찌 헌관의 뜻으로 와서 초기를 바칠 수 있단 말입니까. 이후로는 서계할 때, 대신이 헌관이 되면 초기는 마땅히 정부(政府)와 추부(樞府 중추부) 혹은 비변사 낭청이 바치고, 그 외의 헌관의 경우에는 단사와 묘사가 와서 바치도록 정식을 삼아 시행하는 것이 좋을 듯합니다. 그래서 감히 이렇게 우러러 아룁니다."

하니, 상이 이르기를,

"그대로 하라. 비록 대신이 헌관이 되지 않았을 때라도 종친, 의빈(儀賓)

62 오상사 다섯 상사(上司)로, 곧 의정부(議政府), 돈녕부(敦寧府), 의빈부(儀賓府), 충훈부(忠勳府), 중추부(中樞府)를 말한다.

및 국구(國舅), 영돈녕(領敦寧), 훈신(勳臣), 부원군(府院君)은 모두 오상사(五上司)[62]이니, 각각 해당 낭관으로 하여금 와서 바치도록 정식을 삼고, 서계 시각을 앞두고는 단사와 묘사로 하여금 와서 바치게 하라."

하였다.

○ 정종 24년 경신(1800) 3월

예조 판서 이만수(李晩秀)가 아뢰기를,

"이번 정시(庭試)는 진실로 막대한 경과(慶科)이기에 제사(諸司)의 음관(蔭官)으로서 공역(公役)이 서로 겹치는 자는 모두 편의대로 변통하여 과거 시험에 응시하는 것을 허락하였으니, 이것은 실로 경사를 널리 함께하고 은혜를 널리 베푸는 성상의 생각에서 나온 것입니다. 사직과 태묘(太廟)의 관원은 전에는 문낭청(文郎廳)이 있었기 때문에 음관은 입직(入直)을 교대하고 과장(科場)에 들어갈 수 있었습니다. 그러나 모두 음관이 된 뒤로는 입직하는 관원은 홀로 시험에 응시할 수 없게 되었는데, 종묘와 사직에 입직하는 것은 사체(事體)가 막중하여 가관(假官)이 대신 입직할 수 없어서 달리 조처할 방도가 없다고 합니다. 마침 시비의 소지가 있어서 감히 이렇게 우러러 아룁니다."

하니, 상이 이르기를,

"예조 낭청 가운데 각별히 가려 보내어 대직(代直)하게 한 뒤에 초기(草記)하고, 이것으로 정식을 삼도록 하라."

하였다.

○ 당저(當宁 순조) 3년 계해(1803) 11월

본서(本署) 도제조 이시수(李時秀)가 아뢰기를,

"신은 오늘 3경쯤에, 삼가 사직의 악기고(樂器庫)에 불이 났다는 보고를 듣고 너무도 놀랐습니다. 본서의 제조 조상진(趙尙鎭)과 함께 달려가서 봉심하니, 낙엽이 쌓인 곳에 우연히 난 불이 악기고까지 번져서 3칸이 모두 불에 타 버렸고, 미처 꺼내어 운반하지 못한 악기도 대부분 불에 타 버렸습니다. 비록 다행스럽게도 즉시 불을 껐지만 막중한 곳에서 이처럼 두렵고 떨리는 일이 있었으니, 위안(慰安)하는 거조가 있어야 마땅할 듯합니다. 해당 조로 하여금 품지하여 거행하게 하고, 호조와 예조의 당상, 장악원 제조로 하여금 날이 밝기를 기다려 나아가 봉심한 뒤에 고사(庫舍)는 즉시 고쳐 짓고, 불에 타 버린 악기도 다시 장만해야 합니다. 신이 평상시 제대로 검칙하지 못한 죄가 너무도 황공하고, 본서의 입직 관원이 지극히 신중하지 못한 점은 진실로 극히 놀라운 일이니, 해당 부(府)로 하여금 잡아다 신문하여 엄히 처벌하고, 수직(守直)한 하속(下屬) 등은 담당 관사로 하여금 엄히 죄를 다스리게 하는 것이 어떻겠습니까?"

하니, 윤허한다고 전교하였다.

본서本署의 잡사雜事

○ 선조 18년 을유(1585)

추향(秋享) 때에 진설(陳設)을 앞두고 국직(國稷)의 위판(位版)을 잃어버렸는데, 즉시 그 사유를 아뢰고서 급히 서둘러 빈자리〔虛位〕를 설치하고 추향을 지냈다. 대대적으로 수색하여 사직단 담장 안의 나무 아래에서 위판을 발견하였는바, 바로 수복(守僕) 주홍(朱洪)이 본서의 관원을 무함하려고 위판을 훔쳐서 땅에 묻은 것이다. 주홍을 대역(大逆)으로 논죄하고 형률에 따라 연좌(緣坐)하였다.[63] —김시위(金始煒)《휘언(彙言)》[64]

○ 인조 13년 을해(1635)

사직제(社稷祭)에서 희생을 살필 때, 제사에 쓸 소가 뛰쳐나와 헌관(獻官)을 치받아 상처를 입혔다. 예조 판서 홍서봉(洪瑞鳳)이 강연(講筵)에 들어와서 아뢰기를,

> "사직제에서 희생을 살필 때, 제사에 쓸 소가 뛰쳐나와 제관(祭官)을 치받아 상처를 입혔는데, 이런 일은 옛날에도 거의 듣지 못하였습니다. 전(傳)에 '그 형체를 보지 못하면 바라건대 그 그림자를 살피소서.' 하였으니,[65] 음기(陰氣)로 인한 재변(災變)을 길상(吉祥)으로 바꾸는 것은 단지 성상의 일념에 달려 있고, 언로(言路)를 크게 여는 것도 바로 지금의 급선무입니다. 그리고 금년에는 큰바람이 연이어 불어서 나무가 뽑히는 재변이 많이 일어났습니다. 대부분 전쟁이 일어날 조짐과 관련되는데, 오랑캐와의 흔단(釁端)이 한창 생기고 변이(變異)가 자주 나타나고 있으니, 신은 사건이 일어나기 전에 미리 경계하는 일이 없어서는 안 된다고 생각합니다."

하였다. —홍서봉(洪瑞鳳)〈행장(行狀)〉과 김시위《휘언》의 기록을 합하였다.

○ 현종 2년 신축(1661) 4월

좌참찬 송준길(宋浚吉)이 아뢰기를,

63 **대역으로……연좌하였다** 대역은 종묘(宗廟), 산릉(山陵), 궁궐(宮闕)을 훼손하기를 꾀하는 것을 말한다. 함께 모의한 자는 주범과 종범을 불문하고 모두 능지처사한다. 범인의 부자가 16세 이상이면 모두 교형에 처하고, 15세 이하이거나 모녀·처첩·조손·형제·자매 또는 아들의 처첩은 공신의 집에 주어 노비로 삼고, 재산은 모두 관청에서 몰수한다. 다만, 남자로서 80세이거나 독질에 걸렸거나, 여자로서 60세이거나 폐질에 걸린 경우에는 모두 연좌죄(緣坐罪)를 면한다.《大明律 刑律 賊盜 謀反大逆》

64 **김시위 휘언** 김시위(金始煒, 1694~미상)의 《동포휘언(東圃彙言)》을 가리킨다.

65 **전에……하였으니** 언로(言路)를 확충하고 선정(善政)을 베풀어 미리 재변(災變)의 빌미를 없애라는 말이다. 이 글은 한(漢)나라 때 외척(外戚)의 발호(跋扈)를 속히 제어하라는 내용으로 매복(梅福)이 성제(成帝)에게 간언한 상서(上書)에 나오는데, 성제는 이 말을 받아들이지 않았다.《漢書 卷67 梅福傳》

"사직서 수복(守僕)은 단지 6명뿐이어서 평상시 제사 때에도 인원이 매우 부족하였습니다. 친제(親祭) 때마다 모양을 이루지 못하여 심지어 다른 관사에서 빌려 오기까지 하니, 의당 변통하는 방도가 있어야 합니다."

하니, 상이 이르기를,

"해당 조(曹)에 말하여 거행하게 하라."

하였다. 예조가 계청하기를,

"사직서 수복 6명 외에 2명을 정원 외로 더 뽑으소서."

하니, 그대로 윤허한다고 하였다. —《예조등록》

○ 현종 14년 계축(1673) 8월

본서의 제조 정익(鄭榏)이 아뢰기를,

"본서는 전복(典僕)의 숫자가 적어서 대제(大祭) 때에 매우 구차스러우니, 다른 각 시(寺)의 노비가 여유가 있는 곳에서 10여 구(口)를 떼어 주는 것이 어떻겠습니까?"

하니, 상이 이르기를,

"경노비(京奴婢)[66] 15구를 해당 원(院)으로 하여금 떼어 주게 하라."

하였다. —《사직서등록》

66 경노비 서울에 있는 관아(官衙)에 소속된 노비를 말한다.

○ 숙종 9년 계해(1683) 3월

예조가 아뢰기를,

"사직서의 제기고(祭器庫)를 수축할 때, 곳간 근처에서 땅을 파다가 석경(石磬) 19매를 얻었는데 형체가 완전하였습니다. 그중에 몇 매는 현저하게 연기에 그을린 자국이 있었고, 석경의 앞면[磬面]에는 새겨진 글자 수가 뚜렷하고 또 '계축(癸丑)' 2자가 새겨져 있으니, 이것은 필시 병화(兵火) 때에 고사(庫舍)가 무너지는 바람에 묻힌 것으로 생각됩니다. 전악(典樂)을 불러 보여 주었더니, 그 길이와 두께를 현재 사용하는 석경과 비교하면 들쭉날쭉하여 같지 않고, 화염에 손상되어 석리(石理 돌무늬)가 터지고 갈라져서 사용하기 어려운 형편이라고 하였습니다. 이미 발굴한 뒤에도 달리 처치할 방도가 없으니 장악원(掌樂院)으로 이송

하겠습니다. 감히 아룁니다."

하였다. —《예조등록》과 《사직서등록》의 기록을 합하였다.

○ **숙종 11년 을축(1685) 3월**

영의정 김수항(金壽恒)이 아뢰기를,

"사직의 서쪽 담장 밖은 지역이 가장 깊숙하고 외지며, 또한 경치가 좋은 곳이라서 여염(閭閻) 무뢰배들의 놀이터가 되고 말았습니다. 심지어 음사(淫祀)를 지내는 부류까지 모두 그곳에 들어가는 바람에 징과 북을 치는 소리, 노래와 악기 소리가 사단(社壇)에까지 진동하지만 보잘것없는 사직단의 관속으로서는 금지할 수가 없습니다. 경조(京兆 한성부)로 하여금 엄히 금단(禁斷)하게 하소서."

하니, 그대로 따랐다. —《사직서등록》

○ **같은 해 3월**

본서가 한성부에 첩보(牒報)하기를,

"본서는 잡초를 제거하는 일이 없고 소설군(掃雪軍)은 30명뿐이니, 종묘(宗廟)와 남별전(南別殿)의 규례대로 역군(役軍)을 정하여 지급해야 합니다. 그래서 4월부터 8월까지는 매달 초하루에 한 번씩 잡초를 뽑고, 겨울철 눈을 치울 때에는 역군을 넉넉히 정해 주고 아울러 해당 부(部)의 관원들로 하여금 역군을 거느리고 와서 부역(赴役)하게 하는 것이 마땅합니다."

하니, 한성부의 제사(題辭)에,

"제초군(除草軍)은 매월 10명씩 정하여 보내고, 소설군은 때에 닥쳐서 참작하여 더 배정하겠다."

하였다. —이후로 4월 초하루부터 8월 그믐까지 제초군 7명을 해당 부(部)에서 날마다 정하여 보내 주고, 소설군과 해당 부의 서원(書員)을 수시로 거느리고 와서 넘겨주었다. 친제(親祭) 때에는 오부(五部)가 함께 들어와서 소제하였고, 섭사(攝事) 때에는 해당 부가 소제하였다. ○출전은 위와 같다.

○ **숙종 12년 병인**(1686) **윤4월**

예조 판서 여성제(呂聖齊)가 아뢰기를,

"방금 사직서 참봉의 첩보를 보니, 근래 송충이가 점점 치성하다고 하였습니다. 송충이는 사람의 힘으로 잡아 없애는 것이 어려우나 사직(社稷)은 여느 곳과는 달라서 내버려 두고 잡지 않을 수 없습니다. 한성부로 하여금 방민(坊民)[67]을 조발(調發)하여 시험 삼아 송충이를 잡게 하소서."

하니, 그대로 윤허하였다. —《예조등록》

67 방민 행정구역 단위인 방(坊) 안에 사는 백성을 말한다. 방은 조선 시대에 한성부(漢城府) 오부(五部)를 다시 나눈 행정 구역으로 그 밑에 이(里)를 두었다. 방의 수는 초기에는 49방이었으나 후대에는 54방으로 늘렸다.

○ **숙종 28년 임오**(1702) **7월**

본서가 아뢰기를,

"본서의 수직군(守直軍)은 10명뿐이어서 제단(祭壇)의 안팎을 수리 소제하거나 제기고(祭器庫) 등 각처(各處)를 수직하는 데 항상 인원이 부족한 것을 걱정하였습니다. 그래서 여러 차례 특교(特敎)가 있어서 크고 작은 사역(使役)에 대해 분군(分軍)할 때에 절대로 수직군을 조발하여 쓰지 못하도록 하였습니다. 그런데 지금 본서의 담장 역사(役事)에 대해, 병조가 수직군으로 하여금 수축하는 일을 담당하게 하였는데, 공사할 곳이 크고 넓어서 일을 끝낼 방도가 없습니다. 바라건대 병조로 하여금 역군을 정하여 보내어서 속히 수축하도록 하소서. 이제부터는 분군할 때에 비록 본서의 사역이라도 수직군을 조발하여 쓰지 말도록 영구히 정식으로 삼는 것이 어떻겠습니까?"

하니, 그대로 따랐다. —《사직서등록》

○ **숙종 37년 신묘**(1711) **3월**

예조가 아뢰기를,

"남한산성(南漢山城)에 지을 사직의 신주를 임시로 봉안할 장소는 국사(國社) 신실(神室)의 예(例)에 의거하여 하도록 윤허를 내리셨습니다. 방금 본서의 수직관(守直官)과 더불어 봉심(奉審)하고서 도형(圖形)을 그렸습니다. 종묘(宗廟)의 신주를 임시로 봉안할 곳은 이미 태묘(太廟)의 제도를 사용할 수 없으므로, 사직의 신주를 임시로 봉안할 곳도 한결같이 신실의 예에 의거할 필요는 없을 듯합니다. 봉심한 후에 그 제도를 대략 모방하되, 간략한 것을 따르도록 힘쓰는 것이 어떻겠습니까?"

하니, 그대로 따랐다. ―《예조등록》

○ 영종 9년 계축(1733) 2월

한성부가 아뢰었다.

"예조의 계청으로 인하여 사직단 북쪽의 내맥(來脈)[68]에 있는 백성들이 지은 집을 철거하도록 윤허를 내리셨습니다. 즉시 적간하게 하니, 사직단의 내맥을 누르고 있는 집은 10호(戶)였습니다. 그래서 모두 철거하고 구덩이를 판 곳은 흙으로 메운 뒤에 소나무를 심도록 하겠습니다. 감히 아룁니다." ―《사직서등록》

68 **내맥** 풍수설(風水說)에서 사용하는 말로, 주산(主山)에서 뻗어 내려온 산줄기를 지칭한다. 내룡(來龍), 산내룡(山內龍)이라고도 한다.

69 **금엽** 생황에 꽂는 쇠붙이로 얇게 만든 청인데, 이것이 진동하여 소리를 낸다.

○ 영종 13년 정사(1737) 11월

예조 판서 송진명(宋眞明)이 아뢰기를,

"사직단 담장 밖은 산맥(山脈)에 무너진 곳이 많고 물길이 막혀서 통하지 않은 까닭에 앞으로 무너지고 터질 염려가 있습니다. 그래서 어제 낭관(郎官)을 정하여 보내서 간심(看審)하게 한 결과 즉시 공사를 하지 않을 수 없지만 역사(役事)할 곳이 또한 넓고 크지는 않다고 합니다. 이처럼 날씨가 약간 따뜻해진 때에 보축(補築)하게 하는 것이 어떻겠습니까?"

하니, 그대로 따랐다. ―《예조등록》

○ 영종 18년 임술(1742) 11월

악사(樂師)를 연경(燕京)에 보내어 생황(笙簧) 만드는 법을 배우게 하였다. 우리나라는 옛날에 생황 만드는 법을 알지 못하여 금엽(金葉)[69]이 떨어지면 버리고서 쓰지 않고, 매년 중국에서 사 오느라 그 비용이 매우 많이 들었다. 이때에 이르러 특별히 악사 1인을 보내어 하지사(賀至使)의 사신 행차에 부쳐 생황 만드는 법을 전수해 오도록 하여, 이에 매년 사 오는 폐단이 마침내 없어지게 되었다. 그러나 끝내 접착력은 중국에서 만든 것보다 못하였다. 구(舊)《악학궤범(樂學軌範)》에는 화(和), 우(竽), 소(簫) 세 악기가 있으나 지금은 없다. 이때에 비로소 소(簫)를 사 가지고 와서 사직, 태학(太學), 여러 산천(山川) 제사의 쓰임에 대비하였다. —구《춘관지》

○ 영종 19년 계해(1743) 10월

예조가 아뢰기를,

"방금 사직서의 첩보(牒報)를 보니, 어제 비바람이 단유(壇壝)의 서쪽 언덕 위에 불어 큰 소나무 한 그루가 높은 가지부터 뿌리까지 벼락을 맞아 껍질이 갈라졌다고 합니다. 신실(神室)과 아주 가까운 곳에서 이처럼 벼락이 치는 변고가 있었으니, 위안하는 거조가 없어서는 안 됩니다. 위안제(慰安祭)는 날을 가리지 말고 13일에 설행하고, 벼락을 맞은 소나무는 해당 조로 하여금 베어 버리게 하는 것이 어떻겠습니까?"

하니, 그대로 윤허하였다. —《예조등록》

○ 영종 23년 정묘(1747) 8월

본서 도제조 조현명(趙顯命)이 아뢰기를,

"사직서의 원역(員役)은 본래 매우 부족하여 문서를 거행할 때에 서원(書員)이 없어서는 안 되는데, 서원은 원래 삭포(朔布)가 없어서 항상 고군(雇軍)의 삭포를 가지고 대신 지급하였습니다. 그런데 지난번 전교로 인하여 고군을 파하여 떠나게 하고 모두 향군(鄕軍)으로 대체하였기 때문에 서원에게 대신 지급할 포(布)도 따라서 없어지게 되었습니다. 일찍이 계축년(1733, 영조 9)에 흉년이 들어 임시로 향군 1명을 감하였는데, 지금 만약 예전대로 다시 1명을 뽑아서 그 요포(料布)를 가지고 서원에게 옮겨 지급하면 좋을 것입니다."

하니, 상이 이르기를,

"공자(孔子)가 '반드시 명분을 바로잡겠다.' 하였다.[70] 서원과 군사(軍士)는 고립(雇立)이 마찬가지인데, 군사의 삭포를 서원에게 지급하는 것은 매우 구차한 일이다."

하였다. 조현명이 아뢰기를,

"성상의 하교가 참으로 옳습니다. 그렇다면 예전에도 정원 외에 더 뽑

70 공자가……하였다 명분과 실상이 부합되게 하겠다는 뜻이다. 자로(子路)가 "위(衛)나라 임금이 부자(夫子)를 기다려 정사를 하려고 하는데, 부자께서는 무엇을 먼저 하시렵니까?" 라고 물은 데 대한 공자의 대답이다.《論語 子路》

은 전례가 있으니, 이번에도 하교대로 서원 1명을 더 뽑는 것이 어떻겠습니까?"

하니, 그대로 따랐다. -《사직서등록》

○ 영종 28년 임신(1752) 5월

본서 제조 이익정(李益炡)이 아뢰기를,

"신은 달포 전에 종묘에서 수직(守直)하는 향군(鄕軍) 가운데 원래의 수효를 감하고 대신에 사령(使令)을 두어 입역(立役)시키는 일로 우러러 아뢰어 윤허를 받았습니다. 종묘와 사직은 사체(事體)가 의당 다름이 없어야 하니, 사직에서 수직하는 향군 가운데 4명을 덜어 내고 사령이 일체 입역하게 하는 것이 사의(事宜)에 합당할 듯합니다."

하니, 상이 이르기를,

"아뢴 대로 사령을 차출하는 것이 합당하다."

하였다. -출전은 위와 같다.

○ 영종 30년 갑술(1754) 12월

본서가 아뢰기를,

"밤중에 호랑이가 본서의 북쪽 담장을 넘어 들어왔다가 곧 서쪽 담장을 넘어 가 버렸으니, 너무도 놀라운 일입니다. 속히 삼군문(三軍門)으로 하여금 포획하게 하는 것이 어떻겠습니까?"

하니, 그대로 윤허하였다. -출전은 위와 같다.

○ 영종 31년 을해(1755) 9월

본서의 구(舊) 노비안(奴婢案) 1건 및 올해 추쇄(推刷)할 창녕(昌寧) 노비안 1건을 호조에 이송하였다. 영남(嶺南)의 노(奴) 36구(口), 비(婢) 29구에 대한 공목(貢木)은 노 1구당 1필(疋) 반, 비 1구당 1필로 도합 무명 83필인데, 이를 돈으로 바꾼 126냥(兩) 및 무명 20필을 매년 10월 1일에 균역청(均役廳)에서 받아 와서 본서의 1년 공적 경비로 충당하였다. -출전은 위와 같다.

○ 당저(當宁 순조) 12년 임신(1812) 2월

병조의 감결(甘結)[71]은, 추국(推鞫)할 때 기병(騎兵)을 차출하라는 일이었는데, 제향(祭享)하는 중요한 곳에서는 차출할 수 없다는 것으로 현탈(懸頉)[72]하였다.

○ 같은 달

절목(節目)의 내용은 다음과 같다.

"본서의 수복(守僕)은 숫자가 많지 않고 각자 나누어 맡은 일이 있지만, 문서(文書)를 왕래하고 전포(錢布)를 출납할 때에 이르러서는 주관하는 자가 없을 수 없다. 그래서 일찍이 전전(前前) 계해년(1743, 영조 19) 연분(年分) 때에는 서원(書員) 1인을 차출하여 고지기(庫直)의 명색(名色)을 겸하여 맡게 하였고, 요포(料布)는 그 후 정묘년(1747, 영조 23)에 경연에서 여쭈어 구획(區劃)하여 여러 해 동안 거행하게 하였다. 그런데 갑자기 계축년(1793, 정조 17) 연분 때부터 고지기의 명색을 별도로 새로 만들어 서원의 요미(料米)를 나누어서 지급하였으나, 고지기와 서원이 받은 녹(祿)이 매우 적어서 정원 외의 원역(員役)은 실상 아무 의미가 없다. 그뿐만 아니라 외읍(外邑)의 노비를 혁파한 뒤로는 고지기의 명색은 더욱 중요하지 않게 되었고, 더구나 맡고 있는 창고의 물건이 없으니 더 말할 것이 있겠는가. 또한 관사(官司)에서 복역하지 않으니 의미가 없게 된 것은 너무도 당연하다. 지금부터 시작하여 고지기 한 자리는 영구히 혁파하고, 이어 구례(舊例)를 회복하여 서원이 고지기의 일을 겸하여 거행하는 것으로 영구히 준행한다." —《사직서등록》에 나온다.

○ 같은 해 8월

좌포청과 우포청에 이문(移文)[73]한 내용은 다음과 같다.

"본서의 사체는 얼마나 엄중한가. 그런데 어제 신시(申時)가 지난 뒤에 땔나무 도둑이 담장을 넘어와서 땔나무를 훔칠 때 수위군(守衛軍) 여러 명이 좌우에서 쫓아가니, 도둑놈이 몸을 날려 담장에 올라가서 기와를 벗겨 공격하는 바람에 수위군이 가까이 가지 못하여 그 틈에 도망쳤다. 대낮에도 오히려 이와 같은데, 하물며 야심한 밤이야 더 말할 것

71 감결 상급 관청에서 하급 관청으로 내리는 문서로, 명령, 지시의 내용이 주가 된다.《崔承熙, 韓國古文書研究, 지식산업사, 1989, 216쪽》

72 현탈 재해나 사고로 말미암아 부역, 세금, 죄과 등을 면제하여 줄 때, 그 사유를 기록하는 것을 말한다.

73 이문 관아와 관아 사이에 공사(公事)에 관계되는 일을 조회하기 위하여 공문을 보내는 것, 또는 그 문건을 말한다.

이 있겠는가. 이것은 한때의 땔나무 도둑이라고 대수롭지 않게 보아 넘길 일이 아니다. 예전에 이러한 일이 있었을 때에 제기(祭器)를 훔쳐 간 폐단이 있었으니, 지금 만약 그대로 내버려 둔다면 후일의 폐단이 어느 지경에 이를지 알 수 없다. 관(關)[74]이 도착하는 즉시 교졸(校卒)을 뽑아 기필코 체포하여 법대로 엄하게 처벌하라."

○ 같은 해 10월

병조가 아뢰기를,

"방금 사직서의 첩보(牒報)[75]를 보니, 본서에 입직한 수문장(守門將) 훈련원 주부 권사룡(權思龍)이 어제 신시(申時)가 지난 뒤에 사정이 생겨 나갔는데, 대문을 닫을 때까지도 그대로 입직을 걸렀다고 하니, 이 말을 듣고 매우 놀랐습니다. 그 곡절을 조사해 보니, 입직 차례가 된 훈련원 주부 이형태(李亨泰)가 제때 직소(直所)에 나아가지 않아서 오랜 시간 동안 입직을 거르는 지경에 이르렀으니 전에 없던 일입니다. 이형태를 우선 태거(汰去)하고 그 죄상을 해당 부(府)로 하여금 잡아다 신문하여 처리하게 하는 것이 어떻겠습니까?"

하니, 윤허한다고 전교하였다.

○ 순조 14년 갑술(1814) 6월

호조에 첩보한 내용은 다음과 같다.

"본서에 봉안된 《의궤(儀軌)》는 본래 매년 수정해야 하는데, 시일만 끌고 수정하지 못한 지가 이미 10여 년이 되었습니다. 지금 차례로 수정할 생각이니 사자관(寫字官) 1원에게 매일 먹을거리와 지필묵(紙筆墨)을 규례대로 마련하여 지급해 주소서."

74 **관** 관부(官府) 상호 간에 주고받는 관용 문서(官用文書)로 동등 이하에 쓴다. 관부 상호 간과 상급 관청에서 하급 관청에 보내는 문서이다. 관의 내용은 대개 두 관청 간에 관련 있는 사무를 상고(相考)하여 시행하기 위한 것이다.《上揭書, 180쪽》

75 **첩보** 원문은 '所報'로 되어 있고,《사직서등록》에는 '牒報'로 되어 있다. 첩보는 하급 관청이 상급 관청에 올리는 문서인 첩정(牒呈)의 내용을 말한다.《上揭書, 186쪽》

난리를 겪은 經亂 사실 事實

○ **선조 25년 임진**(1592)

4월 그믐에 상이 왜구(倭寇)를 피하여 서쪽으로 행행(幸行)할 때 사관(祠官)에게 명하여 종묘와 사직의 신주를 받들고 먼저 출발하도록 하였다. 송경(松京)에 이르러서 목청전(穆淸殿)[76]에 봉안하였다. 5월 3일에 거가(車駕)가 급히 출발할 때 경황이 없어서 예관(禮官)이 신주를 전정(殿庭)의 오른쪽에 묻었다. 거가가 보산참(寶山站)에 이르러 종실(宗室) 해풍군(海豐君) 이기(李耆)와 금산군(錦山君) 이성윤(李誠胤) 등이 좌의정 윤두수(尹斗壽)의 손을 잡고 통곡하며 "고금에 어찌 종묘와 사직이 없는 나라가 있겠습니까?" 하니, 윤두수가 "공의 말이 없었다면 나라가 나라답지 못하게 되었을 것입니다." 하였다. 드디어 예관을 보내어 신주를 모시고 오도록 하였다. 10일에 사직서 참봉 조공근(趙公瑾)이 사직의 신주를 받들고 평양(平壤)에 이르렀다. 6월에 거가가 의주(義州)로 방향을 바꾸고, 세자에게 명하여 종묘와 사직의 신주를 받들고 특별히 다른 길을 경유하여 박천(博川)으로부터 황해도와 강원도 등으로 들어와서 부흥을 도모하도록 명하였다. 26년 계사(1593) 1월에 상이 의주를 출발하여 정주(定州)로 돌아와서 머물렀다. 세자가 성천(成川)으로부터 종묘와 사직의 신주를 받들고 행재소(行在所)로 갔다. 4월에 왜적이 물러갔다. 9월에 상이 장차 환도(還都)하려고 할 때, 왕비와 세자는 남아서 종묘와 사직의 신주를 받들고 해주(海州)에 머물도록 하였다. 10월에 거가가 환도하고, 임시로 종묘와 사직의 신주를 정릉동(貞陵洞)에 있는 척신(戚臣) 심연원(沈連源)의 집에 봉안하였다. ―박동량(朴東亮) 잡기(雜記),[77] 《문헌비고》, 구 《춘관지》의 기록을 합하였다.

○ **선조 30년 정유**(1597)

왜구가 재차 침입하여, 종묘와 사직의 신주가 서쪽 지방으로 옮겨가다가 황해도 수안군(遂安郡)에 이르렀다. 10월에 다시 환도하였다. 상이 홍인문

76 **목청전** 경기도 개성(開城)에 있는 조선 태조 이성계(李成桂)의 옛집이다. 임진왜란 때에 소실되었다가 숙종 때에 중건하였다.

77 **박동량 잡기** 박동량(朴東亮, 1569~1635)의 자는 자룡(子龍), 호는 기재(寄齋)·오창(梧窓)·봉주(鳳洲), 본관은 반남(潘南), 대사헌 박응복(朴應福)의 아들이다. 임진왜란 때 선조를 호종하였고, 1604년(선조 37) 호성 공신(扈聖功臣) 2등으로 금계군(錦溪君)에 책봉되고 호조 판서에 임명되었다. 잡기(雜記)는 《기재사초(寄齋史草)》를 가리킨다.

(興仁門) 밖에 행행하여 종묘와 사직의 신주를 맞이하고, 임시로 신주를 봉안한 곳에 이르러 분향례(焚香禮)를 행하였다. —《국조보감》과 《문헌비고》의 기록을 합하였다.

○ 인조 14년 병자(1636)

12월 10일에 청(淸)나라 군사가 갑자기 경성(京城)에 밀어닥쳤다. 14일 아침에 먼저 종묘와 사직의 신주를 강화(江華)로 옮겨 들였다. 오시(午時)에 대가(大駕)가 이어서 출발하여 숭례문(崇禮門)에 이르렀는데, 청나라 기병(騎兵)이 이미 홍제원(弘濟院)에 당도했다는 말을 듣고 곧바로 남한산성(南漢山城)으로 들어갔다. 15일 저녁에 산성이 포위되었다.

○ 인조 15년 정축(1637)

1월 22일에 청나라 군사가 갑곶(甲串)을 건너 강도(江都)를 함락하였다. 종묘서(宗廟署)와 사직서(社稷署)의 도제조(都提調) 윤방(尹昉)이 종묘서 봉사 지봉수(池鳳遂)와 사직서 참봉 이진행(李震行) 등을 거느리고 종묘와 사직의 신주를 매안(埋安)하였으나 청나라 군사가 파내었고, 재차 매안하였으나 재차 파내었다. 경황이 없던 터라 사직의 신주 4위(位)의 부방(趺方)[78]을 잃어버렸는데, 윤방 등이 간신히 찾아서 거두어 봉안하였다. 29일에 신주를 받들고 남한산성 아래에 이르렀다. 이윽고 대가가 환도하여 창경궁(昌慶宮)에 나아가 임시로 종묘와 사직의 신주를 시민당(時敏堂) —동궁(東宮)의 서연(書筵) 장소이다.— 에 봉안하였다. 윤방이 대계(臺啓)로 인하여 파직되었다.

3월 3일에 예조가 아뢰기를,

"사직의 위판은 1위(位)도 완전한 것이 없으니, 봉상시로 하여금 개조(改造)하게 하는 것이 어떻겠습니까?"

하니, 상이 이르기를,

"종묘와 사직의 신위 중에 부딪쳐서 손상되고 기름이 배어 있는 신위를 그대로 봉안하는 것은 매우 온당치 않으니, 모두 개조하여 인정과 예의를 다하도록 하라."

하였다.

78 **부방** 신주(神主) 밑에 까는 네모진 받침을 말한다.

16일에 예조가 별단(別單)으로 아뢰기를,

"종묘와 사직의 신위를 다시 봉심하니, 국사(國社) 신위의 앞면에 미세한 자국이 많으나 대단한 것은 아니었습니다. 후토씨(后土氏) 신위의 앞면에 미세한 자국이 있으나 대단한 것은 아니었고, 앞면 윗부분에 약간 기름이 밴 곳이 있었습니다. 국직(國稷)의 신위 앞면에 또한 미세한 자국이 많으나 대단한 것은 아니었고, 뒷면에 약간 기름이 밴 곳이 있었습니다. 후직씨(后稷氏)의 신위 앞면 왼쪽 모퉁이에는 약간 오목하게 패인 곳이 있으나 대단한 것은 아니었습니다. 모두 개조(改造)할 필요는 없습니다."

하니, 상이 이르기를,

"대신과 육경(六卿)이 회의하여 품정(稟定)하라."

하였다. 예조가 아뢰기를,

"영의정 김류(金瑬), 우의정 이성구(李聖求), 병조 판서 신경진(申景禛), 공조 판서 구굉(具宏), 이조 판서 최명길(崔鳴吉), 호조 판서 이경직(李景稷)이 의논하기를 '이처럼 전에 없던 변고를 만나니, 의거할 만한 고례(古禮)가 없습니다. 신들이 처음에 얼른 처리하지 않고 어물어물 미룬 것은 대개 신중히 하려는 뜻에서 나온 것인데, 이미 손상된 자국이 있는 것을 보았으니 성상의 분부대로 개조하는 것이 마땅합니다.' 하였습니다. 봉심한 단자(單子)로 말을 하면, 종묘와 사직의 신위는 완전한 것이 없으니, 이른바 개조할 필요가 없는 것까지 모두 개조합니까, 아니면 다만 보기에 미안한 신위만을 개조합니까? 감히 여쭙니다."

하니, 전교하기를,

"개조할 필요가 없다고 현록(懸錄)한 신위는 개조하지 말라."

하였다.

22일에 예조가 아뢰기를,

"당초에 제조가 봉심할 때, 비록 개조할 필요가 없다고 현록하였으나 또한 앞면에 미세한 자국이 많다는 말이 있었습니다. 그래서 삼공(三公)과 육경이 '사직의 신주 위판 4위(位)를 모두 개조하는 것이 마땅합니다.' 하였는데, 어떻게 해야 할지 모르겠습니다."

하니, 전교하기를,

"대신에게 문의하여 결정하라."

하였다. 예조가 아뢰기를,

"대신이 의논하기를 '사직의 위판 앞면에 이미 손상된 자국이 있는데, 부방(趺方) 또한 개조한다면 위판을 그대로 두는 것은 온당치 않으니 모두 개조하는 것이 마땅할 듯합니다.' 하였고, 좌의정 홍서봉(洪瑞鳳)이 의논하기를 '신은 당초에 제조로서 봉심할 때 위판의 앞면에 손상된 자국이 약간 있는 것을 보았으나 대단한 것은 아니었습니다. 그리고 3백 년 된 위판이 더럽혀지고 손상되는 데에 이르지 않았으므로, 전면적으로 개조하는 것은 매우 어렵다고 생각하여 단지 부방만 개조하기를 청했습니다.' 하였습니다. 지금 삼공과 육경이, 손상된 자국이 있으니 모두 개조하는 것이 마땅하다고 입계하였다고 하니, 신이 어찌 감히 다른 의견을 다시 올리겠습니까."

하니, 의논한 대로 하라고 전교하였다.

4월 2일에 수리도감(修理都監)이 아뢰기를,

"사직의 위판 4위를 지금 바야흐로 개조하고 있는데 치수를 예조에 물어보니, 회보(回報)에 '「길이와 너비의 치수가 《오례의》에 실려 있지 않아 본조도 상고할 곳이 없습니다. 그래서 경기 감사에게 이문(移文)하여, 도내(道內)의 큰 고을에 온전하게 보존되어 있는 위판에 대한 견양도(見樣圖)를 보내 달라고 하였습니다. 수원(水原)에 있는 위판 및 부방의 견양이 도착하여 시민당(時敏堂)에 봉안되어 있는 위판의 견양과 비교해 보니 국사(國社)와 국직(國稷)의 위판이 조금 길고 조금 넓었습니다. 이번에 개조하는 부방도 수원의 견양보다 조금 길고 조금 넓은 것이 마땅할 듯합니다.」라는 내용으로 입계한 데 대해 아뢴 대로 하라고 전교하여 계하하였습니다.'라는 내용으로 이문하였습니다. 국사와 국직의 위판은 길이가 2자(尺) 2치(寸) 5푼(分), 너비가 4치 6푼, 두께가 9푼이고, 수원의 위판 견양은 길이가 1자 8치 7푼, 너비가 4치, 두께가 7푼이니 조금 길다고 말할 수는 없습니다. 더구나 국사와 국직의 위판 하단에는 부방에 들어갔던 4치 6푼의 자국이 있으니, 부방의 높이는 응당 4치 6푼은 되어야 합니다. 그런데 수원의 위판 부방은 높이가 단지 1치 7푼이니 그 높이가 이처럼 같지 않으면 그 길이와 너비 또한 짐작하기 어렵습니다. 예조로 하여금 다시 상의하여 분명하게 결정하여 새로 만들 수 있게 하는 것이 어떻겠습니까?"

하니, 아뢴 대로 하라고 전교하였다.

4일에 예조가 아뢰기를,

"봉상시가 간직하고 있는 풍운뇌우(風雲雷雨) 위판의 견양을 가져와서 국사와 국직의 위판과 비교해 보니, 길이, 두께, 너비 및 부방의 높이가 조금도 차이가 없었으므로, 부방의 길이와 너비가 다름이 없는 것을 이에 근거하여 알 수 있습니다. 이런 내용으로 도감(都監)에 이문하겠습니다. 감히 아룁니다."

하니, 알았다고 전교하였다.

윤4월 19일에 종묘서 도제조 이홍주(李弘胄), 제조 윤지(尹墀), 사직서 도제조 최명길(崔鳴吉), 제조 한여직(韓汝溭)이 아뢰기를,

"오늘 종묘의 신주를 봉심할 때 사직의 위판도 아울러 봉심하였는데, 약간 모래에 긁힌 흔적이 있었으나 본래 대단한 것은 아니었습니다. 2백여 년 동안 경건하게 받든 신주를 경솔하게 개조하는 것은 매우 온당치 않으니, 단지 잃어버린 부방만 만들어서 그대로 봉안하는 것이 보다 편리합니다. 감히 소견을 아룁니다."

하니, 아뢴 대로 하라고 전교하였다. 종묘와 사직의 신주를 씻기고 신주의 글자를 고쳐 쓰는 길일(吉日)을 5월 4일 묘시(卯時)로 하고, 종묘와 사직의 신주를 옮겨 봉안할 길일을 동월 6일 묘시로 하는 것으로 계하받았다. —《종묘의궤(宗廟儀軌)》

비변사가 아뢰기를,

"변이(變異)가 일어나는 것은 모두 천신(天神)과 지기(地祇)의 노여움 때문입니다. 땅은 사(社)에 속하고 농사는 직(稷)에 속하는데, 지금 우리나라가 이처럼 전에 없는 변고를 만났으니, 복을 구하고 재앙을 물러가게 하는 방도를 폐할 수 없습니다. 사신(詞臣)으로 하여금 특별히 제문을 짓게 하고, 경건히 기도하여 천지신명의 도움을 구하소서."

하니, 그대로 따랐다. —《문헌비고》

사직서의궤

제4권 고사 중

친림親臨 향사享祀

○ **태종 5년 을유**(1405)

사직(社稷)에서 기우제(祈雨祭)를 행하였다. —《문헌통고(文獻通考)》

○ **세조 즉위년 을해 8월**(1455)

사직에서 친히 제사를 행하고, 사정전(思政殿)에서 음복연(飮福宴)을 베풀었다. —《국조보감(國朝寶鑑)》

○ **성종 2년 신묘**(1471)

사직에서 친히 제사를 행하였다. —《문헌통고》

○ **선조 3년 경오**(1570)

사직에서 친히 기우제를 행하였는데, 이날 비가 내렸다. —《국조보감》

○ **인조 원년 계해**(1623) **4월**

가뭄이 들어 상이 책궁(責躬), 피전(避殿), 감선(減膳)[1]의 하교를 내리고, 사직에서 친히 기우제를 행하였다. —출전은 위와 같다.

○ **인조 7년 기사**(1629) **5월**

큰 가뭄이 들어 상이 사직에서 친히 기우제를 행하였는데, 제사를 지낼 무렵 비가 내렸다. 유사(有司)가 막사를 설치하고 우산을 대령하자 상이 모두 물리쳐서 어의(御衣)가 모두 젖었다. —출전은 위와 같다.

○ **인조 17년 기묘**(1639) **5월**

큰 가뭄이 들어 상이 구언(求言)[2]의 하교와 서울·지방의 죄수를 심리하라는 하교를 내리고, 사직에서 친히 기우제를 지냈다. 다음 날 마침내 비가 내렸다. —출전은 위와 같다.

1 **책궁, 피전, 감선** 수재(水災)·한재(旱災) 또는 일월성신(日月星辰)의 이변 등이 있으면, 이를 하늘의 견책이라 생각하고, 두려워하고 반성하는 뜻으로 행하는 일련의 행위이다. 책궁은 임금이 스스로를 꾸짖는 것, 피전은 정전(正殿)을 피하여 거처하는 것, 감선은 음식(반찬)의 가짓수를 줄이는 것이다.

2 **구언** 임금이 신하나 사림(士林)에게 국정에 대한 직언(直言)을 구하는 것이다.

○ **효종 원년 경인(1650) 6월**

가뭄과 황충(蝗蟲)으로 인해 상이 사단(社壇)에서 친히 기우제를 행하였다. —출전은 위와 같다.

○ **효종 2년 신묘(1651) 5월**

가뭄이 들어 상이 책궁, 구언, 감선의 하교와 원옥(冤獄)을 심리하여 죄수를 소결(疏決)하라는 하교를 내리고, 사단에서 친히 기우제를 행하였는데, 이날 큰비가 내렸다. —출전은 위와 같다.

○ **현종 9년 무신(1668)**

상이 사직에서 기우제를 행하였다. —《문헌통고》

○ **숙종 7년 신유(1681) 5월**

가뭄이 들어 상이 사직에서 친히 기우제를 행하였다. —《사직서등록(社稷署謄錄)》

○ **숙종 11년 을축(1685) 7월**

가뭄이 심하므로 상이 사직에서 친히 기우제를 행하였다. —《숙묘보감(肅廟寶鑑)》

○ **숙종 12년 병인(1686) 7월**

상이 사직에서 친히 기우제를 행하였는데, 이날 비가 내렸다. 다음 날 새벽에 대신을 보내 보사제(報謝祭)를 행하게 하였다. —《사직서등록》

○ **숙종 22년 병자(1696) 1월**

상이 사직에서 친히 기곡제(祈穀祭)를 행하였다. —출전은 위와 같다.

○ **숙종 23년 정축(1697) 4월**

상이 친히 사단에서 기우제를 행하였다. 환궁하는 길에 의금부 앞길에 어가가 당도하자 길가에 연(輦)을 세우고서 지방의 죄수 및 포도청 죄인

3 **세초** 해마다 6월과 12월에 이조와 병조에서 죄과(罪過)가 있는 관리를 초록(抄錄)하는 것을 말한다. 세초를 상주(上奏)하면 여기에 수록된 자는 왕명으로 감등(減等) 혹은 서용(敍用)하도록 하였다.

4 **호두각** 의금부 청사(廳舍)의 하나로서 남쪽에 있다. 추녀 끝의 기와 모양이 호랑이 머리처럼 생겼다 하여 붙여진 이름이다.

5 **여수** 죄상을 참작하여 가벼운 죄수를 석방시키는 것을 말한다.

을 석방하라고 명하였다. 또한 응당 세초(歲抄)[3]에 수록될 자도 모두 죄를 탕척하라고 명하였다. —《숙묘보감》

○ 숙종 27년 신사(1701) 5월

상이 사직의 두 단에 나아가 제사를 행하였다. 제사를 마치고 환궁하는 길에 의금부 호두각(虎頭閣)[4]에 들러 여수(慮囚)[5]하였다. —《국조보감》

○ 숙종 28년 임오(1702) 2월

상이 사직에서 친히 향사를 행하였다. —《사직서등록》

○ 숙종 34년 무자(1708) 2월

상이 사직에서 친히 향사를 행하였다. —출전은 위와 같다.

○ 같은 해 5월

극심한 가뭄이 들어 상이 보련(步輦)를 타고 사직에 나아가 하루 종일 그대로 장전(帳殿)에 머물렀다. 제신들이 자리를 옮겨 재실(齋室)로 드시기를 애써 청하였지만 상이 끝내 허락하지 않았다. 이날 비가 내리고 다음날 아침이 되어서야 갰다. —《국조보감》

○ 숙종 36년 경인(1710) 8월

상이 사직에서 친히 향사를 행하였다. —《문헌비고(文獻備考)》

○ 경종 원년 신축(1721) 6월

가뭄이 들어 상이 사직에서 친히 기우제를 행하였다. —《예조등록(禮曹謄錄)》

○ 경종 2년 임인(1722) 4월

가뭄이 들어 상이 소여(小輿)를 타고 사단에서 친히 기우제를 행하였다. 왕세제(王世弟)가 연(輦)을 타기를 청하였으나 받아들이지 않고 밤새도록 제사를 지냈는데, 이날 비가 내렸다. —《국조보감》

○ 경종 3년 계묘(1723) 2월

상이 사직에서 친히 향사를 행하였다. —《예조등록》

○ 영종 원년 을사(1725) 7월

큰 가뭄이 들어 상이 사단에서 친히 기우제를 행하였다. —《국조보감》

○ 영종 2년 병오(1726) 1월

상이 사직에서 친히 기곡제를 행하였다. 이에 앞서 상신(相臣) 민진원(閔鎭遠)이 아뢰기를,

"지난 을해년(1695, 숙종21)의 큰 흉년을 겪은 뒤에 선대왕께서 친히 기곡제를 행하였는데, 이해 조금 풍년이 들었습니다. 근래에 흉황이 거듭 닥치니 선대왕의 궤범을 따라 실천한다면 성덕(聖德)이 빛날 것입니다."

하니, 하교하기를,

"선조는 정성이 하늘을 감동시켜 풍년을 맞이할 수 있었지만 나는 성의가 모자라니 어찌 감히 하늘을 감동시킬 수 있겠는가. 그러나 최선을 다하지 않으면 안 되는 도리로 보아 어찌 준수하여 이어 받지 않을 수 있겠는가."

하고, 마침내 1월 상신일(上辛日)에 친히 향사하는 제례를 행하였다. 1일 전에 상이 사단에 나아가 익선관(翼善冠), 흑단령포(黑團領袍), 옥대(玉帶), 흑화(黑靴)를 갖추고 제례를 의식대로 행하였다. 이날 밤에 한기(寒氣)가 등등하고 매서운 바람이 대지에 몰아쳐서 제사에 참여한 제신들이 모두 추위에 떨며 걸음도 제대로 떼지 못하였는데, 상은 보온이 되는 모자도 착용하지 않고 밤새도록 꼿꼿이 서서 시종 흐트러진 모습을 보이지 않았다. 제례가 끝나자 시사복(視事服)으로 갈아입고 환궁하였다. —《국조보감》과 《문헌비고》의 기록을 합한 것이다.

○ 영종 3년 정미(1727) 1월

상이 사단에서 친히 기곡제를 행하였다. 이에 앞서 예조가 아뢰기를,

"상신일에 행하는 기곡제는 으레 대신을 보내 섭행하는 것이 관례입니다."

하니, 상이 이르기를,

"올해 친히 기곡제를 행하였는데, 정성이 미약하여 하늘에 닿지 않아서 농사일이 좋은 수확을 거두지 못하였다. 그러나 어찌 부족한 정성이 하늘에 닿지 않았다고 해서 그 정성드리기를 해이하게 할 수 있겠는가. 또한 직접 행해야 한다."

하였다. 이때에 상이 사단에서 재숙(齊宿)하고 제사를 행할 때에 미쳐 하교하기를,

"백성을 위해 기곡제를 행하면서 감히 스스로 편안하고자 하겠는가."

하고 마침내 걸어서 제소(祭所)에 나아갔다. 승지들이 여(輿)를 타기를 간곡히 청하였으나 따르지 않았다. —《국조보감》

○ 같은 해 7월

오래 가뭄이 들어 상이 사단에서 친히 기우제를 행하였다. 의장(儀仗)을 줄이도록 명하고 보련(步輦)을 타고 신문(神門)으로 들어갔다. 하교하기를,

"백관이 모두 걸어서 따르거늘, 오늘날의 허물은 실로 나에게 있으니, 나 또한 걸어가야 한다."

하고는 마침내 걸어서 재전(齋殿)에 이르렀다. 제사를 지내려고 할 때에 비가 쏟아붓듯이 내리자, 명하여 친히 보사제(報謝祭)를 행하였다. 환궁할 때에 혜정교(惠政橋)에 어가를 멈추고 죄수를 소결(疏決)하여 석방하도록 하였다. —출전은 위와 같다.

○ 영종 7년 신해(1731) 5월

가뭄이 심하게 들어 상이 사단에서 친히 기우제를 행하였다. —출전은 위와 같다.

○ 영종 8년 임자(1732) 6월

큰 가뭄이 들어 상이 사단에서 친히 기우제를 행하였다. —출전은 위와 같다.

○ 영종 9년 계축(1733) 1월

상이 사직에서 친히 기곡제를 행하였다. —《사직서등록》

○ **영종 10년 갑인**(1734) **1월**

상이 사직에서 친히 기곡제를 행하였다. 이미 서계(誓戒)를 마쳤는데, 역옥(逆獄)이 있어 친국(親鞫)을 하게 되자, 상이 이르기를,

"백성을 위해 풍년을 비는 일이 어찌 중대하지 않겠는가."

하고, 제사를 지낸 뒤에 친국하도록 명하였다. —《국조보감》

○ **같은 해 7월**

가뭄이 들어 상이 사직에서 친히 기우제를 행하였다. —《사직서등록》

○ **영종 12년 병진**(1736) **1월**

상이 사직에서 친히 기곡제를 행하였다. —《예조등록》

○ **영종 13년 정사**(1737) **1월**

상이 사직에서 친히 기곡제를 행하였다. —출전은 위와 같다.

○ **같은 해 7월**

가뭄이 들어 상이 사직에서 친히 기우제를 행하였다. 당시 상이 미령하였으므로 연신(筵臣)이 아뢰기를,

"정성이 중요하지 예가 중요한 것이 아닙니다."

하니, 상이 이르기를,

"성탕(成湯)이 정성이 부족한 것이 아니었건만 어찌 스스로 희생(犧牲)이 되어 상림(桑林)에서 기우제를 지냈겠는가.[6]"

하고 마침내 친히 행하였다. 환궁하는 길에 금오문(金吾門) 앞에 이르자 가벼운 죄수를 석방하도록 명하였다. —《국조보감》

○ **영종 14년 무오**(1738) **1월**

상이 사직에서 친히 기곡제를 행하였다. —《예조등록》

○ **같은 해 5월**

가뭄이 들어 상이 사직에서 친히 기우제를 행하였다. —출전은 위와 같다.

6 스스로……지냈겠는가 옛날에 탕(湯) 임금이 하(夏)를 이기고 나서 5년 동안 비가 내리지 않자, 직접 상림에서 기우제를 지내게 되었다. 이에 머리를 자르고 손톱을 깎고 스스로 희생이 되어 상제에게 빌자, 많은 비가 내렸다 한다.《呂氏春秋 季秋紀 順民》

○ 영종 15년 기미(1739) 5월

오래 가뭄이 들어 상이 사단에서 친히 기우제를 행하였다. —《국조보감》

○ 같은 해 8월

상이 사직에서 친히 향사를 행하였다. —《사직서등록》

○ 영종 16년 경신(1740) 1월

상이 사직에서 친히 기곡제를 행하였다. —출전은 위와 같다.

○ 영종 18년 임술(1742) 8월

상이 사직에서 친히 향사를 행하였다. —출전은 위와 같다.

○ 영종 19년 계해(1743) 윤4월

가뭄이 들어 상이 사직에서 친히 기우제를 행하였다. —출전은 위와 같다.

○ 영종 29년 계유(1753) 5월

가뭄이 들어 상이 사직에서 친히 기우제를 행하였다. —출전은 위와 같다.

○ 영종 32년 병자(1756) 2월

상이 사직에서 친히 향사를 행하였다. 향사를 행하려는 때에 상이 현기증이 일어 체후가 좋지 않으므로 부축을 받아 악차(幄次)에 들어가 인삼차를 복용하고는 조금 나아졌다. 대신과 제신들이 섭행(攝行)하기를 힘써 청하였는데, 상이 이르기를,

> "내가 지금 기곡제를 행하여 금년에 만약 풍년이 든다면 비록 내 몸이 희생(犧牲)이 된다 해도 유감이 없다."

하고, 다시 단에 나아가 향사를 마쳤다. —《국조보감》

○ 영종 35년 기묘(1759) 윤6월

가뭄이 들어 상이 사직에서 친히 기우제를 행하였다. —《사직서등록》

○ 영종 36년 경진(1760) 6월

가뭄이 들어 상이 사직에서 친히 기우제를 행하였다. —출전은 위와 같다.

○ 영종 38년 임오(1762) 6월

가뭄이 들어 상이 사직에서 친히 기우제를 행하였다. —출전은 위와 같다.

○ 영종 40년 갑신(1764) 5월

가뭄이 들어 상이 사직에서 친히 기우제를 행하였다. —출전은 위와 같다.

○ 정종 원년 정유(1777) 5월

가뭄이 들어 상이 사직에서 친히 기우제를 행하였다.

○ 정종 2년 무술(1778) 12월

상이 사직에서 친히 향사를 행하였다.

○ 정종 3년 기해 (1779) 1월

상이 사직에서 친히 기곡제를 행하였다.

○ 정종 4년 경자(1780) 1월

상이 사직에서 친히 기곡제를 행하였다.

○ 정종 5년 신축(1781) 1월

상이 사직에서 친히 기곡제를 행하였다.

○ 같은 해 12월

납향(臘享) 1일 전에 상이 사직에서 친히 희생과 제기를 살폈다.

○ 정종 6년 임인(1782) 1월

기곡제 1일 전에 상이 사직에서 친히 희생과 제기를 살폈다.

○ **정종 7년 계묘(1783) 1월**

상이 사직에서 친히 기곡제를 행하였다.

○ **정종 8년 갑진(1784) 1월**

상이 사직에서 친히 기곡제를 행하였다.

○ **정종 9년 을사(1785) 1월**

상이 사직에서 친히 기곡제를 행하였다.

○ **정종 10년 병오(1786) 1월**

상이 사직에서 친히 기곡제를 행하였다.

○ **정종 11년 정미(1787) 1월**

상이 사직에서 친히 기곡제를 행하였다.

○ **정종 13년 기유(1789) 1월**

상이 사직에서 친히 기곡제를 행하였다.

○ **정종 15년 신해(1791) 1월**

상이 사직에서 친히 기곡제를 행하였다.

○ **정종 16년 임자(1792) 1월**

상이 사직에서 친히 기곡제를 행하였다.

○ **정종 17년 계축(1793) 1월**

상이 사직에서 친히 기곡제를 행하였다.

○ **정종 18년 갑인(1794) 1월**

상이 사직에서 친히 기곡제를 행하였다.

○ **정종 19년 을묘**(1795) **1월**

상이 사직에서 친히 기곡제를 행하였다.

○ **정종 20년 병진**(1796) **1월**

상이 사직에서 친히 기곡제를 행하였다.

○ **정종 22년 무오**(1798) **1월**

상이 사직에서 친히 기곡제를 행하였다.

○ **정종 24년 경신**(1800) **1월**

상이 사직에서 친히 기곡제를 행하였다.

○ **당저**(當宁 순조) **4년 갑자**(1804) **2월**

상이 사직에서 친히 향사를 행하였다.

○ **순조 10년 경오**(1810) **1월**

상이 사직에서 친히 기곡제를 행하였다.

○ **순조 11년 신미**(1811) **4월**

가뭄이 들어 상이 사직에서 친히 기우제를 행하였다.

○ **같은 해 5월**

상이 친히 기우 보사제(祈雨報謝祭)를 행하였다.

○ **당저**(當宁 헌종) **8년 임인**(1842) **8월**

상이 사직에서 친히 향사를 행하였다.

섭행攝行 기고祈告

7 **달발** 달뿌리풀로 엮어 만든 발을 말한다.

8 **대왕대비전** 인조의 계비(繼妃)인 장렬왕후(莊烈王后, 1624~1688)로, 한원부원군(漢原府院君) 조창원(趙昌遠)의 딸이다. 1651년(효종 2)에 '자의(慈懿)'의 존호를 받고, 이때 '공신(恭愼)'의 존호가 가상되었다.

○ 효종 10년 기해(1659) 3월

신실(神室)의 비 새는 곳 및 달발〔薍簾〕[7]을 수개(修改)하기 위한 고유제(告由祭), 이안제(移安祭), 환안제(還安祭)를 행하였다. ―《예조종사등록(禮曹宗社謄錄)》

○ 같은 해 7월

정전(正殿) 북쪽 처마의 비 새는 곳을 수개하기 위한 고유제, 이안제, 환안제를 행하였다. ―출전은 위와 같다.

○ 현종 원년 경자(1660) 6월

홍살문(紅箭門)을 수개하기 위한 고유제를 행하였다. ―출전은 위와 같다.

○ 같은 해 7월

단(壇)의 북쪽 담장과 섬돌을 수개하기 위한 고유제를 행하였다. ―출전은 위와 같다.

○ 현종 2년 신축(1661) 4월

기우제를 행하였다. ―출전은 위와 같다.

○ 같은 달

신위(神位)의 방석(方席)을 수개하기 위한 고유제, 이안제, 환안제를 행하였다. ―출전은 위와 같다.

○ 같은 해 7월

대왕대비전[8]에 존호(尊號)를 올리는 데 대한 고유제를 행하였다. ―출전은 위와 같다.

○ 같은 달

왕대비전[9]에 존호를 올리는 데 대한 고유제를 행하였다. —출전은 위와 같다.

○ 같은 달

중궁전[10]의 책례(冊禮)에 대한 고유제를 행하였다. —출전은 위와 같다.

○ 현종 3년 임인(1662) 1월

신실의 달발을 수개하기 위한 고유제를 행하였다. —출전은 위와 같다.

○ 현종 4년 계묘(1663) 4월

신위장(神位欌)을 개칠(改漆)하기 위한 고유제, 이안제, 환안제를 행하였다. —출전은 위와 같다.

○ 현종 5년 갑진(1664) 3월

신실의 달발을 수개하기 위한 고유제를 행하였다. —출전은 위와 같다.

○ 현종 7년 병오(1666) 3월

신위장을 도배(塗排)하고 개칠하기 위한 고유제, 이안제, 환안제를 행하였다. —출전은 위와 같다.

○ 같은 해 7월

신실의 용두(龍頭)를 수개하기 위한 고유제, 이안제, 환안제를 행하였다. —출전은 위와 같다.

○ 현종 11년 경술(1670) 윤2월

신실의 담장 및 대석(臺石)을 수개하기 위한 고유제를 행하였다. —출전은 위와 같다.

○ 현종 12년 신해(1671) 3월

신실의 비 새는 곳을 수개하기 위한 고유제, 이안제, 환안제를 행하였다.

9 **왕대비전** 효종의 비인 인선왕후(仁宣王后, 1618~1674)로, 우의정 장유(張維)의 딸이다. 이때 '효숙(孝肅)'의 존호를 받았다.

10 **중궁전** 현종의 비인 명성왕후(明聖王后, 1642~1683)로, 청풍부원군(淸風府院君) 김우명(金佑明)의 딸이다. 1651년(효종 2) 세자빈에 책봉되고, 이달 29일에 왕비에 책봉되었다.

—출전은 위와 같다.

○ 현종 13년 임자(1672) 4월

신실의 지의(地衣)[11] 및 봉안장(奉安欌)을 수개하기 위한 고유제, 이안제, 환안제를 행하였다. —출전은 위와 같다.

○ 같은 해 10월

신실의 달발을 수개하기 위한 고유제를 행하였다. —출전은 위와 같다.

○ 현종 14년 계축(1673) 4월

신실의 앙벽(仰壁)[12]을 수개하기 위한 고유제를 행하였다. —출전은 위와 같다.

○ 같은 해 10월

신실의 달발을 수개하기 위한 고유제를 행하였다. —출전은 위와 같다.

○ 숙종 원년 을묘(1675) 6월

신실의 지의를 수개하기 위한 고유제, 이안제, 환안제를 행하였다. —출전은 위와 같다.

○ 숙종 2년 병진(1676) 9월

신좌(神座)의 방석을 수개하기 위한 고유제, 이안제, 환안제를 행하였다. —출전은 위와 같다.

○ 같은 해 10월

대왕대비전[13]과 왕대비전[14]의 존호(尊號)를 올리는 일 및 중궁전[15]의 책례에 대한 고유제를 행하였다. —출전은 위와 같다.

○ 숙종 3년 정사(1677) 3월

신실의 문판(門板)의 살(箭)을 바꾸어 세살합합(細箭合閤)[16]으로 고치기 위한 고유제, 이안제, 환안제를 행하였다. —출전은 위와 같다.

11 **지의** 헝겊으로 가장자리를 꾸미고 여러 개를 잇대어서 크게 만든 돗자리를 말한다.

12 **앙벽** 서까래 위에 산자(橵子)를 깔고 지붕을 이은 다음 밑에서 흙을 바르는데, 그곳을 지칭한다.

13 **대왕대비전** 효종의 비인 인선왕후(仁宣王后)이다. 이때 '휘헌(徽獻)'의 존호를 받았다. 273쪽 주9 참조.

14 **왕대비전** 현종의 비인 명성왕후(明聖王后)이다. 이때 '현열(顯烈)'의 존호를 받았다. 273쪽 주10 참조.

15 **중궁전** 숙종의 첫째 비인 인경왕후(仁敬王后, 1661~1680)로, 광성부원군(光城府院君) 김만기(金萬基)의 딸이다. 1671년(현종12) 왕세자빈으로 책봉되고, 이때 왕비로 책봉되었다.

16 **세살합합** 합합은 건물 외벽에 다는 여닫이 창호의 일종으로, 문짝이 2개 이상으로 되어 있는 분합(分閤)과 달리 한 짝으로 된 문을 말한다. 문판의 살대에 따라 명칭을 달리하는데, 띠살이라고도 하는 세살을 대어 만든 것을 세살합합이라고 한다.

○ 같은 해 7월

신실의 앙벽을 수개하기 위한 고유제, 이안제, 환안제를 행하였다. ―출전은 위와 같다.

○ 숙종 4년 무오(1678) 10월

신실의 달발을 수개하기 위한 고유제를 행하였다. ―출전은 위와 같다.

○ 숙종 5년 기미(1679) 11월

신실의 달발을 수개하기 위한 고유제를 행하였다. ―출전은 위와 같다.

○ 숙종 6년 경신(1680) 4월

유문(壝門)의 전장(甎墻 벽돌담)을 수개하기 위한 고유제를 행하였다. ―출전은 위와 같다.

○ 같은 해 7월

신실의 앙벽 및 지의를 수개하기 위한 고유제, 이안제, 환안제를 행하였다. ―출전은 위와 같다.

○ 같은 해 8월

신실의 담장[墻垣]을 수개하기 위한 고유제를 행하였다. ―출전은 위와 같다.

○ 숙종 7년 신유(1681) 6월

신실의 달발 및 악기고(樂器庫)를 수개하기 위한 고유제를 행하였다. ―출전은 위와 같다.

○ 숙종 8년 임술(1682) 6월

신실의 연두(椽頭 서까래 끝)를 수개하기 위한 고유제, 이안제, 환안제를 행하였다. ―출전은 위와 같다.

○ **숙종 9년 계해**(1683) **8월**

신실의 단청(丹靑)을 수개하기 위한 고유제, 이안제, 환안제를 행하였다. —출전은 위와 같다.

○ **같은 해 11월**

상의 기후가 평상으로 회복된 것에 대한 고유제를 행하였다. —출전은 위와 같다.

○ **숙종 10년 갑자**(1684) **9월**

신실의 달발 및 단장(壇墻)을 수개하기 위한 고유제를 행하였다. —출전은 위와 같다.

○ **숙종 11년 을축**(1685) **2월**

신실의 앙벽을 수개하기 위한 고유제를 행하였다. —출전은 위와 같다.

○ **같은 해 4월**

신실의 용두(龍頭) 및 기와〔瓦子〕를 수개하기 위한 고유제, 이안제, 환안제를 행하였다. —《사직서등록》

○ **같은 해 11월**

기설제(祈雪祭)를 행하였다. —출전은 위와 같다.

○ **숙종 12년 병인**(1686) **1월**

신실의 달발을 수개하기 위한 고유제를 행하였다. —출전은 위와 같다.

○ **같은 해 10월**

신실의 달발을 수개하기 위한 고유제를 행하였다. —《예조종사등록》

○ **숙종 13년 정묘**(1687) **7월**

담장을 수개하기 위한 고유제를 행하였다. —출전은 위와 같다.

○ 같은 해 11월
신실의 달발을 수개하기 위한 고유제를 행하였다. —출전은 위와 같다.

○ 숙종 14년 무진(1688) 5월
신실의 동쪽과 서쪽 서까래를 수개하기 위한 고유제, 이안제, 환안제를 행하였다. —출전은 위와 같다.

○ 같은 해 윤7월
북쪽 신문(神門)을 수개하기 위한 고유제를 행하였다. —출전은 위와 같다.

○ 같은 해 8월
신장(神欌)[17] 내의 도배(塗排)를 수개하기 위한 고유제, 이안제, 환안제를 행하였다. —출전은 위와 같다.

17 신장 신위장(神位欌)을 말한다.

○ 같은 해 10월
신위판(神位版)의 방석 및 신실 내의 지의(地衣)를 수개하기 위한 고유제, 이안제, 환안제를 행하였다. —출전은 위와 같다.

○ 같은 해 11월
신실 담장 밖 소나무가 눈에 눌린 데 대한 위안제를 행하였다. —출전은 위와 같다.

○ 같은 달
신실의 뒷면에 있는 소나무가 눈에 눌린 데 대한 위안제를 행하였다. —출전은 위와 같다.

○ 숙종 15년 기사(1689) 4월
신위장 및 신실의 단청을 수개하기 위한 고유제, 이안제, 환안제를 행하였다. —출전은 위와 같다.

○ **같은 해 7월**

신실의 앙벽을 수개하기 위한 고유제, 이안제, 환안제를 행하였다. —《예조종사등록》

○ **숙종 16년 경오(1690) 6월**

왕세자의 책례에 대한 고유제를 행하였다. —《사직서등록》

○ **같은 해 7월**

신실의 달발을 수개하기 위한 고유제를 행하였다. —《예조종사등록》

○ **숙종 17년 신미(1691) 윤7월**

신실의 비 새는 곳을 수개하기 위한 고유제, 이안제, 환안제를 행하였다. —출전은 위와 같다.

○ **숙종 18년 임신(1692) 1월**

신실의 단청을 수개하기 위한 고유제, 이안제, 환안제를 행하였다. —출전은 위와 같다.

○ **같은 달**

신실의 비 새는 곳을 수개하기 위한 고유제, 이안제, 환안제를 행하였다. —출전은 위와 같다.

○ **같은 해 2월**

신실의 내장(內墻)을 수개하기 위한 고유제를 행하였다. —출전은 위와 같다.

○ **같은 해 5월**

홍살문을 수개하기 위한 고유제를 행하였다. —출전은 위와 같다.

○ **같은 해 6월**

신실의 비 새는 곳을 수개하기 위한 고유제, 이안제, 환안제를 행하였다.

—출전은 위와 같다.

○ 같은 해 7월

신실의 비 새는 곳을 수개하기 위한 고유제, 이안제, 환안제를 행하였다.
—출전은 위와 같다.

○ 숙종 20년 갑술(1694) 5월

중궁전[18]의 복위(復位)와 책례에 대한 고유제를 행하였다. —《사직서등록》

○ 같은 해 10월

신실을 다시 건축하기 위한 고유제, 이안제를 행하였다. —출전은 위와 같다.

○ 같은 달

신실을 다시 건축한 뒤에 환안제를 행하였다. —출전은 위와 같다.

○ 숙종 21년 을해(1695) 4월

기우제를 행하였다. —출전은 위와 같다.

○ 같은 해 5월

기우제를 행하였다. —출전은 위와 같다.

○ 같은 해 6월

기우제를 행하였다. —출전은 위와 같다.

○ 같은 해 12월

납향 대제(臘享大祭)와 겸하여 양 단(壇)의 섬돌, 홍살문 기둥의 도회(塗灰) 및 신실의 달발을 수개하기 위한 고유제를 행하였다. —출전은 위와 같다.

○ 숙종 22년 병자(1696) 12월

기설제(祈雪祭)를 행하였다. —출전은 위와 같다.

18 **중궁전** 숙종의 계비인 인현왕후(仁顯王后, 1667~1701)로, 여양부원군(驪陽府院君) 민유중(閔維重)의 딸이다. 1689년(숙종 15) 폐서인이 되었다가 이때에 복위되었다.

○ 숙종 23년 정축(1697) 1월

상의 체후가 평상으로 회복된 데 대한 고유제를 행하였다. ―출전은 위와 같다.

○ 같은 해 4월

기우제를 행하였다. ―출전은 위와 같다.

○ 숙종 27년 신사(1701) 2월

신실의 달발을 수개하기 위한 고유제를 행하였다. ―《예조종사등록》

○ 같은 해 4월

기우제를 행하였다. ―《사직서등록》

○ 같은 해 5월

기우제를 행하였다. ―출전은 위와 같다.

○ 같은 달

기우제를 행하였다. ―출전은 위와 같다.

○ 같은 해 6월

신실의 비 새는 곳을 수개하기 위한 고유제, 이안제, 환안제를 행하였다. ―《예조종사등록》

○ 같은 해 7월

안향청(安香廳)을 중건(重建)하기 위한 고유제를 행하였다. ―출전은 위와 같다.

○ 같은 해 8월

대행 왕비(大行王妃)[19]의 승하(昇遐)에 대한 고문제(告文祭)를 행하였다. ―《사직서등록》

19 **대행 왕비** 인현왕후를 말한다. 이달 14일에 창경궁(昌慶宮)의 경춘전(景春殿)에서 승하하였다. 《肅宗實錄 27年 8月 14日》

○ 같은 해 10월

신실의 달발을 수개하기 위한 고유제를 행하였다. —《예조종사등록》

○ 같은 해 12월

대행 왕비의 계빈(啓殯)를 위한 고유제를 행하였다. —《사직서등록》

○ 같은 달

대행 왕비의 발인(發靷)을 위한 기청제(祈晴祭)를 행하였다. —출전은 위와 같다.

○ 숙종 28년 임오(1702) 1월

신실의 들보 위의 도회(塗灰)를 수개하기 위한 고유제, 이안제, 환안제를 행하였다. —《예조종사등록》

○ 같은 해 6월

신실의 비 새는 곳을 수개하기 위한 고유제, 이안제, 환안제를 행하였다. —출전은 위와 같다.

○ 같은 해 윤6월

신실의 비 새는 곳을 수개하기 위한 고유제, 이안제, 환안제를 행하였다. —출전은 위와 같다.

○ 같은 해 7월

신실 내의 지의를 수개하기 위한 고유제, 이안제, 환안제를 행하였다. —출전은 위와 같다.

○ 같은 해 9월

중궁전의 책례에 대한 고유제를 행하였다. —《사직서등록》

○ 같은 해 10월

신실의 달발을 수개하기 위한 고유제를 행하였다. —《예조종사등록》

○ 숙종 29년 계미(1703) 2월

신실의 들보 위의 도회를 수개하기 위한 고유제, 이안제, 환안제를 행하였다. —출전은 위와 같다.

○ 같은 해 5월

신실의 비 새는 곳을 수개하기 위한 고유제, 이안제, 환안제를 행하였다. —출전은 위와 같다.

○ 같은 해 6월

신실의 비 새는 곳을 수개하기 위한 고유제, 이안제, 환안제를 행하였다. —출전은 위와 같다.

○ 같은 해 9월

신실의 기와〔蓋瓦〕를 수개하기 위한 고유제, 이안제, 환안제를 행하였다. —출전은 위와 같다.

○ 숙종 30년 갑신(1704) 4월

신실의 용두(龍頭)를 수개하기 위한 고유제, 이안제, 환안제를 행하였다. —출전은 위와 같다.

○ 같은 해 7월

신실의 들보 위의 도회 및 단청을 수개하기 위한 고유제, 이안제, 환안제를 행하였다. —출전은 위와 같다.

○ 같은 해 10월

신실 내의 지의를 수개하기 위한 고유제, 이안제, 환안제를 행하였다. —출전은 위와 같다.

○ **숙종 31년 을유(1705) 7월**

신위(神位)의 상탁(床卓)을 수개하기 위한 고유제, 이안제, 환안제를 행하였다. ―출전은 위와 같다.

○ **같은 달**

신실의 달발을 수개하기 위한 고유제를 행하였다. ―출전은 위와 같다.

○ **같은 해 12월**

상의 체후가 평상으로 회복된 데 대한 고유제를 행하였다. ―《사직서등록》

○ **숙종 32년 병술(1706) 2월**

춘향 대제(春享大祭)를 행하고 겸하여 유문(壝門)을 수개하기 위한 고유제를 행하였다. ―출전은 위와 같다.

○ **같은 해 6월**

신실의 비 새는 곳을 수개하기 위한 고유제, 이안제, 환안제를 행하였다. ―《예조종사등록》

○ **같은 해 7월**

신실의 들보 위의 도회를 수개하기 위한 고유제, 이안제, 환안제를 행하였다. ―출전은 위와 같다.

○ **같은 해 10월**

신실의 달발을 수개하기 위한 고유제를 행하였다. ―출전은 위와 같다.

○ **숙종 33년 정해(1707) 4월**

신실의 들보 위의 도회를 수개하기 위한 고유제, 이안제, 환안제를 행하였다. ―출전은 위와 같다.

○ 같은 해 7월

신실의 비 새는 곳을 수개하기 위한 고유제, 이안제, 환안제를 행하였다. —출전은 위와 같다.

○ 같은 해 11월

신위장을 수개하기 위한 고유제, 이안제, 환안제를 행하였다. —출전은 위와 같다.

○ 숙종 34년 무자(1708) 3월

신실의 서쪽 담장을 수개하기 위한 고유제를 행하였다. —출전은 위와 같다.

○ 같은 해 5월

기우제를 행하였다. —《사직서등록》

○ 같은 해 7월

신실의 도회를 수개하기 위한 고유제를 행하였다. —《예조종사등록》

○ 같은 해 12월

납향 대제(臘享大祭)와 겸하여 신실의 달발을 수개하기 위한 고유제를 행하였다. —출전은 위와 같다.

○ 숙종 35년 기축(1709) 7월

신실의 비 새는 곳을 수개하기 위한 고유제, 이안제, 환안제를 행하였다. —출전은 위와 같다.

○ 숙종 36년 경인(1710) 2월

상의 체후가 평상으로 회복된 데에 대한 고유제를 행하였다. —《사직서등록》

○ 같은 해 5월

기우제를 행하였다. —출전은 위와 같다.

○ 같은 달

단장(壇墻)을 수보(修補)하기 위한 고유제를 행하였다. —출전은 위와 같다.

○ 같은 해 윤7월

집사청(執事廳)을 다시 건축하기 위한 고유제를 행하였다. —《예조종사등록》

○ 같은 달

신실의 비 새는 곳을 수개하기 위한 고유제, 이안제, 환안제를 행하였다. —출전은 위와 같다.

○ 같은 해 12월

납향 대제와 겸하여 신실의 달발을 수개하기 위한 고유제를 행하였다. —출전은 위와 같다.

○ 숙종 37년 신묘(1711) 5월

신실의 비 새는 곳을 수개하기 위한 고유제, 이안제, 환안제를 행하였다. —출전은 위와 같다.

○ 같은 해 7월

신실의 달발을 수개하기 위한 고유제를 행하였다. —《사직서등록》

○ 같은 해 8월

추향 대제(秋享大祭)와 겸하여 신실의 들보 위의 도회를 수개하기 위한 고유제, 이안제, 환안제를 행하였다. —《예조종사등록》

○ 같은 달

신실의 들보 위의 도회를 수개하기 위한 고유제, 이안제, 환안제를 행하였다. —출전은 위와 같다.

○ 같은 해 12월

중궁전 환후가 평상으로 회복된 데 대한 고유제를 행하였다. —《사직서등록》

○ 숙종 38년 임진(1712) 1월

신실의 달발을 수개하기 위한 고유제를 행하였다. —《예조종사등록》

○ 같은 해 2월

신문(神門)을 수보하기 위한 고유제를 행하였다. —출전은 위와 같다.

○ 같은 해 4월

신실의 도회를 수개하기 위한 고유제를 행하였다. —출전은 위와 같다.

○ 같은 해 5월

기우제를 행하였다. —《사직서등록》

○ 같은 해 9월

신실의 달발을 수개하기 위한 고유제를 행하였다. —《예조종사등록》

○ 숙종 39년 계사(1713) 1월

신실의 도회를 수개하기 위한 고유제를 행하였다. —출전은 위와 같다.

○ 같은 해 6월

신실의 비 새는 곳을 수개하기 위한 고유제, 이안제, 환안제를 행하였다. —출전은 위와 같다.

○ 같은 해 7월

기우제를 행하였다. —《사직서등록》

○ 같은 해 8월

신실의 달발을 수개하기 위한 고유제를 행하였다. —《예조종사등록》

○ **숙종 40년 갑오**(1714) **5월**

신실의 들보 위의 도회를 수개하기 위한 고유제, 이안제, 환안제를 행하였다. —출전은 위와 같다.

○ **같은 해 7월**

상의 체후가 평상으로 회복된 데 대한 고유제를 행하였다. —《사직서등록》

○ **숙종 41년 을미**(1715) **3월**

신실의 도회를 수개하기 위한 고유제, 이안제, 환안제를 행하였다. —《예조종사등록》

○ **같은 해 6월**

신실의 비 새는 곳을 수개하기 위한 고유제, 이안제, 환안제를 행하였다. —출전은 위와 같다.

○ **같은 해 12월**

신실의 달발을 수개하기 위한 고유제를 행하였다. —출전은 위와 같다.

○ **숙종 42년 병신**(1716) **3월**

신실의 들보 위의 도회를 수개하기 위한 고유제, 이안제, 환안제를 행하였다. —출전은 위와 같다.

○ **같은 해 6월**

신실의 들보 위의 도회를 수개하기 위한 고유제, 이안제, 환안제를 행하였다. —출전은 위와 같다.

○ **숙종 43년 정유**(1717) **5월**

신실 내의 지의를 수개하기 위한 고유제, 이안제, 환안제를 행하였다. —출전은 위와 같다.

○ 같은 해 10월

왕세자[20]의 청정(聽政)에 대한 고유제를 행하였다. —《사직서등록》

○ 숙종 44년 무술(1718) 4월

빈궁(嬪宮)[21]의 계빈(啓殯)을 위한 고유제를 행하였다. —출전은 위와 같다.

○ 같은 달

빈궁의 발인을 위한 기청제(祈晴祭)를 행하였다. —출전은 위와 같다.

○ 같은 해 5월

신실의 들보 위의 도회를 수개하기 위한 고유제, 이안제, 환안제를 행하였다. —《예조종사등록》

○ 같은 달

기우제를 행하였다. —《사직서등록》

○ 같은 해 7월

신실의 담장을 수개하기 위한 고유제를 행하였다. —《예조종사등록》

○ 같은 달

중궁전[22]의 홍진(紅疹)이 평상으로 회복된 데 대한 고유제를 행하였다. —《사직서등록》

○ 같은 해 10월

신실의 달발을 수개하기 위한 고유제를 행하였다. —《예조종사등록》

○ 숙종 45년 기해(1719) 3월

신실의 들보 위의 도회를 수개하기 위한 고유제, 이안제, 환안제를 행하였다. —출전은 위와 같다.

20 **왕세자** 조선 제20대왕 경종(1688~1724)이다. 이름은 이윤(李昀)이고, 어머니는 희빈(禧嬪) 장씨(張氏)이다. 이달 3일에 왕세자의 청정을 종묘와 사직에 고하고 전국에 교서를 반포하였다.《肅宗實錄 43年 10月 3日》

21 **빈궁** 세자빈 심씨(沈氏)를 말한다. 좌의정에 증직된 심호(沈浩)의 딸이다. 이해 2월 7일에 홍서하였다.《肅宗實錄 44年 2月 7日》

22 **중궁전** 숙종의 둘째 계비(繼妃)인 인원왕후(仁元王后, 1687~1757)로, 경은부원군(慶恩府院君) 김주신(金柱臣)의 딸이다.

○ 같은 해 11월

신실의 달발을 수개하기 위한 고유제를 행하였다. ―출전은 위와 같다.

○ 숙종 46년 경자(1720) 3월

북쪽 신문(神門)을 수개하기 위한 고유제를 행하였다. ―《사직서등록》

○ 같은 해 6월

대행 대왕[23]의 승하(昇遐)에 대한 고문제(告文祭)를 행하였다. ―출전은 위와 같다.

23 대행 대왕 조선 제19대왕 숙종(1661~1720)이다. 재위 기간은 1674~1720년이며, 능호는 명릉(明陵)이다.

○ 같은 해 12월

납향 대제(臘享大祭)와 겸하여 신실의 달발을 수개하기 위한 고유제를 행하였다. ―《예조종사등록》

○ 경종(景宗) 2년 임인(1722) 2월

신실의 들보 위의 도회를 수개하기 위한 고유제, 이안제, 환안제를 행하였다. ―출전은 위와 같다.

○ 같은 해 11월

신실의 달발을 수개하기 위한 고유제를 행하였다. ―출전은 위와 같다.

○ 경종 3년 계묘(1723) 12월

납향 대제와 겸하여 신실의 달발을 수개하기 위한 고유제를 행하였다. ―출전은 위와 같다.

○ 경종 4년 갑진(1724) 2월

동쪽 홍살문을 수개하기 위한 고유제를 행하였다. ―출전은 위와 같다.

○ 같은 해 4월

동쪽과 남쪽의 유문(壝門)을 수개하기 위한 고유제를 행하였다. ―출전은 위와 같다.

○ 같은 해 5월

신실의 비 새는 곳을 수개하기 위한 고유제, 이안제, 환안제를 행하였다. ―출전은 위와 같다.

○ 같은 해 8월

대행 대왕[24]의 승하에 대한 고문제를 행하였다. ―《사직서등록》

○ 같은 해 12월

납향 대제와 겸하여 신실의 달발을 수개하기 위한 고유제를 행하였다. ―《예조종사등록》

○ 영종 원년 을사(1725) 1월

신실의 비 새는 곳 및 달발을 수개하기 위한 고유제, 이안제, 환안제를 행하였다. ―출전은 위와 같다.

○ 같은 해 2월

동편의 회담〔灰墻〕을 수개하기 위한 고유제를 행하였다. ―출전은 위와 같다.

○ 영종 2년 병오(1726) 7월

신실의 도회를 수개하기 위한 고유제, 이안제, 환안제를 행하였다. ―《사직서등록》

○ 같은 해 8월

기청제(祈晴祭)를 행하였다. ―출전은 위와 같다.

○ 같은 해 10월

대왕대비전[25]과 왕대비전[26]의 존호를 올리는 데 대한 고유제를 행하였다. ―출전은 위와 같다.

24 **대행 대왕** 조선 제20대왕 경종(1688~1724)이다. 재위 기간은 1720~1724년이며, 능호(陵號)는 '의릉(懿陵)'이다.

25 **대왕대비전** 숙종의 둘째 계비(繼妃) 인원왕후(仁元王后)이다. 288쪽 주22 참조. 이달 27일에 '헌열(獻烈)'의 존호를 받았다.《承政院日記 英祖 2年 10月 27日》

26 **왕대비전** 경종의 계비(繼妃) 선의왕후(宣懿王后, 1705~1730)로, 영돈녕부사 어유귀(魚有龜)의 딸이다. 이달 28일에 '경순(敬純)'의 존호를 받았다.《承政院日記 英祖 2年 10月 28日》

○ 같은 해 12월

납향 대제와 겸하여 신실의 달발을 수개하기 위한 고유제를 행하였다. —《예조종사등록》

○ 영종 4년 무신(1728) 2월

춘향 대제와 겸하여 신실의 달발을 수개하기 위한 고유제를 행하였다. —출전은 위와 같다.

○ 같은 해 4월

역적을 토죄[27]한 데 대한 고유제를 행하였다. —《사직서등록》

○ 같은 해 5월

유문(壝門)을 다시 세우기 위한 고유제를 행하였다. —출전은 위와 같다.

○ 같은 해 6월

신실의 비 새는 곳 및 달발을 수개하기 위한 고유제, 이안제, 환안제를 행하였다. —《예조종사등록》

○ 같은 달

신실의 들보 위의 도회를 수개하기 위한 고유제, 이안제, 환안제를 행하였다. —《사직서등록》

○ 같은 해 7월

북쪽 유문을 수개하기 위한 고유제를 행하였다. —《예조종사등록》

○ 같은 해 11월

왕세자[28]의 환후(患候)로 인한 기도제(祈禱祭)를 행하였다. —《사직서등록》

27 **역적을 토죄** 이해 3월에 일어난 무신란(戊申亂)을 평정한 것을 말한다. 무신란은 경종의 독살설을 명분으로 하여 소론과 남인의 급진 세력이 주도한 전국적인 규모의 반란으로, 중심인물은 호남의 박필현(朴弼顯), 호서의 이인좌(李麟佐), 영남의 정희량(鄭希亮)이다.

28 **왕세자** 효장세자(孝章世子, 1719~1728)이다. 영조의 맏아들이며 사도세자의 이복형이다. 진종(眞宗)에 추대되었고, 능호는 영릉(永陵)이며, 시호가 효장이다. 이달 16일에 창경궁에서 홍서하였다.《英祖實錄 4年 11月 16日》

○ 같은 달

왕세자의 환후로 인한 2차 기도제를 행하였다. —출전은 위와 같다.

○ 같은 달

왕세자의 홍서(薨逝)에 대한 고문제(告文祭)를 행하였다. —출전은 위와 같다.

○ 영종 5년 기유(1729) 1월

왕세자의 찬실(欑室)[29]을 여는 데 대한 고유제를 행하였다. —출전은 위와 같다.

○ 같은 달

왕세자의 발인을 위한 기청제(祈晴祭)를 행하였다. —출전은 위와 같다.

○ 같은 해 12월

기설제(祈雪祭)를 행하였다. —출전은 위와 같다.

○ 영종 6년 경술(1730) 6월

유문(壝門)을 수보(修補)하기 위한 고유제를 행하였다. —출전은 위와 같다.

○ 같은 달

경순왕후(敬純王后)[30]의 환후로 인한 기도제를 행하였다. —출전은 위와 같다.

○ 같은 달

경순왕후의 승하에 대한 고문제를 행하였다. —출전은 위와 같다.

○ 같은 해 7월

기우제를 행하였다. —출전은 위와 같다.

○ 영종 7년 신해(1731) 6월

기우제를 행하였다. —출전은 위와 같다.

29 **찬실** 찬궁(欑宮)이다. 빈전(殯殿) 안에 관(棺)을 안치한 방을 말한다.

30 **경순왕후** 경종의 계비 선의왕후(宣懿王后, 1705~1730)를 말한다. 1726년(영조 2) 경순왕대비(敬純王大妃)라는 존호를 받았고, 승하한 뒤 시호를 '선의'라 하였다.

○ 같은 해 8월

장릉(長陵)[31]의 천봉(遷奉)에 대한 고유제를 행하였다. —출전은 위와 같다.

○ 같은 달

기청제를 행하였다. —출전은 위와 같다.

○ 같은 해 11월

기설제를 행하였다. —출전은 위와 같다.

○ 같은 해 12월

납향 대제와 겸하여 신실의 달발을 수개하기 위한 고유제를 행하였다. —《예조종사등록》

○ 영종 8년 임자(1732) 8월

추향 대제와 겸하여 신실의 달발을 수개하기 위한 고유제를 행하였다. —출전은 위와 같다.

○ 영종 9년 계축(1733) 5월

신실의 들보 위의 도회 및 위판(位版)의 지갑(紙匣)을 수개하기 위한 고유제, 이안제, 환안제를 행하였다. —《사직서등록》

○ 같은 해 7월

신실의 비 새는 곳을 수개하기 위한 고유제, 이안제, 환안제를 행하였다. —출전은 위와 같다.

○ 같은 해 12월

납향 대제와 겸하여 신실의 달발을 수개하기 위한 고유제를 행하였다. —《예조종사등록》

31 장릉 인조와 인열왕후(仁烈王后) 한씨(韓氏)의 능이다. 처음에 파주 운천리에 있었는데, 이때 교하(交河)로 천봉되었다.

○ **영종 11년 을묘**(1735) **1월**

원자(元子)의 위호(位號)를 정하는 데 대한 고유제를 행하였다. —출전은 위와 같다.

○ **같은 해 12월**

납향 대제와 겸하여 신실의 달발을 수개하기 위한 고유제를 행하였다. —출전은 위와 같다.

○ **영종 12년 병진**(1736) **7월**

신실의 비 새는 곳을 수개하기 위한 고유제, 이안제, 환안제를 행하였다. —출전은 위와 같다.

○ **같은 해 11월**

북쪽 유문(壝門)을 수개하기 위한 고유제를 행하였다. —출전은 위와 같다.

○ **영종 13년 정사**(1737) **3월**

신실의 비 새는 곳을 수개하기 위한 고유제, 이안제, 환안제를 행하였다. —출전은 위와 같다.

○ **같은 해 8월**

신실의 들보 위의 도회를 수개하기 위한 고유제, 이안제, 환안제를 행하였다. —출전은 위와 같다.

○ **같은 해 12월**

납향 대제와 겸하여 신실의 달발을 수개하기 위한 고유제를 행하였다. —출전은 위와 같다.

○ **영종 15년 기미**(1739) **5월**

신실의 달발을 수개하기 위한 고유제를 행하였다. —출전은 위와 같다.

○ 같은 해 6월

신실의 비 새는 곳을 수개하기 위한 고유제, 이안제, 환안제를 행하였다. —출전은 위와 같다.

○ 같은 해 11월

신실의 달발을 수개하기 위한 고유제를 행하였다. —출전은 위와 같다.

○ 영종 16년 경신(1740) 3월

신실의 비 새는 곳 및 달발을 수개하기 위한 고유제, 이안제, 환안제를 행하였다. —출전은 위와 같다.

○ 같은 해 6월

신실 내의 지의(地衣)와 삿자리[蘆簟]를 수개하기 위한 고유제, 이안제, 환안제를 행하였다. —출전은 위와 같다.

○ 같은 해 윤6월

신실의 비 새는 곳을 수개하기 위한 고유제, 이안제, 환안제를 행하였다. —출전은 위와 같다.

○ 같은 해 8월

추향 대제와 겸하여 신실의 달발을 수개하기 위한 고유제를 행하였다. —출전은 위와 같다.

○ 같은 해 10월

신실의 앞면 처마의 기와[蓋瓦] 및 문짝[門隻]을 수보하기 위한 고유제, 이안제, 환안제를 행하였다. —출전은 위와 같다.

○ 영종 17년 신유(1741) 3월

신실의 달발 및 홍살문의 문짝을 수개하기 위한 고유제를 행하였다. —출전은 위와 같다.

○ 같은 해 5월

신실의 비 새는 곳 및 동쪽 유문과 북쪽 신문을 수개하기 위한 고유제, 이안제, 환안제를 행하였다. —출전은 위와 같다.

○ 같은 해 7월

신실의 비 새는 곳을 수개하기 위한 고유제, 이안제, 환안제를 행하였다. —출전은 위와 같다.

○ 같은 달

신실의 달발을 수개하기 위한 고유제를 행하였다. —출전은 위와 같다.

○ 같은 해 10월

신실의 암막새기와〔女防草瓦〕 및 달발을 수개하기 위한 고유제, 이안제, 환안제를 행하였다. —출전은 위와 같다.

○ 영종 18년 임술(1742) 3월

신위의 봉안장(奉安欌) 내의 도배 및 달발을 수개하기 위한 고유제, 이안제, 환안제를 행하였다. —출전은 위와 같다.

○ 같은 해 6월

기우제를 행하였다. —출전은 위와 같다.

○ 같은 해 7월

기우 보사제(祈雨報謝祭)를 행하였다. —출전은 위와 같다.

○ 같은 달

신실의 들보 위의 도회 및 비 새는 곳을 수개하기 위한 고유제, 이안제, 환안제를 행하였다. —출전은 위와 같다.

○ 같은 해 10월

신실의 들보 위의 암수막새기와〔女夫防草瓦〕, 위판의 지갑(紙匣) 및 달발을 수개하기 위한 고유제, 이안제, 환안제를 행하였다. —출전은 위와 같다.

○ 영종 19년 계해(1743) 3월

신실의 달발 및 북쪽 신문의 문짝을 수개하기 위한 고유제를 행하였다. —출전은 위와 같다.

○ 같은 해 5월

북쪽 신문을 수개하기 위한 고유제를 행하였다. —출전은 위와 같다.

○ 같은 해 6월

신실의 비 새는 곳과 들보 위의 도회 및 달발을 수개하기 위한 고유제, 이안제, 환안제를 행하였다. —출전은 위와 같다.

○ 같은 해 10월

소나무에 벼락이 친 데 대한 위안제(慰安祭)를 행하였다. —《사직서등록》

○ 같은 해 11월

신실의 달발을 수개하기 위한 고유제를 행하였다. —《예조종사등록》

○ 영종 20년 갑자(1744) 4월

신실의 들보 위의 도회 및 달발을 수개하기 위한 고유제, 이안제, 환안제를 행하였다. —출전은 위와 같다.

○ 같은 해 6월

신실의 비 새는 곳 및 서쪽 홍살문을 수개하기 위한 고유제, 이안제, 환안제를 행하였다. —출전은 위와 같다.

○ 같은 해 7월

회담〔灰墻〕을 수개하기 위한 고유제를 행하였다. —출전은 위와 같다.

○ 같은 해 8월

신실의 비 새는 곳 및 달발을 수개하기 위한 고유제, 이안제, 환안제를 행하였다. —출전은 위와 같다.

○ 같은 해 9월

성상이 기사(耆社)에 들어가는 데 대한 고유제를 행하였다. —《사직서등록》

○ 영종 21년 을축(1745) 3월

신실의 서쪽 내장(內墻)이 붕괴된 데 대한 위안제를 행하였다. —출전은 위와 같다.

○ 같은 해 4월

신실의 서쪽 내장을 수개하기 위한 고유제를 행하였다. —출전은 위와 같다.

○ 같은 달

신실의 비 새는 곳 및 남쪽 홍살문을 수개하기 위한 고유제, 이안제, 환안제와 겸하여 내장이 붕괴된 데 대한 위안제를 행하였다. —출전은 위와 같다.

○ 같은 달

신실의 내장을 수개하기 위한 고유제를 행하였다. —출전은 위와 같다.

○ 같은 해 7월

신실의 비 새는 곳을 수개하기 위한 고유제, 이안제, 환안제를 행하였다. —출전은 위와 같다.

○ 같은 달

신실의 서쪽 담장이 붕괴된 데 대한 위안제를 행하였다. —출전은 위와 같다.

○ 같은 해 8월

2차 영제(禜祭)[32]를 행하였다. —출전은 위와 같다.

○ 같은 달

신실의 들보 위의 도회 및 서쪽 담장을 수개하기 위한 고유제, 이안제, 환안제를 행하였다. —《예조종사등록》

○ 영종 22년 병인(1746) 3월

신실의 비 새는 곳을 수개하기 위한 고유제, 이안제, 환안제를 행하였다. —출전은 위와 같다.

○ 같은 해 윤3월

동쪽 홍살문을 수개하기 위한 고유제를 행하였다. —출전은 위와 같다.

○ 같은 해 4월

신실의 단청을 수개하기 위한 고유제, 이안제, 환안제를 행하였다. —출전은 위와 같다.

○ 같은 해 7월

신실의 남쪽 담장이 붕괴된 데 대한 위안제를 행하였다. —출전은 위와 같다.

○ 같은 달

신실의 남쪽 담장을 수개하고 국직(國稷) 신위의 상탁(床卓)을 수개하기 위한 고유제, 이안제, 환안제를 행하였다. —출전은 위와 같다.

○ 같은 해 8월

신실의 남쪽 담장이 붕괴된 데 대한 위안제를 행하였다. —출전은 위와 같다.

32 영제 기청제(祈晴祭)이다. 오래도록 장마가 계속 될 때에 날이 개기를 비는 제사로, 서울의 도성 사문(四門)에 나아가 다락 위에서 지냈다.

○ 영종 23년 정묘(1747) 5월

신실의 도회를 수개하기 위한 고유제, 이안제, 환안제를 행하였다. —출전은 위와 같다.

○ 같은 해 6월

북쪽 신문 밖의 큰 소나무가 뿌리가 뽑히고 가지가 부러진 데 대한 위안제를 행하였다. —출전은 위와 같다.

○ 같은 해 11월

신실의 들보 위의 도회를 수개하기 위한 고유제, 이안제, 환안제를 행하였다. —출전은 위와 같다.

○ 같은 해 12월

신실 내의 지의 및 북쪽 신문을 수개하기 위한 고유제, 이안제, 환안제를 행하였다. —출전은 위와 같다.

○ 영종 24년 무진(1748) 4월

신실의 들보 위의 도회를 수개하기 위한 고유제, 이안제, 환안제를 행하였다. —출전은 위와 같다.

○ 영종 25년 기사(1749) 2월

왕세자[33]의 청정(聽政)에 대한 고유제를 행하였다. —《사직서등록》

33 **왕세자** 영조의 둘째 아들 장헌세자(莊獻世子 사도세자(思悼世子))를 말한다.

○ 같은 해 3월

신실의 비 새는 곳을 수개하기 위한 고유제, 이안제, 환안제를 행하였다. —《예조종사등록》

○ 같은 해 6월

신실의 비 새는 곳을 수개하기 위한 고유제, 이안제, 환안제를 행하였다. —출전은 위와 같다.

○ 같은 해 9월

신문의 서쪽 협문의 삭목(槊木)[34]을 수개하기 위한 고유제를 행하였다. ―출전은 위와 같다.

○ 같은 해 10월

신상(神床) 위에 까는 자리를 수개하기 위한 고유제, 이안제, 환안제를 행하였다. ―출전은 위와 같다.

○ 영종 26년 경오(1750) 2월

춘향 대제와 겸하여 신실의 달발을 수개하기 위한 고유제를 행하였다. ―출전은 위와 같다.

○ 같은 해 3월

신실의 들보 위의 도회를 수개하기 위한 고유제, 이안제, 환안제를 행하였다. ―출전은 위와 같다.

○ 같은 해 4월

신실의 비 새는 곳을 수개하기 위한 고유제, 이안제, 환안제를 행하였다. ―출전은 위와 같다.

○ 같은 해 7월

신실의 비 새는 곳을 수개하기 위한 고유제, 이안제, 환안제를 행하였다. ―출전은 위와 같다.

○ 같은 해 8월

원손(元孫)[35]의 탄강(誕降)에 대한 고유제를 행하였다. ―《사직서등록》

○ 같은 해 10월

신실의 달발 및 유문을 수개하기 위한 고유제를 행하였다. ―《예조종사등록》

34 삭목 질러 넣는 나무로, 전후 또는 좌우를 연결하여 고정시키는 나무이다. 끝은 장부를 대거나 얄팍하게 깎아서 끼우는데, 대개 단단한 참나무를 사용한다.

35 원손 사도세자의 장남이며 영조(英祖)의 손자인 이정(李琔, 1750~1752)을 말한다. 시호는 의소(懿昭)이다.

○ 영종 27년 신미(1751) 3월

남쪽 유문의 회담을 수개하기 위한 고유제를 행하였다. ―《예조전향사일기(禮曹典享司日記)》

○ 같은 달

신실의 서쪽 담장이 붕괴된 데 대한 위안제를 행하였다. ―출전은 위와 같다.

○ 같은 해 4월

신실의 서쪽 담장 및 들보 위의 도회를 수개하기 위한 고유제, 이안제, 환안제를 행하였다. ―출전은 위와 같다.

○ 같은 해 5월

왕세손[36]의 책례(冊禮)에 대한 고유제를 행하였다. ―출전은 위와 같다.

36 왕세손 사도세자의 장남 이정(李琔)이다. 301쪽 주35 참조.

○ 같은 해 윤5월

신실의 용두(龍頭)가 떨어져 나간 데 대한 위안제를 행하였다. ―출전은 위와 같다.

○ 같은 해 6월

신실의 용두 및 비 새는 곳을 수개하기 위한 고유제, 이안제, 환안제를 행하였다. ―출전은 위와 같다.

○ 같은 해 12월

신실의 달발을 수개하기 위한 고유제를 행하였다. ―출전은 위와 같다.

○ 영종 28년 임신(1752) 3월

왕세손의 훙서(薨逝)에 대한 고문제(告文祭)를 행하였다. ―《사직서등록》

○ 같은 해 10월

원손의 위호(位號)를 정하는 데 대한 고유제를 행하였다. ―《예조전향사일기》

○ **영종 29년 계유**(1753) **6월**

신장(神欌) 위로 비가 샌 것에 대한 위안제를 행하였다. —출전은 위와 같다.

○ **같은 해 7월**

신실의 용두를 수개하기 위한 고유제를 행하였다. —《예조전향사일기》

○ **같은 달**

신실의 서쪽 내장(內墻)의 남쪽 회담〔灰墻〕이 붕괴된 데 대한 위안제를 행하였다. —출전은 위와 같다.

○ **같은 해 8월**

신실의 서쪽 내장의 남쪽 회담을 수개하기 위한 고유제를 행하였다. —출전은 위와 같다.

○ **같은 해 10월**

신실의 달발을 수개하기 위한 고유제를 행하였다. —출전은 위와 같다.

○ **영종 30년 갑술**(1754) **5월**

신실의 비 새는 곳을 수개하기 위한 고유제, 이안제, 환안제와 겸하여 서쪽 담장이 붕괴된 데 대한 위안제를 행하였다. —출전은 위와 같다.

○ **같은 해 10월**

신실의 비 새는 곳 및 달발을 수개하기 위한 고유제, 이안제, 환안제를 행하였다. —출전은 위와 같다.

○ **같은 해 11월**

서쪽 홍살문을 수개하기 위한 고유제를 행하였다. —출전은 위와 같다.

○ **영종 31년 을해**(1755) **4월**

역적을 토죄[37]한 데 대한 고유제를 행하였다. —《사직서등록》

37 **역적을 토죄** 1722년(경종 2) 김일경(金一鏡)의 옥사에 연좌되어 나주(羅州)로 귀양 가 있던 소론(小論) 계열의 윤지(尹志)가 1755년(영조 31)에 노론을 제거할 목적으로 나주 목사 이하징(李夏徵) 등과 모의하여 나주 객사에 나라를 비방하는 글을 붙인 사건을 말한다. 나주괘서사건(羅州掛書事件) 혹은 을해옥사(乙亥獄事)라고도 한다.

○ 같은 해 5월

역적의 수급(首級)을 받은 데 대한 고유제를 행하였다. —출전은 위와 같다.

○ 같은 해 9월

신실의 달발을 수개하기 위한 고유제를 행하였다. —《예조전향사일기》

○ 같은 해 11월

신실의 동, 서, 북 세 모서리의 목기판(木只版)[38]을 수개하기 위한 고유제를 행하였다. —출전은 위와 같다.

○ 영종 32년 병자(1756) 3월

신실의 비 새는 곳 및 옥상(屋上)의 막새기와[防草瓦]를 수개하기 위한 고유제, 이안제, 환안제를 행하였다. —출전은 위와 같다.

○ 같은 해 8월

신실의 들보 위의 도회를 수개하기 위한 고유제, 이안제, 환안제를 행하였다. —출전은 위와 같다.

○ 같은 해 9월

상의 체후가 평상으로 회복된 데 대한 고유제를 행하였다. —《사직서등록》

○ 영종 33년 정축(1757) 2월

춘향 대제와 겸하여 신실의 달발을 수개하기 위한 고유제를 행하였다. —《예조전향사일기》

○ 같은 해 2월

대행 왕비[39]의 승하에 대한 고문제(告文祭)를 행하였다. —《사직서등록》

○ 같은 해 3월

대왕대비전[40]의 환후가 평상으로 회복된 데 대한 고유제를 행하였다. —출

38 **목기판** 서까래의 일종인 모끼연(木只椽) 사이에 끼는 판재를 말한다.

39 **대행 왕비** 영조의 원비(元妃)인 정성왕후(貞聖王后, 1692~1757)로, 달성부원군(達城府院君) 서종제(徐宗悌)의 딸이다. 능호는 홍릉(弘陵)이다.

40 **대왕대비전** 숙종의 둘째 계비인 인원왕후(仁元王后)이다. 288쪽 주22 참조.

전은 위와 같다.

○ 같은 달

대왕대비전의 환후로 인한 기도제를 행하였다. —출전은 위와 같다.

○ 같은 달

대행 대왕대비[41]의 승하에 대한 고문제를 행하였다. —출전은 위와 같다.

○ 같은 해 5월

대행 왕비의 계빈(啓殯)을 위한 고유제를 행하였다. —출전은 위와 같다.

○ 같은 해 6월

대행 왕비의 발인(發靷)을 위한 기청제를 행하였다. —출전은 위와 같다.

○ 같은 해 7월

대행 대왕대비의 계빈을 위한 고유제를 행하였다. —출전은 위와 같다.

○ 같은 달

대행 대왕대비의 발인을 위한 기청제를 행하였다. —출전은 위와 같다.

○ 같은 해 9월

신실의 달발을 수개하기 위한 고유제를 행하였다. —《예조전향사일기》

○ 영종 34년 무인(1758) 4월

신실의 들보 위의 도회를 수개하기 위한 고유제, 이안제, 환안제를 행하였다. —출전은 위와 같다.

○ 같은 해 5월

기우제를 행하였다. —《사직서등록》

41 대행 대왕대비 숙종의 둘째 계비인 인원왕후이다. 능호는 명릉(明陵)이다. 288쪽 주22 참조.

○ **같은 해 7월**

신실의 비 새는 곳을 수개하기 위한 고유제, 이안제, 환안제를 행하였다. —《예조전향사일기》

○ **같은 해 8월**

추향 대제와 겸하여 신실의 서쪽 담장이 붕괴된 데 대한 위안제를 행하였다. —출전은 위와 같다.

○ **같은 달**

신실의 서쪽 담장 및 달발을 수개하기 위한 고유제를 행하였다. —출전은 위와 같다.

○ **영종 35년 기묘**(1759) **1월**

상의 체후가 평상으로 회복된 데 대한 고유제를 행하였다. —《사직서등록》

○ **같은 해 6월**

신실의 서쪽 내장(內墻)이 붕괴된 데 대한 위안제를 행하였다. —《예조전향사일기》

○ **같은 해 윤6월**

신실의 서쪽 내장 및 비 새는 곳을 수개하기 위한 고유제, 이안제, 환안제를 행하였다. —출전은 위와 같다.

○ **같은 해 10월**

신실의 달발 및 남·북쪽 유문을 수개하기 위한 고유제를 행하였다. —출전은 위와 같다.

○ **영종 36년 경진**(1760) **6월**

북쪽 신문을 다시 세우기 위한 고유제를 행하였다. —《예조전향사일기》

○ 같은 해 8월

추향 대제와 겸하여 신실의 암수막새기와[女夫防草瓦]를 수개하기 위한 고유제, 이안제, 환안제를 행하였다. —《사직서등록》

○ 같은 해 10월

신실의 달발을 수개하기 위한 고유제를 행하였다. —출전은 위와 같다.

○ 영종 37년 신사(1761) 7월

상의 체후가 평상으로 회복된 데 대한 고유제를 행하였다. —출전은 위와 같다.

○ 같은 달

기우제를 행하였다. —출전은 위와 같다.

○ 같은 달

기우 보사제(祈雨報謝祭)를 행하였다. —출전은 위와 같다.

○ 영종 38년 임오(1762) 2월

신실 뒤편의 소나무가 부러진 데 대한 위안제를 행하였다. —출전은 위와 같다.

○ 같은 해 윤5월

왕세자[42]가 홍서한 데 대한 고문제를 행하였다. —출전은 위와 같다.

○ 같은 해 7월

기우 보사제를 행하였다. —출전은 위와 같다.

○ 같은 달

왕세자의 계빈(啓殯)을 위한 고유제를 행하였다. —출전은 위와 같다.

42 **왕세자** 영조의 둘째 아들 장헌세자(莊獻世子)를 말한다. 이달 21일에 홍서하였다. 앞서 같은 달 13일에 서인으로 폐하였던 왕세자의 호를 이때 회복시키고 사도세자(思悼世子)라는 시호를 내렸다.

○ 같은 달

왕세자의 발인을 위한 기청제를 행하였다. —출전은 위와 같다.

○ 같은 해 9월

신실의 들보 위의 도회를 수개하기 위한 고유제, 이안제, 환안제를 행하였다. —《예조전향사일기》

○ 영종 39년 계미(1763) 1월

기곡제(祈穀祭)와 겸하여 신실의 달발을 수개하기 위한 고유제를 행하였다. —《사직서등록》

○ 같은 해 2월

신실의 비 새는 곳을 수개하기 위한 고유제, 이안제, 환안제를 행하였다. —《예조전향사일기》

○ 같은 해 3월

신실의 용두가 떨어져 나간 데 대한 위안제를 행하였다. —출전은 위와 같다.

○ 같은 해 4월

신실의 용두를 수개하기 위한 고유제, 이안제, 환안제를 행하였다. —출전은 위와 같다.

○ 같은 해 6월

신실의 용두가 떨어져 나간 데 대한 위안제를 행하였다. —출전은 위와 같다.

○ 같은 해 7월

신실의 용두를 수개하기 위한 고유제, 이안제, 환안제를 행하였다. —출전은 위와 같다.

○ 같은 해 8월

추향 대제와 겸하여 신실의 용두가 떨어져 나간 데 대한 위안제 및 수개하기 위한 고유제, 이안제, 환안제를 행하였다. —《사직서등록》

○ 같은 해 12월

납향 대제와 겸하여 신실의 달발을 수개하기 위한 고유제를 행하였다. —출전은 위와 같다.

○ 영종 40년 갑신(1764) 2월

종통(宗統)을 정한 데[43] 대한 고유제를 행하였다. —출전은 위와 같다.

○ 같은 해 3월

신실의 비 새는 곳 및 회담을 수개하기 위한 고유제, 이안제, 환안제를 행하였다. —《예조전향사일기》

○ 같은 해 8월

신실의 비 새는 곳을 수개하기 위한 고유제, 이안제, 환안제를 행하였다. —출전은 위와 같다.

○ 영종 41년 을유(1765) 3월

신실의 들보 위의 도회 및 달발을 수개하기 위한 고유제, 이안제, 환안제를 행하였다. —출전은 위와 같다.

○ 같은 해 5월

신실의 기와〔瓦子〕가 떨어져 나간 데 대한 위안제를 행하였다. —《사직서등록》

○ 같은 달

신실의 목기개판(木只蓋版)[44] 및 기와를 수개하기 위한 고유제, 이안제, 환안제를 행하였다. —출전은 위와 같다.

43 **종통을 정한 데** 왕세손을 효장세자(孝章世子)의 후사로 정한 일을 말한다. 이달 23일에 세손에게 효장묘(孝章廟)의 제문을 읽도록 하고 하유하는 글을 내렸다.《英祖實錄 40年 2月 23日》

44 **목기개판** 모끼연 상부에 덮는 판재를 말한다.

○ **같은 해 12월**

납향 대제와 겸하여 신실의 달발을 수개하기 위한 고유제를 행하였다. —《사직서등록》

○ **영종 42년 병술(1766) 3월**

서쪽 유문을 수개하기 위한 고유제를 행하였다. —《예조전향사일기》

○ **같은 해 4월**

상의 체후가 평상으로 회복된 데 대한 고유제를 행하였다. —《사직서등록》

○ **같은 해 6월**

상의 체후가 평상으로 회복된 데 대한 고유제를 행하였다. —출전은 위와 같다.

○ **같은 해 11월**

신실의 들보 위의 도회를 수개하기 위한 고유제, 이안제, 환안제를 행하였다. —출전은 위와 같다.

○ **영종 43년 정해(1767) 2월**

고례(古禮)를 회복하여 지주(旨酒)를 사용하는 데 대한 고유제를 행하였다. —출전은 위와 같다.

○ **같은 해 4월**

신실의 비 새는 곳 및 달발을 수개하기 위한 고유제, 이안제, 환안제를 행하였다. —《예조전향사일기》

○ **같은 해 7월**

북쪽 유문을 수개하기 위한 고유제를 행하였다. —《사직서등록》

○ **영종 44년 무자**(1768) **2월**

신실의 비 새는 곳 및 달발을 수개하기 위한 고유제, 이안제, 환안제를 행하였다. —《예조전향사일기》

○ **같은 해 11월**

신실의 지의(地衣)를 수개하기 위한 고유제, 이안제, 환안제를 행하였다. —출전은 위와 같다.

○ **영종 45년 기축**(1769) **4월**

단유(壇壝)를 수개하기 위한 고유제를 행하였다. —출전은 위와 같다.

○ **같은 해 7월**

신실의 비 새는 곳 및 달발을 수개하기 위한 고유제, 이안제, 환안제를 행하였다. —출전은 위와 같다.

○ **같은 달**

상의 체후가 평상으로 회복된 데 대한 고유제를 행하였다. —《사직서등록》

○ **같은 해 9월**

신실 뒤편의 큰 소나무가 쓰러진 데 대한 위안제를 행하였다. —《예조전향사일기》

○ **영종 46년 경인**(1770) **윤5월**

신실의 비 새는 곳을 수개하기 위한 고유제, 이안제, 환안제를 행하였다. —《사직서등록》

○ **같은 해 6월**

신실의 포진(鋪陳)[45] 및 달발을 수개하기 위한 고유제, 이안제, 환안제를 행하였다. —출전은 위와 같다.

45 포진 돗자리, 방석, 요 등 바닥에 까는 물건을 총칭한다.

○ 같은 해 12월

상의 체후가 평상으로 회복된 데 대한 고유제를 행하였다. —출전은 위와 같다.

○ 영종 47년 신묘(1771) 3월

북쪽 신문을 수개하기 위한 고유제를 행하였다. —《예조전향사일기》

○ 같은 해 5월

신실의 기와가 떨어져 나간 데 대한 위안제를 행하였다. —《사직서등록》

○ 같은 달

신실의 기와를 수개하기 위한 고유제, 이안제, 환안제를 행하였다. —출전은 위와 같다.

○ 같은 해 7월

기우제를 행하였다. —출전은 위와 같다.

○ 같은 해 8월

기우 보사제(祈雨報謝祭)를 행하였다. —출전은 위와 같다.

○ 같은 해 12월

납향 대제와 겸하여 신실의 달발을 수개하기 위한 고유제를 행하였다. —출전은 위와 같다.

○ 영종 48년 임진(1772) 5월

기우제를 행하였다. —출전은 위와 같다.

○ 같은 해 12월

납향 대제와 겸하여 신실의 달발을 수개하기 위한 고유제를 행하였다. —출전은 위와 같다.

○ **영종 49년 계사**(1773) **6월**

기우제와 겸하여 보사제를 행하였다. ―출전은 위와 같다.

○ **같은 해 7월**

신실의 비 새는 곳을 수개하기 위한 고유제, 이안제, 환안제를 행하였다. ―《예조전향사일기》

○ **영종 50년 갑오**(1774) **2월**

상의 체후가 평상으로 회복된 데 대한 고유제를 행하였다. ―《사직서등록》

○ **같은 해 5월**

기우제를 행하였다. ―출전은 위와 같다.

○ **같은 해 6월**

신실의 비 새는 곳을 수개하기 위한 고유제, 이안제, 환안제를 행하였다. ―출전은 위와 같다.

○ **영종 51년 을미**(1775) **4월**

상의 체후가 평상으로 회복된 데 대한 고유제를 행하였다. ―출전은 위와 같다.

○ **같은 해 8월**

추향 대제와 겸하여 신실의 달발을 수개하기 위한 고유제를 행하였다. ―출전은 위와 같다.

○ **같은 해 9월**

상의 체후가 평상으로 회복된 데 대한 고유제를 행하였다. ―출전은 위와 같다.

○ 같은 해 윤10월

신실의 들보 위의 도회 및 비 새는 곳을 수개하기 위한 고유제, 이안제, 환안제를 행하였다. —《예조전향사일기》

○ 같은 해 12월

왕세손의 청정(聽政)[46]에 대한 고유제를 행하였다. —《사직서등록》

○ 영종 52년 병신(1776) 3월

대전의 환후로 인한 기도제(祈禱祭)를 행하였다. —출전은 위와 같다.

○ 같은 달

대행 대왕[47]의 승하에 대한 고문제(告文祭)를 행하였다. —출전은 위와 같다.

○ 같은 달

사위(嗣位)에 대한 고유제를 행하였다. —출전은 위와 같다.

○ 같은 해 6월

신실의 서쪽 내장(內墻)이 허물어진 데 대한 위안제를 행하였다. —출전은 위와 같다.

○ 같은 달

신실의 담장[墻垣]을 수개하기 위한 고유제를 행하였다. —출전은 위와 같다.

○ 같은 해 7월

대행 대왕의 계빈(啓殯)을 위한 고유제를 행하였다. —출전은 위와 같다.

○ 같은 달

대행 대왕의 발인(發靷)을 위한 기청제(祈晴祭)를 행하였다. —출전은 위와 같다.

46 **왕세손의 청정** 이달 7일 왕세손에게 서정(庶政)을 대리청정하도록 명하였다.《英祖實錄 51年 12月 7日》

47 **대행 대왕** 조선 제21대왕 영조(1694~1776)이다. 재위 기간은 1724~1776년이며, 능호(陵號)는 원릉(元陵)이다.

○ 같은 해 8월

추향 대제와 겸하여 신실의 달발을 수개하기 위한 고유제를 행하였다. ―출전은 위와 같다.

○ 같은 달

역적을 토죄[48]한 데 대한 고유제를 행하였다. ―출전은 위와 같다.

○ 정종 원년 정유(1777) 2월

동쪽 유문(壝門)을 수개(修改)하기 위한 고유제를 행하였다. ―《예조전향사일기》

○ 같은 해 5월

기우제를 행하였다. ―《사직서등록》

○ 같은 해 7월

기우 보사제(祈雨報謝祭)를 행하였다. ―출전은 위와 같다.

○ 같은 달

신실의 비 새는 곳을 수개하기 위한 고유제, 이안제, 환안제를 행하였다. ―《예조전향사일기》

○ 같은 해 9월

역적을 토죄[49]한 데 대한 고유제와 겸하여 신실의 달발을 수개하기 위한 고유제를 행하였다. ―《사직서등록》

○ 정종 2년 무술(1778) 4월

정성왕후(貞聖王后)의 존호를 추상(追上)[50]한 데 대한 고유제를 행하였다. ―출전은 위와 같다.

48 역적을 토죄 정후겸(鄭厚謙), 홍인한(洪麟漢) 등이 정조가 세손(世孫)이었을 때 대리청정을 막으려다 끝내 뜻을 이루지 못하자, 심상운(沈翔雲)을 통해 세손의 사부(師傅)와 빈료(賓僚)를 비난하면서, 세손을 '온실수(溫室樹)'에 비유하는 흉서를 올리게 하였다. 이때 정조가 즉위하자 삼사가 탄핵하는 상소를 올려 홍인한 부자, 정후겸, 심상운 등을 역모죄로 토벌한 사건을 말한다. 이달 24일 토역 교문(討逆教文)을 반포(頒布)하였다.

49 역적을 토죄 1776년(정조 즉위년)의 토죄와 연관되어 정조를 모해하였던 김귀주(金龜柱), 홍낙임(洪樂任), 홍계능(洪啓能) 등을 토죄한 사건을 말한다. 이달 8일 토역 교문을 반포하였다.

50 정성왕후의 존호를 추상 정성왕후는 영조의 원비이다. 이때 '단목장화(端穆章和)'라는 휘호를 추상하였다.

○ 같은 해 5월

왕대비전[51]의 존호를 가상(加上)한 데 대한 고유제를 행하였다. —출전은 위와 같다.

○ 같은 해 윤6월

신실의 남쪽 담장이 붕괴된 데 대한 위안제를 행하였다. —출전은 위와 같다.

○ 같은 달

신실의 남쪽 담장을 수개하기 위한 고유제를 행하였다. —《예조전향사일기》

○ 같은 해 8월

추향 대제와 겸하여 역적을 토죄한 데 대한 고유제를 행하였다. —《사직서등록》

○ 정종 3년 기해(1779) 1월

신실의 달발 및 망예위(望瘞位)를 수개하기 위한 고유제를 행하였다. —《예조전향사일기》

○ 같은 해 2월

남쪽 유문을 수개하기 위한 고유제를 행하였다. —출전은 위와 같다.

○ 같은 해 6월

숙창궁(淑昌宮)[52]의 계빈(啓殯)을 위한 고유제를 행하였다. —출전은 위와 같다.

○ 같은 해 7월

숙창궁의 발인(發靷)을 위한 기청제를 행하였다. —출전은 위와 같다.

51 **왕대비전** 영조의 계비인 정순왕후(貞純王后, 1745~1805)이다. 오흥부원군(鰲興府院君) 김한구(金漢耈)의 딸이다.

52 **숙창궁** 정조의 후궁(後宮)인 원빈(元嬪) 홍씨(洪氏)의 궁호(宮號)로, 홍낙춘(洪樂春)의 딸이자 홍국영(洪國榮)의 여동생이다. 13세 때인 1778년(정조 2)에 후궁으로 입궐하고, 이해 5월 7일에 졸하였다.

○ 같은 달

소나무가 부러져 쓰러진 데 대한 위안제를 행하였다. —출전은 위와 같다.

○ 같은 해 8월

추향 대제와 겸하여 신실의 기와〔蓋瓦〕를 수개하기 위한 고유제, 이안제, 환안제를 행하였다. —출전은 위와 같다.

○ 정종 4년 경자(1780) 7월

신실의 비 새는 곳을 수개하기 위한 고유제, 이안제, 환안제를 행하였다. —출전은 위와 같다.

○ 같은 해 12월

납향 대제와 겸하여 신실의 달발을 수개하기 위한 고유제를 행하였다. —《사직서등록》

○ 정종 5년 신축(1781) 윤5월

신실의 남쪽 담장이 붕괴된 데 대한 위안제를 행하였다. —《예조전향사일기》

○ 같은 해 9월

신실의 담장 및 달발을 수개하기 위한 고유제를 행하였다. —출전은 위와 같다.

○ 정종 6년 임인(1782) 6월

기우제를 행하였다. —출전은 위와 같다.

○ 같은 해 11월

보감(寶鑑)[53] 을 올리는 데 대한 고유제를 행하였다. —《사직서등록》

○ 같은 해 12월

영종대왕을 세실(世室)[54]로 올려 모시고, 원자의 위호(位號)를 정하는 데 대한 고유제를 행하였다. —출전은 위와 같다.

53 보감 《국조보감(國朝寶鑑)》을 말한다. 이달 24일 편찬이 완성되었고 26일에 종묘와 영녕전의 각 실(室)에 정조가 직접 올렸다.《正祖實錄 6年 11月 24日, 26日》

54 세실 종묘(宗廟)의 신주(神主) 중 공덕(功德)이 많은 분의 신주를 체천(遞遷)하지 않고 영구히 모셔 두는 별묘(別廟)의 신실(神室)을 말한다.

○ 같은 달

납향 대제와 겸하여 신실의 달발을 수개하기 위한 고유제를 행하였다. —출전은 위와 같다.

○ 정종 7년 계묘(1783) 1월

역적을 토죄[55]한 데 대한 고유제를 행하였다. —출전은 위와 같다.

○ 같은 해 3월

영종대왕의 존호를 추상(追上)하고 왕대비전의 존호를 가상(加上)[56]한 데 대한 고유제를 행하였다.

○ 같은 해 12월

납향 대제와 겸하여 신실의 달발을 수개하기 위한 고유제를 행하였다.

○ 정종 8년 갑진(1784) 7월

왕세자[57]의 책봉(冊封)에 대한 고유제를 행하였다.

○ 같은 해 9월

경모궁(景慕宮)의 존호를 추상하고, 혜경궁(惠慶宮)의 존호를 가상[58]한 데 대한 고유제를 행하였다.

○ 같은 해 12월

납향 대제와 겸하여 신실의 달발을 수개하기 위한 고유제를 행하였다.

○ 정종 9년 을사(1785) 4월

역적을 토죄[59]한 데 대한 고유제를 행하였다.

○ 같은 해 12월

납향 대제와 겸하여 신실의 달발을 수개하기 위한 고유제를 행하였다.

55 **역적을 토죄** 홍국영(洪國榮)이 왕비인 효의왕후(孝懿王后)가 누이동생인 원빈(元嬪)을 살해한 것으로 믿고 왕비를 독살하기 위하여 1780년(정조 4)에 독약을 탄 음식을 왕비전에 넣었다가 발각되어 홍국영 등이 역모죄로 처벌된 사건이다. 이달 15일에 역적 토죄에 대한 하례를 받고 사면령을 반포하였다.《正祖實錄 7年 1月 15日》

56 **왕대비전의 존호를 가상** 왕대비는 영조의 계비인 정순왕후(貞純王后)로, 이때 '혜휘(惠徽)'라는 존호를 가상하였다.《國朝寶鑑 正祖朝 7年 3月》

57 **왕세자** 정조의 첫째 아들 이순(李㬀, 1782~1786)으로, 시호는 문효(文孝)이다.

58 **경모궁의……가상** 장헌세자(莊獻世子)에게 '홍인경지(弘仁景祉)'라는 존호를 추상하고, 혜경궁에 '정선(貞宣)'이라는 존호를 가상하였다.《國朝寶鑑 正祖朝 8年 3月》

59 **역적을 토죄** 김하재(金夏材)가 영희전(永禧殿) 고유제(告由祭)의 헌관으로 분향을 마친 후 정조의 실덕과 사림을 장살(杖殺)할 것 등을 내용으로 한 쪽지를 예방 승지(禮房承旨) 이재학(李在學)에게 준 일로 인해 밝혀진 역모 사건을 말한다. 이달 11일에 종묘, 영녕전, 사직, 경모궁에 고유한 뒤에 교문(教文)을 반포하였다.《日省錄 正祖 9年 4月 11日》

○ **정종 10년 병오(1786) 5월**

왕세자의 환후로 인한 기도제를 행하였다.

○ **같은 달**

왕세자[60]가 홍서한 데 대한 고문제(告文祭)를 행하였다.

○ **같은 해 윤7월**

왕세자의 계빈(啓殯)을 위한 고유제를 행하였다.

○ **같은 달**

왕세자의 발인(發靷)을 위한 기청제(祈晴祭)를 행하였다.

○ **같은 해 12월**

납향 대제와 겸하여 신실의 달발을 수개하기 위한 고유제를 행하였다.

○ **같은 달**

역적을 토죄한 데 대한 고유제를 행하였다.

○ **정종 11년 정미(1787) 1월**

왕대비전의 존호를 가상[61]한 데 대한 고유제를 행하였다.

○ **같은 해 7월**

신실의 비 새는 곳을 수개하기 위한 고유제, 이안제, 환안제를 행하였다.

○ **같은 해 12월**

납향 대제와 겸하여 신실의 달발을 수개하기 위한 고유제를 행하였다.

○ **정종 12년 무신(1788) 1월**

섭행(攝行)으로 기곡 대제(祈穀大祭)를 행하였다.

60 **왕세자** 문효세자가 이달 11일에 창경궁에서 홍서하였다. 묘호는 효창묘(孝昌墓)이다. 위의 주57 참조.

61 **왕대비전의 존호를 가상** 정순왕후(貞純王后)에게 이달 8일에 '명선(明宣)'이라는 존호를 가상하였다.《正祖實錄 11年 1月 8日》

○ **같은 해 8월**

추향 대제와 겸하여 신실의 달발을 수개하기 위한 고유제를 행하였다.

○ **정종 13년 기유(1789) 8월**

영우원(永祐園)[62]을 천봉(遷奉)하는 데 대한 고문제를 행하였다.

○ **같은 해 10월**

영우원을 천봉할 때 발인을 위한 기청제를 행하였다.

○ **같은 해 12월**

납향 대제와 겸하여 신실의 달발을 수개하기 위한 고유제를 행하였다.

○ **정종 14년 경술(1790) 1월**

섭행으로 기곡 대제를 행하였다.

○ **같은 해 6월**

원자[63]의 위호(位號)를 정하는 데 대한 고유제를 행하였다.

○ **같은 해 12월**

납향 대제와 겸하여 신실의 달발을 수개하기 위한 고유제를 행하였다.

○ **정종 15년 신해(1791) 8월**

추향 대제와 겸하여 남쪽 유문(壝門)을 수개하기 위한 고유제를 행하였다.

○ **같은 해 10월**

동쪽과 북쪽의 유문을 수개하기 위한 고유제를 행하였다.

○ **같은 해 12월**

납향 대제와 겸하여 신실의 달발을 수개하기 위한 고유제를 행하였다.

62 **영우원** 정조의 생부인 사도세자의 묘로 1762년(영조 38)에 양주군(楊州郡)에 장사 지낸 후 수은묘(垂恩墓)라고 하였다가 1776년(정조 즉위년)에 영우원으로 고쳤는데, 이때 화성군(華城郡)으로 옮기고 현륭원(顯隆園)으로 고쳤다.

63 **원자** 정조의 둘째 아들인 순조(純祖)를 말한다. 조선 제23대왕으로 이름은 강(玜)이고, 모친은 수빈(綏嬪) 박씨(朴氏)이다. 1790년(정조 14) 6월 18일에 탄생하여, 이날 원자의 칭호를 내렸다.

○ **정종 16년 임자(1792) 5월**

북쪽 신문을 수개하기 위한 고유제를 행하였다.

○ **같은 해 6월**

신실의 내장(內墻)이 허물어진 데 대한 위안제를 행하였다.

○ **같은 해 7월**

신실의 내장을 수개하기 위한 고유제를 행하였다.

○ **같은 해 8월**

추향 대제와 겸하여 신실의 달발을 수개하기 위한 고유제를 행하였다.

○ **정종 17년 계축(1793) 12월**

납향 대제와 겸하여 신실의 달발을 수개하기 위한 고유제를 행하였다.

○ **정종 18년 갑인(1794) 1월**

왕대비전[64]의 보령이 50세이고, 혜경궁(惠慶宮)의 보령이 60세가 된 것을 경하하기 위한 고유제를 행하였다.

64 **왕대비전** 영조의 계비인 정순왕후(貞純王后)이다. 316쪽 주51 참조.

○ **같은 해 7월**

기우제를 행하였다.

○ **같은 해 8월**

추향 대제와 겸하여 기우 보사제 및 서쪽 유문과 북쪽 신문을 수개하기 위한 고유제를 행하였다.

○ **같은 해 12월**

납향 대제와 겸하여 신실의 달발을 수개하기 위한 고유제를 행하였다.

○ **정종 19년 을묘** (1795) **1월**

성상이 즉위한 지 20년이 되고, 왕대비전의 보령이 51세가 되어 존호를 가상하고, 경모궁의 존호를 추상하고, 혜경궁의 보령이 만 60세가 되어 존호를 가상한 것을 경하하기 위한 고유제를 행하였다.

○ **같은 해 12월**

납향 대제와 겸하여 신실의 달발을 수개하기 위한 고유제를 행하였다.

○ **정종 20년 병진**(1796) **12월**

납향 대제와 겸하여 신실의 달발을 수개하기 위한 고유제를 행하였다.

○ **정종 21년 정사**(1797) **1월**[65]

섭행으로 기곡 대제를 행하였다.

65 **1월** 원문에는 없는데, 일반적인 용례에 근거하여 보충하여 번역하였다.

○ **같은 해 12월**

납향 대제와 겸하여 신실의 달발을 수개하기 위한 고유제를 행하였다.

○ **정종 22년 무오**(1798) **6월**

신실의 동쪽 처마가 꺾여 떨어지고 용두(龍頭)와 기와〔瓦子〕가 떨어져 깨진 데 대한 위안제를 행하였다.

○ **같은 해 7월**

신실을 수개하기 위한 고유제, 이안제, 환안제를 행하였다.

○ **정종 23년 기미**(1799) **12월**

납향 대제와 겸하여 신실의 달발을 수개하기 위한 고유제를 행하였다.

○ **정종 24년 경신**(1800) **1월**

왕세자의 책봉에 대한 고유제를 행하였다.

○ 같은 해 6월

대전의 환후로 인한 기도제를 행하였다.

○ 같은 해 7월

대행 대왕[66]의 승하에 대한 고문제(告文祭)를 행하였다.

○ 같은 달

왕세자의 사위(嗣位)에 대한 고문제를 행하였다.

○ 같은 달

대왕대비전[67]이 수렴청정(垂簾聽政)하는 데 대한 고문제를 행하였다.

○ 같은 해 10월

대행 대왕의 계빈(啓殯)에 대한 고문제를 행하였다.

○ 같은 해 11월

대행 대왕의 발인을 위한 기청제를 행하였다.

○ 당저(當宁 순조) 원년 신유 (1801) 6월

역적을 토죄[68]한 데 대한 고유제를 행하였다.

○ 같은 해 8월

추향 대제와 겸하여 신실의 달발을 수개하기 위한 고유제를 행하였다.

○ 같은 해 12월

대전의 수두(水痘)가 평상으로 회복된 데 대한 고유제를 행하였다.

○ 같은 달

역적을 토죄[69]한 데 대한 고유제를 행하였다.

66 **대행 대왕** 조선 제22대왕 정조(正祖, 1752~1800)로, 재위 기간은 1776~1800년이다. 능호는 건릉(健陵)이다.

67 **대왕대비전** 영조의 계비인 정순왕후(貞純王后)이다.

68 **역적을 토죄** 최초의 천주교 박해 사건인 신유박해를 말한다. 천주교를 무부무군(無父無君)의 멸륜지교(滅倫之敎)라 하여 천주교 신봉자들을 대거 토죄하였다.

69 **역적을 토죄** 영남의 괘서(掛書) 사건을 말한다. 하동(河東)과 창원(昌原) 등에 흉서(凶書)를 써서 게시한 전지효(田志孝) 등 주모자들을 토죄하였다.

○ **순조 2년 임술**(1802) **2월**

춘향 대제와 겸하여 동·남·북쪽 유문을 수개하기 위한 고유제를 행하였다.

○ **같은 해 8월**

추향 대제와 겸하여 서쪽 유문 및 북쪽 신문을 수개하기 위한 고유제를 행하였다.

○ **같은 달**

대왕대비전, 왕대비전[70]의 존호를 가상한 데 대한 고유제를 행하였다.

○ **같은 해 9월**

중궁전[71]의 가례(嘉禮)에 대한 고유제를 행하였다.

○ **같은 해 11월**

역적을 토죄한 데 대한 고유제를 행하였다.

○ **순조 3년 계해**(1803) **2월**

춘향 대제와 겸하여 신실의 달발을 수개하기 위한 고유제를 행하였다.

○ **같은 해 11월**

악기고(樂器庫)에 화재가 난 데 대한 위안제를 행하였다.

○ **순조 4년 갑자**(1804) **1월**

성상이 직접 모든 정사를 총괄하는 데 대한 고유제를 행하였다.

○ **같은 해 2월**

대왕대비전의 존호를 가상한 데 대한 고유제를 행하였다.

○ **같은 해 8월**

추향 대제와 겸하여 단(壇) 내의 회담〔灰墻〕 및 신실의 달발을 수개하기

70 **왕대비전** 정조의 비인 효의왕후(孝懿王后, 1753~1821)이다. 청풍 김씨(淸風金氏)로 김시묵(金時默)의 딸이다.

71 **중궁전** 순조의 비인 순원왕후(純元王后, 1789~1857)로, 안동 김씨(安東金氏) 영안부원군(永安府院君) 김조순(金祖淳)의 딸이다.

위한 고유제를 행하였다.

○ 같은 해 11월

인정전(仁政殿)의 중건(重建)을 진하하는 데 대한 고유제를 행하였다.

○ 순조 5년 을축(1805) 1월

대왕대비전과 혜경궁의 존호를 가상한 데 대한 고유제를 행하였다.

○ 같은 달

대왕대비전의 환후로 인한 기도제를 행하였다.

○ 같은 달

대왕대비전[72]의 승하에 대한 고문제를 행하였다.

○ 같은 해 3월

대전의 두후(痘候)가 평상으로 회복된 데 대한 고유제를 행하였다.

○ 같은 달

단(壇) 내의 회담을 수개하기 위한 고유제를 행하였다.

○ 같은 달

대행 대왕대비에게 책보(冊寶)를 올리는[73] 데 대한 고문제를 행하였다.

○ 같은 해 6월

대행 대왕대비의 계빈(啓殯)에 대한 고문제를 행하였다.

○ 같은 달

대행 대왕대비의 발인을 위한 기청제를 행하였다.

72 **대왕대비전** 영조의 계비인 정순왕후(貞純王后)가 이달 12일 경복전(景福殿)에서 승하하였다.《純祖實錄 5年 1月 12日》

73 **책보를 올리는** 이달 22일에, 대행 대왕대비의 빈전(殯殿)에 책보(冊寶)를 올리고 이어 명정전(明政殿)에서 교서(敎書)를 반포하였다.《純祖實錄 5年 3月 22日》

○ **순조 6년 병인(1806) 2월**

남쪽 유문을 수개하기 위한 고유제를 행하였다.

○ **같은 해 5월**

신실의 비 새는 곳을 수개하기 위한 고유제, 이안제, 환안제를 행하였다.

○ **순조 7년 정묘(1807) 8월**

역적을 토죄한 데 대한 고유제를 행하였다.

○ **같은 해 12월**

납향 대제와 겸하여 신실의 달발을 수개하기 위한 고유제를 행하였다.

○ **순조 9년 기사(1809) 5월**

기우제를 행하였다.

○ **같은 해 6월**

기우 보사제(祈雨報謝祭)를 행하였다.

○ **같은 해 8월**

원자(元子)의 탄강(誕降)에 대한 고유제를 행하였다.

○ **같은 해 10월**

동쪽 유문을 수개하기 위한 고유제를 행하였다.

○ **같은 해 12월**

납향 대제와 겸하여 신실의 달발 및 서쪽 유문을 수개하기 위한 고유제를 행하였다.

○ **순조 11년 신미(1811) 2월**

춘향 대제와 겸하여 신실의 달발을 수개하기 위한 고유제를 행하였다.

○ 같은 해 3월

신실의 비 새는 곳을 수개하기 위한 고유제, 이안제, 환안제를 행하였다.

○ 같은 해 4월

기우제를 행하였다.

○ 같은 해 5월

별도의 기우제를 행하였다.

○ 순조 12년 임신(1812) 1월

왕대비전의 보령이 60세가 된 것을 경하하는 데 대한 고유제를 행하였다.

○ 같은 해 4월

상의 체후가 평상으로 회복된 데 대한 고유제를 행하였다.

○ 같은 달

적도(賊徒)를 평정[74]한 데 대한 고유제를 행하였다.

○ 같은 해 7월

왕세자[75]의 책봉에 대한 고유제를 행하였다.

○ 같은 해 8월

추향 대제와 겸하여 신실의 달발을 수개하기 위한 고유제를 행하였다.

○ 순조 13년 계유(1813) 1월

왕대비전의 보령이 만 60세가 된 것을 경하하는 데 대한 고유제를 행하였다.

○ 같은 해 12월

왕대비전의 보령이 만 60세가 된 해의 탄신일을 경하하는 데 대한 고유제

74 **적도를 평정** 1811년(순조 11) 12월에 일어난 홍경래(洪景來)의 난이 5개월 만인 이때에 평정되었다.

75 **왕세자** 익종(翼宗, 1809 ~1830)이다. 이름은 영(旲)이고, 순조의 아들로 모친은 순원왕후(純元王后) 김씨(金氏)이다. 이달 6일에 왕세자로 책봉되었다.

를 행하였다.

○ **순조 14년 갑술**(1814) **4월**
기우제를 행하였다.

○ **같은 해 5월**
기우제를 행하였다.

○ **같은 해 7월**
내장(內墻)이 허물어진 데 대한 위안제를 행하였다.

○ **같은 해 8월**
신실의 비 새는 곳 및 달발과 포진(鋪陳)을 수개하고 들보 위를 도회(塗灰)하기 위한 고유제, 이안제, 환안제를 행하였다.

○ **같은 달**
추향 대제와 겸하여 기우 보사제(祈雨報謝祭)를 행하였다.

○ **순조 15년 을해**(1815) **1월**
상의 체후가 평상으로 회복된 데 대한 고유제를 행하였다.

○ **같은 해 7월**
북쪽 신문의 서쪽 협문을 수개하기 위한 고유제를 행하였다.

○ **같은 해 12월**
혜경궁[76]의 환후로 인한 기도제를 행하였다.

76 혜경궁 이달 15일에 창경궁 경춘전(景春殿)에서 서거하였다.

○ **순조 16년 병자**(1816) **2월**
혜경궁의 발인을 위한 기청제를 행하였다.

○ **같은 해 7월**

신실의 비 새는 곳 및 유문을 수개하기 위한 고유제, 이안제, 환안제를 행하였다.

○ **순조 17년 정축**(1817) **8월**

추향 대제와 겸하여 신실의 비 새는 곳을 수개하기 위한 고유제를 행하였다.

○ **순조 18년 무인**(1818) **2월**

춘향 대제와 겸하여 신실의 달발을 수개하기 위한 고유제를 행하였다.

○ **같은 해 6월**

신실의 뒷면 용두와 기와[瓦子]가 떨어져 나간 것에 대한 위안제를 행하였다.

○ **같은 해 7월**

신실의 비 새는 곳을 수개하기 위한 고유제, 이안제를 행하였다.

○ **같은 달**

환안제를 행하였다.

○ **순조 19년 기묘**(1819) **5월**

기우제를 행하였다.

○ **같은 해 7월**

단 내의 서편 회담 및 서쪽 유문을 수개하기 위한 고유제를 행하였다.

○ **같은 해 8월**

추향 대제와 겸하여 기우 보사제를 행하였다.

○ **순조 20년 경진(1820) 7월**

단 내의 남편 회담을 수개하기 위한 고유제를 행하였다.

○ **순조 21년 신사(1821) 1월**

왕대비전의 주량(舟梁) 60주년[77]을 경하하는 데 대한 고유제를 행하였다.

○ **같은 해 3월**

왕대비전의 환후로 인한 기도제를 행하였다.

○ **같은 달**

왕대비전[78]의 승하에 대한 고문제를 행하였다.

○ **같은 해 4월**

건릉(健陵)[79]의 천봉(遷奉)을 위해 구릉(舊陵)을 여는 데 대한 고문제를 행하였다.

○ **같은 해 6월**

신실의 뒤편 담장이 허물어진 데 대한 위안제를 행하였다.

○ **같은 해 7월**

신실의 뒤편 담장이 허물어진 데 대한 위안제를 행하였다.

○ **같은 해 9월**

대행 왕대비의 계빈에 대한 고문제를 행하였다.

○ **같은 달**

천릉(遷陵)할 때 발인을 위한 기청제를 행하였다.

○ **같은 달**

대행 왕대비의 발인을 위한 기청제를 행하였다.

77 **주량 60주년** 주량은 혼인을 일컫는다. 왕대비인 효의왕후(孝懿王后)가 1762년(영조 38) 세손빈(世孫嬪)으로 책봉되어 정조와 가례를 올렸으므로 이해가 60주년이 된다.

78 **왕대비전** 효의왕후가 이달 9일 자경전(慈慶殿)에서 승하하였다.

79 **건릉** 정조와 효의왕후 김씨(金氏)의 능이다. 원래 장헌세자(莊獻世子)의 현륭원(顯隆園) 동강(東岡)에 있었던 것을 이때 현재 위치의 현륭원 서강(西岡)으로 이장하여 효의왕후를 부장(祔葬)하였다.

○ **같은 달**

신실의 비 새는 곳 및 달발과 포진을 수개하기 위한 고유제를 행하였다.

○ **순조 23년 계미(1823) 2월**

가순궁(嘉順宮)[80]의 발인을 위한 기청제를 행하였다.

80 **가순궁** 순조의 생모인 수빈(綏嬪) 박씨(朴氏, 1770 ~1822)의 궁호(宮號)이다. 능호는 휘경원(徽慶園), 묘호(廟號)는 경우궁(景祐宮)이다.

어제 御製

숙종대왕肅宗大王 어제

81 **관인** 수레 모는 신하를 말한다.

82 **노마** 황제나 제후가 타는 수레를 끄는 말이다.

83 **정료** 대궐 안에서 밤중에 참내(參內)하는 신하들을 위하여 켜는 큰 횃불이다. 《주례(周禮)》 〈추관사구(秋官司寇) 사훼씨(司烜氏)〉에 "나라에 큰일이 있을 때 분촉(墳燭)과 정료를 갖춘다." 하였고, 그 주에 "분(墳)은 크다는 뜻이며, 문 밖에 세우는 것은 대촉(大燭)이라 하고, 문 안에 세우는 것은 정료라 한다." 하였다.

○ 관인(倌人)[81]에게 명하다 이하 〈사단에서 제사 지내다〔社壇將事〕〉까지 4편은 병자년(1696, 숙종 22) 1월에 친림(親臨)하여 기곡제(祈穀祭)를 행할 때 지은 것이다.

저 관인에게 노마[82]를 준비하라 명하고	命彼倌人戒路馬
좋은 때 일찍 사단에 나가 고하도다	良辰侵早說壇社
재숙 삼 일로 미미한 정성을 다하니	宿齊三日微誠殫
바로 올해는 사방의 들판이 개간되었으면	正爲今年闢四野

○ 동문(東門)에 들어가 신실(神室)을 바라보다

머리 돌려 보련에서 신실을 바라보니	回頭步輦望神室
걸린 장막이 하늘에 닿아 마치 흰 구름 같네	懸幕連霄似白雲
푸른 솔이 추위 아랑곳 않고 빙 둘러 에워싸니	蒼翠淩寒環擁立
만년토록 좋은 향기 정히 은은히 풍기네	萬年佳氣正氤氳

○ 재실에 앉아 느낌을 읊다

전에 이 방에 든 것이 작년인 듯한데	曾臨此室似年前
어느덧 지금 십육 년이 지났네	倏忽于今十六年
세상의 인사는 변화가 많은데	人事世間多變易
무심한 고목은 지금도 남아 있네	無心古木至今傳

○ 사단에서 제사 지내다

정월에 풍년 빌기를 상신일에 하니	寅月祈年用上辛
정성을 모아 직접 사단에 전을 올리네	秉誠壇社奠躬親
정료(庭燎)[83] 환히 빛나고 문무백관 다 모였으며	燎光晳晳衣冠會
북소리 우렁차고 단술과 폐백도 진설하였네	鍾鼓喤喤醴幣陳

덕이 부족하고 변변치 못함을 스스로 꾸짖고 있으니 寡德無良方自責
신명이 돕지 않으면 그 누구를 의탁하랴 明神不祐更誰因
나라의 태평한 운수가 이제부터 시작이니 家邦泰運從今始
자주 풍년 들어 뭇 백성들 널리 구제하기를 普濟群生大有頻

○ **사직 안향청(安香廳) 뜰 앞의 교송(喬松)에 대한 기문(記文)** 연월은 위와 같다.

신유년(1681, 숙종 7) 여름 5월 18일에, 가뭄이 걱정되어 직접 사직에 나아가 비를 빌었다. 당시 날씨가 몹시 무더워서 장전(帳殿)이 불편하였다. 이에 대신이 안향청으로 옮기도록 청하여 마지못해 따랐으니, 임시방편을 쓴 것이었다. 뜰 앞에는 교송이 서 있는데, 몇백 년이 되었는지도 알 수 없었고 또한 어떤 사람이 심었는지도 알지 못한다. 뿌리 하나가 서리서리 얽혀 있고, 사방으로 가지가 멀리까지 뻗어 나갔다. 비유하자면 신룡(神龍)이 몸을 도사리고 엎드려 있는 듯, 맹호(猛虎)가 버티고 앉아 있는 듯하였다. 밤에 막 달이 떠오르자 숲 그림자를 가득 비추니 진정 한때의 장관이라 할 만하였다.

을해년(1695, 숙종 21)에 팔도가 크게 흉년이 들고 다음 해인 병자년(1696) 1월 상신일(上辛日)[84]에 또 단유(壇壝)에 제사를 올렸으니, 대개 백성들을 위해 신령의 은혜를 구하는 것이었다. 내가 이 방에 다시 온 것이 꼭 15년 뒤이니, 어찌 우연한 일이겠는가. 세월이 오래 지났는데도 푸른 솔은 변하지 않으니 실로 군자의 절조라 할 만하다. 다만 사람들이 그것을 아끼고 보호할 줄 몰라서 손상되도록 방치하고 있다. 내가 그것을 애석하게 여겨서 화훼를 관리하는 자에게 명하여 구리로 옷을 입혀 눈비에 푹 젖는 우환을 방비하게 하였다. 이에 그 전말을 서술한다.

○ **정축년(1697, 숙종 23) 4월 22일에 가뭄을 근심하여 직접 사단에 나가 기도하였는데, 내 정성이 미약하여 신령의 감응을 얻지 못하였다. 한편으로 부끄럽고 한편으로 초조한 마음으로 마침내 환궁 길에 올라 시장 대로에 수레를 멈추고 시임 · 원임 대신 및 삼사(三司)의 신하를 명소(命召)하여 특별히 그물 푼 관대한 뜻[85]을 시행하도록 유시하였다. 의**

84 **상신일** 매월 상순(上旬)에 해당되는 신일(辛日)을 말한다.

85 **그물 푼 관대한 뜻** 탕 임금이 들판에 나가다가, 사냥꾼이 그물을 사방으로 쳐 놓고 "모든 짐승은 다 내 그물에 걸리라."라고 비는 것을 보았다. 이에 탕 임금은 너무 심하다 여겨서 세 군데를 풀어 놓고는 "피하기 싫은 짐승만 이 그물에 걸리라."라고 빌므로 제후(諸侯)들이 듣고 그의 성덕(聖德)을 찬양하였다 한다.《史記 卷3 殷本記》

금부와 형조에 현재 수금되어 있는 죄수 가운데 강상(綱常), 살인, 강도, 저주 죄에 연관된 죄수를 제외하고 잡범(雜犯)으로 사죄(死罪) 이하의 죄수는 모두 수갑과 차꼬를 풀어 주었다. 그들이 나와 어가 앞에 이르렀는데, 봉두난발에 귀신 형상을 하여 사람 모습이 아니었다. 직접 나가 만나 보니 나도 모르게 눈물이 흘러 즉시 형방 승지에게 덕의(德意)를 펴도록 하고 일체 석방하고 사면하였다. 이는 만백성을 위해 극도로 선처하지 않으면 안 되는 뜻인데, 죄인들이 모두 손을 들어 환호하며 기뻐하였으니, 이 또한 매우 감동을 주었다. 드디어 율시 1편을 지어 읊는다.

상림[86]에서 비를 빌어 향기로운 향을 올렸는데	桑林祈澤薦香馨
밝은 신령께 죄를 얻어 내 말 들어주지 않으셨네	獲戾明神莫我聽
도중에 금부 근처에 임금 행차 이르렀는데	路近金吾仙仗駐
임금 수레 세우고 노인을 가까이 불렀네	傍招黃髮法車停
양심이 발한 곳에 모두 법망을 벗고	良心發處皆除網
은유가 선포된 때에 모두 감옥을 벗어났네	恩諭宣時盡脫囹
바로 창생을 위해 화기를 불러오기 위함이지	正爲蒼生和氣召
구구히 보고 듣기에 좋으라고 한 것이 아니라네	區區非是美瞻聆

○ 신사년(1701, 숙종 27) 5월 13일에, 가뭄을 근심하여 몸소 사단에 기도하였다. 환궁하는 길에 드디어 의금부에 나아가 직접 수도안(囚徒案)[87]을 조사하였다. 이는 한나라 명제(明帝)의 고사[88]를 모방한 것으로 화기(和氣)를 유도하여 단비가 내리도록 하기 위한 뜻이다.

상림에서 직접 기우제를 지내고	桑林親禱罷
수레를 몰아 자신궁[89]에 돌아오다가	駕返紫宸宮
조옥[90]으로 행차를 옮기어	詔獄移仙仗
수도안을 살피느라 한낮이 되었네	論囚到日中

86 **상림** 지명(地名)으로, 은(殷)나라 탕왕(湯王)이 7년간의 대한(大旱)을 만나 기우제를 지내던 곳이다. 여섯가지 허물로 자책(自責)하며 비를 빌자 단비가 내렸다는 고사가 있다. 《十八史略 卷1 殷》

87 **수도안** 옥(獄)에 갇힌 죄수의 성명(姓名), 죄명(罪名), 복역월일(月日)을 기록한 장부를 말한다. 수도록(囚徒錄)이라고도 한다. 수도안을 조사하는 것은 보통 죄수의 죄를 감면해 주려는 의도에서 행하는 것이다.

88 **한나라 명제의 고사** 후한 명제(後漢明帝) 때에 동생인 초왕(楚王) 유영(劉英)의 모반으로 인한 옥사에 연루자가 수천 명에 이르렀는데, 시어사 한랑(寒朗)의 상소로 인하여 명제가 친히 낙양옥(洛陽獄)에 가서 녹수(錄囚)하여 무죄한 많은 사람을 풀어 주었더니, 오래 가물던 하늘에서 비가 내렸다는 고사를 말한다.

89 **자신궁** 당송(唐宋) 시대에 천자가 조정 백관과 외국의 사신을 조회하던 정전(正殿)이다. 전하여 궁궐의 범칭으로 쓰인다.

90 **조옥** 의금부를 말한다. 임금의 조칙에 의하여 옥사(獄事)를 다스리는 감옥이라는 뜻으로, 관원이나 양반으로서 죄를 범한 자를 수감하였다. 왕옥(王獄), 금부옥(禁府獄)이라고도 한다.

○ **사직 안향청 뜰의 소나무를 읊다** 임오년(1702, 숙종 28) 2월, 친림하여 춘향 대제를 지낼 때이다.

사랑스러운 뜰 가의 소나무 可憐庭畔松
몇 년이나 오래 살았나 能得幾年久
뿌리는 원래 하나인데 根柢元歸一
가지는 퍼져 아홉이 되었네 枝柯散作九
사람도 불로장생하는 이 없는데 長生人也無
너라고 어찌하여 늙지 않으리 不老汝焉有
추위를 이기는 절조를 유독 좋아하여 偏尙凌寒節
재실에 머물 때 종일 벗으로 삼았지 齋居盡日友

○ **사단(社壇) 시향(時享)을 친행하고 율시 1편을 읊다** 연월은 위와 같다.

아침 일찍 난여를 타고 나가니 侵早鑾輿出
바람 매서워 봄 날씨 같지 않네 饕風不似春
도중에 부마 저택을 지나고 路過駙馬宅

청평도위(靑平都尉)[91]의 집이다.

창에서 늙은 용의 비늘[92]을 대하네 窓對老龍鱗

바로 안향청 뜰에 있는 소나무를 가리킨다.

자정에 문무백관이 모이고 子夜衣冠會
신령한 단유에 폐백이 차려졌네 靈壝幣璧陳
어찌 한갓 풍년만 기원하리 豈徒豐穰願
이로부터 온갖 상서 이르기를 從此百祥臻

이때 음홍(陰虹)과 백기(白氣)[93]의 이변이 있었다. 그러므로 이 구에서 기축(祈祝)의 말을 하게 된 것이다.

○ **무자년(1708, 숙종 34) 1월 2일은 바로 사직 기곡제의 재계일이다. 한가히 기거하면서 감회를 쓰다.**

어제는 정월 초하룻날이고 昨日月初吉
상신일은 이 밤 지나서지 上辛隔此宵
근신들은 축문과 폐백을 들고 股肱擎祝幣

91 **청평도위** 효종의 부마인 심익현(沈益顯, 1641~1683)이다. 조선 후기의 문신·서예가로, 본관은 청송(靑松), 자는 가회(可晦), 호는 죽오(竹塢)이다. 10세 때 효종의 부마로 뽑혀서 1652년(효종 3)에 효종의 둘째 딸 숙명공주(淑明公主)에게 장가들어 청평위(靑平尉)에 봉해졌다.

92 **늙은 용의 비늘** 노송(老松) 줄기의 껍질을 용의 비늘에 비유한 것이다.

93 **음홍과 백기** 음홍은 흰 무지개[白虹]이고, 백기는 흰빛의 운기(雲氣)를 가리키는데, 재해나 병란(兵亂)의 조짐이라고도 한다.

94 **진귀한 음식** 원문의 간료(肝膋)는 간과 창자 기름을 말하는데, 《주례(周禮)》〈천관총재(天官冢宰) 선부(膳夫)〉의 주에, 팔진(八珍) 중의 하나로 들었다.

95 **구름과……심정** 운예(雲霓)는 구름과 무지개로, 운예망(雲霓望)은 가뭄에 구름이나 무지개를 바라보는 심정을 말한다. 《맹자》〈양혜왕 하(梁惠王下)〉에 "백성들이 (탕왕이 오기를) 고대하기를 큰 가뭄에 운예를 고대하듯 하였다.〔民望之 若大旱之望雲霓也〕" 한 데서 나온 말이다.

제단에는 진귀한 음식[94]을 올렸네　壇墠薦肝膋
해마다 일찍 풍년 들기를 기원하노니　歲歲祈年夙
구구한 내 소원 들어주셨으면　區區惠我徼
일편단심 아침저녁으로 비는 것은　一心昕夕願
비 제때 내려 주고 바람 순조로운 것이네　雨順又風調

○ 기쁨을 적다 무자년(1708, 숙종 34) 5월, 친림하여 기우제를 지낼 때이다.

가뭄을 근심하여 신령한 제단에 기도하니　憫旱靈壇禱
구름과 무지개 고대하는 심정[95] 간절하였다　雲霓望深深
처음엔 가랑비 내려 촉촉히 적시더니　廉纖初潤涸
흠뻑 더 내려 백성들 살려 주었네　優渥更蘇黔
유독 뭇 신하들이 애쓴 덕분이지　偏賴群臣悃
어찌 변변찮은 내 정성 때문이랴　曷由小子忱
농민들 위로받았으니 다행스럽게 여기되　慰農雖可幸
천지신명을 대하는 마음 감히 잊으리오　對越敢忘心

○ 사직 추향 대제를 직접 지내기 위해 재계하는 중에, 한가로이 재실에 앉아 네 편의 찬(贊)을 짓다 경인년(1710) 8월

참으로 위대하신 신이시여　於皇惟神
덕이 크고 공이 높습니다　德鉅功崇
풍년을 빌고 풍년에 보답하는 제사 올림은　祈斯報斯
만세토록 한결같습니다　萬世攸同
그 주인이 누구시겠습니까　其主伊何
바로 이 국사(國社)이십니다　寔玆冢土
하토의 백성들을 돌보아 주시니　顧復下民
베푸심이 널리 미칩니다　厥施斯普

이상은 국사(國社)에 대한 찬이다.

참으로 밝으신 신이시여　於昭惟神
두터운 덕으로 만물을 실으시고　厚德載物

생명을 포용하여 길러 내심을 含生發育
도리로 삼고 직분으로 삼으십니다 爲道爲職
신령께서 이처럼 부지런하시기에 神其勤事
이 지상이 평화를 누립니다 水土以平
하늘에 짝하여 사직에 배향되고 配天配祀
가만히 도우심이 매우 밝습니다 冥佑孔明

이상은 후토씨(后土氏)에 대한 찬이다.

참으로 찬란하신 신이시여 於赫惟神
오직 곡직을 소관하십니다 維稷司只
우리를 낳아 먹여 살리시니 生我粒我
아, 위대하신 신의 은혜여 緊神之賜
온갖 곡식을 여물게 하여 用成百穀
우리 백성들을 풍요롭게 합니다 厚我民天
여기 힘입어서 심고 거두니 稼穡則賴
누가 이보다 공이 크리오 功孰大焉

이상은 국직(國稷)에 대한 찬이다.

참으로 아름다우신 신이시여 於穆惟神
상제의 뜻을 잘 받들어 克承上帝
농사를 직분으로 삼았으니 播穀是職
만세토록 은택이 미쳤습니다 澤被萬世
우리 백성이 먹고사는 것이 俾民粒食
신의 은덕이 아닌 것이 없으니 罔非神德
위대하시다 신의 공덕이여 大哉神功
길이 영원토록 전해질 것입니다 永垂千億

이상은 후직씨(后稷氏)에 대한 찬이다.

영종대왕 英宗大王 어제

○ 사직 안향청 뜰의 소나무 송(頌) 병서(幷序)

병오년(1726, 영조 2) 춘정월(春正月) 상신일(上辛日)에 선조의 고사를 본받아 직접 사단에서 기곡제를 행하였으니, 이는 참으로 백성들이 신의 보우를 받게 하기 위함이었다. 재실 앞뜰에 큰 소나무 한 그루가 있는데, 구불구불 뻗어 나가 완연히 용이 서린 모습이어서 정말 가관이었다. 또 청 안에 어제(御製) 현판이 있는데, 이는 예전 임오년(1702, 숙종 28)에 선조가 이때 친히 제사 지내면서 소나무를 읊은 어제시[96]로, 본 사직서 제거가 구해다 새겨 걸어 놓은 것이었다. 우러러 두 번 세 번 쳐다보니 감동하고 사모하는 마음이 더욱 커졌는데, 이어 가만히 스스로 생각해 보니, 지금 내가 직접 단유(壇壝)에 기도함이 실로 성고(聖考)께서 백성을 진념하신 성대한 뜻을 본받은 것이었다. 아, 박덕한 내가 공경과 정성 바치기를 어찌 감히 예전과 같이 하기를 바라겠는가. 그러나 선대의 뜻을 이어받으려는 마음은 평소 내가 맡은 임무로 여기는 것인데 어찌 그 정성을 다해 백성들을 구제하려 하지 않겠는가. 이에 두 세 구의 노래를 읊어 삼가 아래에 붙인다. 송은 다음과 같다.

지난 옛날 선왕께서 다스리던 때	粤在先朝
친히 기도하여 정성을 바쳤지	親禱致虔
신령께서 메아리처럼 응해 주심이	冥應如響
지금까지 노래로 전해지네	于今頌傳
부덕한 나는	小子否德
깊은 못에 임하듯이	如臨深淵
두려워하며 조심해야지	兢兢業業
어찌 감히 홀만히 하랴	其敢忽焉
삼남이 큰 침해를 입어[97]	三南大侵
백성들이 심한 곤궁에 빠졌으니	生民顚連
이것이 누구의 허물인가	是誰之咎
실로 나의 잘못이다	寔予之愆

96 어제시 1702년 2월에 숙종이 친림하여 춘향 대제를 지낼 때 지은 〈사직 안향청 뜰의 소나무를 읊다(詠社稷安香廳庭松)〉를 말한다.

97 삼남이……입어 삼남은 충청도, 경상도, 전라도를 말하는데, 전해에 가뭄으로 인해 큰 흉년이 들었다 한다.

목욕재계하고 단에 나아가	齋沐詣壇
몸소 제수를 올리니	躬薦豆籩
신령은 부디 이르러 흠향하시고	神須歆格
우리에게 풍년을 내려 주소서	賜我豐年

○ 사단(社壇)의 소나무. 삼가 선조의 어제를 차운하다.

구불구불 마치 창룡[98] 같은 모습으로	屈曲似蒼龍
단 앞에서 오랜 세월 서 있네	壇前日月久
큰 가지는 본래 셋인데	大枝本自三
작은 가지가 문득 아홉이 되었네	小榦便成九
비바람에 잘 살아남았으니	風雨乃能生
눈서리가 무에 두려울 게 있으랴	雪霜豈畏有
그대 군자의 마음 숭상하여	尙而君子心
저녁 내내 창가에서 벗이 되었다네	竟夕倚牕友

정미년(1727, 영조 3) 상신일에 사단에서 풍년을 빌었는데, 우러러 재실 내의 어제를 보고는 감동하고 사모하는 마음이 더욱 절실해져서 지었다.

○ 사단의 재전(齋殿)에서 짓다 임술년(1742, 영조 18) 8월

임오년[99] 이후 40년이 지나	壬午以來四十年
사단 앞에서 옛일을 따라 행하네	追遵古事社壇前
재전 안은 오늘에도 감회 절절하니	齋中今日感懷切
전후 봄가을 제향 일자가 어찌 우연이리오	前後春秋豈偶然

행 도승지 이익정(李益炡) 등 12인이 갱운(賡韻)하여 지어 올렸다.

지금 내가 왕위를 이은 뒤에 사단에서 직접 제사를 행한 것은 풍년을 비는 제사가 6번, 기우제가 8번, 대향(大享)이 2번이었는데 모두 추향(秋享)이다. 아, 옛날 선왕 때에는 두 차례 친림이 모두 춘향(春享)이었으니, 41년 사이에 예전에는 봄, 오늘날에는 가을로 행하여 다행히 제사가 이어졌다. 예전 임오년(1702, 숙종 28) 봄은 바로 2월 2일이고 금년 임술년

98 **창룡** 전설에 나오는 청룡(青龍)을 말한다. 고대에 상서로운 징조를 나타내는 동물로 전해진다.

99 **임오년** 1702년(숙종 28)이다. 이해 2월 숙종이 춘향 대제를 지냈는데, 이때 지은 〈사직 안향청 뜰의 소나무를 읊다[詠社稷安香廳庭松]〉라는 제목의 어제시가 남아 있다.

가을은 8월 2일이다. 예전과 금년의 춘추 전후 일자가 이와 같으니 어찌 우연한 일이겠는가. 인하여 시 한 편을 이루어 재실 벽에 붙임으로써 은미한 마음을 편다.

○ 단사(壇司)와 재관(齋官)에게 칙유(飭諭)하다

아, 나라의 중한 바는 바로 사직의 사전(祀典)이니, 돌아보건대 사전을 중요시하지 않겠는가. 내가 비록 노쇠하였지만 원량(元良)을 대리(代理)로 명하여[100] 사전을 감히 소홀히 하지 않을 것이다. 아, 너희 단사와 재관들은 이 뜻을 유념하고 반드시 정성과 공경을 다하여 이 유시를 어기지 말라. 첫째, 입직 관원은 반드시 하룻밤 청재(淸齋)한 뒤에 입직해야 한다. 만약 혹 불시에 입직이 교체되었다면 본소에서 청재한 뒤에 신실을 봉심해야 한다. 그런데 혹 임시로 봉심하는 일이 있을 경우에는 이 규례에 구애되지 말라. 둘째, 제기를 씻는 것은 반드시 기일 전에 하고 단사가 씻는 것을 감독하라. 그리고 제기를 보관할 때는 단사 및 전사관(典祀官)이 함께 감독, 보관함으로써 아래 관속들에게 일임하여 불경함을 초래하는 일이 없도록 하라. 셋째, 제수 음식을 차리고 치울 때는 단사와 전사관이 직접 나아가 감시함으로써 뒤바뀌고 섞이는 일이 없게 하라. 제사 후의 남은 음식물은 절대로 설만(褻慢)하게 처리하지 말아서 끝까지 공경함을 보존하도록 하라. 넷째, 희생을 살피고 제물을 살피기를 반드시 삼가고 정성스럽게 하여 이전의 관습대로만 하지 말라. 모든 일은 의절(儀節)을 한결같이 준행하여 어김이 없게 하라. 다섯째, 수복(守僕)들은 지키는 일이 중요하니 단(壇) 내의 일 이외에는 다른 일에 차용하지 말라. 이상의 여러 조항은 의당 공경히 준행할 것이다. 만약 어기는 자가 있으면 나라에 정해진 법이 있다. —기사년(1749, 영조 25) 5월 10일, 한성부 우윤 이철보(李喆輔)가 하교를 받들어 쓰다. ○현판을 본서의 향대청(香大廳)에 게시하였다.

100 **원량을 대리로 명하여** 원량은 왕세자를 말한다. 1749년(영조 25) 2월에 영조는 장헌세자(莊獻世子 사도세자(思悼世子))에게 대리청정(代理聽政)을 명하였다.

○ 사단(社壇) 기우친제문(祈雨親祭文) 계유년(1753, 영조 29) 5월

아, 빛나는 신령이시여	於赫靈神
한 나라의 국사(國社)이십니다	冢土一國
만물을 도와 이루어 주시니	萬品資成

은택이 팔방에 미칩니다	澤及八域
이 근방을 다스리는 이는	近州臨御
변변찮고 어질지 못한 나인데	眇予不穀
근래 노쇠함으로 인해	比因衰暮
규벽[101]을 가까이 못한 지가	未親圭璧
지금 십 년이 넘었으니	今逾十年
스스로 부끄러울 뿐입니다	秖自愧恧
이미 정성과 공경이 모자라니	旣欠誠敬
어찌 감응이 이르기를 바라겠습니까	何望致格
아, 오늘날의 가뭄이	嗚呼今旱
어느덧 석 달째이니	居然三朔
농민들은 김매기를 관두었고	農民輟耘
논밭은 거북 등처럼 갈라졌습니다	田畝龜坼
어찌하여 그렇게 되었겠습니까	其何以然
참으로 저의 부덕한 탓입니다	良由否德
정사를 잘 거행하지 못하니	政不能擧
은혜인들 제대로 미칠 수 있겠습니까	惠不能及
세도는 날로 어지러워지고	世道日淆
인심은 날로 야박해집니다	人心日薄
우리 백성들 울부짖으며	吾民嗷嗷
솥 안에 있는 듯 괴로워합니다	若在鼎鑊
나로 인해 가뭄이 초래되었으니	因予致旱
마음이 두렵고 떨리기만 합니다	心焉懍惕
향기로운 제수를 특별히 올렸으나	芬苾徧薦
신령의 감응은 갈수록 막연합니다	冥應愈邈
저 사방 교외를 바라보니	瞻彼四郊
타는 듯하고 삶는 듯합니다	如惔如灼
정성이 얕음은 헤아리지 않고	不量誠淺
직접 술잔을 잡아 올립니다	躬執泂酌
중한 바는 백성이니	所重元元

101 **규벽** 흉년이 들었을 때 신(神)에게 예물로 바치는 옥(玉)을 말한다. 《시경》〈운한(雲漢)〉에 "왕께서 말씀하기를 '아, 지금 사람에게 무슨 죄가 있습니까. 하늘이 환란을 내리시어 기근이 거듭 이르기에, 신에게 제사를 거행하지 않음이 없으며, 이 희생을 아끼지 아니하여 규벽을 이미 모두 올렸는데도, 어찌하여 내 말을 들어주지 아니하십니까.' 하였다.〔王曰 於乎 何辜今之人 天降喪亂 饑饉薦臻 靡神不擧 靡愛斯牲 圭璧旣卒 寧莫我聽〕" 한 데서 나온 말로, 규벽을 가까이하지 못했다는 것은 제사를 지내지 못했다는 뜻이다.

어찌 우리를 구해 주지 않으십니까　寧不我恤
부디 밝게 살펴보시고　庶幾昭監
쾌히 큰비를 내려 주십시오　快賜霈澤

이상은 국사에게 올린 글이다.

아, 빛나는 신령이시여　於赫靈神
우리나라의 사직에 배향되셨습니다　配祀東國
우리 백성을 구제하셔서　濟我元元
공덕이 크고 넓습니다　功德浩博
변변찮고 덕이 부족한 내가　眇予寡躬
이 근방 땅을 다스리는데　臨御近州
조정은 강령을 세우지 못하고　廷不擧綱
백성들은 혜택을 입지 못하니　民不被澤
다만 스스로 부끄러워　秖自恧焉
못과 골짜기에 떨어진 것만 같습니다　若隕淵谷
비록 오늘날의 가뭄이 없더라도　雖無今旱
어찌 편히 좋은 음식을 들 수 있으리오　何安玉食
아, 가뭄이 계속된 지　吁嗟蘊隆
어느덧 몇 달이 되었습니다　居然幾朔
이 백성들 통곡하고　斯民嗷嗷
논밭은 온통 벌거숭이　田畝濯濯
한밤중에 일어나 생각함에　中夜興思
이 마음 초조하고 울적합니다　此心焦鬱
노쇠함을 꺼리지 않고　不憚其衰
재차 직접 향기로운 음식 올립니다.　再親芬苾
관원에게 명하여 특별히 기도하게 함도　命官徧禱
또한 일곱 번에 이르렀습니다　亦至于七
내 정성이 모자란 탓에　因予誠淺
신령께서 응해 주심이 날로 막연하니　靈應日邈
저 들판을 바라봄에　瞻彼郊野

앞으로 수확이 거의 없을 듯합니다 幾將無穫
비록 나를 생각해 주시지는 않더라도 雖不顧我
백성들은 불쌍히 여기실 만합니다 民可不恤
이에 담당 관리에게 명하여 爰命有司
먼저 술잔을 갖추게 하고 先具尊爵
초조한 마음으로 憧憧于心
경건하고 정성스럽게 목욕재계하였습니다 虔誠齋潔
우리 백성들 수확을 거두는 것이 吾民西成
오직 오늘에 달려 있으니 惟在今日
부디 이르러 흠향하시고 庶幾歆格
한번 두루 흡족히 비를 내려 주소서 一霈周洽

이상은 후토씨에게 올린 글이다.

아, 빛나는 신령이시여 於赫靈神
우리나라의 국직이시도다 爲我國稷
드높은 공덕으로 巍然功德
은택이 만물에 미쳤도다 澤及萬物
변변찮은 이내 몸이 眇予一身
근방의 땅을 다스리게 되었는데 臨御近州
근래 노쇠함으로 인해 比者因衰
직접 향기로운 음식을 올리지 못한 지가 未親芬苾
어느덧 십 년이 지났으니 倏過十載
밤낮으로 두렵고 떨립니다 夙夜悚惕
내 허물은 내가 아니 予愆予知
어찌 감응이 이르기를 바라겠습니까 奚望孚格
아, 가뭄 든 지가 吁嗟一旱
지금 이미 석 달째입니다 今已三朔
농부들은 호미를 내던지고 農人擲鋤
논밭은 날로 갈라지고 있습니다 田畝日坼
이달이 지나가면 若過今月

어찌 수확을 기대할 수 있겠습니까 何能有穫
우리 백성들을 생각함에 思我元元
마음이 타는 것 같습니다 心焉如灼
직접 하거나 혹은 대신 하도록 하거나 或親或攝
특별히 규벽을 올렸건만 徧薦圭璧
내 정성이 모자란 탓에 因予誠淺
큰비 내림이 더욱 막연하니 霈然愈邈
우리 백성이 무슨 죄가 있으리오 吾民何辜
실로 내 부덕함 때문입니다 寔由否德
저 성 밖 들판을 바라봄에 瞻彼郊野
어찌 감히 자신을 돌보겠습니까 豈敢自恤
이 마음 초조하고 불안하여 此心憧憧
부끄럽고 죄스러움에도 불구하고 含羞忍恧
수레를 몰게 하여 직접 와서 命駕躬來
희생을 대신하고 직접 잔을 올립니다 代犧親酌
비록 나를 돌아보지는 않더라도 雖不顧我
어찌 억조창생을 염려치 않으시겠습니까 盍念兆億
쾌히 시원하게 비를 뿌려 주시어 快賜滂沱
널리 사방의 국토에 흠뻑 내려 주소서 普洽八域

이상은 국직에게 올린 글이다.

아, 빛나는 신령이시여 於赫靈神
처음 온갖 곡식을 파종하시어 肇播百穀
혜택이 만민에게 미치고 惠及萬民
우리나라의 국직에 배향되셨습니다 配我國稷
변변찮은 이 한 몸이 眇予一身
능력도 없고 덕도 부족하여 無能涼德
즉위한 지 삼십 년이 다 되도록 近三十載
백성들이 은택을 입지 못하였습니다 民不被澤
이에 밤낮으로 두려워 떨며 夙宵凜然

깊은 못 앞에 선 듯 얇은 얼음을 밟는 듯하였습니다 臨深履薄
노년이 되어 기운이 쇠해짐에 年暮氣衰
직접 제사 올리는 것도 오래도록 못하였습니다 親祭久闕
스스로 내 잘못을 아니 自知予愆
마음이 몹시 두렵고 떨립니다 心切悚惕
오늘날의 대단한 가뭄은 今者亢旱
또한 더욱 혹독합니다 亦孔之酷
서늘한 바람과 뜨거운 볕에 凄風烈陽
논밭이 시들고 말라붙었습니다 田畝枯涸
선농단에서 이미 호소하였으니 農壇已籲
아마도 심정을 아셨을 터인데 庶諒心曲
내 정성이 모자란 탓에 緣予誠淺
감응이 이르지 못하였습니다 莫能感格
우리 백성이 무슨 죄가 있으리오 吾民何辜
다만 스스로 부끄럽고 죄스러울 뿐입니다 秪自愧恧
지금 비가 내리지 않는다면 及今不雨
백성들은 장차 굶주리게 될 것이니 民將無食
생각이 여기에 미침에 思之及此
어찌 감히 자신을 돌보겠습니까 豈敢自恤
이에 예관에게 명하여 茲命禮官
향기로운 음식을 잘 준비하도록 하고 整備芬苾
직접 스스로 희생을 대신하여 親自代犧
와서 술잔을 올립니다 來奠泂酌
의당 백성들을 염려하시어 宜念元元
착하지 못하다고 허물하지 마시고 莫曰不穀
한번 단비를 흠뻑 내려 주시어 一賜甘霈
바짝 타 버린 우리 마음을 적셔 주소서 滌我惔灼

이상은 후직씨에게 올린 글이다.

○ 사단에서 풍년을 비는 날 밤에 함인정(涵仁亭)[102] 뜰에 앉아 어제를 기록하여 후대의 왕을 권면하다 병자년(1756, 영조32) 1월

《서경(書經)》에 "백성은 나라의 근본이니, 근본이 튼튼해야 나라가 평안하다."[103] 하였다. 술편(述編)에서도 이미 말했듯이, 한 사람으로 천하를 다스리는 것이요, 온 천하로 한 사람을 받드는 것이 아니다.[104] 또한 나라는 백성을 근본으로 삼고 백성은 음식을 하늘로 삼으니, 백성을 평안하게 하고자 하면 농사를 중시하는 것을 우선으로 삼아야 한다. 상신일에 풍년을 기원하는 것은 대개 여기에 뜻이 있는 것이다. 아, 부덕한 내가 즉위한 지 30년이 지나도록 사적(史籍)에 기록될 만한 큰일을 한 것이 없다. 그리고 농사일로 말하면 수해와 한재가 잇달아 이르고 저축으로 말하면 공사(公私)의 창고가 텅 비어 한번 조금이라도 흉년이 들면 진곡(賑穀)을 마련하지 못해서 백성들을 구제하기 어렵다. 이는 어째서일까. 실로 이 부덕함 탓이요, 이 부덕함 탓이다. 즉위한 초기에는 백성을 위해 풍년을 기원하였으나 정성이 부족하여 신이 이르지 않으셨고, 이후 30년 동안 직접 제례를 행한 것이 또한 몇 번이던가. 하물며 금년은 세상에서 일컫는 해로 회갑을 두 번째 맞은 해이다.[105] 생각이 여기에 미치매 어찌 잠시라도 해이해질 수 있겠는가. 그리하여 올봄 풍년을 기원하는 일은 직접 행하고자 하였는데, 스스로 나의 노쇠함을 돌아보건대 찬 단에서 밤을 지새우는 것이 참으로 어려울 듯하다. 비록 행하고자 해도 여러 신하들이 필시 섭행을 청하여 상하가 서로 고집하다가 명이 내린 다음 중지된다면 이는 본심을 속이는 것이고 백성을 속이는 것이 된다. 이에 마지못해 섭행을 명하였는데, 이 마음은 불안하고 초조하다. 조금 전에 승선(承宣)을 불러서 경건하고 정성스럽게 하도록 권면하여 신칙하고 돌아와 정결한 옷을 입고 방에서 조용히 재계하고자 하였다. 그런데 다시 생각해 보니, 저 백성들은 바로 열조(列朝)가 내게 전해 준 백성들이다. 아, 무릇 사람으로서 그 부형(父兄)이 하나의 집기라도 자제에게 준 것이면 마땅히 받아서 보호해야 한다. 하물며 팔도의 백성을 이 부덕한 나에게 주셨는 데야 말해 무엇 하랴. 그러나 날로 노쇠해져서 근신에게 제사를 섭행하도록 맡겨 두고 따뜻한 방에서 밤을 지내고 있으니 이는 위로는 오르내리시는 신령을 저버리고 아래로는 백성들을 저버리는 것이다.

102 **함인정** 창경궁 안 명정전(明政殿)의 서북쪽 빈양문(賓陽門) 안에 있다.

103 **백성은……평안하다** 《서경》 〈오자지가(五子之歌)〉에 나오는 구절이다.

104 **술편에서도……아니다** 술편은 영조가 세자를 비롯한 후대 왕에게 내린 훈사(訓辭)를 기술한 일련의 저술로, 《어제대훈(御製大訓)》(영조17), 《어제상훈(御製常訓)》(영조21), 《어제자성편(御製自省編)》, 《어제정훈(御製政訓)》(영조25) 등을 말한다. 인용된 구절은 《어제상훈》 애민조(愛民條)에 나온다. 이 구절은 중국 당 태종(唐太宗)이 즉위한 초기에 직중서성(直中書省) 장온고(張蘊古)가 인주(人主)에게 군위(君位)를 지키기 어려움을 경계하는 내용의 〈대보잠(大寶箴)〉을 지어 올렸는데, 여기에 들어 있는 글이다.

105 **세상에서……해이다** 1636년(인조14)의 병자호란을 말하는 듯하다. 이때가 120년이 되는 해이므로 이렇게 말한 것이다.

또한 과거에 선왕께서 "살갗[肌膚]도 어찌 아끼겠는가?"라고 한 하교를 돌이켜 생각하고 또 꿈에도 상상하지 못한 이러한 흉년을 만난 것을 생각하면 어찌 차마 섭행을 명했다고 해서 마음 편히 밤을 보낼 수 있겠는가. 술편에서 또 말하기를 "비록 일시적인 가뭄을 걱정하여 비를 기원할 때 강경한 계청에 못 이겨 섭행을 명하게 되더라도 오히려 의관을 바로 갖추고 단정히 앉아 시각에 맞추어 분향할 것이다."[106] 하였는데, 하물며 백성을 위해 풍년을 비는 때야 말할 나위가 있겠는가. 이처럼 생각이 일자 추운 것이 따뜻해지는 듯하고 기운 없던 것이 강건해지는 듯하였다. 그로 인하여 세수하고 의관을 정제하고 함인정의 뜰에 나와 앉았는데, 그 또한 의도가 있다. 지금 춘정월에 만물이 인을 기르기를 겸하여 축원하는 것이다.

아, 임금이 되고 스승이 됨은 바로 백성을 위함이다. 백성을 위해 임금이 있는 것이요, 임금을 위해 백성이 있는 것이 아니다. 지금 정승 자리에는 단지 좌의정만 있어서 이른 아침부터 밤늦게까지 나랏일을 하고 있으니, 3일은 비궁(閟宮)[107]에서 섭행하고 7일은 또 사단에서 섭행하고 있다. 이렇게 분주한데, 나는 신관(晨祼)의 예[108]도 직접 행하지 못하고 풍년을 비는 제례 또한 섭행을 명하였다. 이와 같이 하고서 어찌 스스로 노력하였다고 하겠으며 이와 같이 하고서 어찌 정성으로 신령을 이르게 하기를 바라겠는가. 아, 올해 풍년이 들어 우리 백성들이 보존된다면 지금 비록 이 밤에 얼어 죽는다 한들 무슨 유감이 있겠는가.

아, 내가 비록 부덕하긴 하나 백성을 위하는 마음은 이른 새벽이나 늦은 밤에도 한결같다. 이 어찌 내 마음이 우러러 옛 선대왕을 본받는 것이 아니겠는가. 이에 승선을 불러 1통을 구술하여 받아쓰게 하고 어제(御製)로 기록하여 내 후대의 왕들에게 보여 주도록 하였다.

아, 왕위를 계승한 후대의 왕들은 백발로 일흔을 바라보는 내가 상신일 풍년을 빌었던 밤을 생각하여 옛날 백성을 위하는 간절한 마음을 체득한다면 고대광실(高臺廣室)과 고운 융단에서 어찌 편안하고 즐거운 마음을 가질 수 있겠으며, 진귀한 음식을 가득 차려 놓고 화려하고 질탕하게 노닐면서 어찌 감히 백성들을 잊을 수 있겠는가. 백성이 편안하면 천명(天命)이 보존되고 백성이 곤궁하면 천명이 떠나간다. 그 보존되거나 떠나감이 오직 한 사람에게 달려 있으니, 두렵지 않을 수 있겠으며 떨리지 않

106 **비록……것이다** 이 구절은 영조의 저술 《어제자성편(御製自省編)》〈내편(內篇)〉에 나온다.

107 **비궁** 종묘(宗廟)의 별칭이다.

108 **신관의 예** 종묘에 새벽에 올리는 강신례(降神禮)를 말한다.

109 장자 북송(北宋)의 유학자 장재(張載, 1020~1077)의 존칭으로, 자는 자후(子厚)이며, 별호는 횡거선생(橫渠先生)이다.

을 수 있겠는가. 어찌 한갓 왕위를 계승한 왕뿐이겠는가. 비록 신하들도 이와 같아야 하니 또한 어찌 감히 각자 편안한 길만 찾고 나랏일은 도외시하여 방치한 채 자식, 손자들이나 데리고 놀면서 장자(張子)[109]의 《서명(西銘)》에 "백성과 우리는 동포이며 만물과 우리는 함께한다."라고 한 뜻을 생각지 않을 수 있겠는가. 늙으면 가르침도 쇠해진다고 말하지 말라. 나이는 비록 노쇠했어도 이러한 가르침은 노쇠하지 않았다. 공경히 받들고 받들어서 내가 추운 밤에 부지런히 애쓴 뜻을 저버리지 말라.

○ **사직 친제문(親祭文)** 병자년(1756, 영조 32) 2월

아, 빛나는 태사신이시여	於赫太社
오직 땅을 맡아 다스리시도다	惟土是職
지금 수백 년 동안	今幾百載
실로 신령의 덕을 입었습니다	寔神之德
비 내리고 햇빛 비추어 주어	曰雨曰暘
우리나라에 은혜를 베풀어 주셨으니	惠我東國
제수를 마련하여 향사하기를	大糦以享
감히 어기지 못하였습니다	罔敢其忒
소자가 외람되이 왕위에 올라	小子忝位
깊은 못 앞에 선 듯 얇은 얼음을 밟는 듯 조심하였는데	臨深履薄
혜택이 백성에게 미치지 못하여	澤不及民
전국 팔도에 큰 흉년이 들었습니다	大歉八域
이 백성들을 생각하면	顧此元元
어찌 잠시라도 편안하겠습니까	奚安食息
상신일에 풍년 비는 제례를 올렸는데	上辛祈年
그것조차 섭행을 명하였으니	其亦命攝
저 단유를 바라봄에	瞻彼壇壝
더욱 스스로 부끄러워집니다	罙切自恧
이에 노쇠함을 꺼리지 않고	不憚其衰
재계하여 심신을 깨끗이 하고는	齋明致潔
수레를 타고 직접 단에 나아와서	命駕躬詣

직접 규벽을 바치오니	親奠圭璧
나의 작은 정성을 돌아보시어	顧我微忱
부디 이르러 흠향하소서	庶垂歆格

이상은 국사에게 올린 글이다.

우리의 영명한 신령이시여	惟我靈神
국사신에 배향되시었도다	配于國社
공경을 다하는 마음을	致敬之心
어느 때고 해이하게 한 적이 없습니다	罔懈夙夜
직접 단유에 나가 제사드려야 하는데	躬祀壇壝
오래도록 그 예를 행하지 못하였습니다	其禮久闕
비록 많은 사정이 있었다고는 해도	雖因多事
스스로 부끄러운 마음이 절실합니다	心切自恧
연초에 행하는 기곡 제사는	歲首祈穀
행하고자 하다가 중지하고	欲行中止
재상에게 명하여 섭행하였습니다	命相其攝
백성을 위하는 뜻이라고 하면서	曰爲民意
정성은 이미 얕으니	誠已淺矣
어떻게 신령께서 이르도록 하겠습니까	何以致假
이에 감히 혼자 편안히 있지 못하고	不敢自逸
중춘에 규벽을 올리게 되었습니다	仲春薦璧
아, 백성들은	吁嗟元元
전에도 신령의 은혜를 입었으니	旣被神惠
지금 큰 흉년을 당해서	今當大歉
풍년이 들도록 은혜를 내려 주소서	冀賜有歲
심신을 정결하게 하고 의관을 갖추고	齋明盛服
직접 제수를 올리오니	躬薦豆觴
부디 굽어살펴 주시고	庶垂俯鑑
보잘것없는 제 정성을 돌아보아 주소서	顧我微誠

이상은 후토씨에게 올린 글이다.

위대하신 신령이시여　皇矣靈祇
우리나라를 보호하시도다　護我東國
우리 백성들을 먹여 살리시니　粒我烝庶
그 공덕이 넓고 큽니다　厥功溥博
변변찮은 이 소자가　眇予小子
능력도 덕도 없이　無能無德
나라를 다스린 지 삼십 년이 되었으니　臨御卅載
밤낮없이 두렵고 떨립니다　夙宵懍惕
춘추로 지내는 향사를　春秋享祀
오래도록 직접 행하지 못하였으니　躬行久闕
저 서쪽의 사직단을 바라봄에　瞻彼西壇
송구하고 부끄러운 마음 절실합니다　心切悚恧
정월 상신일의 향사는　元月上辛
행하고자 하다가 섭행하였습니다　欲行而攝
내 정성이 이미 모자라니　我誠旣淺
신령께서 어찌 이르겠습니까　神何以格
아, 작년도에는　吁嗟昨歲
전국 팔도가 큰 흉년이 들었으니　八域大歉
우리 백성을 생각하면　顧我元元
진귀한 음식도 어찌 달겠습니까　玉食何甘
기운을 차려 수레를 타고 달려가서　强氣命駕
직접 규벽을 잡았으니　躬執圭璧
신령은 부디 저희를 불쌍히 여기시어　神須憫我
흔쾌히 음덕을 내려 주소서　快賜陰騭

이상은 국직에게 올린 제문이다.

위대하신 후직신이시여　於皇后稷
백성의 음식을 주관하시도다　主民之食
쌀 한 톨 이삭 하나　一粒一穗
모두 신의 은택 아닌 게 없으니　莫非神澤

변변찮은 내가 왕위를 계승한 뒤로	小子嗣服
감히 혹여 소홀히 하지 않았습니다	罔敢或忽
다만 정성이 모자란 탓으로	秪緣誠淺
향사의 예를 많이 빠뜨렸습니다	享禮曠闕
올봄 상신일에는	今春上辛
중간에 섭행으로 바꾸어 기곡제를 올렸는데	初命中攝
마음에 제사 올리지 않은 것 같아서	心若不祭
스스로 반성하며 부끄러워했습니다	撫躬自恧
어찌 감히 노쇠하다 말하겠습니까	何敢曰衰
직접 중삭의 제사[110]를 행하려 합니다	躬行仲朔
팔도가 흉년을 보고하니	八路告歉
백성들이 장차 구렁텅이에 빠지게 되었습니다	民將溝壑
만약 지금 구제하지 못한다면	若今不濟
무슨 면목으로 규벽을 잡겠습니까	何顔圭璧
이에 유사에게 명하여	爰命有司
깨끗이 청소하고 정결하게 준비하게 하고	灑掃潔滌
직접 단에 나아왔으니	躬詣于壇
부디 이르시어 흠향하기를 바랍니다	其冀歆格
오직 신령께서는 백성들을 불쌍히 여기시어	惟神恤民
우리나라에 은혜를 베푸소서	惠我東國

이상은 후직씨에게 올린 제문이다.

110 중삭의 제사 4번의 중월(仲月) 즉 2, 5, 8, 11월에 지내는 제사를 말한다.

○ **사직 고유제문(告由祭文)** 기묘년(1759, 영조 35) 1월

나라가 의지하는 바는	國之所依
오직 사직일 뿐이니	惟社惟稷
일이 있으면 고하는 것은	有事則告
전장(典章)과 법전에 분명하게 실려 있습니다	昭載典則
보잘것없는 부덕한 나는	藐予不穀
밤낮으로 두렵고 떨립니다	夙宵祗慄
상신일에 직접 향사를 행하는 일은	親行上辛

내린 명을 돌려 섭행하였습니다　既命反攝
성인이 신중히 한 바를　聖人所愼
배움이 얕다고 감히 소홀히 할 수 있겠습니까　學淺敢忽
질병이 오래도록 낫지 않아　一恙彌留
반달이나 끌더니　挨過半朔
마지막에 쓴 약제는　末梢氣劑
그 효험이 바로 나타났습니다　其效乃速
신령이 사랑하고 돌봐 주시어　神祇眷顧
오르내리며 음덕을 내리신 것입니다　陟降陰騭
이에 대신에게 명하여　爰命大臣
대신 맑은 술을 올리게 하였습니다　替奠泂酌
글은 대신 짓지 않았으니　文不代撰
부디 이르러 흠향하소서　庶幾歆格

○ **사직 고유제문** 기묘년(1759, 영조 35) 6월

일이 있으면 반드시 고하는 것은　有事必告
옛 전례가 그러합니다　舊例則然
아, 기묘년은　吁嗟己卯
봉작된 지 60주년이니[111]　封爵甲年
먼저 사유를 진달하며　先陳事由
관원을 보내 대신 술을 올립니다　遣官替酌
신령과 인간 세상의 거리가 어찌 멀겠습니까　神人豈遠
부디 이르러 흠향하소서　庶幾歆格

○ **사직 고유제문** 기묘년 윤6월 20일

중전의 기후가 회복되었고　坤候乃瘳
세손이 책봉되었습니다　世孫封冊
이에 옛 전례에 의거하여　爰據舊例
사유를 고하며 대신 술잔을 올립니다　告由替酌

111 **봉작된 지 60주년이니** 영조가 1699년(숙종 25)에 연잉군(延礽君)에 봉작되었으므로, 이 해가 봉작된 지 60주년이 된다.

○ **사직 기우 친제문**(祈雨親祭文) 기묘년 윤6월 25일

아, 밝으신 신령이시여	於赫明神
우리나라의 국사(國社)이십니다	冢土東國
만물을 도와 이루어 주시고	資成萬品
혜택이 온 누리에 미쳤습니다	惠覃八域
변변찮은 이 한 몸이	藐予一身
무능하고 덕도 없는데	無能不穀
늘그막에 복상을 입어[112]	暮年服縗
오래도록 규벽을 올리지 못하다가	久曠圭璧
지난해에 간절한 뜻을 호소하였으니	頃歲籲意
마음이 항상 송구하고 부끄러웠습니다	心常悚恧
이미 정성을 다하지 않고서	既不致誠
어찌 감응을 기대할 수 있겠습니까	何冀感激
김맨 뒤의 가뭄이	鋤後之旱
한 달이 족히 되었습니다	洽滿一朔
농민들이 가장 꺼리는 것은	農民最忌
논밭이 갈라지려 하는 것입니다	田疇將坼
누가 그 허물을 책임지겠습니까	誰執厥咎
실로 부덕한 나의 책임입니다	寔由否德
위로는 강령을 세우지 못하고	上不綱擧
아래로는 혜택이 미치지 못하여서	下不惠及
인심은 날로 야박해지고	人心日澆
세도는 날로 경박해집니다	世道日薄
아, 우리 백성들이	吁嗟元元
마치 정확[113]에 빠진 듯하여	若墜鼎鑊
가만히 생각해 보면	靜言思惟
더욱 심히 두렵고 떨립니다	尤切懔惕
뜨거운 햇빛 쨍쨍 내리비치고	烈陽杲杲
비 올 기미는 갈수록 막연하니	雨意愈邈
저 들판을 바라봄에	瞻彼郊野

112 **복상을 입어** 숙종의 둘째 계비인 인원왕후(仁元王后) 김씨(金氏)가 1757년(영조 33) 3월에 승하하여 복상을 입은 것을 말한다.

113 **정확** 고대에 사람을 삶아 죽이는 형벌에 사용하던 솥이나 가마인데, 전하여 목숨을 잃을 정도의 아주 위태로운 처지에 빠진 것을 말한다.

마음이 바짝 타는 듯합니다	心焉如灼
어찌 감히 힘들다 핑계하리오	何敢曰憊
직접 술잔을 올립니다	躬薦泂酌
비록 나를 돌아보지는 않더라도	雖不顧予
백성을 차마 구휼하지 않겠습니까	民忍不恤
이 정성을 밝게 받아 주시어	昭感此忱
한번 은택을 내려 주소서	一賜霈澤

이상은 국사에게 올린 제문이다.

아, 밝으신 신령이시여	於赫明神
한 나라의 국사에 배향되시었도다	配社一國
백성들을 구제하여 살려 주시니	濟民活民
그 공이 넓고 넓습니다	厥功普博
재주 없고 무능한 내가	不才無能
나라를 다스린 지 삼십 년이 지났는데	臨御過卅
정사는 얼마나 강령이 섰으며	政何擧綱
백성은 얼마나 혜택을 입었습니까	民何蒙澤
밤낮으로 두렵기가	夙宵悚然
마치 깊은 나락에 떨어진 듯합니다	若墜淵谷
아, 우리 백성들이	吁嗟赤子
의지하는 것은 오직 식량인데	所依惟食
계속 날씨가 개어 비 오지 않는 지가	一霽不雨
지금 이미 한 달이 넘었습니다	今已過朔
농민들은 부르짖고	農民嗷嗷
사방의 들은 번들번들하니	四野濯濯
저 논밭을 바라봄에	瞻彼田疇
내 마음이 초조하고 우울합니다	予心焦鬱
어찌 감히 노쇠하다 핑계 대겠습니까	何敢曰衰
직접 향기로운 음식을 올립니다	躬薦芬苾
올여름도 거의 다하고	此夏幾盡

절기는 가을 7월에 이르렀습니다	節屆秋七
저 멀리 은하수를 바라보니	遙望雲漢
구름이 일어날 기미는 날로 막연합니다	油然日邈
지금이라도 비가 내려 주지 않는다면	及今不霈
백성은 장차 수확을 거둘 수 없으니	民將無穫
우리 백성들을 가엾게 여기신다면	哀我元元
어찌 돌아보아 구제해 주시지 않습니까	何不顧恤
서둘러 새벽에 수레를 몰고 가서	星言夙駕
직접 술잔을 올립니다	親奠其爵
이 마음은 백성을 위한 것이니	此心爲民
더욱 경건하게 목욕재계하였습니다	益虔齋沐
삼농[114]의 성사 여부를 고하는 것이	三農告成
오직 오늘에 달려 있습니다	只在今日
나의 하찮은 정성을 가엾게 여기시어	憫我微誠
시원하게 비를 내려 두루 적셔 주소서	快賜周洽

이상은 후토씨에게 올린 제문이다.

아, 밝으신 신령이시여	於赫明神
우리나라의 국직이시도다	東方國稷
공덕이 우뚝하여	功德巍然
은혜가 만물에 미쳤습니다	惠及品物
보잘것없는 이내 몸이	藐予寡躬
한번 나라에 임한 지 삼십 년이 넘었습니다	一臨踰卅
막 상복을 벗은지라	纔釋縗麻
직접 향기로운 음식을 올리지 못하는데	不親芬苾
예를 빠뜨린 지 이미 오래되어	曠禮已久
마음이 항상 두렵고 떨렸습니다	心常懍惕
이미 내 허물을 알고 있으니	旣知予愆
어찌 믿고 감응해 주기를 바라겠습니까	何望孚格
호미질한 뒤의 가뭄이	鋤後之旱

114 삼농 평지농(平地農)·산농(山農)·택농(澤農)을 일컫기도 하고, 춘경(春耕)·하운(夏耘)·추수(秋收)를 일컫기도 하는데, 일반적으로 농사를 범칭한다.

지금 몇 달째입니까　于今幾朔
쨍쨍한 햇빛에　杲杲太陽
사방 들판이 나날이 갈라지고　四野日坼
이달이 지나가면　其過此月
백성들은 장차 수확할 것이 없습니다　民將無穫
슬픔을 내가 당한 듯이　若恫在己
더욱 초조하고 걱정스럽습니다　采切焦灼
목욕재계하고 경건하게 정성을 다해　齋沐虔誠
직접 규벽을 올리고　親奠圭璧
밤낮으로 은하수를 바라봄에　夙宵望漢
비 올 기미는 갈수록 막연합니다　雨意愈邈
백성들이 무슨 허물이 있겠습니까　民何辜焉
참으로 내가 부덕한 소치입니다　諒由涼德
전패되고 구렁에 빠져도　顚連溝壑
구제해 줄 수가 없으니　莫能濟恤
내 마음이 안절부절못하고　微衷耿耿
부끄러움만 가득합니다　含羞含恧
이에 단유에서 일을 주선하여　周旋壇壝
이 몸이 희생을 대신하고 직접 잔을 올립니다　代犧躬酌
비록 나를 돌아보지는 않더라도　雖不顧予
어찌 백성들은 염려하지 않겠습니까　盍念兆億
유연히 한번 큰비를 내려 주시어　油然一霈
팔방을 두루 흡족하게 적셔 주소서　普洽八域

이상은 국직에게 올린 제문이다.

아, 밝으신 신령이시여　於赫明神
처음으로 온갖 곡식을 파종하시니　始播百穀
공력이 만세토록 전해져　功流萬世
우리의 국직에 배향되시도다　配我國稷
보잘것없는 이 한 몸은　藐予一身

재주도 없고 덕도 없습니다　無才無德
그런데 여러 해 왕위에 앉아　幾歲臨御
일말의 혜택도 끼침이 없으니　無一惠澤
밤낮으로 삼가고 두려워하여　日夜祗懼
깊은 못에 임한 듯 얇은 얼음을 밟는 듯하였습니다　臨深履薄
나라에 큰 변고가 있어서　國有大故
오래도록 직접 제사 올리지 못하였으니　親祀久闕
단유를 멀리서 바라봄에　瞻望壇壝
마음이 항상 두렵고 떨렸습니다　心常懍惕
오늘날에 큰 가뭄이 들었는데　于今亢旱
그 또한 매우 혹심합니다　其亦孔酷
농민들은 울부짖고　農民嗷嗷
논밭은 모두 말랐습니다　田疇俱涸
기대하는 바는 오직 신령께서　所望惟神
심력을 다 써 주시는 것입니다　殫竭心曲
정성이 얕고 모자라니　誠意淺薄
어찌 믿고 감응해 주시겠습니까　何能孚格
이 몸이 희생을 대신하고자 하나　其欲代犧
마음이 먼저 송구하고 부끄럽습니다　心先悚恧
만약 이때를 넘긴다면　若過此時
우리 백성들은 무엇을 먹고 살겠습니까　吾民何食
가슴이 초조하고 답답하여　焦鬱于中
감히 내 자신은 돌아볼 수가 없습니다　未敢自恤
이에 예조에 명하여　玆令儀曹
향기로운 음식을 가지런히 준비하게 하고　整待芬苾
심신을 정결하게 하고 경건한 정성으로　齋明虔誠
직접 술잔을 올립니다　躬奠泂酌
우리 백성들을 돌아보시어　顧我元元
나의 부덕함을 탓하지 마시고　莫曰不穀
유연히 큰비를 내려 주시어　油然霈然

이 타 들어가는 가뭄을 씻어 주소서　洗此惔灼

이상은 후직씨에게 올린 제문이다.

○ 사단 기우친제문 경진년(1760, 영조 36) 6월

우리 밝으신 신령은　惟我明神
한 나라의 국사(國社)이시도다　冢土一國
혜택이 삼라만상에 두루 미쳤고　惠洽萬彙
은혜를 억조창생이 고루 받았습니다　恩被兆億
변변찮은 이 소자는　眇予小子
재주도 덕도 없는데　不才無德
여러 해 왕위에 앉아 있으니　幾年臨御
백성들은 곤궁에 빠졌습니다　民窮蔀屋
작년에는 호미질 뒤에 가뭄이 들어　昨年鋤旱
직접 규벽을 올렸습니다　躬奠圭璧
이에 흉작을 고쳐 풍작으로 전해지니　回歉報熟
오직 신령의 은택입니다　惟神之澤
모맥은 이미 잘 거두었으니　牟麥登場
가을 수확을 간절히 바랐는데　望深秋穫
그 비가 내리지 않은 지　其雨不雨
지금 이미 두 달이 되었습니다　今已二朔
만약 초복이 지난다면　若過初伏
사방의 들판이 벌거숭이가 될 것입니다　四野濯濯
생각이 여기에 미치면　興惟及此
어찌 옥식을 달게 여기겠습니까　奚甘玉食
기강은 날로 떨어지고　綱紀日墜
세도는 투박해지고 있습니다　世道渝薄
서울과 지방을 빙 둘러 돌아봄에　環顧中外
더욱 갑절 두렵고 송구합니다　罙切懍惕
백성들이 무슨 잘못이 있겠습니까　元元何辜
잘못은 그 임금에게 있습니다　咎在厥辟

비록 나를 돌아보지는 않더라도 雖不顧我
백성들을 어찌 구제하지 않겠습니까 民何不卹
이 몸이 희생을 대신한 지 두 번에 이르렀지만 代犧至再
단비는 언제 내릴지 더욱 아득합니다 甘霔逾邈
멀리 은하수를 바라봄에 瞻彼雲漢
타는 듯하고 사르는 듯합니다 如惔如灼
지금 두루 적셔 주지 않는다면 今不周洽
백성들은 장차 죽어서 구렁에 빠지게 될 것입니다 民將溝壑
이 몸도 내 마음대로 하는 것이 아니고 身不自有
우러러 옛 선대왕을 따르는 것입니다 仰體于昔
목욕재계하여 정결히 한 다음 齋沐致潔
직접 술잔을 올립니다 親薦泂酌
정성이 모자란다고 탓하지 마시고 莫曰誠淺
시원하게 전국 팔도에 큰비를 내려 주소서 滂霈八域

이상은 국사에게 올린 제문이다.

우리 밝으신 신령은 惟我明神
우리나라의 국사에 배향되시도다 配社東國
우리 백성을 구제하여 살려 주시니 濟活吾民
베푸신 은혜가 이에 넓었습니다 厥施斯博
재주도 없는 내가 왕위에 앉으니 不才臨御
백성들은 곤궁에 빠졌습니다 民窮蔀屋
스스로 부끄러워하고 책망하기를 自恧自訟
깊은 못과 계곡에 떨어진 듯하였습니다 若隕淵谷
나라는 백성에게 의지하고 國依於民
백성은 식량에 의지하니 民依於食
밤낮으로 바라는 바는 夙夜所望
비와 햇빛이 제때에 내리는 것입니다 雨暘時若
근래에 한번 가물더니 近者一旱
지금 이미 한 달이 다 되었습니다 今已浹月

농민들은 호미를 치우고　農民輟鋤
사방의 들판은 갈라져 가고 있습니다　四野將坼
규벽을 특별히 올렸는데　圭璧偏薦
정성이 아직 감응을 받지 못하였습니다　誠未感格
진실로 그 연유를 찾아보면　苟究厥由
오직 그 왕에게 책임이 있습니다　惟在其辟
이처럼 하루 이틀 보내다가　若是度日
초복이 지나게 되면　其過初伏
아, 우리 백성들은　嗟我元元
장차 죽어서 구렁에 빠지게 될 것입니다　將塡于壑
생각이 여기에 미치면　思之及此
마음이 타는 듯합니다　心焉如灼
백성들은 실로 죄가 없는데　民實無辜
신령께서 어찌 구제해 주시지 않습니까　神何不卹
모맥은 이미 거두어들였으니　牟麥旣登
오직 가을 수확을 기대할 뿐입니다　惟望秋穫
이에 오늘 신령께 호소하는 것은　于今籲神
단지 한 번 두루 적셔 주십사는 것입니다　只一周洽
목욕재계하여 정결히 하고　齋沐致潔
이 몸이 희생을 대신하고 직접 술잔을 올리니　代犧躬酌
그 정성이 비록 모자라더라도　其誠雖淺
글은 충심에서 나온 것입니다　文由衷曲
작년 올해 두 해에 걸쳐　昨今兩歲
연달아 향기로운 음식을 올리오니　連薦芬苾
내 이 정성을 돌아보아　顧我此忱
흔쾌하게 큰비를 내려 주소서　快賜霈澤

이상은 후토씨에게 올린 제문이다.

우리 밝으신 신령은　惟我明神
우리나라의 국직이시도다　海東國稷

혜택이 만물에 미치어　惠覃萬品
공덕이 성대합니다　巍然功德
부덕한 내가 왕위에 있으니　否德臨御
백성들은 곤궁하고 재산은 고갈되었습니다　民窮財竭
밤낮으로 경계하고 두려워하며　夙夜戒懼
깊은 못에 임한 듯 엷은 얼음을 밟는 듯하였습니다　臨深履薄
작년에 가뭄이 들어　昨歲之旱
직접 향기로운 음식을 올렸습니다　親奠芬苾
이에 흉년을 면하였으니　其免告歉
오직 신령의 공력입니다　惟神之力
모맥은 이미 거두어들였고　牟麥既登
가을 수확을 간절히 바라고 있습니다　望切秋穫
비가 오려다가 오지 않은 지가　欲雨不雨
지금 이미 한 달이 되었습니다　今已浹月
만약 초복이 지난다면　若過初伏
사방의 들판이 갈라질 것입니다　四野將坼
저 멀리 은하수를 바라보니　瞻彼雲漢
마음이 초조하고 절박합니다　心焉焦迫
어찌 비가 없었겠습니까　豈曰無雨
종내 두루 적셔 주기를 아끼신 것입니다　終靳周洽
직접 기도 올린 것이 이미 두 번인데　躬禱已再
큰비 한 번 내릴 기미는 여전히 막막합니다　一霈猶邈
만약 그 연유를 묻는다면　若問其由
허물이 그 왕에게 있습니다　咎在厥辟
백성은 실로 허물이 없으니　民實無辜
어찌 구제하여 살리지 않겠습니까　何不濟活
나라는 백성에게 의지하고　國依於民
백성은 먹을 것에 의지합니다　民依於食
백성이 만약 전패된다면　民若顚連
내가 장차 누구를 의탁하겠습니까　予將疇托

정성이 모자란 줄 알면서도	不顧誠淺
이 몸이 희생을 대신하고 직접 술잔을 올립니다	代犧躬酌
글은 거칠고 엉성하지만	文則齟齬
실로 충심에서 나온 것입니다	實由衷曲
비록 내게 은혜를 베풀지는 않더라도	雖不惠我
팔방의 백성들은 의당 불쌍히 여기실 것이니	宜矜八域
흔쾌히 큰비를 퍼부어 주시어	快賜滂沱
이 타 들어가는 논밭을 적셔 주소서	滌此惔灼

이상은 국직에게 올린 제문이다.

우리 밝으신 신령은	惟我明神
이 온갖 곡식을 파종하시니	播是百穀
직단에 함께 배향되시어	同配稷壇
그 공력이 두루 넓게 퍼졌도다	厥功溥博
아, 나 소자가	吁嗟小子
재주도 없고 덕도 없어서	不才無德
여러 해 왕위에 앉아 있건만	臨御幾歲
아무 혜택도 미치지 못하였습니다	一無惠澤
이에 밤낮으로 경계하고 두려워하기를	夙夜戒懼
마치 깊은 못과 골짝에 떨어진 듯이 합니다	若隕淵谷
저 멀리 성 모퉁이를 바라보니	瞻彼城隅
사직단 우뚝이 서 있는데	有壇斯屹
내가 쇠모한 탓으로	因予衰耗
풍년 비는 제사를 오래도록 빠뜨렸습니다	祈年久闕
정성이 모자라매 스스로 부끄럽고	自愧誠淺
마음이 항상 송구하고 걱정스럽습니다	心常悚惕
모맥은 거두었다고 하는데	牟麥報登
가을의 추수가 얼마 남지 않았습니다	秋成指日
어찌 생각이나 했겠습니까 한번 든 가뭄이	豈意一旱
한 달 동안 계속될 줄을	至于浹月

저 멀리 은하수를 바라보니　瞻望雲漢
타는 듯하고 사르는 듯합니다　如惔如灼
백성이 무슨 죄가 있겠습니까　民何其辜
잘못은 그 왕에게 있습니다　咎在厥辟
어찌 감히 혼자 편안하고자 하리오　何敢自便
이에 연이어 규벽을 올렸습니다　連薦圭璧
정성이 모자라 감응을 일으키지 못하여　誠不感孚
신령의 응답이 갈수록 막연합니다　冥應愈邈
중하가 이미 다 지나고　仲夏已盡
절서가 초복에 가까우니　節近初伏
만약 열흘이 지난다면　若過旬日
백성들은 장차 죽어서 구렁에 빠지게 될 것입니다　民將塡壑
생각이 여기에 미치니　思之及此
어찌 옥식인들 달겠습니까　何甘玉食
이 몸이 희생을 대신하여　其欲代犧
경건한 정성으로 정결히 하고　虔誠致潔
서둘러 새벽에 수레를 몰고 가서　星言夙駕
직접 향기로운 음식을 올리니　躬奠芬苾
미미한 정성을 굽어살피시어　俯鑑微誠
흔쾌히 비를 내려 두루 적셔 주소서　快賜周洽

이상은 후직씨에게 올린 제문이다.

○ **사직 기곡제문(祈穀祭文)** 신사년(1761, 영조 37) 1월

아, 밝으신 신령이시여　於赫明神
한 나라의 국사(國社)이시도다　冢土一國
백성을 보호하고 은혜롭게 하시니　護民惠民
그 은덕이 두루 널리 시행되는도다　厥施普博
작년의 농사일은　昨年穡事
비록 수확은 거두었지만　雖云有熟
풍작인 곳도 있고 흉작인 곳도 있어　或登或歉

균일하지 못하였습니다	未能均一
이것이 누구의 책임이겠습니까	是誰之致
참으로 내가 부덕한 소치입니다	良由否德
우리 백성들을 생각하면	顧我元元
단지 스스로 부끄러울 뿐입니다	只自愧恧
나라에 예부터 행해 오던 전례(典禮)가 있으니	邦有古禮
상신일에 지내는 기곡제입니다	上辛祈穀
지난날에는 사단에서	頃於社壇
직접 규벽을 올렸는데	躬奠圭璧
오늘에 이르러 생각해 보니	到今思之
세월이 얼마나 흘러갔는지요	幾經歲月
직접 행해도 신령이 이르지 않을 것이거늘	親猶未格
하물며 섭행을 명함에 있어서이겠습니까	其況命攝
어찌 감히 자신을 아끼느라	豈敢自愛
군인을 밤새우게 하겠습니까	爲軍經宿
허전해하는 이 마음을	悠悠此心
푸른 저 하늘은 알아줄 것입니다	蒼蒼可質
몸은 비록 여기에 있지만	身雖在此
마음은 그곳에 가 있습니다	心則耿結
저 북쪽 사직단을 바라보니	瞻彼北壇
실로 지척에 있는 듯합니다	實在咫尺
직접 그 제문을 지어	親製其文
관원을 보내 대신 잔을 올립니다	遣官替酌
신령께서는 나를 돌아보시어	神其顧我
우리 전국 팔도에 은혜를 베푸소서	惠我八域

이상은 국사에게 올린 제문이다.

아, 밝으신 신령이시여	於赫明神
국사에 배향되시었도다	國社配食
우리나라를 보호하시어	護我邦國

그 혜택 베푸심이 두루 넓으시도다　其惠普博
재주 없고 무능한 내가　不才無能
외람되이 어려운 왕업을 이어　叨承艱業
오랜 세월동안　歲歲年年
매양 농사일 잘되기를 축원하였는데　每祝其熟
풍년이라는 두 글자를　大有二字
사관이 더 이상 쓰지 않으니　史官停筆
신령께서 돌아보지 않으시는 게 아니라　非神不顧
참으로 내가 부덕한 소치입니다　良由否德
스스로 부끄럽고 부끄러워　自愧自恧
어찌 잠시라도 긴장을 풀 수 있겠습니까　奚弛食息
저 논밭을 바라봄에　瞻彼田疇
이 마음에 울울함이 풀리지 않습니다　此心絓結
오늘 상신일에　今於上辛
기곡제를 행하고자 하여　欲行祈穀
이미 삼군에 유시하였으니　旣諭三軍
신의가 없이 어찌 권위가 서겠습니까　無信奚立
머리를 돌려 북쪽을 바라보니　回首北望
단유가 지척인 듯합니다　壇壝咫尺
섭행이라 하여 소홀히 하지 않고　莫云攝行
직접 규벽을 올리듯이 하겠습니다　若親圭璧
근본이 견고해야 나라가 편안하다고　本固邦寧
명백하게 옛 사책에 실려 있습니다　昭載往牒
노심초사하는 이 한 마음은　悠悠一心
이미 백성의 나라에 허여하였으니　旣許民國
제문을 직접 짓고　祭文親綴
관원에게 명하여 대신 술잔을 올립니다　命官替酌
나의 모자란 정성을 양해해 주시고　諒我淺誠
전국 팔도에서 추수를 거두게 해 주소서　有秋八域

이상은 후토씨에게 올린 제문이다.

아, 밝으신 신령이시여	於赫明神
우리나라의 국직이시도다	海東國稷
그 은덕을 널리 베푸시어	厥施斯普
백성들의 농사일을 주관하시도다	主民稼穡
변변찮은 내가 왕위를 물려받았는데	眇予嗣服
재주 없고 덕이 모자라니	不才涼德
삼십 년간 이 자리에 앉아 있는 동안	卅載臨御
크게 풍년이 든 적이 없습니다	莫聞大熟
더군다나 작년에는	其況昨年
추수를 바라는 마음 더욱 절실하였는데	望秋罙切
풍작인 곳도 있고 흉작인 곳도 있어	或登或歉
지방마다 일정하지 않았습니다	諸道不一
우리 백성들을 생각하면	顧我元元
어찌 옥식인들 달겠습니까	奚甘玉食
그렇게 된 까닭을 묻는다면	若問其由
허물이 그 왕에게 있습니다	咎在其辟
백성을 위해 풍년을 기원하는 일을	爲民祈年
어찌 감히 섭행을 명하겠습니까	何敢命攝
군인도 또한 백성이니	軍亦民也
밤을 지새우도록 함이 실로 민망합니다	實悶經宿
그러나 이 몸을 아껴서가 아님은	非愛其身
푸른 하늘은 잘 알 것입니다	蒼蒼可質
이미 여러 군대에 유시하였으니	旣諭諸軍
신의가 없다면 어찌 권위가 서겠습니까	無信奚立
나라는 백성에게 의지하고	國依於民
신령은 나라에 의지하니	神依於國
그 임금이야 돌아보지 않더라도	罔矣其君
이 불쌍한 백성들은 가엾게 여기소서	哀此惸獨
직접 제문을 짓고	親綴其文
상신이 대신 술잔을 올립니다	相臣替酌

저의 미미한 정성을 양해해 주시고	諒我微誠
우리 전국 팔도에 은혜를 내려 주소서	惠我八域

이상은 국직에게 올린 제문이다.

아, 밝으신 신령이시여	於赫明神
백성의 농사일을 주관하시도다	主民稼穡
우리 국사신에 배향되시어	配我冢土
그 은덕이 널리 베풀어지도다	厥施斯博
변변찮은 내가 덕이 없어서	眇予否德
깊은 못에 임하고 엷은 얼음을 밟는 것처럼 두렵습니다	臨深履薄
왕위에 오른 지 몇 년이 지났건만	臨御幾載
백성들은 혜택을 입지 못하였습니다	民不被澤
밤낮으로 바라는 것은	夙宵所望
오직 풍년이 들었으면 하는 것입니다	惟在年熟
작년의 농사일은	昨歲穡事
처음부터 어그러졌습니다	有違初度
이것이 누구의 소치이겠습니까	是誰之致
허물이 그 임금에게 있습니다	咎在厥辟
이 힘없는 백성들을 돌아보면	瞻玆小民
스스로 더욱 부끄러워집니다	自愧深切
상신일에 기곡제를 올리는 데	上辛祈穀
어찌 감히 섭행을 명하겠습니까	焉敢命攝
아, 삼군도	吁嗟三軍
또한 백성 중의 하나입니다	亦民中一
민망한 마음이 드는 것은	心有所悶
날씨가 추운데 밤을 지새워야 하기 때문입니다	日寒經宿
비록 관원을 보낸다 해도	其雖命官
이 마음과 몸을 스스로 청결히 하였고	躬自致潔
글이야 어찌 대신 짓게 하리오	文何代撰
기꺼이 직접 지었습니다	不憚親綴

유사를 신칙하였고	申飭有司
집사도 각별히 선택하였습니다	執事另擇
멀리 단유를 바라보매	瞻望壇壝
내 마음은 신중하고 전일해집니다	我心洞屬
우리나라에 은혜를 베풀어	惠我海東
전국 팔도에 풍년이 들게 해 주소서	大有八域

이상은 후직씨에게 올린 제문이다.

○ **사직 고유제문** 신사년(1761, 영조 37) 7월 15일

병이 났는데 마침내 치유되어	有恙乃瘳
이제 이미 숙직을 철회하고	今已撤直
전례를 이끌어 고유제를 행하오니	援例告由
부디 이르러 흠향하소서	庶幾歆格

○ **사직 보사제문(報謝祭文)** 신사년 7월 25일

오늘 비가 내렸으니	今者得雨
이 어찌 애초에 생각했던 일이겠습니까	是豈初度
이에 보사제를 행하여	玆行報謝
대신 술잔을 올립니다	替奠泂酌

○ **사단(社壇) 기우 친제문(祈雨親祭文)** 임오년(1762) 6월

아, 밝으신 신령이시여	於赫靈神
전국 팔도의 국사이시도다	冢土八域
은혜로움이 두루 널리까지 퍼져	其惠普博
혜택이 만물에 미쳤도다	澤流萬物
변변찮은 나 소자는	眇予小子
재주도 없고 덕도 없습니다	無才無德
이에 기강이 날로 떨어지니	綱紀日墜
백성들은 곤궁함에 빠졌습니다	元元塡壑
스스로 반성하며 부끄러운 마음에	自訟自恧

밤낮으로 두려워 떨고 있습니다	夙夜懍惕
오늘날의 가뭄은	今者之旱
또한 몹시도 혹독합니다	亦孔之酷
우리 백성이 무슨 허물이 있겠습니까	吾民何辜
실로 그 임금이 잘못한 탓입니다	寔由厥辟
농부는 호미를 던져 버리고	農人輟鋤
논밭은 또한 갈라졌습니다	水田亦坼
이 몸이 희생을 대신하여 교단(郊壇)에서 기도하였으나	代犧郊禱
미미한 정성이 신령을 이르게 하지 못하였습니다	微誠未格
짙은 구름이 비록 모여 있기는 하나	密雲雖集
비가 시원하게 내릴 기미는 아직 막막합니다	霈然猶邈
단지 은하수를 바라봄에	只望雲漢
타는 듯하고 사르는 듯합니다	如惔如灼
백성들이 장차 다 죽게 생겼으니	民將盡劉
무슨 마음에 옥식을 들겠습니까	何心玉食
내 비록 노쇠하여 기력이 없으나	其雖衰耄
마음은 백성의 나라에 허여하였습니다	心許民國
오늘까지 비가 오지 않는다면	及今不雨
내가 장차 누구를 의탁하겠습니까	予將疇托
내 허물을 내가 알고 있으니	予愆予知
당연히 몸소 규벽을 올려야 할 것입니다	宜乎躬璧
중경일[115]도 이미 지났으니	仲庚已過
길일까지 어찌 기다리겠습니까	何待涓吉
비록 나를 걱정해 주지는 않더라도	雖不悶我
백성들을 어찌 불쌍히 여기지 않겠습니까	民胡莫恤
악기 소리 쟁쟁 울리며 음악 연주하고	鍾石鏗鏘
공경히 향기로운 음식 올립니다	祗薦芬苾
흉년이 바뀌어 풍년이 되는 것은	轉歉爲登
오직 신령의 은택입니다	惟神之澤
내 정성이 미천하다 말씀하지 마시고	毋曰誠淺

115 **중경일** 중복(中伏)을 가리킨다.

한번 비를 내려 두루 적셔 주소서 一賜周洽

이상은 국사에게 올린 제문이다.

아, 영명하신 신령이시여 於赫靈神
한 나라의 국사에 배향되시었도다 配社一國
백성들을 구제해 주셨으니 拯濟元元
그 공이 이다지도 넓습니다 厥功斯博
변변찮은 나 소자는 眇予小子
능력도 없고 덕도 없는데 無能無德
삼십 년간 왕위에 앉아 있으니 卅載臨御
깊은 못과 골짜기에 임한 듯 두렵습니다 若隕淵谷
오늘날의 가뭄은 今者之旱
정말 매우 혹독합니다 可謂孔酷
농부는 울부짖고 農人嗷嗷
논밭은 거북 등처럼 갈라지고 있습니다 田疇龜坼
어제 우단[116]에서 昨於雩壇
직접 규벽을 잡았으니 躬執圭璧
어찌 신령이 은혜롭지 않다고 하겠습니까 豈神不惠
미미한 정성이 하늘에 닿지 못하였기 때문입니다 微誠未徹
비가 좀 오려나 하였더니 其雨其雨
결국 짙은 구름이 흩어지고 終散雲密
뜨거운 태양이 쨍쨍 비치니 烈陽杲杲
갑절 타는 듯이 초조합니다. 一倍焦灼
오늘까지 큰비가 내리지 않으면 及今不霈
백성들이 장차 죽어서 구렁에 빠지게 될 것입니다 民將填壑
백성들이 다 죽는다면 民若盡劉
신령께서도 누구에게 의탁하시겠습니까 神亦疇托
그렇게 된 까닭을 묻는다면 問其所由
허물이 한 임금에게 있습니다 咎在一辟
생각이 여기에 미치니 思之及此

116 우단 기우제를 지내는 제단이다.

무슨 마음에 옥식을 들겠습니까　何心玉食
아, 이러한 때에　嗚呼此時
어찌 일반적인 격식을 따르겠습니까　豈循常格
서둘러 일찍 수레를 몰고 와서　星言夙駕
직접 술잔을 올리니　親薦泂酌
흉작이냐 풍작이냐는　於歉於登
실로 이날에 판가름 날 것입니다　寔判此日
지금 몹시 애타고 걱정스러운데　方切渴悶
어느 겨를에 길일을 택하겠습니까　何暇擇吉
보궤와 변두에　簠簋籩豆
도량과 서직을 차려 놓았습니다　稻粱黍稷
나를 불쌍히 여기고 돌아보신다면　閔我顧我
흔쾌히 큰비를 내려 주소서　快賜霈澤

이상은 후토씨에게 올린 제문이다.

아, 영명하신 신령이시여　於赫靈神
우리나라의 국직이시도다　海東國稷
은택이 만물에 미치니　澤流萬品
그 베푸심이 두루 넓으시도다　厥施普博
변변찮은 나 소자는　眇予小子
깊은 못 앞에 임한 듯 엷은 얼음을 밟는 듯합니다　臨深履薄
농사는 비록 수확을 거두었다고 하지만　歲雖報登
마음은 오히려 두렵고 떨립니다　心猶懍惕
밤낮으로 바라는 바는　日夜所望
비와 햇빛이 제때에 알맞게 내리는 것입니다　雨暘時若
그런데 어찌하여 한번 가뭄이 들더니　豈意一旱
족히 한 달을 채울 줄을 알았겠습니까　恰滿其朔
기전과 삼남 지방도　畿甸三南
앞서 모진 가뭄에 시달렸습니다　先悶旱魃
아, 근일에는　嗚呼近日

논밭도 갈라졌습니다 水田亦坼
농민들은 부르짖고 農民號呼
내 마음은 바짝 타 들어갑니다 予心惔灼
백성들이 무슨 죄가 있겠습니까 民其何辜
허물은 부덕한 내게 있습니다 咎在不穀
어제는 교단에서 昨於郊壇
직접 향기로운 음식을 올렸습니다 親薦芬苾
비가 좀 오려나 기다렸는데 其雨其雨
큰비는 내리지 않았습니다 未見霈澤
나라는 백성에게 의지하고 國依於民
백성은 식량에 의지합니다 民依於食
백성들이 만약 다 죽는다면 民若盡劉
무슨 마음으로 왕이라 하겠습니까 何心曰辟
생각이 여기에 미치니 思之及此
애타고 걱정됨이 더욱 간절합니다 渴悶罙切
이 몸이 희생을 대신하고 직접 기도할 것이니 代犧躬禱
어찌 감히 조금이라도 소홀히 하겠습니까 焉敢少忽
유사가 제수를 준비하였고 有司設饌
제문은 직접 지었습니다 祭文親綴
소여로 걸음을 대신하고 小輿代步
와서 술잔을 올립니다 來奠泂酌
아, 신령과 인간은 嗚呼神人
감통하는 이치가 하나입니다 感通理一
부덕하다 책하지 마시고 莫云否德
한번 큰비를 내려 두루 적셔 주소서 一霈普洽

이상은 국직에게 올린 제문이다.

아, 영명하신 신령이시여 於赫靈神
바로 국직에 배향되시도다 乃配國稷
제때 온갖 곡식을 파종하시니 時播百穀

만백성이 그에 힘입어 살아갑니다　萬民賴活
변변찮은 나 소자가　眇予小子
재주도 없고 덕도 부족하여　不才涼德
온갖 정무가 두서없이 혼란스럽고　百度叢脞
백성들은 장차 죽어서 구렁에 빠지게 되었습니다　民將溝壑
아, 오늘날의 가뭄은　噫今之旱
한결같이 어찌 그리 혹독합니까　一何孔酷
처음에는 고지대의 땅이 메마르더니　初則高燥
지금은 모두 말랐습니다　今也皆涸
농부는 호미를 던지고　農人投鋤
논밭은 거북 등처럼 갈라졌습니다　田疇龜坼
오늘까지 비가 내리지 않으면　及今不雨
어찌 수확을 바라겠습니까　何望其穫
신령이 그 까닭을 물으시면　神問厥由
나는 스스로 두렵고 부끄럽습니다　予自悚恧
우리 백성이 무슨 죄가 있겠습니까　吾民何辜
허물이 그 임금에게 있습니다　咎在乃辟
백성이 만약 다 죽는다면　其若盡劉
어찌 차마 옥식을 들겠습니까　何忍玉食
생각이 여기에 미치니　興言及此
내 마음이 바짝 타 들어갑니다　予心惔灼
어제 교단에서　昨於郊壇
직접 규벽을 잡았습니다　親執圭璧
기운은 쇠하고 정성은 얕으니　氣衰誠淺
믿고 감응해 주기를 바라지 못합니다　莫覬孚格
신령께서 은혜를 아끼시는 것이 아니라　非神靳惠
참으로 나의 부덕한 소치입니다　諒由不穀
어찌 일반적인 규례에 구애되겠습니까　何拘常例
이 몸이 희생을 대신하고 와서 잔을 올립니다　代犧來酌
재차 향기로운 음식을 진설하였지만　再陳芬苾

부끄러움은 더욱 심합니다　含羞采切
할 수 없다고 말씀하지 마시고　莫云無能
백성들을 염려해 주셔야 합니다　黔黎宜恤
제례를 주선하여 오르내림에　周旋陞降
마음이 초조하고 다급합니다　心焉焦迫
미미한 정성을 굽어살피시어　俯察微忱
흔쾌히 단비를 흠뻑 내려 주소서　快賜甘霈

이상은 후직씨에게 올린 제문이다.

○ 사단 보사제문 임오년(1762, 영조 38) 7월

백성을 위해 가뭄을 걱정하여　爲民悶旱
이 몸이 희생을 대신하고 규벽을 올렸습니다　代犧圭璧
뜻밖에 비가 내린 것이　料表得雨
바로 사흘 만이었습니다　乃在三日
보사제를 행하는 것이 마땅하여　宜乎報謝
사람을 보내 맑은 술을 올립니다　替奠泂酌
미미한 정성을 굽어살피시어　俯鑑微忱
부디 이르러 흠향하소서　庶垂歆格

○ 사직 고유제문 기축년(1769, 영조 45) 7월

몇 번 병이 들었다가 곧 나으니　幾次旋愈
실로 신령의 음덕을 입은 것입니다　寔荷陰騭
《갑오일기》[117]를 보니　甲午日記
내 감회를 어찌 억제할 수 있겠습니까　微忱何抑
그러나 어찌 감히 과장하여 드러내리오　豈敢張大
크게 기쁨이 있기를 아울러 비는 것입니다　大有兼祝
글은 직접 짓고 제사는 대신 올리게 하여　親製替奠
간절히 그리워하는 마음도 함께 고합니다　竝告慕切

117 갑오일기 갑오년(1714, 숙종 40)에 숙종이 병이 들자 영조(당시 연잉군)가 여덟 달 동안 숙종을 시탕(侍湯)하였는데, 당시 시탕한 기록을 말하는 듯하다. 《승정원일기》 영조 45년 7월 11일 기사에, 영조가 집경당에 나가 입시한 대신과 예조 판서, 약방 의관 등과 모여 진맥한 다음, 《갑오일기》를 언급하고 종묘에 고하고 교시를 반포한 일과 감홍시 1구를 지었다는 내용이 실려 있다. 이 글은 임금의 병이 회복된 일과 아울러 《갑오일기》 출간과 관련하여 교시를 내리고 반상(頒賞)하는 데 대한 고유문으로 보인다.

○ 사직 기우제문 임진년(1772, 영조 48) 5월

우리 밝으신 신령은	惟我明神
우리나라의 국사이시도다	冢土東國
백성의 주인이 되시어	爲民之主
농사일을 총괄하시도다	總領稼穡
어찌 감히 편안히 지내겠습니까	何敢偃便
실로 기력이 쇠미한 까닭입니다	實由衰薾
신령께서 비록 나를 배려해 주신다 해도	神雖顧我
스스로 부끄럽고 부끄럽습니다	自愧自恧
임금은 신령에 의지하고	君依於神
백성은 식량에 의지합니다	民依於食
봄부터 여름에 이르기까지	自春徂夏
비가 잘 내리지 않았습니다	其慳雨澤
유독 심하게 비가 안 내리기로 말하면	若問忒甚
이번 달이 가장 심합니다	莫若今月
신령의 은혜 덕분에	由神之惠
양맥[118]은 잘 영글었습니다	兩麥登熟
어찌하여 삼복이 멀건만	豈遠三庚
그 가뭄이 이토록 혹독합니까	其旱斯酷
이것이 누구의 잘못이겠습니까	是誰之咎
바로 내가 부덕한 소치입니다	卽予否德
오십 년 가까이 다스리는 동안	近五紀御
백성들은 생활이 곤궁해졌고	民困蔀屋
강령과 기강은 날로 떨어져	綱紀日墜
나랏일이 위태로워졌습니다	國事澟綴
하물며 이러한 때에	其況此時
태평하게 세월을 보내고 있으니	太康度日
비록 풍년을 원하더라도	其雖願豐
또한 어찌 얻을 수 있겠습니까	亦何能得
오늘까지 큰비가 내리지 않으면	及今不霈

118 양맥 밀과 보리이다.

그 근심됨이 어찌 끝이 있겠습니까 其悶曷極
한 몸의 희생으로 만백성을 구원한 일[119]을 以一代萬
내가 예전에 들었습니다 予聞于昔
유사가 예식을 준비하고 有司備禮
제문은 제가 지었습니다 其文親綴
아, 애타게 바라보노니 嗚呼渴望
북원[120]에서 지척에 있습니다 北苑咫尺
신령께서는 나를 가엾게 여기시어 神其悶我
한번 큰비를 전국 팔도에 내려 주소서 一霈八域

이상은 국사에게 올린 제문이다.

아, 영명한 신령이시여 嗚呼靈神
혜택이 천억만 년 전해지도다 流惠千億
국사에 함께 배향되셨으니 同配國社
오늘날까지 몇백 년간입니까 今迄幾百
근심이 있으면 반드시 호소하였는데 有悶必籲
감응이 어긋나지 않았습니다 其應不忒
저 북단을 바라봄에 瞻彼北壇
위엄 있게 우뚝 서 있습니다 儼然斯屹
임금은 신령께 의지하고 君依於神
백성은 나라에 의지합니다 民依於國
그 서로 의지하는 바는 其所相依
오직 식량에 있습니다 惟在乎食
변변찮은 이 한 몸은 眇予一身
재주도 없고 덕도 없는데 無才無德
나라를 다스린 지 지금 오십 년 가까이 되었으니 今近五紀
스스로 반성하며 부끄러워하고 있습니다 自訟自恧
역사책에 남을 큰일은 史書大有
아직까지 아득합니다 尙今其邈
해마다 거듭되는 기근은 連歲荐飢

119 **한 몸의……일** 탕 임금의 고사를 가리킨다. 267쪽 주6 참조.

120 **북원** 궁궐 내의 북쪽에 있는 원림(園林)이다. 혹은 왕실의 정원을 범칭하기도 하고 바로 궁궐을 지칭하기도 한다.

근심됨이 어찌 끝이 있겠습니까	其悶曷極
아, 올봄에는	嗟哉今春
봄물이 이미 다 말랐고	春水已渴
여름에 들어서서는	入夏以後
갈수록 더욱 혹독해집니다	轉輾斯酷
만약 그 연유를 묻는다면	若問其由
오직 한 사람에게 있습니다	惟在乎一
그 한 사람이 누구이겠습니까	其一是誰
실로 그 임금입니다	寔惟厥辟
한 번 두 번은	初次再次
비록 신령의 도움을 받긴 했지만	雖蒙神恤
바로 내 정성이 부족해서	卽予誠淺
가뭄 든 지가 두 달째입니다	其旱兩朔
오늘까지 비가 오지 않으면	及今不雨
가을의 수확을 어찌 바라겠습니까	何望其穫
생각이 이에 미치니	興惟及此
마음이 몹시 초조하고 다급합니다	心切焦迫
어찌 일반적인 규례에 구애되겠습니까	何拘常例
글은 직접 짓고 술잔은 대신 올리게 하니	親製替酌
신령께서는 백성들을 도와주시어	神其恤元
흔쾌하게 비를 내려 두루 적셔 주소서	快賜周洽

이상은 후토씨에게 올린 제문이다.

우리 밝으신 신령은	惟我明神
우리나라의 국직이 되시어	爲東國稷
몇백 년 동안	幾百年來
백성들의 농사를 주관해 오시니	主民稼穡
그 은덕이 끝이 없고	其澤不窮
그 혜택이 널리 퍼졌습니다	其惠溥博
근심이 있으면 반드시 호소하였고	有悶必呼

바로 감응해 주심에 어긋남이 없으셨습니다	應輒靡忒
변변찮은 나 소자가	眇予小子
재주도 없고 덕도 부족한데	不才涼德
왕위에 오른 지 몇 년 동안	臨御幾年
무슨 선대의 뜻을 이은 일이 있습니까	何事繼述
나랏일은 날로 형편없어지고	國事日墜
몸의 기력은 날로 쇠미해지니	其氣益薾
아, 한창 젊은 시절에도	嗚呼盛歲
오히려 선왕에 미치지 못함을 탄식하였습니다	尙歎不及
하물며 늙은 나이가 되었으니	其況衰年
단지 스스로 부끄러울 뿐입니다	只自愧恧
오늘날 이 가뭄은	今者此旱
원인이 한 사람에게 있는 것입니다	其由乎一
봄에 이미 아끼더니	春已慳祕
여름에 이르러서는 더욱 혹독합니다	至夏斯酷
어찌 비가 내리지 않았다고 하겠습니까만	豈曰不雨
결국 흡족하게 두루 적셔 주지 않은 것입니다	終靳周洽
나라는 백성에게 의지하고	國依於民
백성은 식량에 의존합니다	民依於食
이렇게 날짜가 지나가면	若是度日
논밭이 모두 말라 버릴 것입니다	田疇皆涸
말이 여기에 미치니	興言及此
초조하고 다급합니다	焦煎焦迫
늘그막에 이러한 일을 만났으니	暮年逢此
이 근심이 어찌 끝이 있겠습니까	此悶曷極
내가 노쇠하고 기력이 없어서	因予衰憊
해마다 섭행을 명하고 있으니	年年命攝
아무리 이러한 때를 당해도	雖値此時
직접 규벽을 올릴 수가 없습니다	莫親圭璧
제문은 직접 짓고	親綴其文

이어 술잔을 대신 올리도록 명하였습니다　仍命替酌
신령께서는 백성들을 도와주시어　惟神眷民
쾌히 큰비를 흠뻑 내려 주소서　快賜霈澤

이상은 국직에게 올린 제문이다.

우리 영명하신 신령은　惟我靈神
실로 농사를 주관하시니　寔主稼穡
몇천 몇백 년 동안　幾千百年
그 은택이 널리 퍼졌도다　其澤普博
저 동쪽 교단을 바라보니　瞻彼東郊
선농씨를 배향하는 곳이고　先農配食
다시 남쪽 교단을 바라보니　顧瞻南郊
함께 배향하는 우단입니다　雩壇同腏
지금의 우리나라를 생각하면　顧今海東
변변찮고 불선(不善)한 내가　眇予不穀
재주도 없고 능력도 없는데　無才無能
게다가 노쇠하여 기력이 없습니다　加以衰薾
직접 세 단에 제사를 올린 것이　親奠三壇
문득 어제 일 같습니다　怳然若昨
아, 이와 같은 때에　嗚呼若此
어찌 근심과 초조함을 떨칠 수 있겠습니까　何徹悶迫
아, 나라는 백성에게 의지하고　於國依民
백성은 임금에게 의지합니다　於民依辟
서로 의지하면 보존되는데　相依則保
덕 없는 나 한 사람 때문에　無德者一
봄에 이미 아끼더니　春已慳祕
여름에 또 이처럼 혹독합니다　夏又斯酷
어찌 비가 전혀 내리지 않았다고 하겠습니까만　豈云無雨
큰비가 흡족하게 내리지 않은 것입니다　莫見霈澤
이것이 누구의 잘못이겠습니까　是誰之愆

참으로 내가 부덕한 탓입니다	諒由否德
우리 백성들이 무슨 죄가 있겠습니까	吾民何辜
이 괴로운 마음 한량없습니다	此心靡極
신령께 받은 은혜로	受神之惠
이번 양맥은 수확을 잘 거두었습니다	登此兩麥
그런데 하루 이틀이 지나고	一日二日
그 가뭄이 한 달이 넘도록 계속되어	其旱浹月
농민들이 호미를 치웠으니	農民輟鋤
들을 바라보매 몹시 근심스럽습니다	瞻野悶切
오늘까지 비가 오지 않는다면	及今不雨
가을의 수확을 어찌 바라겠습니까	何望其穫
관원에게 명하여 술잔을 대신 올리도록 하니	命官替酌
부디 감응하시어 기도를 들어주시기 바랍니다	惟冀感徹
백성들을 도와주시고 불쌍히 여기시어	恤民矜民
고루 적셔 주고 고루 흡족하게 내려 주소서	均沾均洽

이상은 후직씨에게 올린 제문이다.

○ **사직 고유제문** 계사년(1773, 영조 49) 1월[121]

아, 나 소자가	嗚呼小子
무능하고 부덕한데	無能涼德
왕위에 앉은 지 몇십 년이 되었으니	臨御幾十
깊은 연못과 골짜기에 떨어진 듯 두렵습니다	若隕淵谷
여러 신하들이 강경히 청하였지만	諸臣固請
오히려 내 소신을 지켰습니다	猶守所執
그러나 어찌 팔순 나이 때문이리오	豈云其齡
이날을 추모하기 위한 것입니다[122]	追慕此日
더구나 선왕의 고굉 같은 신하들이	其況股肱
쾌히 앞자리에 따름에랴 이를 말이 있겠습니까	快從前席
사관이 크게 써 두어	史官大書
오래도록 후세에 전할 만합니다	可垂千億

121 **사직……1월** 이해는 영조가 팔순이 되는 해이므로 팔순을 경하하는 예를 행할 때 지은 고유문이다. 이달 10일에 숭정전(崇政殿)에서 백관의 하례를 받았다.《英祖實錄 49年 1月 10日》

122 **이날을……것입니다** 이날은 숙종조의 계사년(1713, 숙종 39)을 말한다. 그해는 숙종이 임어한 지 40년이라 하여 1월 10일에 숭정전에서 하례를 받았으므로, 선왕과 그 고사를 추모한다는 말이다.

먼저 그 사유를 아뢰는 것인데	先告厥由
그 고문(告文)은 직접 썼습니다	其文親綴
아, 이러한 정성을	嗟哉此忱
굽어살피시어 이르러 흠향하소서	俯垂歆格

○ 사직 기우제문 계사년 7월

우리 영명하신 신령은	惟我靈神
우리나라의 국사이시도다	冢土東國
임금은 사직에 의지하고	君依於社
그 이치는 어긋남이 없도다	其理不忒
왕위에 오른 지 몇 년인데	臨御幾載
능력도 없고 덕도 없습니다	無能無德
더구나 기력도 노쇠하여	其況氣衰
제향의 예식도 오래도록 빠뜨렸습니다	享禮久闕
생각이 여기에 미치니	興惟及此
밤낮으로 스스로 부끄럽습니다	夙宵自恧
신령께서 비록 나를 생각해 주시더라도	神雖顧我
내 부끄러운 심정이 어찌 한량 있겠습니까	我心曷極
양맥은 수확을 거두었다고 하고	兩麥報登
이제 가을 수확을 간절히 바라는데	望切秋穫
뜻밖에 호미질 뒤에 가뭄이 들어	豈意鋤旱
줄곧 어찌 이렇게 혹독하단 말입니까	一何斯酷
한 번 예를 행했지만	初次旣行
신령의 감응이 더욱 아득합니다	冥應愈邈
백성들에게 무슨 죄가 있겠습니까	民何其辜
허물은 한 임금에게 있습니다	咎在一辟
오늘까지 비가 내리지 않으면	及今不雨
백성들은 장차 먹을 것이 없어질 것이니	民將無食
만약 이 지경에 이른다면	若到此境
살갗인들 어찌 아끼겠습니까	肌膚何惜

직접 그 글을 짓고	親綴其文
관원을 보내 대신 술잔을 올립니다	命官替酌
저 단유를 바라보니	瞻彼壇壝
궁궐에서 지척의 거리에 있습니다	北苑咫尺
어찌 감히 자신만 편하고자 하겠습니까	何敢自便
감통의 이치는 하나입니다	感通理一
몹시 부끄럽게도	甚矣靦然
너무 절박하여 신령께 호소합니다	籲神臨渴
불쌍히 여길 이는 백성이니	可哀者民
신령께서 어찌 도와주지 않으시겠습니까	神何不恤
쾌히 단비를 내려 주시어	快賜甘霔
전국 팔도를 흠뻑 적셔 주소서	霈然八域

이상은 국사에게 올린 제문이다.

아, 영명하신 신령은	嗚呼靈神
한 나라의 국사에 배향되시었도다	配社一域
저 사단을 바라봄에	瞻彼社壇
위판이 우뚝하도다	位版斯屹
변변찮은 내가 능력도 없고	眇予無能
아울러 덕도 부족하니	兼以涼德
근 오십 년 왕위에 앉아 있는 동안	近五紀臨
혜택이 미친 것을 듣지 못하였습니다	莫聞惠及
게다가 나이도 늙어서	加以衰暮
온갖 일에 모두 결함이 있으니	百度俱缺
임금이 이미 이와 같고서	君旣若此
어찌 신령께 감동을 주어 통촉해 주기를 바라겠습니까	何望感燭
보리농사는 이미 수확을 거두어	麥事已登
우리 백성들이 먹을 것이 있게 되었습니다	吾民有食
그런데 어찌 호미질 뒤에 든 가뭄이	豈意鋤旱
지금 한 달이 넘게 계속될 줄을 알았겠습니까	今至浹月

임금은 백성에게 의지하고	君依於民
백성은 나라에 의지합니다	民依於國
오늘까지 비가 내리지 않으면	及今不雨
그 근심스러움이 얼마나 크겠습니까	其悶曷極
어찌 일반적인 규례에 구애되어	豈拘常例
첫 번 예를 행할 때 대신 잔을 올리겠습니까	初次替酌
정성이 이미 모자란데 —원문 빠짐—	誠旣淺【缺】
하물며 섭행을 명하였으니 무슨 할 말이 있겠습니까	其況命攝
지금 사방의 들을 돌아보니	顧今四野
내 마음은 초조하고 다급합니다	予心焦迫
백성들은 실로 죄가 없고	民實無辜
오로지 한 임금의 잘못입니다	專在一辟
한 몸의 희생으로 만백성을 구원하는 일이	以一代萬
바로 오늘날 해야 할 일을 말한 것입니다	正謂今日
비록 노쇠하여 보잘것없지만	其雖耄荒
이 뜻을 감히 소홀히 할 수 있겠습니까	此意敢忽
유사가 제수를 준비하고	有司設饌
글은 직접 지었습니다	文則親綴
신령께서는 부디 백성을 아끼시어	神須愛民
단비를 흠뻑 내려 고루 적셔 주소서	甘霈周洽

이상은 후토씨에게 올린 제문이다.

우리 영명하신 신령은	惟我靈神
우리나라의 국직이시도다	海東國稷
동서 두 단에	東西二壇
양위가 함께 우뚝하시도다	兩位竝屹
재주 없고 무능하여	不才無能
깊은 못에 임한 듯 얇은 얼음을 밟는 듯한데	臨深履薄
제례를 올리지 못한 지 오래되었으니	曠禮斯久
부끄럽고 민망함을 어찌 견디리오	曷勝愧恧

신령의 은혜를 입어　蒙神之惠
다행히 보리의 수확을 거두었습니다　幸登牟麥
이제 오직 관심은　其惟一心
가을의 수확에 있습니다　在於西穫
맹하[123]에 비를 만나면　孟夏得雨
거의 풍작을 기대할 수 있는데　庶幾報熟
오늘날 가뭄이 혹독하니　于今亢旱
오로지 그 임금의 탓입니다　專由其辟
기력이 쇠하여 정무를 폐하고　氣衰政墜
누워서 세월을 보냅니다　臥以度日
몸을 편안히 하고 마음을 게을리하는 데 대한 경계를　箕踞心慢
내가 예전에 들은 바가 있습니다　予聞乎昔
그 어찌 여기에 그치겠으며　其豈止此
쇠모함이 어찌 끝이 있겠습니까　衰耄曷極
지금 비록 이와 같지만　今雖若此
오직 백성의 나라에 의지하고 있습니다　惟依民國
호미질 뒤의 가뭄이 이토록 심하니　鋤旱此甚
어찌 수확에 대해 말하겠습니까　何云其穡
여러 도에서 흉작을 알려 오니　諸道報歉
어찌 차마 옥식을 들겠습니까　豈忍玉食
첫 번 제례에 감응이 아득하니　初次邈然
어찌 일반적인 격식에 구애되겠습니까　何拘常格
글을 지어 관원을 보냈는데　綴文命官
바라보니 지척의 거리에 있습니다　望瞻咫尺
막막하여 무슨 말을 하겠습니까마는　冥然何言
백성들은 의당 구휼해야 합니다　元元宜恤
부디 바라건대 굽어살피시어　惟願俯鑑
한번 큰비를 내려 두루 적셔 주소서　一霈遍洽

이상은 국직에게 올린 제문이다.

123 맹하 4월이다.

아, 영명한 신령이시여 嗚呼靈神
국직에 함께 배향되시었도다 同配國稷
신령의 혜택은 惟神之惠
만세토록 어그러짐이 없으셨도다 萬世不忒
변변찮은 나는 능력이 없고 眇予無能
그 제례도 모두 빠뜨렸습니다 其禮皆闕
나라는 백성에게 의지하고 國依於民
백성은 식량에 의지합니다 民依於食
양맥은 수확을 거두었는데 兩麥登場
가을의 수확도 절실히 바랍니다 西成望切
그런데 뜻밖에 호미질 뒤의 가뭄이 豈意鋤旱
한결같이 이다지도 혹독하단 말입니까 一何其酷
농민들은 호미를 치우고 農民輟鋤
논밭은 거북 등처럼 갈라졌습니다 田疇龜坼
그 허물을 묻는다면 若問其咎
바로 한 사람에게 있습니다 卽在乎一
말이 여기에 미치니 興言及此
밤낮으로 두렵고 떨립니다 夙夜懍惕
한 몸이 만백성을 대신하고자 하는데 願一代萬
신령께서는 어찌하여 구휼해 주시지 않습니까 神何不恤
세 곳에 관원을 보냈는데 三處遣官
정성이 모자라 갈수록 막연합니다 誠淺愈邈
비록 처서 절기가 되었지만 雖當處暑
어찌 일반적인 격식을 따르겠습니까 何循常格
'살갗도 어찌 아끼겠는가'라는 말씀을 肌膚何惜
우러러 선대왕께 들었습니다 仰聞于昔
오늘까지 비가 오지 않으면 及今不雨
내가 장차 규벽 올리는 일을 그만둘 것입니다 予將屛璧
글을 짓고 대신 잔을 올리니 綴文替酌
바라보매 지척의 거리에 있습니다 相望咫尺

비록 단을 보지는 못하지만	雖不瞻壇
마음으로는 환히 보고 있습니다	心則洞徹
더구나 영명하신 신령께서는	其況靈神
백대토록 은혜를 베풀어 주셨지 않습니까	百代惠洽
나의 이러한 마음에 감응하시어	感我此心
전국 팔도를 똑같이 적셔 주소서	同霑八域

이상은 후직씨에게 올린 제문이다.

헌관이 향을 받들어	獻官奉香
임금 옷에 먼저 적셨습니다	袞衣先濕
오직 신령의 은혜이니	惟神之賜
음덕에 거듭 사례드립니다	兼謝陰騭

이 두 구절은 향을 받은 뒤에 네 신위에 첨부한 것이다.

○ **사직 고유제문** 갑오년(1774, 영조 50) 2월

임금은 신령께 의지하고	君依於神
신령은 나라에 의지합니다	神依於國
예로부터 지금까지	自古來今
군주는 사직을 지켜야 합니다	君守社稷
그런데 노쇠한 나이에다가	其況衰年
덕까지 부족한 탓에	兼由涼德
이번에 걸린 병은	今番一恙
온갖 증상이 번갈아 일어났는데	百證交作
마침내 신령의 묵묵한 도우심을 입어	竟被默祐
즉시 회복되었습니다	卽日差復
이 누구의 은혜이겠습니까	是誰之惠
바로 신령의 보이지 않는 음덕입니다	卽神陰騭
직접 그 글을 짓고	親綴其文
상신을 보내 대신 잔을 올립니다	相臣替酌
이 정성을 굽어살피시어	俯諒此誠

부디 이르러 흠향하소서	庶垂歆格

○ 사직 기우제문

조선의 국사(國社)는	朝鮮冢土
사직에 우선하시도다	其先社稷
내가 쇠모한 탓으로	因予衰耄
직접 제향하는 일을 오래 빠뜨렸으니	親享曠闕
밤낮으로 생각하매	夙宵興惟
단지 두렵고 떨릴 뿐입니다	只自懔惕
나라의 임금은 사직을 지키는데	國君守社
갈수록 절실히 스스로 부끄럽습니다	彌切自恧
아, 춘삼월에는	嗚呼三春
비와 햇빛이 고루 적합하더니	雨暘均適
아, 초여름에는	嗟哉初夏
극심하게 가뭄 든 지 한 달이 넘었습니다	亢旱浹月
한 해의 양맥은 거두어들였으니	春秋兩麥
이미 그 한 가지 일은 마쳤지만	已決其一
오늘까지 비가 내리지 않는다면	及今不雨
논밭이 장차 갈라질 것입니다	田疇將坼
누워도 마음이 타 들어가고	臥而焦心
그 근심이 어찌 끝이 있겠습니까	其悶曷極
세 차례 비를 빌었건만	三次祈雨
신령의 감응은 더욱더 막연합니다	靈應愈邈
우리 백성들이 무슨 죄가 있겠습니까	吾民何辜
참으로 내가 부덕한 탓입니다	諒由否德
이와 같이 끝내 비를 아끼신다면	若是終靳
가을 추수를 어찌 기대할 수 있겠습니까	何望秋穫
나라는 백성에게 의지하고	國依於民
백성은 식량에 의지합니다	民依於食
백성이 견고해야 나라가 편안함을	本固邦寧

내가 선대왕에게 들었습니다　予聞于昔
이에 상신에게 명하여　爰命相臣
대신 제사를 지내고 맑은 술을 올리게 합니다　替奠泂酌
지영하느라 궁궐 정원에 올라　祗迎登苑
바라보매 지척의 거리입니다　瞻望咫尺
그대로 이날에　仍於此日
정원 누각에서 밤을 지냅니다　宿於苑閣
유사가 제수를 배설하고　有司設饌
그 글은 직접 지었습니다　其文親綴
기도가 있으면 반드시 응답이 있는 것은　有祈必應
예로부터 어그러진 적이 없습니다　自古不忒
신령께서는 나를 불쌍히 여기시어　神其悶我
단비를 전국 팔도에 흠뻑 내려 주소서　甘霈八域

○ **사직 고유제문** 갑오년(1774, 영조 50) 7월

혼미한 채 오늘에 이르고　冥然到今
또 이날을 맞이하였습니다[124]　又逢此日
예전에 선대왕을 시탕할 때를 생각하니　憶昔侍湯
성대한 덕을 크게 선양하기 위해　揄揚盛德
축하를 받고 사면령을 내렸으며　受賀縱赦
닷새간 형벌 집행을 중단하였습니다　五日掩抑
이에 직접 그 글을 짓고　親綴其文
신하를 보내 대신 맑은 술을 올립니다　替奠泂酌

○ **사직 고유제문** 갑오년 9월

까마득한 세월 동안　五紀冥然
실로 오르내리며 복을 주셨습니다　寔陟降騭
그 사유를 고하기를[125]　欲告厥由
팔도의 백성들과 함께하고자 합니다　同與八域

124 **또 이날을 맞이하였습니다** 이달 4일은 선대왕인 숙종의 병이 평상으로 회복된 것을 경하하는 진하례(陳賀禮)가 행해진 지 60년이 되는 날이다. 이날 영조는 숭정전(崇政殿) 월대에서 진하례를 받고 1714년(숙종 40) 당시 전례대로 가자(加資), 사면령 등을 행하였는데, 이에 대한 고유문이다.

125 **그 사유를 고하기를** 1774년 9월은 영조가 즉위한 지 50년이고 나이는 81세(13일)이며, 계비를 맞이한 지 16년이 되므로 이를 경하하는 진하의(陳賀儀)를 설행하였다. 9월 19일에 집경당(集慶堂)에서 백관의 하례를 받고 반교문을 선포하였는데, 이에 대한 고유문이다.

○ 사직 고유제문 을미년(1775, 영조 51) 4월

내가 예전에 들은 바로	予聞于古
임금은 사직을 지켜야 합니다	君守社稷
몇십 년 이래	幾十年來
무능하고 덕 없는 내가	無能無德
한갓 왕위에 앉아 장수를 누리고 있으니	徒位徒壽
부끄럽고 민망함을 어찌 견디겠습니까	曷勝愧恧
더군다나 제례(祭禮)를 빠뜨렸으니	其況闕禮
마음이 몹시도 한탄스럽고 애석합니다	心切嗟惜
지금 이 병은	今者此恙
어찌 꿈에라도 생각한 적이 있겠습니까	其豈夢憶
비록 그렇다 해도	其雖然矣
오늘 새벽에는 어쩌면 그리 심하였습니까	今曉曷極
그런데 우연히 회복되어 소생하였으니	偶然蘇醒
실로 신령의 음덕을 입은 것입니다	實荷陰騭
어찌 사례하는 의식이 없겠으며	豈無報謝
어찌 감히 날짜를 넘기겠습니까	何敢踰日
이에 상신에게 명하여	爰命相臣
대신 맑은 술을 올리게 하였으니	替奠泂酌
미미한 정성을 굽어살피시어	俯鑑微忱
강림하여 흠향하시기를 바랍니다	庶垂歆格

○ 사직 고유제문 을미년 9월 1일

저 사단을 바라보니	瞻彼社壇
아, 지척의 거리입니다	嗚呼咫尺
덕이 부족하고 어리석은데	涼德冥然
왕위를 이어받은 지 오십 년입니다	五紀嗣服
오늘날 나라의 경사가	今日邦慶
이렇듯이 과분하니	以此過節
먼저 사단에 고해야 합니다	先告社壇

그 예를 감히 빠뜨릴 수 있겠습니까	其禮敢闕
직접 그 글을 짓고	親製其文
사람을 보내 대신 맑은 술을 올립니다	替奠洞酌
미미한 정성을 굽어살피시어	俯鑑微忱
부디 강림하여 흠향하소서	庶幾歆格

○ **사직 고유제문** 을미년(1775, 영조 51) 9월 15일

나라가 의지하는 것은	國之所依
오직 사직입니다	其惟社稷
지금 내가 다행히 병이 나았으니	今予幸愈
실로 음덕을 입은 것입니다	寔荷陰騭
삼가 그 정성을 따라	俯循其誠
신령께 고하고 대신 잔을 올립니다	告厥替酌
아, 이후에는	嗚呼此後
다시 예전과 동일한 예를 따르겠습니다	復依等昔
사단이 지척의 거리이니	社壇咫尺
–원문 빠짐– 어찌 견디겠습니까	曷勝其【缺】
미미한 정성을 굽어살피시어	微忱俯鑑
부디 강림하여 흠향하소서	庶垂歆格

○ 사직 기우제문 정유년(1777, 정조 1) 6월

보잘것없는 내 부족한 몸이	眇予寡躬
엄연히 만기[126]에 응하니	儼應萬機
양식이 없으면 어찌 임금이 될 것이며	匪食曷辟
국사가 없으면 어디에 의지하겠습니까	匪社曷依
신명의 이치가 멀지 않으니	神理不遠
일이 있으면 바로 기원하는 것입니다	有事輒祈
즉위한 원년의 가뭄은	元歲之旱
예전에도 드문 일이었습니다	在古亦稀
온 나라에 재앙이 들었으니	八路告災
우리 도성과 경기 지역부터 시작되었습니다	自我邦畿
지난날 정성을 드릴 적에	向日齋誠
삼가 용기[127]를 갖추고 뵈었는데	秖見龍旂
큰비가 내리는 것은 고사하고	尙闕滂沱
가랑비도 내리지 않았습니다	莫曰霏微
들판은 거의 푸른빛이 없고	野幾無靑
메뚜기만 따라서 날아다니며	蝗從而飛
바람은 서늘하게 불어 대고	凄凄者風
햇살만 쨍쨍 비추었습니다	杲杲者暉
직접 나아가 거듭 비를 빌었으니	躬詣再爇
예가 혹 태만해질까 두려워했습니다	禮恐慢歸
아름다운 국사의 신이시여	皇矣維神
실로 우리나라를 주관하시는도다	實主東土
영령의 감응은 어긋나는 법이 없으니	肸蠁不忒
덕을 베풀기를 이에 널리 하시어	德施斯普
백성의 농사를 풍요하게 하고	阜民稼穡
백성의 질고를 가엾게 여겨 주시어	哀民疾苦
비를 내리고 해를 비추기를	曰雨曰暘

126 **만기** 임금의 온갖 정무(政務)를 말한다. 《서경(書經)》 〈고요모(皐陶謨)〉에, 고요(皐陶)가 우 임금에게 고하기를 "안일과 욕심으로 나라를 다스리지 마시어 경계하고 두려워하소서. 하루 이틀에 기무가 만 가지나 되나이다.〔無敎逸欲有邦 兢兢業業 一日二日萬幾〕"라고 한 데서 나온 말이다.

127 **용기** 두 마리 용이 날아오르는 형용을 그린 기로, 임금의 행차에 쓰이는 의장(儀仗)의 한 가지이다. 용기(龍旗)라고도 쓴다.

알맞게 하여 노하지 않으시더니	伊格不怒
어찌하여 지금은 아득히 잊으신 듯	胡今邈然
우리를 도와주지 않으십니까	緊不我祐
백성들에게 무슨 죄가 있으리오	何辜于民
죄는 임금에게 있습니다	罪在人主
어려운 시절을 만나	時丁艱難
곡식은 묵은 것이 없으니	穀無陳腐
지금 혹 흉작이 되면	今或失稔
장차 들판과 풀숲을 떠돌며 살아야 합니다	將棲草莽
술이 이미 맑고 달며	酒旣淸旨
춤은 문무를 다 벌여 놓고	舞列文武
경건하고 정성스럽게 우러러 하소연하오니	虔誠仰籲
비를 내려 주소서 비를 내려 주소서	其雨其雨

이상은 국사에게 올린 글이다.

외람되이 큰 왕업의 터전을 받들어	叨承丕基
경건하게 원년의 제사에 고합니다	虔告元祀
신령께서는 감응하시어 부디 이르시어	神應俯格
나 소자를 살펴 주소서	監予小子
보잘것없는 이 한 몸이	藐以一身
원근에 두루 임하여	臨于遐邇
일마다 스스로 살펴서	隨事自省
밤낮으로 해이하지 않았습니다만	夙宵靡弛
썩은 고삐를 잡고 수레를 모는 듯 위태롭고	朽索之御
근심은 많고 기쁨은 적었습니다	多憂少喜
정사에 어찌 잘못이 없었겠습니까	政豈無失
일을 함에 처음을 삼가지 못하여	事未謹始
혹 너무 소략하게 되기도 하고	或歸于疎
혹 지나치게 번다해지기만 하였습니다	或流于侈
스스로 임금답지 못함을 알고 있으니	自知不辟

지난 역사에 부끄러움이 많습니다 多愧前史
지금의 이 가뭄이 今玆之暵
어찌 까닭이 없겠습니까 豈無所以
가뭄이 이처럼 혹독하기가 赤魃斯酷
마침내 이 지경에 이르렀으니 迺至於此
들판에는 메뚜기가 날고 原野飛蝗
도랑에는 물이 없습니다 御溝無水
더구나 경기와 도성은 況又畿都
임금이 머무르는 곳인데 王者攸止
벼 이삭이 누렇게 다 말랐고 黃盡禾穀
모시풀은 푸른빛이 없습니다 靑絶麻枲
아침에 구름이 잠시 모였는데 朝陰乍聚
저녁에 회오리바람이 문득 일어나니 夕飆旋起
하늘을 보매 흐릿하여 視天夢夢
내 마음은 타는 듯합니다 我心如燬
우리 백성을 보살펴 주시는 祐我生民
후토씨는 維后土氏
만물을 싣는 덕과 載物之德
생명을 살리는 섭리를 지니고 있습니다 資生之理
칠월도 장차 절반이 되어 가는데 流月將半
김매는 일을 그만두게 되었습니다 已矣耘耔
백성들은 죄가 없으니 民之無辜
애통함은 실로 내게 있습니다 恫實在己
구름이 뭉게뭉게 일어나 비가 세차게 내리도록 油然霈然
그윽한 음덕을 베풀어 주소서 冀垂冥祉

이상은 후토씨에게 올린 글이다.

사람들의 말에 홍수나 가뭄은 人謂水旱
즉위 원년에 많이 있다고 합니다 多在元年
실로 경계하고 두렵게 하려는 것이니 實警惕之

내가 감히 그렇다고 하겠습니까	予敢曰然
나 소자는	維予小子
덕은 전대의 왕들만 못한 데다	德不類前
시절이 어려운 때를 만나	時値囏虞
정사에 허물이 많으니	政多尤愆
비록 풍년 들어 재물은 늘어났지만	縱得豐殖
민심은 견고하지 못합니다	民志未堅
외롭게 위에 임하여	孤臨于上
오직 하늘의 명을 받아	爲命維天
자식이 부모를 섬기듯	如子事父
가엾게 여겨 주길 바랐는데	尙幾垂憐
지금 어찌 혹심한 가뭄을	今胡亢旱
온 나라에 두루 내린단 말입니까	遍于八埏
곡식은 시들고	有萎其穀
전답은 갈라졌는데	有坼其田
병충해가 거듭되니	重以蟲災
고치가 다시 잠자듯 합니다	如蠶再眠
산록은 다 반들거리고	山麓盡濯
우물에는 물이 없습니다	井甃無泉
아침에는 구름을 살피고	朝察雲物
밤에는 필성[128]을 찾습니다	宵占星躔
뜨거운 태양과 밝은 은하수에	烈陽明漢
마음이 타는 듯합니다	心焉如燃
백성이 살아갈 방도가 없는데	民不聊生
나라가 온전할 수 있겠습니까	國其能全
재앙이 과인의 몸에 그친다면	災止寡躬
어찌 감히 우려하겠습니까	豈敢憂悁
우리 국직은	維我國稷
지극한 조화를 오로지하시니	玄化斯專
백성의 농사를 주도하심은	莅民稼穡

128 **필성** 필수(畢宿)이다. 28수(宿)의 별자리 가운데 하나로 8개의 별로 이루어졌으며 비를 관장하는 별로, 우사(雨師)라고 지칭하기도 한다. 《시경》〈삼삼지석(漸漸之石)〉에 "달이 필성(畢星)에 걸려 있으니 비가 주룩주룩 내리리로다.〔月離于畢 俾滂沱矣〕" 하였다.

조화의 권한이시다	造化之權
덕은 땅에 베푸시고	德施于地
공은 하늘과 함께하소서	功參于乾
신령의 마음을 헤아릴 수 없으니	不可度思
어찌 경건히 하지 않겠습니까[129]	非曰其虔
한번 생령에게 비를 내리시어	一雨生靈
우리 조선을 편안하게 해 주소서	綏我朝鮮

이상은 국직에게 올린 글이다.

백곡을 처음 파종하여	百穀播始
만대에 은택을 입히니	萬世被澤
백성은 덕분에 곡식을 얻고	民賴粒食
보답하는 제사를 소홀히 하지 않았습니다	報祀靡忽
내가 즉위한 이래로	臨御以來
한마음으로 두려워하여	一心懍惕
정성과 공경을 잊지 않았으나	匪忘誠虔
덕이 박한 것을 어찌합니까	其奈德薄
봄의 갠 날이 열흘을 넘었고	春晴浹旬
여름의 햇볕은 한 달이 지났는데	夏暘跨朔
잠깐 비 오다가 금세 개곤 하였으니	乍雨旋霽
모두 신령이 내리시는 것입니다	罔非神錫
어찌 은혜를 끝까지 내리지 않아	胡不終惠
오히려 널리 적셔 주길 아끼시는 것입니까	尙慳普洽
산의 모습은 헐벗었고	童濯山容
샘의 수맥은 말랐습니다	枯涸泉脈
구름이 끼지 않은 날이 없었으나	無日不陰
바람이 이때 모질게 불었습니다	有風斯虐
종자를 땅에 심지 못하였으니	種不入土
가을에 무엇을 수확하겠습니까	秋將焉穫
만백성이 물고기와 같이 입을 뻐끔거리고	萬姓魚喁

129 신령의……않겠습니까 《시경》 〈억(抑)〉에 "신명의 강림을 헤아릴 수가 없는데, 하물며 싫어할 수가 있겠는가.〔神之格思 不可度思 矧可射思〕" 하였는데, 이는 비록 성의(誠意)를 극진히 하여 신에게 제사하더라도 오히려 정성이 부족하여 신이 반드시 오는지 헤아려 알 수가 없다는 뜻으로, 정성을 극진히 다하여야 한다는 말이다.

사방의 들판은 거북 등처럼 갈라졌습니다　四野龜坼
슬프도다 저들이 무슨 죄가 있겠습니까　哀彼何辜
실로 내가 임금답지 못한 탓입니다　寔予不辟
아, 밝으신 후직이시여　於赫后稷
우리나라에 임하셨습니다　臨于東域
처음 태 땅에 봉해지고부터　自封有邰
창생이 참으로 윤택해졌습니다　蒼生允殖
제사드리지 않는 나라가 없었으니　無國不禋
공을 베푼 것이 이에 넓었습니다　功施斯博
더구나 지금 열기가 혹심한데　矧今蘊隆
신령이 아니면 어디에 빌겠습니까　匪神曷祝
백성이 있으면 식량이 있게 함은　有民有食
오직 신령의 직분입니다　維神之職
저렇듯 태양이 뜨거워져서　烈彼陽曝
초복이 임박하였습니다　將近初伏
규벽을 올려[130] 제사드리기를　圭璧之薦
이미 산천에 두루 하였고　已遍河嶽
감히 또 정성을 바치오니　敢又齎誠
한 자 높이까지 가득 비를 내려 주소서　冀賜盈尺

이상은 후직씨에게 올린 글이다.

130 **규벽을 올려** 341쪽 주101 참조.

○ 사직 보사제문 정유년(1777, 정조 1) 7월

나의 부덕함을 경계하여　儆予否德
이 혹독한 가뭄을 내리셨으나　降旱斯酷
백성의 무고함을 생각하시어　念民無辜
곧 큰비를 내려 주셨습니다　旋注霈澤
가을의 수확을 거두게 되었으니　秋事庶幾
신령의 도우심이 어찌 끝이 있으리오　神佑曷極
감히 보사의 제례를 늦출 수 있겠습니까　敢稽報謝
경건하게 맑은 술을 올립니다　敬薦泂酌

이상은 국사에게 올린 글이다.

만물을 널리 수용하고　載物其博
가운데 임하여 국사신에 배향되시었도다　莅中配極
우리 백성들을 한울타리에 두고　囿我生民
우리 만물을 기르시도다　育我庶物
일제히 사방에 비 내리니　一雨四方
누가 내리신 것이겠습니까　伊誰之錫
보이지 않은 은덕에 대신 사례하니　替謝冥貺
부디 강림하시기를 바랍니다　庶冀俯格

이상은 후토씨에게 올린 글이다.

달이 차도록 가뭄이 심하여　彌月孔旱
신령께서 나를 버리셨다고 생각했는데　謂神棄予
단비가 시원하게 쏟아져　甘澍滂沱
갈망이 풀리고도 남았습니다　渴望之餘
저 사방의 들을 바라보니　瞻彼四野
때맞추어 김매고 있습니다　及時耘鋤
맑은 술을 이렇게 올려　泂酌斯薦
보잘것없는 정성을 조금이나마 폅니다　微誠少紓

이상은 국직에게 올린 글이다.

우리의 백곡을 파종하시어　播我百穀
우리 뭇 생령에게 은택을 베푸셨습니다　惠我群生
마침내 큰비를 내리시어　遂降霈澤
저 가을 수확을 증험하게 하였습니다　驗彼西成
실로 보이지 않는 신령의 감응 덕분이고　實賴冥應
내가 공경하고 정성스럽게 해서가 아닙니다　匪予虔誠
경건히 고하고 성대하게 보답하여　敬告崇報
제사를 매우 밝게 드립니다　祀事孔明

이상은 후직씨에게 올린 글이다.

○ 사직 기우제문 임인년(1782, 정조6) 6월

사는 나라와 더불어 존립하니　社與國立
국사의 신이 실로 이를 다스리고　神實治玆
토지와 인민을　惟土惟人
내가 사사로이 할 바가 아닙니다　匪予所私
재앙도 오직 신이 내리고　災惟神降
은택도 오직 신이 베푸십니다　澤惟神施
신은 어찌하여 나를 노여워하십니까　神何予怒
때맞추어 기곡제를 올렸습니다　祈穀孔時
석 달 동안 비가 내리지 않으니　三月不雨
양맥도 이미 시들었습니다　二麥既萎
마침내 소생할 수 있을지　汔可蘇矣
한결같이 볕으로 말리기만 합니다　壹以晅之
절기가 삼복에 이르러　節屆金伏
모낼 시기를 놓쳤습니다　期失秧移
넓게 갈아 놓은 큰 밭은　畇畇甫田
강한 햇볕에 씻어 낸 듯합니다　滌滌亢曦
보습을 안고 호미를 거둔 채　抱耒收鋤
하토(下土)의 백성들은 한숨만 내쉽니다　下民其咨
벼도 없어 먹을 식량이 없으니　無禾無食
구학에 빠져 죽음이 마땅합니다　溝壑則宜
내가 지금의 어려움을 생각하면　予念玆艱
근심하는 마음을 견딜 수 없습니다　憂不可支
어찌 재앙을 부른 원인이 없겠습니까　沴豈無召
누구의 허물인지 진실로 내가 압니다　咎固自知
장차 그 경계를 분명히 보이고자 하여　將昭厥戒
가뭄이 서울에 가장 심한 것입니다　熯最京師
정성을 두텁게 하지 않을 수 있겠습니까　不腆其誠
큰비를 아끼시니 이 몸이 희생을 대신합니다　霈慳代犧
신의 이치는 알기 어려운 것이 아니니　神非難諶

벌을 또한 어찌 마다할 수 있겠습니까　罰亦奚辭
오직 내가 차마 하지 못할 일은　惟是不忍
내 허물로 인해 백성들이 벌을 받는 것입니다　予愆民罹
용서해 주시고 구휼해 주시기를　赦斯恤斯
우러러 자애로운 신령께 호소합니다　籲仰神慈
신령이 진실로 의지할 곳을 잃으면　神苟失依
누가 좋은 음식을 바치겠습니까　孰供明粢
생각건대 나라의 운명이　懷惟大命
위기에 처하였으니[131]　近在睫眉
속히 단비를 내려 주시어　亟垂甘澍
남은 백성이 없게 하지 마소서　罔俾靡遺

이상은 국사에게 올린 글이다.

엄하신 후토신이시여　有嚴神后
천하를 잘 다스리시도다　克平九地
복을 구하고 공을 갚음은　求福報功
옛 문헌에 기록된 바입니다　前志攸記
내가 처음 제사를 올리고부터　自我肇祀
신령의 응하심이 항상 이르렀습니다　靈應恒至
만물을 감싸고 길러 줌이 끝이 없어　涵育無疆
뭇 생령이 다 이루어졌습니다　群生畢遂
누가 그 은혜를 막았습니까　孰閼其惠
교활한 가뭄 귀신이 빌미가 되었습니다　驕魃爲祟
모진 폭염이 사방에 극성하니　虐炎四熇
단비의 은택은 한결같이 막혀 버렸습니다　甘澤壹閼
못이 말라 고기가 입을 뻐끔거리고　池涸魚喁
숲이 불타는 듯하여 새들이 떨어집니다　林焚鳥墜
밭은 갈라지고 벼는 말라 죽어　田坼秧枯
농사는 그만두게 되었고　農撤其事
불쌍한 우리 백성들도　哀我赤子

131 나라의……처하였으니 《시경》〈운한(雲漢)〉에 나오는, 죽음의 운명이 가까이 다가왔다는 뜻의 '대명근지(大命近止)'에서 유래한 것이다. 여기서는 가뭄의 극심함으로 인해 나라의 운명이 위급하게 되었다는 뜻으로 쓰였다.

또한 심하게 병이 들었습니다	亦孔之瘁
보리는 낫질할 것이 없고	無麥可鎌
벼는 이삭 팬 것이 없습니다	無禾可穗
백성을 다 죽게 함이	俾爾盡劉
어찌 하늘의 뜻이겠습니까	夫豈天意
재앙을 부른 까닭이 있으니	災祥有徵
내가 부덕한 때문입니다	否德攸致
이 심정을 두루 호소하였지만	遍籲微忱
아직 신령께서 은혜를 아끼시어	尙靳神賜
여전히 비가 넉넉히 내리지 않으니	一雨不周
여섯 가지의 인책[132]이 부끄럽습니다	六責是愧
아침저녁으로	以朝以夕
나의 바람이 더욱 간절해집니다	愈渴予企
만약 또 지금을 놓친다면	若又失今
모종하고 김매는 일 도무지 가망이 없으니	望絶耘蒔
백성이 구학에 빠지는 불행을	民之塡壑
장차 눈앞에서 보게 될 것입니다	逝將立視
나라가 진실로 믿을 수 없는 지경이 되면	國固靡恃
신령 또한 무엇이 이롭겠습니까	神亦奚利
북쪽 들창에서 제사드림은	陳祀北牖
나의 정성이 모인 것이니	我誠攸萃
큰비를 시원하게 내리시어	庶其滂沱
심하게 타 들어가는 전답을 적셔 주소서	沃玆焚熾

이상은 후토씨에게 올린 글이다.

기장은 곡식의 으뜸으로	稷爲穀長
실로 우리 농사의 주장입니다	寔主我稼
존위가 태사와 나란하여	尊竝太社
널리 신묘한 교화를 베푸십니다	廣敷玄化
모든 풍성한 곡식은	凡厥黃茂

132 **여섯 가지의 인책** 탕(湯) 임금이 7년 한재를 당하여 상림(桑林)에서 비를 빌 때에 여섯 가지 자신의 과실을 들어 인책한 것을 말한다. 즉 정치에 절도가 없는 것, 백성을 병들게 한 것, 궁궐을 사치스럽게 꾸민 것, 여알(女謁)의 성행, 뇌물 수수, 참소하는 자들의 창궐 등이다.《事文類聚前集 卷5 天道部 禱雨》

신의 도우심 덕분이니	神祐是藉
술을 빚고 단술을 만들어	爲酒爲醴
어김없이 보답하는 제사를 올렸습니다	不替報謝
그런데 올해는 봄의 가뭄이	今春之旱
이 늦여름까지 이어져서	迄茲季夏
붉은 땅에 연기가 일어나니	赤土生煙
밝은 햇빛이 두렵기만 합니다	杲日可怕
가랑비나 혹 소나기가 내리기도 하였으나	或霏或涷
또한 잠시 동안일 뿐이었습니다	亦秖以乍
보리 이삭엔 여문 낟알이 드물고	麥穗鮮粒
못자리는 불에 구운 듯합니다	秧坂如炙
팔짱을 낀 채 방황하면서	袖手彷徨
농사일을 중지하고 파하였으니	農功休罷
불쌍한 저 백성들의 운명이	哀彼民命
조석간에 결정될 것입니다	朝夕以假
내가 걱정되고 두려워	予用憂悸
감히 편안할 겨를이 없습니다	罔敢豫暇
백성들의 울부짖음 안 봐도 알겠으니	想見嗷嗷
마치 농가에 와 있는 듯합니다	如臨田舍
허물을 부르고 재앙을 초래함은	召愆致沴
참으로 나의 잘못임을 내가 압니다	予固知過
오직 어지신 신령께서는	惟神之仁
재앙을 거두고 도와주심이 어떠하십니까	斂祐則那
재앙을 어찌 그치지 않으시며	災胡不弭
복을 어찌 내리지 않으십니까	福胡不迓
이 아름다운 종자를 죽게 하였으니	殄此嘉種
저 가뭄 귀신을 어찌 용서하겠습니까	彼魃胡赦
보잘것없는 폐백을 이에 진설하여	菲幣斯陳
신령의 가호를 받기를 원합니다	靈庥願借
나의 간구함이 지극하여	我求云極

주야를 다투는 실정입니다 爭以蚤夜
신께서는 호소를 들으시어 神之聽之
구름 수레 끌고 내려오시어 雲車翩下
비바람을 불러 이르게 하여 呼召風雨
세차게 빗줄기를 쏟아부어 주소서 沛然而瀉

이상은 국직에게 고한 글이다.

아, 밝으신 후직이시여 於皇后稷
하토의 백성을 두루 길러 주시도다 率育下民
아름다운 종자를 내려 주시니 誕降嘉種
공이 그 무엇과도 견줄 수가 없습니다 功莫與倫
내가 이 사직단에 임하여 莅玆冢土
정성스런 제사로써 보답하고 報以精禋
무릇 재앙과 흉사가 있으면 凡有災咎
여기에 하소연하고 아뢰었습니다 是控是陳
더구나 한번 든 가뭄이 矧玆一旱
이미 석 달이 지났으니 已逾九旬
긴 두레박 끈으로 물을 긷기 어렵고 修綆艱汲
낮은 밭고랑엔 먼지가 일어납니다 汚畎生塵
삼농[133]이 폐하여 그만두게 되자 三農廢撤
만백성이 괴로워서 신음을 토하고 萬姓嚬呻
물 마른 고기처럼 입을 뻐끔거리며 죽을 때를 기다리니 喁喁待盡
위급한 상황에 처한 백성들이 불쌍하여 哀此涸鱗
내가 진실로 편안할 겨를 없이 予不遑寧
폐백 드리기를 자주 하였습니다 薦幣斯頻
동교(東郊)와 남교(南郊)의 제단에 제사를 드리자 南東有壇
신령이 밝게 이르시어 昭假有神
장맛비도 내리고 가랑비도 내리게 하여 以霔以霏
신령의 응험이 문득 나타났습니다 靈應輒臻
그 또한 아름다운 은혜임을 알지만 亦知嘉惠
어찌 고르게 넉넉히 적셔 주지 않는 것입니까 奈未霑均

133 **삼농** 평지농(平地農)·산농(山農)·택농(澤農)이다. 또는 춘경(春耕)·하운(夏耘)·추수(秋收)를 가리킨다.

하늘이 살펴 주지 않음이 아니고	匪天不監
신령이 친근하지 않음이 아니건만	匪神不親
오히려 은택을 받지 못하는 것은	而猶閼澤
오직 나 한 사람 때문입니다	職由一人
정사가 어긋나고 정성이 보잘것없으니	政乖誠蔑
하늘의 꾸짖음이 어찌 까닭이 없겠습니까	謫豈無因
애통하기는 무고한 백성들이	恫是無辜
함께 죄망에 걸려 서로 빠지는 것입니다	同罹胥淪
후토의 신이 처음 곡식을 생산함이	后初粒烝
오직 순수하게 베푼 덕인데	惟德之純
어찌 백성들을 굶주려 죽게 하여	曷俾捐瘠
그 인을 끝까지 이루지 않으십니까	不終厥仁
백성의 병듦이 갈수록 심해져서	民病愈棘
내가 하소연하기를 거듭 하오니	我籲載申
빨리 큰비를 내리시어	遄賜大霈
이때를 넘지 말게 하소서	毋踰玆辰

이상은 후직씨에게 올린 글이다.

○ 사직 기곡제문 무신년(1788, 정조 12) 1월

나라가 있으면 사(社)가 있는 법	有國則社
모든 신령의 종주이시도다	宗于百神
항상 무일(戊日)에 제사드렸는데	常禋用戊
지금은 일찍 신일(辛日)에 드립니다	夙祈在辛
공경히 대사를 치르면서	寅秩大祀
예전에 백성이 편안하였던 때를 생각합니다	遹追寧人
서직의 곡식이 향기롭고	黍稷惟馨
금석의 악기를 이미 진설하였습니다	金石旣陳
누차 풍년의 경사를 내려서	錫以屢豐
길이 이 백성을 편안하게 해 주소서	永綏斯民

이상은 국사에게 올린 제문이다.

밝으신 후토여　皇矣后土
그 덕이 하늘에 짝하셨습니다　厥德配乾
포용하고 넓히며 광대하고 두터우시니　含弘博厚
육부[134]가 이에 의지합니다　六府資焉
우리의 많은 백성들을 안집시키고　輯我黎元
우리의 산천을 제자리에 있게 함은　奠我山川
백방으로 생각해 보아도　百爾所思
풍년이 드는 것만 한 것이 없습니다　莫如有年
바라건대 나의 작은 정성을 살펴서　願鑑微誠
농사에 어그러짐이 없게 하소서　歲功罔愆

이상은 후토씨에게 고한 글이다.

백성은 식량을 하늘로 삼는데　民以食天
그것을 맡은 신은 오직 국직이시니　司維國稷
존위가 태사와 나란하고　尊竝太社
곡식은 당신을 말미암아 성대하게 됩니다　粒由爾極
나는 부끄럽게도 덕이 없는데　予愧否德
신께서 큰 책임을 맡겼으니　神任丕責
어찌 일자를 기다려 빌리오　豈其待祈
예를 매우 일찍 올립니다　禮則孔夙
이로써 밝게 공을 베푸시어　用彰功施
곡식을 풍성하게 해 주소서　俾富能穀

이상은 국직에게 고한 글이다.

처음 백곡(百穀)을 파종하시니　其始播穀
후직이 임금다우시도다　后稷烝哉
저 곡식에 싹이 트는 것을 보고　相彼穎包
김매고 북돋는 것을 시작합니다　肇厥藝培
농상[135]이 이미 정중앙에 있으니　農祥旣正
상신일의 제사가 돌아왔습니다　上辛爰回

134 **육부** 수(水), 화(火), 금(金), 목(木), 토(土), 곡(穀)의 여섯 가지를 말한다. 부(府)는 재용(財用)이 그로부터 나온다는 뜻에서 붙인 것이다.《書經 大禹謨》

135 **농상** 별 이름으로 방성(房星)을 말한다.《국어(國語)》〈주어 상(周語上)〉에 '농상신정(農祥晨正)'이라는 말이 나오는데, 위소(韋昭)의 주에 "농상은 방성이다. 신정은 입춘 날 새벽에 방성이 남쪽 하늘 한복판에 나타나는 것을 말한다. 농사를 시작할 시기를 알려 주기 때문에 농상이라고 한 것이다.〔農祥房星也 晨正謂立春之日晨中於午也 農事之候 故曰農祥〕"라고 하였다.

우리나라에 복을 내려서	徂賚大東
길이 재앙이 없게 하여	其永無災
천년만년토록	於千萬年
제기와 술잔이 가지런히 놓이게 하소서	有秩籩罍

이상은 후직씨에게 고한 글이다.

○ 경기와 홍충도(洪忠道)의 감사와 수령 등을 유시하기 위해 내린 윤음

계묘년(1783, 정조 7) 1월

왕은 이르노라. 지난가을 경기와 호서에 큰 흉년이 들고부터 내가 한시도 편안히 쉬지 못한 지 이미 해를 넘기었다. 재부(宰夫)[136]가 때맞춰 음식을 올릴 때면 그때마다 부황이 든 백성들이 생각나서 곧장 도시락에 싸고 병에 담아 가난한 백성들에게 두루 나누어 주고 싶었지만 그럴 수도 없었다.

아, 조세(租稅)를 견감하고 환자곡(還上穀)의 상환을 정퇴하였으나 견감과 정퇴의 조처를 받은 자가 비록 솥을 팔고 집을 파는 지경은 면하였더라도 무슨 남은 곡식이 있어서 춘궁기까지 지탱할 수 있겠는가. 하물며 견감과 정퇴의 조처를 받지 못한 자는 말해 무엇 하랴. 세전(歲前)에 시행한 몇 번의 구급 대책에서 구제받은 자는 그래도 부황 든 기색은 면하였겠으나, 구제받지 못한 자는 양식을 달라고 호소하는 일이 없다고 어찌 장담하겠는가. 이제 봄이 된 지 여러 날이 지나 진휼을 이미 시작하였다. 그런데 아, 의지할 곳 없고 하소연할 곳 없는 우리 백성들이 과연 죽어서 구렁에 빠지거나 길거리에 떠돌지 않고서 안착하여 식량 주기를 기다리고 있겠는가.

진휼하는 데는 네 가지 어려움이 있다. 기민(飢民) 명단의 거짓과 사실이 덮이기 쉬운 것, 곡식 품질의 정교함과 조잡함이 섞이기 쉬운 것, 되와 말의 크고 작음이 바뀌기 쉬운 것, 소금과 장의 짜고 신 것이 뒤섞이기 쉬운 것이다. 이 네 가지에 잘못된 점이 있다면 진휼하지 않는 것이나 마찬가지이다. 그러므로 곡식을 나누어 줄 때는 직접 양을 감독하고 죽을 제공할 때는 직접 맛을 보는 법이니, 법의 뜻이 우연한 것이 아니다.

내가 또 듣건대, 소민(小民) 가운데 품을 팔거나 땔나무를 해다 팔면서

136 **재부** 궁중의 음식을 담당하는 관원을 말한다. 선부(膳夫)라고도 한다.

일 년 내내 부지런히 움직여도 목숨을 부지할 곡식이 없는 자는 실로 측은하게 여겨진바, 자연 식량을 지급받을 대상에 들어 있다. 그런데 퇴임한 전직 조관(朝官) 및 선비 유생들의 경우에는 그 명색이 부끄러워 굶주림을 견디면서도 구휼을 바라지 않는다. 또 그 가운데 양반집 부녀자로서 과부가 되어 곤궁한 처지에 있는 자들은 이미 호소하기도 어려운 데다가 동복(僮僕)도 없어서 스스로 나서지도 못한 채 그냥 누락당한다고 한다. 이와 같은 사람은 수령이 직접 마을로 다니면서 성의를 다해 알아내고 찾아가서 내 뜻을 전하여 알리고 회유한 다음 명단을 뽑아 구휼 물품을 나누어 줌으로써 한 사람도 살 곳을 잃는 일이 없게 하라.

흉년에 진휼한 일이 예로부터 어찌 한정이 있었겠는가마는 익주(益州)의 한기(韓琦)[137]와 청주(淸州)의 부필(富弼)[138]을 일컫는 것은 하나의 성(誠)자가 민정(民情)을 꿰뚫었기 때문이다. 헌원씨(軒轅氏)와 기백(岐伯)[139]이 의술에 능통하고 공수(龔遂)와 황패(黃霸)[140]가 다스림에 뛰어났던 것 또한 정성을 다해서 그런 것일 뿐이다. 옛날에 얽매이지도 말고 일반적인 격식에 구애되지도 말고 자기의 정성을 다해서 송(宋)나라의 한기와 부필이 아름다운 명성을 독차지하지 못하게 하라. 두 도의 진휼 밑천을 이미 구획하도록 하였으니, 나라의 창고를 열어 나라의 백성들을 진휼한다면 별도의 조처가 없어도 될 듯하다. 그러나 내가 왕위를 계승한 이후로 내수사(內需司)의 경비를 일체 줄여서 응당 들어올 몫을 별도로 하나의 창고에 비축하였으니, 내가 그 재물을 사사로이 쓰려는 것이 아니다. 이는 우리 백성들이 수해나 가뭄, 기근을 만났을 때를 대비한 자금으로, 각별히 은택을 시행하고자 한 것이니, 하물며 그런 일이 국조의 고사에도 있음에랴. 지금 경기에 돈 6000민(緡)과 호초(胡椒) 200근, 홍충도에 돈 4000민과 호초 100근을 내리니, 경은 삼가 받아 적절히 헤아려서 진휼을 베푸는 여러 고을에 고루 분배하여 부족한 것을 보태 주도록 하라.

아, 물에다 막걸리를 푼다[141]고 물에서 어찌 술맛이 나겠는가마는 감동을 주는 것은 두루 미치게 하려는 마음 때문이다. 이 물건이 비록 변변찮지만 또한 내가 수라상을 받고서 가난한 백성들을 생각하는 지극한 뜻을 알아주길 바라는 바이다.

구중궁궐이 멀고 깊어 직접 살피지 못하니, 믿을 사람은 방백과 수령

137 **한기** 송 인종(宋仁宗) 때 재상으로, 사천 관찰사(四川觀察使)에 임명되었을 때 부세(賦稅) 견감, 충군(充軍) 등의 여러 구휼책을 시행하여 익주(益州) 등지의 기민(饑民) 200만여 명을 구활하였다 한다. 《宋史 卷312 韓琦列傳》

138 **부필** 송 인종 때 재상으로, 인종 황우(皇祐) 4년(1052)에 청주 겸 경동로안무사(靑州兼京東路安撫使)로 나갔을 때 공사(公私)의 집 10여만 채를 가려서 유랑하는 백성 50여만 명을 거처하게 하고 국가의 식량을 지급하였으며, 이들을 군사로 모집하여 1만여 명을 병졸로 삼는 등의 구휼책을 세워 유민(流民) 50만여 명을 구활하였다. 《宋史 卷313 富弼列傳》

139 **헌원씨와 기백** 헌원씨는 중국 상고 시대의 제왕인 황제(黃帝)이고, 기백은 황제의 신하이다. 상고(上古)의 의서(醫書)인 《황제내경(黃帝內經)》이 황제와 기백이 서로 문답한 내용으로 이루어졌다고 하여, 두 사람을 동양 의술의 비조로 일컫는다.

140 **공수와 황패** 공수와 황패는 모두 한(漢)나라의 순리(循吏)이다. 공수는 선제(宣帝) 때 발해 태수(渤海太守)로 있으면서 도둑을 없애고 백성에게 농상(農桑)을 전하여 발해가 크게 다스려졌다. 황패는, 무제(武帝) 때에는 하남태수승(河南太守丞)으로, 선제 때에는 영천 태수(潁川太守)로 있으면서 옥사(獄事)를 관대하게 처리하고 백성을 잘 보살폈으므로, 한대(漢代)에 치민리(治民吏)를 말할 때는 반드시 황패를 먼저 꼽았다. 《漢書 卷89 循吏傳 龔遂, 黃霸》

이다. 한 사람을 뽑아 좁쌀 한 톨을 나누어 줄 때도 내가 직접 보고 있는 것처럼 하고 밤낮으로 정성을 다해 게을리하거나 소홀히 하지 않음으로써 궁지에 처한 우리 백성을 살려 큰 공을 세워 내게 올리도록 하라.[142] 부지런히 하면 상이 있고 소홀히 하면 벌이 있을 것이다. 내가 또 무슨 여러 말을 하겠는가. 비록 지차(之次)나 초실(稍實)에 해당되는 고을이라도 춘궁기(春窮期)의 민간 사정은 필시 먹고살기 어려울 것으로 생각된다. 모든 어루만져 주는 방도를 씀에 있어서 또한 어찌 우심(尤甚)에 해당되는 고을과 차이를 두겠는가.

내가 지금 궁궐에서 재숙하고 삼가 사직단으로 가서 이번 상신일에 직접 희생과 폐백을 바치려고 한다. 이에 제향을 올릴 곳에서 윤음을 선포하는 바이니, 이는 바로 백성을 위해 풍년을 비는 뜻이다.

141 물에다 막걸리를 푼다《여씨춘추(呂氏春秋)》〈계추기(季秋紀) 순민(順民)〉의 "월왕(越王)이 회계(會稽)의 치욕을 당한 후에 백성들과 고락을 함께하여, 맛있는 음식이 있어도 나누어 먹기에 부족하면 감히 먹지 않고, 술이 있으면 강물에 풀어서 함께 마셨다." 한 데서 나온 말로, 이후 군민(軍民)과 고락을 함께한다는 뜻으로 쓰였다.

142 큰 공을……하라《시경(詩經)》〈유월(六月)〉의 "잠깐 오랑캐를 정벌하여 큰 공을 올리도다.[薄伐玁狁 以奏膚公]" 한 구절에서 인용한 말이다.

사직서의궤

제5권 고사 하

전고 傳教

○ **숙종 13년 정묘**(1687) **11월**

영의정 남구만(南九萬)이 아뢴, 종묘에서 작(爵)을 엎은 일과 관련하여 하교하였다.

"작을 올리는 헌관이 당시 전내(殿內)에 있을 때이니 엎어진 잔은 다시 술을 따라 올리는 것이 마땅하다. 그런데 초헌례가 끝난 뒤에 아헌과 종헌례를 행할 때에 혹 이미 올린 작이 엎어질 경우에는 다시 따라 올리는 것은 참으로 온편하지 않다. 이것을 정식으로 삼아 종묘와 사직에서 일체 준행하라." —《사직서등록(社稷署謄錄)》

○ **숙종 21년 을해**(1695) **11월**

하교하였다.

"내가 《예기(禮記)》〈월령(月令)〉을 상고해 보니, 맹춘월(孟春月 1월)에는 원일(元日 1일)에 상제(上帝)에게 곡식의 풍작을 기원한다고 되어 있다. 대체로 농사는 나라를 영위하는 근본이고, 맹춘월은 1년의 첫 달이니, 이달 상신(上辛)에 기곡제를 올리는 것이 어찌 우연한 것이겠는가. 아, 금년은 전국 팔도가 크게 흉년이 들었으니 실로 전대에 드문 일이다. 진휼할 곡식을 모으기가 어려워 굶주려 죽는 백성들이 줄을 이었으니 실로 이미 절박한 근심이 되었지만, 내가 크게 두려워하는 것은 바로 내년에 있으니, 농사의 풍흉에 따라 우리나라 전역의 억만 백성들의 사생이 판가름이 나는 것이다. 살아남은 백성들이 없다면 나라가 어찌 홀로 존재하겠는가. 매양 생각이 여기에 미칠 때마다 한밤중에도 잠을 못 이루니, 내가 이 때문에 옛 제도를 본떠 백성을 위해 몸소 사직에 나가 경건하고 정성스럽게 곡식의 풍작을 기원하려는 것이다. 예관으로 하여금 대신들에게 의논하여 거행하도록 하라." —《국조보감(國朝寶鑑)》과 구(舊) 《태상지(太常志)》의 기록을 합하였다.

○ **숙종 34년 무자(1708) 5월**

하교하였다.

"이번의 가뭄 또한 매우 혹독하다. 비가 내릴 듯하다가 내리지 않고 단비가 쏟아지기는 더욱 막막하다. 이달도 다 지나가고 절기도 점차 저물어 가는데, 백성의 일을 생각하면 마음은 타 버리는 것 같다. 재앙이 바로 코앞에 닥쳤는데 느긋하게 말할 수 있겠는가. 내가 마땅히 다시 스스로 책면하고 직접 남쪽 교단에서 기도할 것이니, 예관으로 하여금 길일을 잡을 것 없이 25일로 정하여 거행하도록 하라."

정원이 여기(癘氣)가 점점 퍼지고 있으니 중지하기를 청하였으나 윤허하지 않았다. 또 다른 곳으로 옮겨 정할 것을 청하니, 상이 사직으로 정하도록 명하였다. ―《숙묘보감(肅廟寶鑑)》

○ **영종 8년 임자(1732) 12월**

하교하였다.

"농사는 나라의 근본이다. 비록 풍년이더라도 백성을 위해 곡식의 풍작을 기원하는 것은 중대한 일이다. 더구나 해마다 거듭 흉년이 들었음에랴. 신력(新曆)이 이미 반포되었고 비록 조용히 조섭하는 중에 있긴 하지만 저 백성들을 위한 것이라면 이 몸이 어찌 수고롭겠는가. 상신(上辛)에 올릴 기곡제는 직접 거행할 것이다." ―《사직서등록》

○ **영종 9년 계축(1733) 1월**

기곡제를 친히 행한 뒤에 하교하였다.

"앞으로 사직제의 아헌관, 종헌관은 작을 올릴 때는 정로(正路)로 올라가고, 작을 올린 뒤에는 서쪽 계단으로 나가도록 하라." ―출전은 위와 같다.

○ **영종 13년 정사(1737) 윤9월**

하교하였다.

"내가 영상이 진달한 향사(享祀)의 일과 관련하여 또 하교할 것이 있다. 저번에 사단에 가서 비 오기를 기원할 때 보니, 신실(神室)의 위판(位版)을 봉안하는 곳이 정결하지 못하였다. 또한 위판을 제소(祭所)로 받들고

갈 때에는 또 조심하지 않는 일이 많다고 하는데, 어찌 이와 같이 하고서 신령의 강림을 맞이하는 도리가 있겠는가. 이후에는 신실의 봉안과 위판의 왕래 때에도 각별히 신칙하도록 하라." —《예조등록(禮曹謄錄)》

○ **영종 18년 임술**(1742) **8월**

친히 향사한 뒤에 상이 일렀다.

"단사 영(壇司令)이 신위를 받들어 환안(還安)할 때에 의당 정로(正路)로 가야 하는데 보석(步席)[1]을 따라가지 않고, 또한 단 아래에서는 수복들에게 대신 봉안하게 한다고 하니, 설만하기가 심하다. 사체로 볼 때 해부로 하여금 조처하게 해야 하는데, 이는 잘못된 규정을 그대로 답습한 소치에 불과하다. 단사 영은 엄하게 추고하라. 이후에는 단사 영, 전사관 및 대축이 함께 환봉(還奉)하도록 신칙하라." —《사직서등록》

○ **영종 23년 정묘**(1747) **6월**

하교하였다.

"《역경》에 '왕이 이르러 사당을 두었다.'[2] 하였으니, 왕이 중히 할 것은 침묘(寢廟)[3]보다 우선할 것이 없고 또한 제향보다 앞설 것이 없다. 막중한 제향에는 보궤(簠簋)[4]가 우선이 된다. 지금 수문군(守門軍)의 일로 인하여 마침내 고군(雇軍)[5]의 폐단을 알게 되었는데, 그중에 더욱 한심한 것은 제기(祭器)를 신중히 하지 않은 것이다. 아, 면의(冕衣)[6]로서 직접 제기를 살피는 것이 얼마나 중대한 일인데, 일체 고군의 손에 맡긴단 말인가. 태묘(太廟 종묘)가 이와 같다면 사직이나 진전(眞殿)[7]의 폐단도 미루어 알 만하다. 대체로 수직(守直)을 신중히 하지 않는 자도 고군이요, 혹 몰래 훔쳐 가는 자도 고군이다. 이후에는 태묘, 사직, 진전에서의 고군의 폐단을 영구히 혁파하고, 향군(鄕軍)으로서 건실하고 근면한 자로 택하여 보내라. 만약 이 하교가 내린 뒤에도 혹 이전 관습을 다시 따라서 혹 택하여 보내기를 신중히 하지 않는다면 본서의 관원과 해당 위장(衛將)은 의당 중률(重律)로 다스릴 것이다." —출전은 위와 같다.

1 **보석** 행보석(行步席)이다. 정로(正路)에 깔아 놓는 좁고 긴 돗자리를 말한다.

2 **왕이……두었다** 《주역(周易)》〈췌괘(萃卦)〉에 나오는 말이다. 그 단(彖)에 "왕이 이르러 사당을 둠은 효도로써 제향(祭享)함을 극진히 하는 것이다.[王假有廟 致孝享也]" 하였다.

3 **침묘** 종묘(宗廟)의 통칭이다. 종묘·능원(陵園)의 앞 건물을 묘(廟), 뒤의 건물을 침(寢)이라고 한다. 묘에는 조상의 위패(位牌) 또는 목주(木主)를 안치하고 사시(四時)에 제사 지냈으며, 침에는 의관(衣冠)과 궤장(几杖)을 비치하였다.

4 **보궤** 보(簠)와 궤(簋)이다. 모두 제기(祭器)로, 보에는 도량(稻粱)을 담고, 궤에는 서직(黍稷)을 담는데, 여기서는 제기를 통칭하여 말한 것이다.

5 **고군** 임시로 고용한 군병(軍兵)이다

6 **면의** 관(冠)과 의상(衣裳)이다. 관을 쓰고 의상을 차려 입은 것은 귀한 자가 성복(盛服)한 것을 말하므로, 여기서는 제사를 관장하는 임무를 맡은 관리를 지칭한다.

7 **진전** 역대 임금의 초상화를 보관하던 선원전(璿源殿)의 이칭(異稱)이다.

○ 같은 해 7월

하교하였다.

"무릇 폐백과 축문의 망료(望燎), 망예(望瘞)는 정결함에 차이가 있는데, 우리 조정에서 이미 수백 년 동안 행해져 온 일이어서 가볍게 논의하기는 어렵다. 그러나 세월이 오래되면 축문과 폐백을 옮겨 매장할 곳을 정하여 불결함을 막지 않을 수 없다. 태묘, 사직, 영희전, 각 능·전, 각 묘(廟)·묘(墓), 대성전(大成殿)·대성묘(大成廟) 담장 밖의 정결한 곳에 장소를 정하여 그 지형에 따라 넓이를 정하고 작은 담을 두르되, 길이는 1자 정도로 하여 매장처임을 표하라." —출전은 위와 같다.

○ 같은 해 11월

하교하였다.

"예전에 궐내의 입직 관원 및 종묘·사직의 헌관과 집사는 궐문 안이나 묘문(廟門) 안에서 감히 편복(便服)을 착용하지 못하도록 이미 신칙하였다. 그런데 세월이 점차 오래 지나면서 해이해지는 폐단이 없지 않으니 특별히 더 엄히 신칙하라. 종묘, 사직, 진전 세 곳의 부장은 바로 수문장이니, 묘문의 개폐(開閉) 때에 의당 관복을 착용할 것이며 또한 수문장의 예대로 간검(看檢)하여야 한다. 그러나 지금 들으니, 혹 편복을 착용하기도 하고 혹 군복을 입기도 하며, 또한 일일이 간검하여 개폐하는 일도 없다고 하니, 얼마나 한심한 일인가. 이후에는 엄히 신칙한 뒤에 다시 이와 같이 하는 자는 본서 및 해조가 초기(草記)를 올려 병조로 하여금 곤장(棍杖)을 치고 태거(汰去)시키도록 하라. 무릇 제향할 때에도 잡인을 검찰하기를 일체 궐문의 규식대로 하고, 문의 개폐도 어두워질 무렵에 닫고 동이 틀 때에 열어 한결같이 궐문의 예를 따를 것이며, 봉명(奉命)이 없는 자가 이르면 감히 임의로 개폐하지 않도록 일체 신칙하라." —출전은 위와 같다.

○ 영종 24년 무진(1748) 3월

하교하였다.

"일찍이 상신(相臣)이 진달한 말을 듣건대, 종묘 문 밖에 대석(臺石)을 둘 곳이 없어 종묘 문의 섬돌에서 하마(下馬)한다고 하니, 불경함에 저촉된다. 궐문의 규례에 따라 대석을 설치하라. 종묘 문이 이와 같다면 사직 문도 알 만하다. 사직 문에도 없다면 일체 거행하라. 전문(殿門)에도 대석을 설치하되, 그 구획을 정하라." —《예조등록》

○ 같은 해 4월

하교하였다.

"희생(犧牲)은 제향에서 중시되는 것으로 이를 정(鼎)에 담아 찬만(饌幔)[8]에 나아가고, 거기에서 갑(匣)에 담는 것은 이미 옛 예법대로 복구하였다. 예문에, 전사관(典祀官)은 재인(宰人)을 거느리고 난도(鑾刀)로 희생을 베고, 축사(祝史)가 각자 반(盤)에 모혈(毛血)을 담는 것으로 되어 있으니, 이에 의거하여 지금부터 대향(大享) 때에는 친향(親享)과 섭행(攝行)을 막론하고 그대로 하라. 아, 예문이 자세하고 완전하지 않은 것이 아닌데도 그것이 중지되고 시행되지 않은 것은 바로 그때의 헌관(獻官)과 여러 집사(執事)가 태만한 소치이다. 지금 이렇게 신칙한 뒤에 혹 태만하고 소홀해서 시행하지 않는다면, 이것이 어찌 그 제향(祭享)을 소중히 여기는 뜻이겠는가. 이 내용을 등록(謄錄)에 써서 《오례의(五禮儀)》와 함께 본서(本署)[9]에 보관해 두도록 하라." —《문헌비고(文獻備考)》

8 **찬만** 음식 보관용 임시 장막이다.

9 **본서** 종묘서(宗廟署)를 말한다. 《승정원일기》 영조 23년 4월 5일 기사에는 '또 사직서와 봉상시에도 분부하라.'라는 내용이 첨부되어 있다.

○ 영종 25년 기사(1749) 4월

하교하였다.

"모혈(毛血)을 함께 불태워 구덩이에 묻는 것은 마음에 두려운 바가 있다. 그래서 유신(儒臣)으로 하여금 널리 전례(典禮)를 상고하도록 하였으나 의거할 만한 예문이 없었는데, 태묘(太廟)에서 함께 구덩이에 묻지 않았다면 이것이 참조할 만한 증거가 된다. 이후로는 사직의 모혈은 북쪽 유문(壝門) 안 정결한 곳에 묻으라. 모혈을 먼저 예감에 묻는 것은 마음에 참으로 흠향을 구하는 뜻이다. 그런데 잘못된 관습으로 인하여 묻기를 창(唱)한 후에 즉시 묻지 않고 예감 곁에 두었다가 제사가 끝난 뒤에 망료와 망예를 일시에 거행하니, 이는 예를 만든 뜻이 아니다. 이후에는 사전(祀典)에 관계되는 모든 제사에는 묻기를 창한 후에 즉시 거행하라." —출전은 위와 같다.

○ 같은 해 5월

하교하였다.

"천신할 조육(俎肉)을 정(鼎)에 올리고 갑(匣)에 담을 때에 비(匕)를 사용하는 것은 예문(禮文)에 기재되어 있다. 그런데 지금 듣건대, 마련하여 정비해 둔 것이 없다고 하니, 종묘와 사직에 똑같이 마련하여 정비해 두도록 하라." —출전은 위와 같다.

○ 영종 29년 계유(1753) 5월

하교하였다.

"무릇 대제는 기일에 앞서 이의(肄儀)[10]를 해야 한다. 교단(郊壇)에서 기우제를 지낼 때의 이의에 이르러서는 앞선 행사와 시일이 근접해서 매우 소홀히 하고 불경스럽게 하기 일쑤다. 대체로 섭행 때에는 이의하는 규례가 없고 오직 친제 때에만 있으니, 기우제의 경우 친제라는 데에만 비중을 두고 그 이의를 소홀히 하고 불경스럽게 하는 것은 살피지 않는 데에 그 이유가 있다. 백성을 위해 기우제를 지내면서 어찌 감히 불경스럽게 할 수 있겠는가. 이후에는 기우제의 이의는 생략하고 다만 예의사가 여러 집사를 거느리고 미리 제단에 가서 곧장 진행 방향 및 의절(儀節)을 직접 지휘하게 하라." —《사직서등록》

10 이의 국가 행사의 의식(儀式)을 미리 익히는 것을 말한다.

○ 같은 해 5월

하교하였다.

"비가 오기를 이제나저제나 기다리는데, 은하수는 더욱 높아만 간다. 아홉 차례 기우제를 지냈건만 큰비가 내리기는 오히려 아득하다. 만약 이달이 지나면 어찌 가을 수확을 바라리오. 생각이 여기에 미치니 내 몸이 고통을 당하는 듯하다. 저번에 두 차례 직접 기도하였으나 큰비를 얻지 못하였고, 지금은 또한 경건하고 정성스럽게 해야 하지만 그 군병들을 가엾게 여겨서 우선 정지하게 하였다. 지금까지도 뒤로 물리면 다시 어느 때를 기다릴 것인가. 또 지난날 감선(減膳)하라는 하교를 유시한 지 오늘로 26일이 되었다. 10차 때에는 의당 이 몸이 희생을 대신하여[11] 사단에서 직접 기도할 것이다." —출전은 위와 같다.

○ 영종 31년 을해(1755) 1월

하교하였다.

"지금 비록 노쇠했지만 백성을 위하는 마음이야 어찌 쇠하겠는가. 더구나 이해 상신일 풍작을 기원하는 때를 만났음에랴. 직접 행하고자 하였으나 지금의 기력에 어떻게 찬 단에서 밤을 새울 수 있겠는가. 특별히 섭행을 명하였으니 오늘의 이 마음이 어찌하면 풀어지겠는가. 아, 헌관과 여러 집사들은 나의 이 뜻을 체념(體念)하여 공경하고 삼가며 경건하고 정성스럽게 제사를 올려 풍년을 기원함으로써 우리 백성들을 보존하도록 하라." —《예조등록》

○ 같은 해 4월

하교하였다.

"《오례의》에 '서직(黍稷)의 모속(茅束)을 예감에 묻는다.' 하였으니, 자성(粢盛)[12]을 중히 여기는 뜻이다. 또 도(稻)·양(粱)·서(黍)·직(稷) 중에 다만 두 제기만을 취하였다. 《서경》에 말하지 않았는가. '서직이 향기로운 것이 아니라 명덕(明德)이 향기롭다.'[13]라고. 이 또한 서직을 중히 여기는 뜻이다. 이번 망료 때에 예감 가운데에 띠[茅]가 있는 것을 보았는데, 묶은 서직은 제사에 쓴 자성이 아니라 올리고 남은 서직을 넣었다고 한다. 만일 《오례의》와 같이 한다면 변두(籩豆)를 거둔 뒤에 대축(大祝)이 마땅히 각 실의 서직을 조금씩 취하여 수저로 제기에 담아 망예할 때에 묶은 띠와 함께 예감 안에다 넣어야 하고, 띠도 예문에 의거하여 흰 띠[白茅]를 쓰되, 길이는 주척(周尺)으로 1자를 넘지 않아야 한다." —《문헌비고》 ○종묘에 친제(親祭)를 행한 후에 이 전교가 있었고 사직에서도 일체 봉행하였다.

○ 같은 해 11월

하교하였다.

11 **이 몸이 희생을 대신하여** 탕왕의 고사에서 나온 말이다. 탕왕이 하(夏)나라 걸(桀)을 정벌한 후 7년 동안 혹독한 가뭄이 들었는데, 태사(太史)가 점을 치고 하는 말이 "사람을 희생으로 하여 비를 빌어야 한다."라고 하였다. 탕왕이 이에 자신이 희생이 되겠다고 자청하여, 재계(齋戒)하고 모발과 손톱을 자르고 소거(素車)에 백마(白馬)를 타고서 자신의 몸을 흰 띠풀[白茅]로 싸서 희생의 모양을 갖추고 상림(桑林)의 들에 가서 세 발 달린 정(鼎)을 놓고 산천(山川)에 기도하면서 여섯 가지 일로 자책하니, 말이 끝나기도 전에 큰비가 내렸다 한다. 《事文類聚前集 卷5 天道部 禱雨》

12 **자성** 제기(祭器)에 담아 제사에 올리는 곡물(穀物)이다.

13 **서직이……향기롭다** 《서경》 〈군진(君陳)〉에 나온다.

"아, 즉위한 지 30년인데 백성을 위하는 선대왕의 뜻을 받들지 못하고 있다. 풍년은 적고 흉년이 많았는데 금년의 농사는 더욱 근심스럽다. 저번에 이미 내 뜻을 보였으니, 의조(儀曹 예조)로 하여금 신력(新曆)을 반포한 뒤에 친행 기곡제를 규례대로 거행하게 하라.

아, 《상훈(常訓)》[14]에 이미 유시한바, 예전 선왕께서 '살갗을 어찌 아끼겠는가.' 하신 말씀이 어찌 나이가 노쇠하다고 해서 백성을 위해 풍년을 기원하지 않는다는 말씀이겠는가. 올해 만약 조금 수확을 거둔다면 장차 돌아가 뵈올 면목이 있게 될 것이니, 어찌 꺼리겠는가, 어찌 꺼리겠는가." —《사직서등록》

14 상훈 《어제상훈(御製常訓)》이다. 1745년(영조 21)에 영조가 선왕의 덕을 선양하고 후대 왕을 경계하기 위해 지은 훈서(訓書)로, 그 조목(條目)은 첫째 경천(敬天), 둘째 법조(法祖), 셋째 애민(愛民), 넷째 돈친(敦親), 다섯째 조제(調劑), 여섯째 숭검(崇儉), 일곱째 여정(勵精), 여덟째 근학(勤學)으로 되어 있다. 《英祖實錄 21年 6月 14日》

○ 영종 32년 병자(1756) 2월

하교하였다.

"이미 사직에 친제를 행할 달이 되었으니 이 마음이 초조하고 불안하다. 삭배(朔拜)[15]하고 돌아와 곤의(袞衣)를 벗기 전에 직접 제문을 지어 내릴 것이니, 향실(香室)에 분부하여 거행하도록 하라." —《예조등록》

15 삭배 임금이 음력 초하룻날에 사직이나 종묘에 참배하는 것을 말한다.

○ 같은 해 3월

하교하였다.

"무릇 친압(親押)할 때에 평상시에 쓰던 연갑(硯匣)을 사용하는 것은 공경을 지극히 하는 뜻이 아니다. 앞으로는 종묘, 사직 및 서방색(書房色)에 각각 연갑 하나씩을 만들어 갑 위에 '친압연갑(親押硯匣)'이라 새기고, 종묘와 사직 건은 항상 제기고(祭器庫)에 비치해 두고 서방색 건은 항상 누고(樓庫)에 비치해 두라. 종묘와 사직은 친제 때에 이것을 대령하고 서방색은 황단(皇壇) 및 전(殿), 능(陵), 궁(宮), 원(園)의 친제 때 및 친전향(親傳香) 때 대령하라. 그리고 붓과 먹 각 하나씩을 행사 때에 바로 상방(尙方)과 공조에서 봉하여 보내라." —《사직서등록》

○ 영종 33년 정축(1757) 10월

하교하였다.

"대체로 망예(望瘞)할 때에는 불결하지 않을 수 없어서 마음이 항상 송구스럽다. 중국에서는 묻는 것을 태우는 것으로 예를 바꾸었다. 그러므로 이 예를 따르고자 하여 대신에게 수의(收議)하였더니 대신의 헌의(獻議)도 또한 그러하였다. 종묘, 사직, 전은 사체가 중하여 축문은 비록 가볍게 의논하기가 어렵더라도 예감 뒤쪽에다 두는 것은 더욱 불결하다. 제사를 지낸 후에 축문은 묻고 폐백은 태워서 예감 안쪽에 두라. 세밑에 종묘와 사직은 제조가 묘사(廟司), 단사(壇司)와 회동하고 전은 예조 당상이 전사(殿司)와 회동하여 예감 밖에서 정결하게 태우라. 이후에는 제향의 망예는 규례대로 하되 세밑의 망료는 이대로 거행한다면 옛 예법을 보존하면서 정결하게 할 수 있으니 각각 마땅함을 얻을 것이다. 이런 내용을 《보편(補編)》[16]에 기재하라." —11월, 예조 판서 이익정(李益炡)이 입시할 때에 집례의 홀기(笏記) 가운데 망예를 망료로 고치도록 하교하였다. ○무인년(1758, 영조 34) 1월, 효소전(孝昭殿)[17]에 친제를 행할 때에 종묘, 사직, 전의 망료는 춘추 봉심 때에 하도록 하교하였다. ○《예조등록》과 《사직서등록》을 합하여 기록한 것이다.

16 **보편** 《상례보편(喪禮補編)》을 말한다. 《오례의(五禮儀)》가 당시 현실과 차이가 있어서 이를 보완하기 위해 영조(英祖)가 만든 것으로, 이후 궁중 상례의 가장 중요한 지침서가 되었다. 《영조실록》에 의하면, 영조 28년 6월에 편집청(編輯廳)을 설치하여 찬집하였고, 영조 34년에 신회(申晦)·김치인(金致仁) 등에 의해 다시 간행되었다. 이후로도 영조 대에 여러 차례에 걸쳐 내용이 수정, 증보되었는데, 최종 정본에 어떤 판본이 있는지는 미상이다.

17 **효소전** 숙종의 둘째 계비 인원왕후(仁元王后)의 혼전이다.

18 **자최복을 입어** 전해인 정축년(1757) 3월 대왕대비 김씨, 즉 숙종의 계비인 인원왕후의 상을 당한 것을 말한다.

○ 영종 34년 무인(1758) 12월

하교하였다.

"아, 비록 자최복을 입어[18] 슬퍼하며 그리워하는 중에도 밤낮으로 생각이 떠나지 않는 것은 오직 백성들이다. 하물며 금년의 농사가 처음 기대했던 것과 크게 어그러졌음에랴. 반드시 백성을 위해 풍년을 기원하고자 하였는데, 가만히 생각해 보니, 효소전 대향이 치재일(致齋日) 중에 있다. 만약 대향을 친행하고 또 사직에 기곡제를 행한다면 정결하게 하는 도리에 크게 흠이 될 것이다. 단지 사단(社壇)에만 행차한다면, 3년 내에 대향이 단 한 차례뿐이니 다시 행하고자 한들 어찌 할 수 있겠는가. 사단에는 대신을 보내 섭행하게 하되, 섭행하는 대신 및 여러 집사는 효소전의 제사에 참여하지 말라.

아, 전(殿)에 올리고 사(社)에 올리기를 한꺼번에 행하기 어려워 이와 같이 하교를 내리니, 아, 국사(國社)가 어찌 내 마음을 돌아보지 않겠는가. 아, 백성들 또한 이 뜻을 헤아려 주기를 바라노라." —《예조등록》

○ 영종 35년 기묘(1759) 윤6월

하교하였다.

"금년은 비 내리고 햇빛 비치는 것이 적절하여서 거의 가을 수확을 거두기를 바랐건만 한번 개고는 비가 내리지 않은 지 오늘로 이미 한 달이 다 되었다. 호미질 뒤의 가뭄은 농민들이 가장 꺼리는 것인데 뜨거운 태양이 쨍쨍 내리쬐니 비 내릴 기미는 더욱더 막연하다. 절서는 비록 윤달 든 여름이지만 이미 가을 절기가 되었으니 어찌 일반적인 규례를 따를 것인가. 더구나 3년 최마복(衰麻服)을 치르느라[19] 예를 행하지 못한 지 이미 오래되었으니 이것이 어찌 나라 임금이 사직을 중히 하는 뜻이라 하겠는가. 아, 마음은 오직 풍년을 바라고 있으니, 만약 혹시라도 어그러짐이 있다면 무슨 마음으로 옥식(玉食)을 들겠는가. 생각이 여기에 미치니 삼복더위도 모르겠다. 25일에 의당 이 몸이 대신 희생이 되어 직접 사단에서 기도할 것이다." —《사직서등록》

○ 영종 36년 경진(1760) 6월

기우제를 위해 친히 생기(牲器)를 살핀 뒤에 하교하였다.

"아, 《맹자(孟子)》 곡속장(觳觫章)에서 추성(鄒聖 맹자)이 제 선왕(齊宣王)을 어진 마음이라고 일컬은 것은 어째서인가? 제나라 왕이 예전에 친히 행차하여 친향(親享)한 뒤에 한 달 남짓 소고기를 들지 않은 것을 내가 일찍이 우러러보았다. 아, 덕 없는 내가 가뭄을 초래하여 논밭이 갈라지고 백성들이 구렁에 빠지려 하니, 이는 실로 나의 허물이다. 지금 이 같은 무더위에 군병들이 수고하고 시달리는 것도 실로 나의 허물이다. 직접 두 차례에 걸쳐 기도하였으나 아직까지 두루 적시도록 비가 내리지 않았다. 오늘 또 사단에 나아왔으니, 군병은 죄가 없고 우양(牛羊)은 더욱 죄가 없다. 제기를 봉심하고자 하여 신주문(神廚門)[20]에 들어갔는데, 희생은 이미 봉납되어 소가 그 안에 있었고 많은 군병이 빙 둘러 서 있었으니, 이는 장차 희생을 도살하기 위해 그러한 것이다. 보고 있자니 불쌍하고 측은해지는 것은 어찌 한갓 제 선왕의 마음뿐이겠는가. 번육(膰肉)을 받는 것은 사체가 중하므로 안 할 수는 없다. 이번 번육은 희생 가운데 양만 봉진(封進)함으로써 옛날 임금의 성대한

19 **3년 최마복을 치르느라** 위의 주18 참조.

20 **신주문** 신주는 제사를 지낼 적에 제수(祭需)로 쓰는 음식을 만드는 주방이다.

덕을 본받는 내 뜻을 보이라." —《예조등록》

○ 영종 38년 임오(1762) 6월

하교하였다.

"아, 덕 없는 내가 정성이 부족하여 한갓 우리 삼군(三軍)만 수고롭게 할 뿐 한 차례의 큰비를 얻지 못하였으니 그 이유를 생각해 보면 바로 나 한 사람 탓이다. 만백성이 무슨 죄가 있겠는가. 더구나 논밭을 직접 보면 '활활 태우고 불사른다.[惔灼]'라는 두 글자가 헐후어(歇後語)[21]에 불과하다고 하겠다. 그 어찌 일반적인 규례를 따르고 또한 어찌 날짜를 허비할 것인가. 전에도 이러한 전례가 있었으니, 길일을 택할 것 없이 13일에 남단(南壇)에는 대신을 보내 기우제를 지내고, 사단에는 내가 직접 기우제를 행할 것이다. 제문은 의당 지어 내릴 것이다." —《사직서등록》

21 헐후어 말의 뒷부분을 생략하고 앞부분만으로 전체의 뜻을 암시하는 말을 일컫는다. 여기서는 '활활 태우고 불사른다[惔灼]'는 두 글자가 논밭의 형상을 다 표현하기에는 부족하다는 뜻으로 쓰였다.

○ 영종 40년 갑신(1764) 5월

하교하였다.

"세 차례 기우제를 지냈으나 내 미약한 정성이 신을 이르게 하지 못하였고, 지금 비 올 기미는 더욱 막연하다. 오늘은 벌써 중순(仲旬)을 하루 앞두고 있는 만큼 비를 바라는 마음이 더욱 간절하다. 모레는 의당 이 몸이 희생을 대신하여 직접 사직에서 기도할 것이고, 제문도 지어 내릴 것이다." —출전은 위와 같다.

○ 같은 해 12월

하교하였다.

"종묘, 사직, 전의 도성 내 수향(受香)은 능의 수향과 다름이 있는데, 오늘에서야 서리(書吏)가 배행(陪行)한다는 것을 알았으니 일의 체모에 있어서 어떠한가. 이후로는 종묘, 사직, 전의 수향에는 충찬위(忠贊衛)가 배진(陪進)하라." —출전은 위와 같다.

○ 영종 41년 을유(1765) 1월

기곡제의 향을 지영(祗迎)하는 일로 입시하였다. 이때 하교하였다.

"천만뜻밖에 지금 또 1년이 더해졌으니, 예전을 추억하매 오장(五臟)이 떨어지는 듯하다. 이미 아득히 잊히지 않았다면 아, 이 한 마음은 오직 백성의 나라에 있는데, 작년의 농사일은 애초 생각한 것과 크게 어그러졌다. 진휼(賑恤)을 지금 한창 시행하고 있는데, 백성을 생각하면 고통이 내 몸에 있는 듯하다. 금년에 풍년을 기원하는 제사를 어찌 재상에게 맡기겠는가. 비록 직접 행하더라도 할 수는 있을 것이나 만약 친행을 명한다면 반드시 힘써 간쟁할 것이다. 그리하여 친행을 명하였다가 다시 섭행하게 된다면 그 또한 정성에 흠이 생긴다. 그러므로 비록 섭행하기는 하지만, 마음은 오히려 초조하고 불안하다. 세손과 함께 향을 지영하기를 마치 주공(周公)이 《시경》 빈풍편(豳風篇)에서 어린 임금으로 하여금 농사일의 소중함을 알도록 한 것처럼 하여 향을 따라 궐문 밖에 이르렀으니, 이 또한 친행의 의미일 듯하다. 그러나 이 정도로 어찌 내 미미한 정성을 펴겠는가. 하물며 대궐의 지척에 사단이 있음에랴. 어찌 감히 편히 잠을 자겠는가. 오늘 밤 제사 지내는 정시(正時) 2각(刻) 전에 무덕문(武德門) 안의 자극문(紫極門)에 나아가 사직을 바라보며 서서 예가 끝난 뒤에 들어갈 것이다." —출전은 위와 같다.

○ 같은 달

하교하였다.

"아, 80세를 바라보는 연초에 《시경》 〈소아(小雅)〉 북산장(北山章)이 끝나가려 하는데, 오늘 강독할 부분은 어느 장인가. 하나는 초자장(楚茨章), 다른 하나는 신남산장(信南山章)이다. 처음에 농사일로 시작하여 끝에는 제향으로 끝나는데, 그 형용한 것이 마치 그림을 보는 듯하다. 아, 이 공경(公卿)이 밭을 갈고 제사를 받드는 것이 오히려 이와 같도다. 아, 부덕한 내가 41년간 왕좌에 있고 나이도 72세가 되었다. 그런데 그 향사(享祀)에 있어서는 정성이 매우 부족하여 〈초자〉 4, 5장의 의절을 보지 못하였다. 지금 이 장을 강독하니 나도 모르게 두려워지고 또 한편으로 흠모하게 된다. 생각건대, 스스로 충분히 읽어서 이로 인하여 마음에 견디지 못하는 점이 있는 것은 또한 면칙(勉勅)되는 것이 있는 것이다. 아, 한창 혈기가 왕성할 때에도 오히려 그러할 것인데, 하물며 지금 점점 더 노쇠해짐에랴. 견디지 못하는 마음으로 지금에 이르도록 하지 못하였으니 다시 어느 때를 기다릴 것이며 또한 어찌 계품하기를 기다리겠는가. 아, 세손과 여러 신하들의 요청에 따라 결코 하고 싶지 않은 일도 오히려 미리 윤허하였는데, 더구나 선조를 향사하는 막중한 일을 몇 달 남겨 두고 어찌 미리 유시하지 않겠는가. 앞으로 있을 여름의 약(禴) 제사는 의당 직접 올릴 것이니, 예조로 하여금 미리 잘 알고 있게 하라. 이 장을 읽으면 또한 어찌 면칙되지 않으리오. 경대부는 단지 종묘만 섬기므로 이렇게 말하는 것이지만, 나라 임금은 종묘도 있고 사직도 있으니 중하고 공경할 바가 똑같다. 입시한 유신들로 하여금 초자장과 신남산장 하단을 베껴 지금 내린 하교에 써서 1건은 태묘의 향대청(香大廳) 좌측 곁에 걸고, 1건은 사직의 향대청 우측 곁에 걸도록 하여 내가 감동하고 면칙된 뜻을 보이라." —당저(當宁) 신축년[22] 중하(仲夏)에 중각(重刻)하였는데, 특교로 사복시 주부 조윤형(曺允亨)에게 명하여 써서 걸게 하였다. ○사직서 현판(懸板)이다.

22 당저 신축년 정조 5년(1781)이다.

○ 같은 해 11월

예조가 아뢴, 오는 1월 사직 기곡제를 섭행하는 일에 대해 하교하였다.

"아, 금년의 농사일이 또 애초 생각한 것과 어그러졌으니, 늙은이의 이 마음은 오직 백성에게 있다. 이번에 반드시 기곡제를 행하고자 하였는데, 동지도 이미 지나갔고 1년이 또 시작되어 그러한 것인가. 어제 이후로 더욱 노쇠해진 것을 알았으니, 현기증이 또 일어나 비록 행하고자 해도 기필하기 어렵다. 계품한 대로 거행하되 비록 대신들에게 섭행하도록 명하였다고 해도 여러 집사는 친제(親祭)하는 예에 따라 해당 조로 하여금 각별히 택하여 반드시 경건하고 정성을 다하여 풍년을 기원하도록 하여, 이 서운한 마음을 조금 풀어 주도록 하라." —《사직서등록》

○ 영종 42년 병술(1766) 12월

예조가 아뢴, 오는 1월 사직 기곡제를 섭행하는 일에 대해 하교하였다.

"백성을 위해 풍년을 기원하는 마음은 비록 간절하지만, 정성을 보이기가 실로 어렵다. 비록 섭행한다 해도 여러 집사는 친제의 예대로 거행하라." —출전은 위와 같다.

○ 영종 43년 정해(1767) 12월

하교하였다.

"공자가 '예니 예니 하는 것이 옥백(玉帛)을 두고 한 말이겠는가. 악이니 악이니 하는 것이 종고(鍾鼓)를 가지고 한 말이겠는가.' 하였으니,[23] 아, 성인이 어찌 나를 속이겠는가. 이로써 보면 옥백과 종고는 형식이고, 성심(誠心)과 간곡한 기도는 실질이다. 지난해 비록 친제를 행하였지만 정성이 부족하여 믿음을 주지 못하였으니 마음에 항상 스스로 부끄러웠다. 예전에 한 사람이 신을 소홀히 하여도 오히려 3년의 가뭄을 부른다고 하였으니 생각건대 신중히 하지 않을 수 있겠는가. 아, 직접 기도를 올리지 못하여 마음이 불안하므로 근년에는 궐내 정원에서 사단을 바라보며 밤을 지냈다. 지금은 이 일도 바라기 어렵고 단지 불안한 마음만 품고 유사에게 신칙할 뿐이다. 각별히 본서 관원을 신칙하여 우선 단유(壇壝)를 깨끗이 하게 하라. 비록 기일에 앞서 깨끗이 하지는 못하더라도 이번의 모든 행사 집사 관원은 오늘부터 청재(清齊)하여 경건하고 정성스럽게 하라." —출전은 위와 같다.

23 공자가……하였으니 《논어(論語)》〈양화(陽貨)〉에 나오는 말이다. 주에 "공경하고서 옥백을 보내야 예가 되는 것이고, 화평한 연후에 종고로 흥발시켜야 음악이 되는 것이니, 근본을 버리고 말단만 일삼는다면 어찌 예악이라고 할 수 있겠는가."라고 하였는데, 이는 곧 근본인 경(敬)을 버리고 말단인 옥백만 가지고는 예가 될 수 없으며, 근본인 화(和)를 버리고 말단인 종고만 가지고는 음악이 될 수 없다는 것을 말한다.

○ 영종 44년 무자(1768) 12월

예조가 아뢴, 오는 1월 사직 기곡제를 섭행하는 일에 대해 하교하였다.

"아, 예전에 선대왕이 백성을 위함을 내가 우러러보아 왔는데, 풍년을 축원하는 어제시(御製詩)를 어찌 감히 잊겠는가. 더구나 금년의 농사일이 처음 예상했던 것과 크게 어그러졌음에랴. 내년 봄의 풍년을 기원하는 것이 오로지 내 마음이다. 그런데 아, 금년의 기력이 전일에 비해 떨어져서 막중한 예를 모두 행하지 못하고 있으니, 어찌 여러 신하들의 간쟁을 기다릴 것인가. 나 또한 참으로 어렵기에 단지 그대로 윤허한다고 명할 뿐이다. 이 어찌 예전 선대왕을 본받는 도리이겠으며 또한 백성을 위하는 뜻이겠는가. 위로나 아래로나 부끄러운 마음이 갑절 든다.

여러 집사는 각별히 제물을 택하고 또한 거듭 신칙해서 나로 하여금 마치 제사 지내지 않은 것 같다는 탄식이 없게 하라." —출전은 위와 같다.

○ 영종 45년 기축(1769) 1월

하교하였다.

"향을 지영(祗迎)하고자 하여도 혹 정결함에 흠이 될까 염려되어 비록 명을 내리지는 않았다. 아, 수년 전에는 무덕문(武德門) 내에서 바라보며 밤을 지내기도 했지만 올해는 참으로 어렵다. 아, 마음이 한결같이 가는 곳은 바로 선왕에 대한 추모와 백성들이다. 그날 비록 전과 같진 않더라도 어찌 감히 따뜻한 방에서 잘 수 있겠는가. 6일 밤에 의당 중관(中官)을 거느리고 덕유당(德游堂)에서 하룻밤 지내고 여기서 예전 선대왕의 풍년을 축원한 어제시를 우러러 마음에 새길 것이다. 제물과 여러 집사에 대해 각별히 더 신칙하라." —출전은 위와 같다.

○ 같은 달

하교하였다.

"기곡제(祈穀祭)에 명하여 대신을 보내고 또 재계하도록 한 것은 바로 계해년(1683, 숙종 9)의 수교(受敎)이다. 지금 들으니, 《속대전(續大典)》에 실려 있지 않으므로 봉행(奉行)하기에 곤란하다고 하는데 전혀 그렇지 않다. 이는 《속대전》을 찬집할 때에 빠진 것에 불과하다. 지금부터는 수교대로 준행하되, 이는 백성을 위한 중대사이니, 《정원고사(政院故事)》에 실으라." —출전은 위와 같다.

○ 같은 달

상이 체후가 평안하지 않으므로 기곡제를 섭행(攝行)하도록 명하고, 마침내 덕유당에 나아가 그날 밤을 보냈다. 이때 하교하였다.

"구성(九成)의 음악에 지극한 이치가 담겨 있는데, 친향할 때와 섭행할 때 그 소리의 빠르기가 아주 다르다. 만약 순식간에 연주해 버린다면 어찌 감통(感通)할 수가 있겠는가. 아악(雅樂)과 속악(俗樂)을 아울러 신칙하라."

이어 팔도(八道)와 양도(兩都)에 윤음(綸音)을 내려 농사를 권면하도록 신칙하였다. —《국조보감(國朝寶鑑)》

○ **영종 46년 경인**(1770) **6월**

하교하기를,

"지금 사직서 도제조가 아뢴 바를 들으니, 신실(神室) 안에 불결한 일이 있었다[24]고 하는데, 듣고 보니 매우 두려운 마음이 든다. 신령을 모시기를 성심으로 한다면 어찌 이러한 일이 있겠는가. 제문을 지어 내리니, 위안제(慰安祭)는 길일을 가릴 것 없이 13일에 거행하고, 헌관과 집사를 각별히 택하여 제사를 행한 뒤에, 도배(塗褙)와 포진(鋪陳)을 모두 새로 바꾸도록 하라."

하였다. 장령 신대수(申大脩)가 아뢰기를,

"해당 관서의 입직 낭청을 잡아다 신문하여 처벌하소서."

하니, 상이 이르기를,

"근자의 기후는 마치 귀를 끌어당겨 타이르고 눈앞에서 가르치는 듯하니, 무슨 어떠한 일이 있을까 싶어 매우 두려워하며 걱정하고 있던 참인데, 이 보고를 들으니, 괴상한 기운이 순식간에 이르고 또한 이러한 물건이 어느 날에 지나갈지 알지 못하겠다. 미리 방어하지 못했다면 어찌 신칙이 없을 수 있겠는가. 9일부터 일을 보고할 때까지의 입직 낭청은 특별히 불서지전(不敍之典)[25]을 시행하여 이후를 면려하도록 하라."

하였다. —《사직서등록》

○ **영종 47년 신묘**(1771) **1월**

하교하였다.

"지금 들으니, 사단에서 풍년을 기원하는 제사를 위해 1일 동안 청재(淸齊)한다고 한다. 비록 사전(祀典) 가운데 대제(大祭)는 아니라 하더라도 혹 친행하거나 혹 재상을 명하기도 하니 사체로 보아 중요하지 않단 말인가. 비록 7일 동안 재계하는 규례는 없더라도 기일 전 3일간 인원을 보충하여 반드시 산재(散齊) 2일, 치재(致齊) 1일을 하도록 하라." —출전은 위와 같다.

24 **신실……있었다** 이달 13일 오시(午時)에 왕이 대신과 비국 당상을 인견(引見)할 때, 상이 "꿩은 오히려 날짐승인데 솥에 오른 것은 재앙이 되니 이번 일은 심히 괴이하다."라고 하였는데, 이 일을 말하는 듯하다. 《서경》〈고종융일(高宗肜日)〉 서(序)에 "고종이 성탕을 제사 지낼 때 나는 꿩이 솥귀에 올라서 울었다.〔高宗祭成湯 有飛雉升鼎耳而雊〕" 한 데서 나온 말로, 뒤에 꿩이 사당에 나타나는 것을 변괴의 조짐으로 여겼다.

25 **불서지전** 준기불서(準期不敍)의 법을 말하는 듯하다. 준기불서는 일정 기간을 서임하지 않는 것, 곧 정직(停職)을 말한다.

○ **같은 해 7월**

하교하였다.

"어제저녁 마음을 썼더니 밤중에 단비가 내렸다. 참으로 천만뜻밖의 일이었다. 이것이 누구의 은혜인가, 이것이 누구의 은혜인가. 오르내리며 내려 주시는 은혜에 보답하고 사례하기를 감히 늦출 수 있겠는가. 모레 대신에게 명하여 종묘와 사직의 보사제문(報謝祭文)을 지어 내리게 하라." —출전은 위와 같다.

○ **정종 원년 정유(1777) 5월**

하교하였다.

"아, 근일의 극심한 가뭄은 가히 매우 혹독하다고 하겠다. 몇 차례 기우제를 지냈으나 흡족하게 적셔 줄 기미는 오히려 막막하고, 해가 떠서 쨍쨍 내리쬐고 이어 서늘한 바람이 불어온다. 백성의 일을 생각하면 고통이 내 몸에 있는 듯하다. 나의 미약한 정성을 돌아보면 어찌 위로 천심(天心)을 감동시키겠는가. 그러나 백성의 일이 다급하고 답답하기가 이와 같으니 이 몸이 희생을 대신하여 직접 기도하는 일을 조금도 늦출 수가 없다. 더구나 공경히 지난 규례를 상고해 보니 직접 기도하는 일은 효묘조(孝廟朝)부터 선조(先朝)에 이르기까지 매양 원년에 있었고 많게는 3, 4차례에 이르렀다. 내가 아직까지 지체하며 기다린 것은 감히 소홀히 여긴 것이 아니다. 다만 복색(服色)을 바꿔야 하기 때문에 차마 서둘러 행하기를 명하지 못하였던 것이다. 선조가 친행한 때에 비하면 늦었다 하겠으니 또한 내 정성이 부족함을 입증하는 한 가지 단서이다. 길일을 택하지 말고 바로 9일에 직접 사단에 나아가 기우제를 친행할 것이다. 재계할 관원을 각별히 가려 차임하여 각자 내가 경건히 기도하는 뜻을 본받아서 반드시 그 몸을 목욕하고 그 옷을 세탁하여 힘써 밝게 재계하는 도리를 다하도록 하라."

○ **정종 5년 신축(1781) 1월**

하교하였다.

"향사 올리는 날이 멀지 않아서 깨끗이 청소하는 등의 일을 적간(摘奸)

하고 오도록 하였는데, 막중한 단(壇) 위가 전혀 청소가 되지 않았으니 이미 너무나도 놀랐다. 그런데 더구나 유문(壝門) 내 단 측면에는 더러운 물건이 이렇게 많으니, 이러한 때도 이와 같다면 평상시 삼가지 않음을 알 만하다. 별도로 엄히 조처하는 방도가 없어서는 안 된다. 입직한 본서 관원 홍윤오(洪允五)를 우선 태거한 다음 해당 부(府)로 하여금 엄하게 감처하게 하라."

○ 정종 7년 계묘(1783) 1월

친림(親臨) 기곡제(祈穀祭)를 위해 본서에 재숙할 때에《사직서의궤(社稷署儀軌)》를 정리하도록 명하였다. ㅡ전교(傳敎)는《사직서의궤》권수(卷首)에 함께 게재되어 있다.

하교하였다.[26]

"근래 친향한 뒤에 문 안을 반드시 깨끗이 청소하게 하고 다음 날 새벽에 선전관을 보내서 적간하도록 하는 것은 바로 당연히 행해야 할 규례가 되었다. 앞으로는 비록 이 같은 하교가 없더라도 본서의 낭청이 부장(部將)과 군인을 인솔하여 즉시 청소하고 정원에 와서 고하는 것을 정식(定式)으로 삼아 시행하라."

하교하였다.[27]

"종묘와 사직은 사체가 마찬가지이다. 그런데 태묘(太廟)에는 삭망(朔望)의 작헌례(酌獻禮)와 오시(五時)의 대향(大享)이 있고, 종묘의 관원들이 거행하는 것도 거의 서툴지 않다. 그런데 본서의 경우는 봄·가을 및 납일(臘日)의 대향만 지낸다. 이 때문에 제의(祭儀)가 서로 뒤섞이는 문제가 없지 않아서 작년에 여기에 와서 이미 신칙하는 하교를 내렸는데, 그 후에 과연 하나하나 준행하여 도식(圖式)은 강습을 받고 의절(儀節)은 익히고 있는지 모르겠다. 또 본서의 낭청으로 말하면 간혹 제대로 가려 뽑지 않은 경우가 많으니, 또한 어찌 일마다 제대로 거행하기를 바라겠는가. 이러한 뜻을 도제조로 하여금 잘 알게 해서 각별히 살피고 신칙하도록 하라. 또 문금(門禁)으로 말하면 사직단은 종묘나 전궁

26 하교하였다 같은 달 8일에 내린 하교이다.《日省錄 正祖 7年 1月 8日》

27 하교하였다 위의 주와 같다.

(殿宮)과 다름이 없는데 날로 해이해져 간다. 이후 만약 평복(平服) 차림으로 단문(壇門)을 출입하는 일이 있으면 낭관(郎官)이든 부장(部將)이든 따지지 않고 발각되는 대로 엄하게 처벌하고 결단코 너그럽게 용서하지 않을 것이니, 또한 엄하게 신칙하라. 입직관은 청재(淸齊)를 한 뒤에 입직에 나아가되, 갑자기 입직을 바꿀 경우에는 하룻밤을 지나서 봉심하라. 이 또한 선조(先朝)의 게판 수교(揭板受敎)이니, 이대로 준행하라는 뜻을 다시 거듭 분명하게 신칙하라."

○ **정종 9년 을사**(1785) **1월 2일**

하교하였다.

"우리나라의 사단 제사는 곧 옛날의 방구단(方丘壇) 제사이다. 질그릇〔陶〕과 표주박〔匏〕, 국그릇〔鉶羹〕에 제물을 담아 놓고 땅을 쓸어 내고 제사를 지내는데, 밝은 신령은 세상에 가득 차서 마치 물이 땅속에 있는 듯하니[28] 주(州)·부(府)·군(郡)·현(縣)에서 사직을 모실 책임을 가지고 있지 않은 곳이 없다. 일찍이 선조(先朝) 때에 외읍의 사직단이 깨끗하지 못하다고 하여 여러 번 신칙하는 하교를 내렸다.

그런데 요사이 듣건대, 여러 도(道)에 사직단을 정비하지 않은 곳이 많아서 단유(壇壝)는 파손되어 떨어져 나가고 홍살문은 헐어서 무너졌으나, 수령들이 성황당(城隍堂)의 여러 제단같이 여겨 제사를 지내는 막중한 땅을 끝내 땔나무하고 소 키우는 장소로 만들었다고 하니, 사체가 구차해진 것이 이보다 더 심한 경우는 없을 것이다. 제향 예절을 의식대로 따르지 않고 제품(祭品)을 정결하게 하지 못하였을 것은 이것으로 미루어 알 만하다.

대저 수령의 직책은 백성과 사직이 중한 것인데, 이것도 정성을 다하지 않으니 그 밖의 다른 일에 어찌 볼만한 것이 있겠는가. 이러한 내용으로 해당 조(曹)로 하여금 거듭 각 도(道)에 관문(關文)을 보내 신칙하게 하여 사직단을 정비해야 할 곳은 발견하는 대로 즉시 수리하게 하고, 각각 지키는 교졸(校卒)을 두고 경계의 표식을 세워 잡인들을 각별히 금지하도록 하며, 매달 말에는 사직단에 탈이 있는지 없는지를 영문(營門 감영(監營))에 논보(論報)하게 하여 영문에서 의조(儀曹 예조)에 전

28 밝은……듯하니 신령은 땅속의 물과 같아서 어느 곳에서나 정성껏 받들면 그곳으로 온다는 것이다. 소식(蘇軾)의 〈조주한문공묘비문(潮州韓文公廟碑文)〉에 "공의 신령이 천하에 있는 것이 물이 땅속에 있는 것 같아 어느 곳이나 있지 않는 곳이 없다.〔公之神在天下者 如水之在地中 無所往而不在也〕"라고 하였다.

보(轉報)함으로써 의조가 근만(勤慢) 상황을 살필 수 있게 하라. 이 밖에 제향하는 예절이나 제품 같은 것에 대해 판당(判堂)[29]이 관련 자료를 초록(抄錄)하여 1통을 만들어 후록(後錄)으로 관문에 첨부하여 이대로 준행하게 함으로써 제사를 지내지 않은 것 같다는 한탄이 없도록 하라. 그리고 이 전교를 《사직서의궤》에 기록하라.

이와 같이 하교한 뒤에도 도백과 수령이 또다시 내버려 두었다가 앞으로 암행 어사나 선전관(宣傳官)이 적간(摘奸)하러 갔을 때 발각되는 자가 있으면 특별히 엄하게 처벌할 것이다. 이러한 내용을 일체 엄히 신칙하고 거행한 전말을 내처 장계(狀啓)로 보고하도록 분부하라."

29 판당 판서 또는 판윤(判尹)의 별칭이다. 여기서는 예조 판서를 말한다.

○ 정종 10년 병오(1786) 4월 24일

하교하기를,

"수개할 때의 이안(移安)하고 환안(還安)하는 일은 사체가 지극히 중대하다. 그런데 본서의 제거(提擧 제조)가 비록 인원을 갖추지 못하였더라도 그대로 거행하는 것은 반드시 잘못된 전례를 답습해서 그런 것이다. 앞으로 이안하고 환안할 때는 도제거(都提擧 도제조)와 제거의 인원을 갖추어 진참(進參)하게 하라."

하고, 이어 종묘·사직·전궁(殿宮)의 의궤에 기재하도록 하였다.

○ 정종 11년 정미(1787) 5월 29일

예조가 사직의 신실(神室)에 비가 새는 곳을 수개하는 일을 비가 개면 일자를 택하여 거행하는 일로 올린 초기(草記)와 관련하여 하교하였다.

"윤허한다. 신실에 비가 새는 것은 어느 해이고 없었던 적이 없었다. 이는 대개 수직 관원이 삼가지 않은 소치이다. 실(室) 위의 낙엽 같은 잡물을 즉시 소제했더라면 어찌 이런 일이 있겠는가. 만약 '봉안하는 일로 감히 하지 못했다'고 한다면 이 또한 그렇지 않다. 해마다 연내(年內)의 제향이 모두 몇 번이나 되는가. 그렇다면 신주를 내올 때 어찌 지붕에 올라가 소제할 방편이 없었단 말인가. 지금부터 정식으로 삼아 기한 내 탈이 잡히면 감역(監役)인 선공감(繕工監) 관원을 비단 법식대로 논죄할 뿐만 아니라 제향할 때 공무를 행한 본서의 관원도 필히 고과

성적에서 차고(次考 다음 점수)에 두고 수복은 입계하여 과죄(科罪)하도록 하라."

○ 같은 해 7월 10일

예조가 "사직의 신실에 비 새는 곳을 수개하기 위해 길일을 일관(日官)으로 하여금 가려 택하게 하니 이달 7월 17일이 길하다고 하였습니다."라는 내용으로 올린 초기와 관련하여 하교하였다.

"아뢴 대로 시행하라. 앞으로 신실을 수개할 때 이안(移安)하고 환안(還安)하는 일이 있으면 본조 당상 1원이 본서 제조와 함께 입회하여 감동(監董)하는 것으로 정식을 삼으라."

○ 같은 해 12월

하교하기를,

"기곡제는 사령(祀令)에 있지 않아 친행(親行)하는 경우가 아니면 단헌(單獻)에 소뢰(小牢)를 쓰고 악무(樂舞)가 없다. 우리 조정의 기곡제는 숙묘조(肅廟朝) 때부터 시작되었는데, 사직단(社稷壇)에서 하고 교(郊)에서 하지 않으니, 상고하여 본뜨고 참작하여 정한 성의(聖意)를 우러러 알 수 있다. 다만 섭의(攝儀)에 있어서는 오히려 전식(典式)에 부족함이 있다. 만약 봄·가을 중월(仲月)에 올리는 시향의(時享儀)를 적용하여 삼헌(三獻)[30]에 태뢰(太牢)를 쓰고 악무를 갖추어 대사(大祀)의 반열로 올린다면 진실로 예의(禮宜)에 합당할 것이다. 예조로 하여금 낭관(郎官)을 보내어 대신에게 문의하여 보고하게 하라."

하니, 예조가 아뢰기를,

"대신에게 문의하도록 명하셨습니다. 낭청을 보내 대신에게 문의하였더니, 영의정 김치인(金致仁)은 '하문하신 예절은 나라의 대사에 관계됩니다. 신처럼 병들고 혼미하며 어리석은 자가 어찌 감히 억측해서 답변할 수 있겠습니까. 그러나 삼가 《예기(禮記)》 〈월령(月令)〉을 상고해 보니, 「맹춘월에 상제(上帝)에게 기곡제를 올린다.」라고 한 구절이 있고, 주에 정현(鄭玄)이 「상신(上辛)에 교(郊)에서 하늘에 제사 지내는 것이다.」 하고 맹헌자(孟獻子)가 교사(郊祀)[31]를 지내 농사를 기원했다[32]는 말로 증

30 **삼헌** 제사 때 세 차례 술을 올리는 것으로, 즉 초헌(初獻), 아헌(亞獻), 종헌(終獻)을 말한다.

31 **교사** 상고(上古) 시대 제왕이 교외(郊外)에서 천지의 신에게 지내던 큰 제사이다.

32 **맹헌자가……기원했다** 《춘추좌씨전(春秋左氏傳)》 양공(襄公) 7년 조에 나온다. 맹헌자가 "남교에서 후직에게 제사하는 것은 농사의 풍년을 빌기 위함이다.〔郊祀后稷以祈農事也〕"라고 하였다. 맹헌자는 노(魯)나라 대부(大夫) 중손멸(仲孫蔑)이다.

명하였습니다. 이것이 기곡제가 유래된 근원입니다. 그리고 선정신(先正臣) 송시열(宋時烈)은 《주례(周禮)》의 「모든 나라는 전조(田祖)[33]에게 풍년을 기원한다.」라는 구문을 인용하여 「비록 천자가 아니라도 불가할 것이 없다.」 하여, 마침내 사단(社壇)에서 제사를 행하였으니, 참작하여 정한 성의(聖意)가 참으로 하교하신 바와 같습니다. 섭의(攝儀)가 부족함이 있는 것 또한 뒤에 말씀하신 것이 합당합니다. 다만 생각건대, 당시 예를 의논하는 신하가 친향과 섭례를 행하는 때에 손익(損益)을 상고하여 본뜬 것이 필시 그 주장이 있었을 텐데 이것을 감히 알지 못하겠습니다. 《주례》에 「무릇 대신(大神 천신(天神))과 대시(大示 지신(地神))를 제사할 때에 왕이 제사에 참여하지 못하면 종백(宗伯)이 섭행한다.」 하였는데, 그 주(註)에 「왕이 유고하면 그 제사를 대신 행한다.」 하였을 뿐이고 의절(儀節)을 줄인다는 말을 듣지 못하였으며, 전조(田祖)에게 풍년을 빌 때에 빈약(豳籥)[34]을 불고 북을 치는 의절이 있으니, 또한 음악이 없을 수 없음을 알 수 있습니다. 또 사직(社稷)의 삼향(三享)[35]은 비록 친림(親臨)이 아니더라도 반드시 삼헌(三獻)을 갖추고 악무(樂舞)를 사용하니, 이것도 의거할 수 있는 일단(一端)입니다. 일이 교사(郊祀)와 같으니 예도 실로 가볍지 않습니다. 한결같이 삼향을 섭행할 때의 의절에 따라 대사(大祀)의 배열에 올리는 것이 마땅할 듯합니다. 청문(淸問)하심을 받고 별달리 논의드릴 것이 없습니다만, 사전(祀典)은 지극히 중하므로 의당 삼가고 조심해야 합니다. 오직 성상께서 널리 물으시어 신중하게 처리하시기에 달렸으니, 삼가 부디 상께서 결정하소서.' 하였습니다. 좌의정 이재협(李在協)은 '상신일의 친향은 처음 명나라 가정(嘉靖) 연간에 행해졌는데, 우리나라는 미처 겨를이 없었습니다. 그러다가 숙묘(肅廟)께서 단호하게 행하시어 규정된 제도로 만들었으니, 매우 성대한 전범(典範)이라 하겠습니다. 다만 사전(祀典)에 실려 있지 않으므로 친행과 섭행의 예에 더하고 덜함이 있는 것입니다. 《속오례의(續五禮儀)》에 「맹춘월 상신일의 기곡제 의절은 친림이면 대사(大祀)와 같고 섭사이면 기고제(祈告祭)와 같다.」 하였으니, 참작하여 제도를 규정할 때 반드시 살펴 근거하고 강구하여 정한 것이 있을 것입니다. 그러나 《예기》를 상고하면 「맹춘에 상제에게 기곡제를 올린다.」 하였고, 《춘

33 **전조** 전설상의 최초로 농사를 지은 사람, 곧 신농씨(神農氏)를 지칭한다.

34 **빈약** 빈(豳) 땅 사람들이 피리로 부는 음악이다.

35 **삼향** 춘향(春享), 추향(秋享), 납향(臘享) 세 번의 제향을 말한다.

추전(春秋傳)》에는 「교사(郊祀)에서 후직(后稷)에게 농사를 기원하였다.」 하였습니다. 우리나라에서는 사단에서 지내고 교단(郊壇)에서는 지내지 않으니, 비록 천자는 하늘에 제사 지내고 제후는 땅에 제사 지내는 의리에서 나온 것이기는 하나 그 사체가 참으로 막중하고 그 예절이 참으로 성대한 것입니다. 숙묘께서 창설하셨고 선조께서 행하셨습니다. 우리 전하가 등극한 이후로 해마다 몸소 제사를 지내셨으니 풍년을 기원하는 정성과 선조의 뜻을 계술하려는 생각을 우러러 깨달을 수 있습니다. 또한 사직의 설치가 본래 농사를 위한 것이고 원일(元日)의 제사는 바로 해마다 농사를 기원하는 상전(常典)이니 일시적인 기고제에 비할 바가 아닙니다. 그렇다면 그 의문(儀文)을 준비하여 대사(大祀)에 두는 것이 실로 농사를 중시하는 뜻에 부합됩니다. 이 또한 이른바, 예는 의리로써 일으킬 수 있다고 하는 것입니다. 다만 생각건대 대향(大享)의 사체는 지극히 신중해야 하므로 고례(古禮)에서 찾아보았으나, 분명한 근거가 없습니다. 신의 부족한 지식으로 감히 망녕되이 논의할 수 없으니 삼가 상께서 재단하소서.' 하였습니다.

영중추부사 정존겸(鄭存謙)은 '지금 기곡제를 대사의 반열에 올리는 일로 특별히 수의(收議)하라는 명을 내리셨습니다. 이는 실로 성상께서 밤낮으로 경건한 정성으로 오직 제사를 중시하는 일념에서 나온 지극한 뜻이기에 공경하고 찬송하는 마음을 이기지 못하겠습니다. 신처럼 노쇠하고 잔약한 자가 외람되이 수의하는 반열에 끼이게 되었으니 황공하여 죽을 것 같아 무슨 대답을 해야 할지 알지 못하겠습니다. 다만 삼가 생각건대 상신일의 기곡제는 《주례》의 「대저 나라는 풍년을 기원한다」는 글을 본뜬 것이고 원구(圜丘)의 제도로서 한 것이 아닙니다. 비록 우의(寓意)하여 참작하기는 했으나 세수(歲首)에 풍년을 빌고 백성들에게 복을 내려 주기를 비니, 그 일의 중대함과 그 예의 귀함이 어떠합니까. 그런데 섭행으로 기곡제를 올릴 때 대사의 의절을 쓰지 않고 심상한 기고제와 동일한 예로 마련하는 것은 미처 행하지 못한 의전(儀典)인 듯합니다. 선조 갑오년(1774, 영조 50) 1월 7일에 향을 지영(祇迎)하기 위해 입시할 때 섭행하는 기곡제 때 음악의 사용 여부를 문의하여 들이게 하고 이어 전교를 내린 것이 《사직서등록》에 실려 있으니, 우러러 성인의 뜻을 확인할 수 있습니다. 상신일의 기곡제와 춘향·추향·납향의 세 대향은 모두 정해진 기일이 있으니 아마 동일한 의절로 거행해야 할 듯한데, 일이 막중한 국가 전례에 관계되므로 혼매한 신이 감히 억측으로 대답할 수 없습니다. 오직 널리 물어 조처하시기에 달려 있습니다. 삼가 상께서 결정하소서.' 하였습니다. 행 판중추부사 서명선(徐命善)은 병으로 수의(收議)에 응하지 못했고, 영돈녕부사 홍낙성(洪樂性)도 병으로 수의에 응하지 못했습니다. 행 판중추부사 이복원(李福源)은 '정월의 기곡제는 〈월령(月令)〉에 실려 있고 성조(聖祖)가 처음 행하셨으니 실로 옛 예를 준행한 것으로 그 의리가 매우 크고 그 예절이 심히 중요합니다. 그런데 섭행의 의절을 모두 단계를 낮추었으니 흡사 사직 기고제의 의절을 끌어다 쓴 듯합니다. 그러나 사직은 원래 대사(大祀)인 시향(時享)에 속하니 그렇다면 친림과 섭행이 모두 삼헌을 갖추고, 태뢰를 쓰고 헌현(軒懸)[36]을 진열하는 등 중요함이 제사에 있어야지 섭행이라는 이유로 차이를 두어서는 안 됩니다. 기곡제는 매년 정해진 기일이 있는 것 또한 시향과 같으니, 심상한 기고제(祈告祭)와는 크게 차이가 있습니다. 선조 갑오년(1774)에 음악을 쓰고 희생을 더하라는 뜻으로 재차 윤음을 내리셨습니다. 비록 조정의 의논이 일치되지 않은 까닭에 결국 중지되어 행해지지 못하였습니다만, 대성인(大聖人)의 민본(民本)을 중시하여 사전(祀典)을 경건히 하는 지극한 뜻은, 아! 성대하였습니다. 지금 이렇게 문의하라는 명이 실로 전후 임금의 같은 의리에서 나왔으니, 신은 흠송해 마지않습니다. 그런데 섭행으로 지내는 기곡제는 소사(小祀)가 된다는 말이 《속오례의》에 실려 있습니다. 예악의 손익은 사체가 지중하므로 몽매한 신이 감히 억측하여 대답할 수 없습니다. 오직 널리 문의하여 처리하시기에 달려 있습니다. 삼가 상께서 결정하소서.' 하였습니다. 행 판중추부사 김익(金熤)은 '예전에 정월 원일(元日)에 천자가 상제에게 기곡제를 올렸고,[37] 왕은 교단, 사단의 제사를 지냈으니 모두 풍년을 기원한 것입니다. 사직단 제사의 시향과 기곡제는 예로부터 구별이 없었습니다. 《시경(詩經)》에 「우리 기장〔粢〕과 우리 희생 양(羊)을 가지고 후토〔社〕에 제사하고 사방〔方〕에 제사하니」라고 하고, 또 「거문고와 비파를 타며 북을 쳐서 전조(田祖)를 맞이하

36 **헌현** 제후의 악현(樂懸)을 지칭하는데, 《주례(周禮)》 〈춘관종백(春官宗伯) 소서(小胥)〉에 "현악하는 위치는 천자는 궁현, 제후는 헌현이다.〔正樂懸之位 王宮縣 諸侯軒懸〕"라고 하였다. 악현은 편경과 편종 등 타악기를 설치하는 틀, 또는 그 악기들을 일컫는다.

37 **예전에……올렸고** 《예기(禮記)》 〈월령(月令)〉에 "천자가 원일에 상제에게 기곡제를 올린다.〔天子乃以元日 祈穀于上帝〕"라고 하였다.

38 **시경에……하였으니** 《시경》 〈보전(甫田)〉에 나온다.

여」 하였으니,[38] 선성(先聖)의 제도에 사직에 기곡제를 지낼 때 희생을 갖추고 헌현을 진열한 것을 여기에서 입증할 수 있습니다. 대개 제사가 기일이 정해져 있고 해마다 상례(常例)로 삼으면 이 또한 시향이므로 수재(水災), 한재(旱災), 여역(癘疫) 같은 일시적인 기고제(祈告祭)와는 크게 차이가 있습니다. 그런데 시향은 친향일 때와 섭행일 때를 구별하여 의물(儀物)을 가감하는 것이 없는데, 유독 섭행으로 지내는 기곡제만 제도를 가감해서 단계를 낮추어 소사로 만들었습니다. 당시 예를 의논한 신하들이 반드시 상고하여 근거를 삼고 참작한 뜻이 있을 터인데 감히 깨닫지 못하였습니다. 지금 만약 대사로 올려 시향과 나란히 세우고 그 의물을 갖추기를 친행·섭행의 구별이 없게 한다면 사전(祀典)도 잘 구비된 것이고 예의(禮意)로도 흠결이 없을 것입니다. 밝게 문의하시어 신이 흠송함을 이기지 못합니다만 사향(祠享)의 사체가 지엄 지중하므로 혼미한 식견으로는 감히 억측해서 대답하지 못하겠습니다. 오직 널리 물으시어 처리하시기에 달려 있습니다. 삼가 상께서 결정하소서.' 하였습니다. 대신의 의논이 이와 같으니 상께서 결정하시는 것이 어떻겠습니까?"

하니, 답하기를,

"이 수의를 보니 모두의 의논이 완전히 일치한다고 하겠다. 선조 갑오년(1774, 영조 50)에 희생을 더하라는 하교에서 성의를 우러러 알 수 있다. 사직단의 의절이 예전에 부족하였는데 오늘날에 갖추어졌다. 본 제사의 의절이 그러할 뿐 아니라 춘향·추향 및 납향(臘享) 대제(大祭)의 서계(誓戒)에 친림하는 의절이 없었는데 선조에 이르러 비로소 중화(中華)의 구제(舊制)를 준행하게 되었다. 시향의 의문(儀文)이 증보된 것도 오히려 그러한데, 더구나 기곡 대사(祈穀大祀)이겠는가. 내년 봄 상신(上辛)의 기곡제부터 춘향·추향 및 납향의 대제 의절을 대사(大祀)의 반열에 올려놓고 축문(祝文)과 악장(樂章)은 그대로 쓸 것인지 고쳐 지을 것인지를 경들이 상세히 살펴서 이치를 따져 초기(草記)하라."

하였다. 또 아뢰기를,

"사직 기곡제의 삼헌(三獻)에 태뢰(太牢)와 악무(樂舞)를 쓰는 일을 대신의 수의에 따라 초기한 데 대한 비지(批旨) 내에, '오는 봄 상신의 기곡제 때부터 춘향·추향·납향 대제의 의절을 대사의 반열에 올려놓고, 축문과 악장을 그대로 쓸 것인지 고쳐서 지을 것인지에 대해 경들이 이치를 따져 초기하라.'라고 명하셨습니다. 신들이 《사직의궤》를 가져다 살펴보니, 춘·추 시향 및 납향의 섭행 때 사용하는 악장도 친향 때의 것을 씁니다. 기곡제 친향 때에도 역시 이 악장을 쓰니, 섭행 때의 악장도 당연히 춘향·추향 및 납향 때의 규례를 그대로 쓰는 것은 다시 의논할 필요가 없는 듯합니다. 축식(祝式)은 춘·추 시향 및 납향 때 응당 쓰는 축식이 있는데, 기곡제의 경우에는 매 향례 때마다 임시하여 지어 올리는 것이 전규(前規)에 해당됩니다. 규례대로 친행 때에는 문임(文任)이 지어 올리고 섭행 때에는 지제교가 지어 올리는 것이 사리에 합당할 듯합니다. 그러나 막중한 전례를 본조(本曹)에서 감히 마음대로 처리할 수 없으니, 상께서 결정하시는 것이 어떻겠습니까?"

하니, 윤허한다고 전교하였다.

또 아뢰기를,

"대신의 수의로 인하여 사직 기곡제는 대사로 거행하도록 결정하였습니다. 지금부터는 대제라고 호칭을 올리고 제품(祭品)과 제관(祭官)의 품질, 친제와 친전향 등의 의절을 춘·추 중월 시향 및 납향의 예대로 거행할 것이며, 서계(誓戒), 이의(肄儀)도 규례대로 하라는 내용을 정식으로 삼아 시행하는 것이 어떻겠습니까?"

하니, 전교하기를,

"윤허한다. 축문은 향례 때에 임시하여 지어 낼 수 없으니, 한 개의 축문으로 쓰는 것이 좋겠다."

하였다.

○ 정종 16년 임자(1792) 8월

하교하였다.

"사단의 제향은 신위판을 신실에서 단소(壇所)로 모시고 나와 제사를 행하니, 사체의 중대함이 어찌 수개할 때에 비하겠는가. 태실(太室)[39]은 제조가 수개할 때에도 나아가는데 하물며 이 신위판을 모시고 나가고 모시고 돌아올 때임에랴. 매양 정식으로 삼고자 하다가 아직까지 못

39 태실 종묘의 신주를 모신 방 혹은 종묘를 말한다.

하였다. 또 친제(親祭) 때로 말하면 신위판을 신실에 도로 안치할 때에 머물러 기다렸다가 영송(迎送)의 예식을 행한다. 그런데 섭행 때에는 단지 단사(壇司)로 하여금 모시고 나오게 하니, 이것이 어찌 관서와 관원을 설치한 뜻이겠는가. 지금부터 사직의 대소 향사에는 본서 제거가 나아가 초헌관(初獻官)과 함께 입회하여 모시는 것을 정식으로 삼으라. 제조가 만약 당품(當品)[40]이면 해당 조에서 헌관을 규례대로 차임하여 그로 하여금 겸행하도록 분부하라."

40 **당품** 그 직(職)에 상당한 품계를 말한다.

41 **복선** 임금이 감선(減膳)했던 밥상의 음식 가짓수를 평시와 같이 회복하는 것을 말한다.

○ 같은 해 12월

하교하였다.

"종묘와 전궁의 대향(大享) 때 예를 마친 뒤에는 악원(樂院)의 공인(工人)과 태상시의 숙수(熟手) 등을 즉시 내보내서 밤을 지내지 않도록 하라고 분부하라."

○ 정종 18년 갑인(1794) 7월

하교하기를,

"비 올 기미가 막연하니, 길일을 잡지 말고 대신을 보내 사단에서 기우제를 지내되 내일 수향(受香)하도록 하라."

하자, 예조가 복선(復膳)[41]을 초기하니, 하교하였다.

"윤허한다. 오늘 큰비가 내렸으니 이 어찌 미처 생각한 일이겠는가. 모두가 그윽한 곳에서 남모르게 음덕을 베풀어 주신 덕분이니, 보사(報謝)의 예를 감히 혹시라도 늦출 수 있겠는가. 8월을 하루 앞둔 오늘, 이제까지 내린 것 말고도 밤이 들어 계속 비가 쏟아져 내리고 있으니 기우제는 정지하고, 사단의 보사제를 각별히 길일을 택하여 행해야 한다. 시향(時享)이 가까이 있어 따로 설행하면 번잡해지니, 겸행하는 것으로 마련하라. 헌관과 집사는 어제 제사에 차임한 인원을 합쳐서 차임 인원을 보충하고, 희생과 폐백은 친행의 예를 쓰라. 축문은 우러러 사례하는 뜻으로 제례 때에 이르러 대제학을 패초하여 지어 올리게 하되 으레 쓰는 축문에 첨입하라."

○ 정종 21년 정사(1797) 3월

하교하였다.

"오늘 전배(展拜)는 새로 조성한 궁의도(宮儀圖) 병풍을 간심한 뒤에 나누어 보관하기 위한 것이다. 도식(圖式)을 직접 보니 편차(編次)와 도사(圖寫)가 극히 정밀하다. 전 궁사(宮司)인 의령 현감(宜寧縣監) 홍낙수(洪樂綏)를 승진시켜 서용(敍用)하라. 이 또한 중히 여기는 뜻이 되니, 화원(畫員)과 사자관(寫字官) 등도 수고를 보상해야 마땅하다. 해당 조로 하여금 미포(米布)를 지급한 뒤에 초기하게 하라. 향의(享儀), 향품(享品)을 모두 갖추어 그림으로 그리고 겸하여 도설(圖說) 및 각양 절차를 기록하여 향소에 보관해 두어 각자 항상 눈앞에 두고 보면서 준행하기를 한결같이 이번에 본궁이 새로 만든 병풍 제도처럼 하게 하는 것이 좋겠다. 이 일은 예조 판서가 주관하여 감동(監董)하되, 태묘는 재전(齋殿), 재실(齋室), 묘사(廟司) 직소(直所), 전사청(典祀廳)에 각각 1본(本)씩 보관하고, 사직은 전사청에 1본을 보관하도록 분부하라."

하교하였다.[42]

"도식 편차의 역사(役事)를 윤광호(尹光濩)에게 간검(看檢)하게 하는 것은 연전에 편찬한 《사직서의궤》의 편차가 정밀하게 되어 있어서 그리한 것이다. 전 사직서 영 윤광호를 해당 조로 하여금 우선적으로 사직서 영에 단부(單付)하고 자리가 비기를 기다려 실직(實職)에 올리도록 분부하라."

42 하교하였다 이 내용은 《승정원일기》 정조 21년 3월 25일 기사에 실려 있다. 3월 17일 기사에는 궁의도병을 도장(圖粧)하는 일을 정밀하게 잘 주관할 자를 택하여 맡기라고 하면서 사직과 관련해서는 "일찍이 윤광호가 편찬한 《사직단의궤》를 보니 지극히 상밀하였다. 윤광호로 하여금 맡게 하는 것이 좋겠다.〔曾見尹光濩所編社稷壇儀軌 極其詳密 使光濩爲之好矣〕"라고 하교한 내용이 실려 있다.

○ 같은 해 4월

하교하였다.

"《오례의서례(五禮儀序例)》의 재계조(齋戒條)에는 '대사(大祀) 때 유문(壝門)을 수위하는 자는 청재(淸齊) 1일을 지낸다.' 하였고, 그 주에 '문마다 호군(護軍) 2인, 귀퉁이마다 대장(隊長) 1인을 세우는데 섭행할 때에는 대장이 아울러 수위한다. 종묘와 영녕전(永寧殿)의 문도 마찬가지로 한다.' 하였다. 이는 종묘와 사직에 대향을 친행할 때 및 섭행할 때를 말한 것이다. 또 중사(中祀) 때에는 '문묘(文廟)의 문 및 모든 유문은 마찬가지로 한다.' 하였다. 예를 제정한 뜻은 본래 이와 같은데 이 규례가 언제부터 준행되지 않았는지 알 수 없다. 근래 친향할 때 종묘와 사직의 신문(神門)을 임시로 병조와 도총부의 낭청으로 하여금 지키도록 하고 협련군(挾輦軍)이 문밖에 열 지어 서 있는 것은 비록 요행히 예서(禮書)에 딱 들어맞기는 하나, 일을 섭행할 때에는 그렇게 하지 않고 중사 때에도 수위에 대해 거론하지 않는다. 이미 그것을 깨달았으니 고쳐 밝히기를 늦출 수 없다. 이제부터 예전 제도를 거듭 회복하도록 하라. 그리고 《오례원의(五禮原儀)》에서 오위(五衛)에 대해 작성할 때에는 호군이라고도 하고 대장이라고도 하였는데, 지금의 호군은 문관, 음관, 무관의 경재(卿宰)로 종2품 이상이고, 대장의 경우는 곧 군대를 통솔하는 대장이다. 옛날과 지금의 제도가 뜻을 달리하고 있는 것이니 이것은 거론하지 말고, 수문(守門)하는 호군은 무신으로서 녹봉을 받고 있는 당상관을 쓰면 된다. 이들을 협련장(挾輦將)으로 삼고 고훤장(考喧將)으로 삼으라. 연전에는 긴요하지 않다고 하여 그대로 두었는데 가히 크게 소홀히 한 일이라 하겠다. 이후에는 《오례의》에 실려 있는, 제향 시 수문 호군에 대한 기록을 보고 인원수를 적절히 헤아려 청재한 뒤에 나오게 하고, 또한 협련장, 고훤장 등 장수를 망통(望筒)에 따라 계하하는 예에 의거하여 병조가 주관할 것이며, 친향 때에는 근래의 규례에 의거하여 병조와 도총부의 낭청이 문을 지키도록 하라고 분부하라."

○ 같은 해 12월

예조가 아뢰기를,

"오는 1월 2일에 종묘, 영희전(永禧殿), 경모궁에 춘전알(春展謁)을 하라고 명을 내리셨습니다. 사직 기곡 대제의 이의(肄儀)가 2일에 있는데, 여러 향관이 모두 의당 배종하는 반열에 나아갔으니, 어떻게 해야겠습니까? 감히 여쭙니다."

하니, 하교하기를,

"종묘와 사직의 중요함은 똑같다. 이의를 3일로 정해서 행하는 것이 예에 불가한 것이 아니니 이대로 하라는 것으로 분부하라. 이후에도 만일 묘알(廟謁)과 일자가 겹치면 이것을 전례로 삼으라."
하였다.

○ 정종 22년 무오(1798) 2월 4일

춘향 대제 때 본서 제조 김재찬(金載瓚)이 수궁 대장(守宮大將)으로 들어와 궐내에 있었다. 이에 이조 참판 이경일(李敬一)이 이미 충훈부 당상을 겸하고 있으니 충찬위(忠贊衛)를 거느리고 단(壇) 안에 나아가 정돈하고 청소하는 일과 제수 음식을 준비하는 일 등을 일일이 겸하여 관검(管檢)하고 신위를 도로 봉안한 뒤에 물러 나오도록 유지(有旨)를 내렸다.

○ 같은 해 4월 2일

종묘의 하향 대제 후에 구전으로 하교하였다.

"앞으로 친제 때에는 대축(大祝)이 철찬(撤饌)[43]을 거행하라고 분부하라."

43 **철찬** 제수 음식을 거두는 일을 말한다.

○ 같은 해 6월 9일

큰비가 온 뒤에 신실의 뒷면 동쪽 활지(滑只 물 내리받이)의 처마 끝 목가지〔木只〕 3개가 부러지고 널반자〔仰板〕 1립(立) 및 용두(龍頭)와 암수기와〔女夫瓦〕 20여 장이 떨어져 깨진 일을 예조에 급히 보고하였다. 같은 날 정원에서 본서로 패(牌)를 보내 구임 낭관이 나아와 입직하고 영(令) 유숙지(柳肅之)가 정원에 대령하였는데, 구전으로 하교하기를,

"신실 옥상의 잡초 및 낙엽을 늘 소제하였다면 어찌 이와 같을 리가 있겠는가. 예조로 하여금 본서 관원 가운데 직임을 맡은 지 오래된 자에게 물어서 초기하라."

하니, 예조가 아뢰기를,

"하교하신 대로 물어보니, 본서 영 유숙지는 '기와 위에 잡초와 낙엽은 매양 소제하였는데, 들보 위의 도회(塗灰)가 세월이 오래되어 벗겨지고 떨어져 나가고, 용두가 기울어지는 바람에 비가 오면 빗물이 틈새로 스며들어서 널기와〔板瓦〕가 떨어지게 된 것입니다.' 하였습니다. 항상 그렇게 잘 소제하였다면 어찌 이렇게 새고 떨어질 걱정이 있겠습니까. 삼가고 정비하지 못한 죄를 면하기 어렵게 되었습니다. 그 죄상을 해당 부로

하여금 잡아다 신문하여 처리하게 하는 것이 어떻겠습니까?"

하니, 전교하기를,

"듣자니 들보 위의 도회가 벗겨지고 떨어져 나가서 이렇게 비가 새게 된 것이라고 한다. 그렇다면 연초의 친향 때는 으레 수개(修改)하니, 그때 자세히 잘 살피지 못한 소치이다. 해당 제거(提擧) 및 수개할 때 잘 검칙하지 않은 호조 관원과 영선관(營繕官)을 정원으로 하여금 조사해 내어 현고(現告)[44]를 봉입(捧入)하도록 하라. 이후로 잘못이 드러나면 이번의 사례에 따라 논감(論勘)하는 것으로 정식을 삼으라."

하였다. 현고한 자는 본서 제조 김재찬(金載瓚), 호조 낭청 이주헌(李周憲), 선공감 봉사 김종호(金宗濩)인데, 전교하기를,

"제조는 추고(推考)하고, 호조 낭청과 영선관은 엄하게 추고하라. 본서 관원은 우선 정상을 참작해 주되, 이후로는 엄히 신칙하라."

하였다.

44 **현고** 범죄나 잘못을 저지른 사람의 이름을 지적하여 고하는 것, 또는 고한 내용을 가리킨다.

○ 같은 해 7월 8일

도승지가 입시할 때 전교하였다.

"이후에 사단의 신실을 수개할 때에는 태묘(太廟 종묘)의 춘추로 봉심하여 수개하는 규례를 따르고, 호조와 공조 당상이 나아가도록 분부하라."

○ 당저(當宁 순조) 11년 신미(1811) 2월

성균관 생도의 시재(試才)를 초기하여 올리니, 전교하였다.

"종묘와 사직의 수복은 이미 취재(取才)하였다. 문묘의 수복도 착실하게 취재하여 성과가 있었는가? 더욱 세심하게 마음을 써서 공경하고 삼가는 도리를 다하도록 수수복(首守僕)들에게 밝게 유시하라. 종묘와 사직의 수복도 각각 잘 알게 하라."

○ 같은 해 4월 5일

전교하였다.

"기우제를 이미 두 번이나 거행하였는데, 비 올 기미는 아직까지 막연하니, 백성들 생각에 불안한 마음이 밤낮으로 끊이질 않는다. 내일 의

당 사직에 나아가 다음 날 새벽에 직접 기우제를 지내겠다는 일로 하교하라."

○ 같은 해 5월 3일

전교하였다.

"정성이 감응을 이르게 하지 못하여 비 올 기미가 까마득하여 보이지 않는데, 아래로 백성들을 생각하니 초조하고 마음이 괴롭다. 내일 의당 직접 숭정전(崇政殿) 월대(月臺)에 나아가 직접 향축(香祝)을 전하고 모레 종묘와 사직에 대신을 보내 별도로 기우제를 설행하도록 하겠다. 그런데 종묘는 단오절(端午節) 절향(節享)을 겸행해야 하니, 해당 방은 잘 알라."

○ 같은 달 16일

전교하였다.

"저 하늘과 조종께서 묵묵히 도와주시고 음덕을 베푸시어 반가운 비가 많이 내렸다. 삼농(三農)[45]을 위로하고 적셔 줌이 족히 봄에 시들어 쓰러진 싹을 보존해 주기에 충분하다. 마음이 너무 기뻐서 무어라 말로 형용할 수가 없다. 종묘에나 사직에나 보사제(報謝祭)를 올려 기쁨을 고하는 일을 조금도 늦출 수가 없다. 내일 의당 직접 사직에 나아가 성생(省牲)과 성기(省器), 이의(肄儀)를 직접 행하겠다. 모레 그대로 친제를 행할 것이며 종묘는 대신을 보내 섭행할 것이니, 해당 방은 잘 알라."

○ 같은 해 6월

전교하였다.

"종묘와 사직의 사전(祀典)은 사체가 지중하다. 예를 행할 때 과연 공경함이 부족하고 태만한 잘못이 없었는가. 예조로 하여금 각별히 신칙하도록 하라."

○ 순조 20년 경진(1820) 11월

전교하였다.

45 삼농 평지농(平地農)·산농(山農)·택농(澤農)을 일컫기도 하고, 춘경(春耕)·하운(夏耘)·추수(秋收)를 일컫기도 하는데, 일반적으로 농사를 범칭한다.

"내년은 우리 자전께서 혼인하신 지 60년이 되는 해이고 삼간택을 치른 지 주갑(周甲)이 되는 해이다.[46] 기뻐하고 경축하는 마음이 어찌 끝이 있겠는가. 내후년의 칭하(稱賀)는 감히 앙청하지 못하는 것은 며칠 전의 연석에서 대신이 면대하여 주달한 것이 지당하다.[47] 내년 정월 상일(上日)은 혼인하신 지 60년이니 하례를 드리고 직접 표리(表裏 안팎 옷감)를 올린 다음, 위에 고하고 아래에 선포하여 내 구구한 뜻을 펴야겠다. 해당 조로 하여금 거행하게 하고, 세자가 행할 예도 일체 마련하라고 분부하라."

46 **내년은……해이다** 왕대비인 효의왕후(孝懿王后)가 1762년(영조 38) 세손빈(世孫嬪)으로 책봉되어 정조와 가례를 올렸으므로 내년인 1821년이 60년이 된다고 말한 것이다.

47 **내후년의……지당하다** 《순조실록》 이달 17일 기사에 의하면, 왕대비의 축하 예식을 의논하는 자리에서 우의정 남공철이 "삼가 영조조의 일을 상고해 보건대, 인원 성모(仁元聖母)께서 혼인하신 지 50년에 하례의 의식을 거행하였으니, 이것은 오늘날 마땅히 계술(繼述)할 일입니다." 하였는데, 이것을 말하는 듯하다. 내후년은 혼인한 지 만 60년이 되는 해이므로 60년이 되는 내년 정월에 하례를 드린다는 말이다.

제 5책

○ 당저(當宁 순조) 24년 갑신(1824) 8월

추향 대제(秋享大祭)와 겸하여 신실(神室)을 수개(修改)하기 위한 고유제(告由祭)를 행하였다.

○ 순조 25년 을유(1825) 6월

기우제(祈雨祭)를 행하였다.

○ 같은 해 7월

동쪽 유문(壝門)을 수개하기 위한 고유제를 행하였다.

○ 순조 27년 정해(1827) 2월

왕세자의 청정(聽政)[48]에 대한 고유제를 행하였다.

○ 같은 해 3월

악공청(樂工廳)이 화재를 입은 데 대한 위안 고유제(慰安告由祭)를 행하였다.

○ 같은 해 7월

왕세손의 탄강(誕降)에 대한 고유제를 행하였다.

○ 같은 해 8월

추향 대제와 겸하여 북쪽 유문을 수개하기 위한 고유제를 행하였다.

○ 같은 해 9월

존호(尊號)를 올리는 데 대한 고유제를 행하였다.[49]

48 **왕세자의 청정** 왕세자는 이름은 영(旲, 1809~1830), 자는 덕인(德寅), 호는 경헌(敬軒)이다. 1812년(순조 12) 왕세자에 책봉되고 1827년 순조의 명을 받아 대리청정을 하였다. 묘호는 문조(文祖), 능은 양주에 있는 수릉(綏陵)이며, 시호는 효명(孝明)이다. 그의 아들 헌종이 즉위한 뒤 왕으로 추존되어 익종(翼宗)이라 하였다.

49 **존호를……행하였다** 이달 9일 순조와 순원왕후(純元王后)에게 존호 책보(尊號冊寶)를 올리는 예를 거행하였다. 순조에게는 '연덕현도경인순희(淵德顯道景仁純禧)'의 존호를 올리고, 순원왕후에게는 '명경(明敬)'의 존호를 올렸다.《純祖實錄 27年 9月 9日》

○ 같은 해 12월

왕세자가 대행(代行)할 납향 대제(臘享大祭)의 의식을 연습하였는데, 춘당대(春塘臺)에서 설행하였다.[50]

○ 같은 달

왕세자가 대행하여 납향 대제를 행하였다. 신시(申時)에 설행하였는데, 직단(稷壇) 아래 동향(東向)하여 자리를 설치하고 친압(親押)하였다. 인하여 영을 내려 단사(壇司)인 사직서 영(社稷署令) 김재선(金在宣)은 승진시켜 서용(敍用)하고 영 김재경(金在敬)과 김기헌(金騏獻)에게는 각각 아마(兒馬) 1필씩 사급하고, 행수 수복(行首守僕) 이인록(李仁祿)은 가자(加資)하고, 이윤근(李允根), 정계주(鄭繼周), 김정서(金鼎瑞), 차성운(車聖運), 박성의(朴晟義), 이득원(李得元), 김상현(金象炫) 7인에게는 각각 흰 무명〔白木〕 2필씩 사급하였다.

○ 순조 28년 무자(1828) 2월

춘향 대제(春享大祭)와 겸하여 달발〔亂簾〕[51] 및 남쪽 유문을 수개하기 위한 제사를 행하였다.

○ 같은 해 2월

북쪽 유문의 회담〔灰墻〕을 수개하기 위한 고유제를 행하였다.

○ 같은 해 7월

신실을 수개하기 위한 고유제를 행하였다.

○ 순조 29년 기축(1829) 1월

당저가 40세가 된 것을 경하하는 데 대한 고유제를 행하였다.

○ 같은 해 4월

서쪽 유문을 수개하기 위한 고유제를 행하였다.

50 **왕세자가……설행하였다** 《순조실록》 이달 5일에 "왕세자가 춘당대에서 사직(社稷) 납향(臘享)의 서계(誓戒)를 대행하였다."라는 기사가 실려 있다.

51 **달발** 달뿌리풀로 엮어 만든 발을 말한다.

○ 같은 해 12월

납향 대제와 겸하여 북쪽 신문(神門), 동쪽 협문(挾門) 및 달발을 수개하기 위한 고유제를 행하였다.

○ 같은 달

왕세자가 대행할 기곡 대제의 의식을 연습하였는데, 춘당대에서 설행하였다.

○ 순조 30년 경인(1830) 1월

왕세자가 대행하여 기곡 대제를 설행하였다.

○ 같은 해 5월

왕세자의 환후(患候)로 인한 기도 고유제(祈禱告由祭)를 행하였다.

○ 같은 달

왕세자의 훙서(薨逝)에 대한 고유제를 행하였다.

○ 같은 해 7월

왕세자의 계빈(啓殯)을 위한 고문제(告文祭)를 설행하였다.

○ 같은 해 8월

왕세자의 발인(發靷)을 위한 기청제(祈晴祭)를 설행하였다.

○ 같은 해 9월

왕세손의 책봉[52]에 대한 고유제를 설행하였다.

○ 순조 31년 신묘(1831) 8월

추향 대제와 겸하여 달발을 수개하기 위한 고유제를 행하였다.

○ 순조 32년 임진(1832) 6월

기우제를 행하였다.

52 왕세손의 책봉 왕세손은 익종의 아들로 1834년 순조를 이어 제24대왕이 된 헌종(憲宗, 1827~1849)이다. 이달 15일에 인정전(仁政殿)에서 책봉 의식을 행하였다.

○ 같은 해 6월

신실의 용두(龍頭)가 떨어져 나간 데 대한 위안 고유제(慰安告由祭)를 행하였다.

○ 같은 해 7월

회담을 수개하기 위한 고유제를 행하였다.

○ 같은 달

신실의 포진(鋪陳)을 수개하기 위한 이안 고유제(移安告由祭)와 환안 고유제(還安告由祭)를 행하였다.

○ 순조 33년 계사(1833) 2월

춘향 대제와 겸하여 달발 및 북쪽 신문을 수개하기 위한 고유제를 행하였다.

○ 같은 해 4월

동쪽 유문을 수개하기 위한 고유제를 행하였다.

○ 같은 해 6월

신실을 수개하기 위한 이안 고유제를 행하였다.

○ 같은 해 8월

신실을 수개하기 위한 환안 고유제를 행하였다.

○ 순조 34년 갑오(1834) 8월

추향 대제와 겸하여 달발을 수개하기 위한 고유제를 행하였다.

○ 같은 해 11월

대전의 환후로 인한 기도제를 행하였다.

○ 같은 달

대행 대왕의 승하[53]에 대한 고문제(告文祭)를 행하였다.

○ 같은 달

왕세손의 승습(承襲)[54]에 대한 고유제를 행하였다.

○ 같은 달

대왕대비전의 수렴청정[55] 및 익종대왕을 추숭(追崇)[56]하는 데 대한 고유제를 행하였다.

○ 당저(當宁 헌종) 원년 을미(1835) 4월

대행 대왕의 계빈(啓殯)을 위한 고문제를 행하였다.

○ 같은 달

대행 대왕의 발인을 위한 기청 고유제(祈晴告由祭)를 행하였다.

○ 같은 해 7월

신실의 비 새는 곳을 수개하기 위한 고유제, 이안제, 환안제를 행하였다.

○ 헌종 2년 병신(1836) 2월

춘향 대제와 겸하여 신실의 달발을 수개하기 위한 고유제를 행하였다.

○ 같은 해 12월

기설제(祈雪祭)를 행하였다.

○ 같은 달

기설 보사제(祈雪報謝祭)를 행하였다.

○ 헌종 3년 정유(1837) 1월

대왕대비전, 왕대비전[57]의 존호를 올리는 데 대한 고유제를 행하였다.

53 대행 대왕의 승하 조선 제23대왕 순조(1790~1834)가 이달 13일에 경희궁(慶熙宮)의 회상전(會祥殿)에서 승하하였다. 묘호는 인릉(仁陵)이다.

54 왕세손의 승습 조선 제24대왕 헌종이 이달 18일에 경희궁의 숭정문(崇政門)에서 즉위하였다.

55 대왕대비전의 수렴청정 대왕대비전은 순조의 비인 순원왕후(純元王后)이다. 헌종이 즉위한 날에 수렴청정의 예를 행하였다.

56 익종대왕을 추숭 이달 19일에 순조의 아들 효명세자(孝明世子)의 시호를 추숭(追崇)하여 '돈문현무인의효명대왕(敦文顯武仁懿孝明大王)'이라 하고, 묘호는 '익종(翼宗)', 신전(神殿)은 '효화(孝和)', 능호는 '수릉(綏陵)'이라 하였다.

57 대왕대비전, 왕대비전 대왕대비전은 순조의 비인 순원왕후이고, 왕대비전은 익종의 비인 신정왕후(神貞王后)이다. 이달 10일 두 대비전을 존숭하는 의식을 행하였다.

○ 같은 해 2월

춘향 대제와 겸하여 신실의 달발을 수개하기 위한 고유제를 행하였다.

○ 같은 해 3월

가례(嘉禮)[58]에 대한 고유제를 행하였다.

58 가례 이달 18일에 인정전(仁政殿)에서 영흥부원군(永興府院君) 김조근(金祖根)의 딸을 왕비로 책봉하였다.

○ 같은 해 5월

서쪽 유문(壝門)을 수개하기 위한 고유제를 행하였다.

○ 같은 달

기우제를 행하였다.

○ 같은 해 7월

신실의 널반자[仰板]가 떨어져 나간 데 대한 위안제를 행하였다.

○ 같은 달

신실을 수개하기 위한 이안제와 환안제를 행하였다.

○ 헌종 4년 무술(1838) 1월

대왕대비전의 보령이 50세가 된 것을 진하(陳賀)하는 데 대한 고유제를 행하였다.

○ 같은 해 윤4월

남쪽 유문을 수개하기 위한 고유제를 행하였다.

○ 같은 해 5월

기우제를 행하였다.

○ 같은 해 6월

10차 기우제를 행하였다.

○ 같은 달

기우 보사제(祈雨報謝祭)를 행하였다.

○ 같은 해 8월

추향 대제와 겸하여 신실의 달발을 수개하기 위한 고유제를 행하였다.

○ 헌종 5년 기해(1839) 1월

대왕대비전의 보령이 51세가 된 것을 존숭하고 진하하는 데 대한 고유제를 행하였다.

○ 같은 해 2월

신실에 비가 스며든 데 대한 위안 고유제를 행하였다.

○ 같은 달

신실을 수개하기 위한 이안제와 환안제를 행하였다.

○ 같은 해 5월

회담〔灰墻〕을 수개하기 위한 고유제를 행하였다.

○ 같은 해 8월

추향 대제와 겸하여 신실을 수개하기 위한 이안 고유제를 행하였다.

○ 같은 달

신실을 수개하기 위한 환안 고유제를 행하였다.

○ 헌종 6년 경자(1840) 3월

신실을 수개하기 위한 이안제와 환안제 및 달발을 수개하기 위한 고유제를 행하였다.

○ 헌종 7년 신축(1841) 2월

대왕대비전에 존호를 올리는 데 대한 고유제를 행하였다.

○ 같은 해 3월

대왕대비전이 국모(國母)로 임한 지 40년이 된 것을 진하하는 데 대한 고유제를 행하였다.

○ 같은 달

회담을 수개하기 위한 고유제를 행하였다.

○ 같은 해 8월

추향 대제와 겸하여 신실의 달발을 수개하기 위한 고유제를 행하였다.

○ 헌종 8년 임인(1842) 6월

기우제를 행하였다.

○ 같은 해 10월

서쪽 유문 및 신실의 달발을 수개하기 위한 고유제를 행하였다.

찾아보기

ㄱ

ㄴ

ㄷ

ㅁ

ㅂ

ㅅ

ㅇ

ㅈ

ㅊ

ㅎ

옮긴이

오세옥 전 한국고전번역원 수석연구위원. 《한국문집총간》 수록 문집 해제를 집필하였고, 《승정원일기》, 《명재유고》, 《경모궁의궤》, 《천의소감》 등의 번역에 참여하였다.

김기빈 전 한국고전번역원 책임연구원. 《한국문집총간》 수록 문집 해제를 집필하였고, 《조선왕조실록》, 《승정원일기》, 《일성록》, 《명재유고》, 《성호전집》 등의 번역에 참여하였다.

사직서의궤
오세옥 김기빈 옮김

2023년 12월 31일 초판 2쇄 발행

발행인 김언종 | 발행처 한국고전번역원
등록 2008. 3. 12. 제25100-2018-000049호
주소 (03310) 서울시 은평구 진관1로 85
전화 02-350-4886 | 팩스 02-350-4899 | 홈페이지 www.itkc.or.kr
책임편집 이선주 | 교정 박성희 박현진 | 제작 조은지
사진 권태균 전주이씨대동종약원
디자인 황재성 | 인쇄 효성문화

값 30,000원
ISBN 978-89-284-0158-1 94910
978-89-284-0157-4 (세트)